KB175766

# 崛起

## 朴正熙 經濟强國 崛起18年

## 3 수출입국 드라이브

심융택

동서문화사

박정희 경제강국 굴기18년

# ③수출입국 드라이브

차례

역사를 위하여

# 제1장 기업과 기업인에 대한 '특혜지원'으로 수출을 일으키다

## 제2장 경제학자가 '불가능하다' 했던 일들이 모두 '가능한 일'이 되다

## 제4장 중화학공업제품이 한국수출상품 대종을 이루다

## 제5장 세계석유위기 광풍 속에서 100억 달러 수출을 해내다

# 역사를 위하여

심융택

한국근대화의 시대를 이끌어 나간 박정희 대통령이 우리 곁을 떠난지도 어언 40여 년이 지났다. 대통령의 운명이 도무지 믿어지지가 않던 충격과 슬픔의 시간도 흐르는 강물처럼 지나갔고, 무심한 세월만 흐르고 또 흘러 그가 역사에 남긴 지대한 발자취만이 사람들의 입에 회자되면서 때로는 그의 업적이 높이 평가되기도 하고, 때로는 그의 천려일실(千慮一失)이 비판되기도 한다.

박정희 대통령은 20세기 후반의 한국과 한국인에게 어떤 존재였나? 과연 누가 어떤 말과 글로 이 물음에 완전하고 극명하게 해답할 수 있을까? 앞으로 두고 두고 역사가들의 연구가 필요할 것이다. 나는 앞으로 국내외 역사가들의 연구에 필요한 자료를 정리해 두어야겠다는 생각으로 대통령의 사상과 정책에 대해 내가 알고 있는 사실들을 기록으로 남겨두는 작업에 착수했다.

우리는 공화국 수립 뒤 이 나라를 통치한 역대 대통령들에 대해서 별로 아는 것이 없다. 대통령 자신들이나 또는 역사가들이 그들의 업적과 실책, 공적과 과오를 모두 담은 전체 모습을 오랜 시간이 지난 먼 뒷날까지 남아 있게 할 수 있는 역사적 자료와 기록을 보존해 놓은 것이 거의 없기 때문이다.

우리는 우리의 후손들이 우리나라 대통령들에 대해서 알기를 원할 때 그들이 읽고 연구할 수 있는 많은 자료와 기록을 남겨두어야 한다. 그런 자료와 기록이 많으면 많을수록 역대 대통령에 대한 부분적 지식도 그만큼 많아질 것이며, 여러 사람이 여러 각도에서 본 부분적 지식이 많으면 많을수록 대통령들의 전체 모습을 알 수 있는 지식도 그만큼 축적될 수 있을 것이다.

1961년부터 1979년까지 18년여 동안 한국인의 생활에는 혁명적 변화가 일어났고, 한국의 민족사에는 획기적 전환점이 마련되었다는 것은 세계적으로 공인된 역사적 사실이다. 그 역사적 시기에 나는 대통령을 보필할 수 있는 영광된 기회를 얻었다. 그리고 그 귀중한 기회에 나는 대통령의 국정운영에 대해 많은 것을 보고 들었으며, 또 많은 것을 기록해 두었다.

박정희 대통령이 어떤 여건과 상황 아래서 이 나라, 이 민족을 이끌어 왔으며, 대통령을 괴롭히고, 고통스럽게 한 것이 무엇이었고, 대통령을 고무하고 용기를 준 것이 누구인지를 지켜 보았다. 대통령이 국가가 직면하였던 문제상황을 어떻게 규정했고, 그 문제상황을 극복하기 위해서 어떤 정책을 결정했는가를 보았다. 또, 정책을 추진하는 과정에서 정치인과 공무원, 기업인과 근로자, 농어민과 교육자, 학생과 언론인, 과학자와 문화인 등 우리 사회 각계각층 국민을 상대로 때로는 설명하고 설득하며, 때로는 교육하고 계몽하며, 때로는 칭찬하고 격려하고, 때로는 따지고 나무라며 그들이 분발하고 피눈물나는 노력을 하는 국가건설의 역군으로 거듭나게 만들 때 대통령이 그들에게 어떤 말을 했고, 어떤 글을 남겼는가를 주의 깊게 지켜보았다.

박정희 대통령이 남긴 이런 말과 글 속에는 한국근대화와 부국강병 등에 대한 대통령의 신념과 소신이 살아 숨쉬고 있다. 대통령의 이런 말과 글은 대통령이 여러 행사장에서 행한 연설문, 여러 공식, 비공식 회의에서 천명한 유시와 지시, 여러 분야 인사들에게 보낸 공한과 사신, 국내외 인사들과 나눈 대화, 외국 국가원수와의 정상회담, 대통령의 저서, 그리고 대통령의 일기 등에 온전히 보존되어 있다.

1972년 2월 22일, 닉슨 대통령이 베이징에서 마오쩌둥 주석과 회담할 때 '마오 주석의 글들은 한 나라를 움직였고, 세계를 바꿔놓았다'고 찬사를 보내자 마오쩌둥은 '나는 그렇게 하지 못했다. 나는 다만 베이징 근처의 몇 군데를 바꿔놓을 수 있었을 뿐이다'라고 대답했다고 한다. 이 말은 중국인 특유의 겸양이었고, 사실은 닉슨의 말 그대로였다. 대통령도 그랬다. 18년 동안의 통치기간 동안 대통령의 말과 글은 서울 근처 몇 군데만을 바꿔놓은 것은 아니다. 대한민국 전체의 모습을 새롭게 창조했고, 우리 민족 역사의 방향을 바꾸어 놓았으며, 세계사 흐름에도 영향을 미쳤다. 그 시대 대통령의 말과 행동은 한국 현대사에서 가장 역동적이고 생산적이었던 시대에 열심히 일한 우리 국민의 말이었고 행동이었다.

박정희 대통령의 말과 글들은 대통령이 추진한 국가정책과 함께 그의 시대에 이 나라의 정치·경제·사회·문화 등 모든 분야에서 이루어진 발전과 변화의 경로를 밝혀 주고 있다. 국가정책은 우리나라가 놓여 있는 특수한 상황에서 우리 국민들이 가장 먼저 풀어야 할 국가적 과제를 위해 대통령에 의해 결정되고 추진되었다. 따라서 국가정책을 올바로 이해하고 평가하기 위해서는 그것이 결정되고 추진된 그 무렵 특수상황을 정확하게 숙지하고 있어야 한다. 그래야만 국민들이 가장 시급히 해결해야 할 국가적 과제가 무엇이었고, 그 과제를 해결하기 위해 어떤 정책이 필요했던 가를 올바로 이해할 수 있다.

정책을 결정할 무렵에 우리가 직면해 있던 국내외 상황을 잘 검토해 보면 대통령이 왜 그 상황에서 그 정책을 결정했는지를 이해할 수 있을 것이다. 예컨대, 대통령은 왜 5·16군사혁명을 일으켰는가? 왜 공업화에 국운을 걸었는가? 왜 대국토종합개발과 경부고속도로 건설을 추진했는가? 왜 향토예비군을 창설했으며 방위산업 육성을 서둘렀는가? 왜 주한미군 철수를 반대했는가? 왜 새마을운동을 전개했는가? 왜 남북한 간의 체제경쟁을 제의했는가? 왜 국가비상사태를 선언했는가? 왜 남북대화를 시작했는가? 왜 중화학공업과 과학기술혁신, 농촌근대화와 수출증대에 총력을 기울였는가? 왜 10월유신을 단행했는가? 왜 생명의 위험을 무릅쓰고 핵무기개발을 강행했는가? 등의 의문에 대한 올바른 해답을 얻으려면 그런 정책들이 결정된 그 무렵의 국내외 상황을 정확하게 알고 있어야 한다.

이 정책들은 우리 민족사의 진로를 바꾼 발전전략의 핵심사업들이었으며, 또한 대통령의 통치기간 내내 야당이 반정부 극한투쟁의 쟁점으로 삼았던 정책들이었다. 이런 정책들은 대통령이 그 정책들을 결정할 무렵의 국내외 상황에 정통해야만 올바로 이해될 수 있는 것이다. 정책 결정 때 상황을 정확하게 알고 있지 못한 사람들로서는 왜 그런 정책이 필요했으며, 또 불가피했는지를 이해하기가 어렵다. 시간의 흐름에 따라 어떤 정책이 어떻게 바뀌었으며, 새로운 정책은 어떤 시대적 연관성 속에서 결정되었는가를 올바로 파악하기 위해서는 그 시대 상황의 특수성에 대해 올바로 알고 있어야 한다.

루소는 《에밀》 제2권에서 역사적 사실에 대해 이렇게 말했다. '역사 서술은 결코 우리에게 현실의 여러 가지 사실들을 충실히 모사(模寫)해주지 않는다. 현실의 사실들은 역사를 서술하는 사람의 머리 속에서 그 형태를 바꾸고, 그의 관심에 맞도록 변화하며, 그의 선입견에 의해서 특수한 색채를 띠게 된다. 발생 무렵 사건의 모습을 관찰하기 위해, 그 무대가 되는 장소에 정확히 다시 가 볼 수 있게 하는 기술에 도대체 누가 정통할 수 있겠는가?

박정희 대통령이 추진한 국가정책은 그것이 결정된 무렵의 상황에서 정통하지 못한 사람들에 의해서 올바로 이해되지 못하고, 그들의 선입견에 의해서 또는 그들의 관심과 목적에 맞도록 황당하게 왜곡되었다. 대통령이 정책을 결정할 무렵의 상황에 가장 정통한 사람은 말할 것도 없이 대통령 자신이다. 그러나 통탄스럽게도 80년도 초에 은퇴 예정으로 자서전을 집필하기 위해 기본자료를 수집하고 정리하던 중에 작고했다.

박정희 대통령 말고도 그 무렵 상황에 정통한 사람들은 대통령 비서실과 특별보좌관실, 행정부 장차관, 국책연구기관, 여당간부 등 대통령의 정책결정에 직간접적으로 참여했거나 자문에 응한 사람 등 많이 있다. 그러나 이런 사람들이 그때 상황에 대해 알고 있는 것은 아주 일부분에 지나지 않는다. 왜냐하면 그 무렵 국내외 상황은 복잡하고 많은 요소로 구성되어 있어서 모든 국가정보망을 장악하고 있는 대통령 이외의 사람들은 상황의 모든 요소를 알 수 없었기 때문이다.

1963년 중반부터 1978년 말까지 거의 16년 동안 국가재건최고회의와 대통령 비서실에 근무하면서 대통령의 연설문, 저술, 공한, 각종 회의록 등을 정리하는 실무자의 한 사람으로서 나는 대통령의 정책이 결정되고 추진된 그 무렵 상황에 가장 가까운 위치에서 대통령이 추진한 정책의 전후 인과와 맥락, 그리고 정책성과 등을 기록해 두었다. 물론 대통령의 통치철학과 대통령이 추진한 국가정책과 관련된 역사적 사실들 가운데 내가 기록해 둔 것은 부분적인 것이다. 그러나 부분적인 사실이나마 기록으로 남겨둔다면 후세 역사가들의 연구에 다소나마 보탬이 되지 않을까. 또 내가 알고 있는 부분적인 역사적 사실들이 다른 분들이 알고 있는 부분적인 역사적 사실들과 종합적으로 연구된다면 대통령의 정치사상과 국가정책에 대해 보다 폭넓고 깊이 있게, 그리고 보다 자세하고 정확하게 이해하는 데 하나의 길잡이가 되지 않을까 생각했다.

박정희 대통령은 우리나라가 나아가야 할 미래의 방향과 목표에 대해 많은 지침을 남겨 놓았다. 다음 세대들은 그들 세대의 새로운 국가적 목표와 그 목표를 이룰 수 있는 새로운 실험과 창조적인 모험을 하는 과정에서 대통령의 정치사상과 국가정책, 그리고 그 지도력에서 귀중한 교훈을 얻을 수 있으리라고 믿는 마음에서, 비록 부분적이고 불완전한 내용이나마 세상에 내놓기로 했다.

사람들은 박정희 대통령 시대를 우리 민족사에서 획기적인 분수령을 이룬 시기라고 말한다. 한 시대를 다른 시대와 구분하는 기준을 '변화'라고 한다면 그의 시대는 분명히 역사적 전환기였다고 할 수 있다. 확실히 대통령의 시대는 비생산적인 정치적 불안과 사회적 혼란에 종언을 고하고, 정치안정과 사회질서 속에 생산과 건설의 기풍이 진작되고, 국가발전의 목표와 방향이 뚜렷하여 국민들이 희망과 자신을 가지고 분발함으로써 조국의 근대화를 이룩한 변화의 시대였다.

박정희 대통령 시대에 우리 국민들이 이 땅에서 목격한 거대한 변화의 충격은 마치 육지와 해양의 모습을 바꿔놓은 대화산의 폭발과 같이 한반도의 남반부를 전혀 '딴 세상', '다른 나라'로 완전하게 탈바꿈시켜 놓았다. 그래서 절대다수의 국민들, 그중에서도 시골 마을의 어르신들과 농민들은 천지가 개벽했다고 놀라워하고 감탄했다.

대통령이 이 나라를 통치한 1960년대와 1970년대에 과거 선진국들이 100년 또는 200년에 걸쳐 이룩한 근대화가 20년도 채 안 되는 짧은 기간에 압축되어 이루어졌다. 그것은 전 세계의 경탄을 자아내게 한 위대한 실험이었고 모험이었다. 정녕 대통령은 세계에서 가장 가난한 약소국가였던 이 나라를 세계의 경제강국 수준으로 끌어올려 놓음으로써 '기적의 나라'로 만들어 놓았다. 그리하여 우리 국민들은 선진국 국민들이 여러 세대에 걸쳐 단계적으로 겪었던 변화들을 한 세대 동안에 한꺼번에 겪었다.

우리 역사상 그토록 많은 국민들이 그토록 짧은 기간 동안에 그토록 다양한 변화를 겪은 시대는 일찍이 없었다. 그러나 대통령이 기적적인 변화를 지속시켜 나간 그 역정은 결코 순탄한 것이 아니었다. 그것은 실로 격동과 시련, 고통이 중첩된 가시밭길이었다. 대통령은 그 형극의 길을 뚫고 나와 국가건설에 몰입하여 심신을 불살랐다. 국가건설의 길은 온 국민이 함께 가는 길이었고, 이 땅에서 근대화를 태동시킨 창조적 시대로 통하는 길이었다.

확실히 대통령은 1961년 5월 16일부터 1979년 10월 26일에 이르는 18여 년 동안 자립경제와 자주국방의 과제를 해결하기 위해 개방과 개혁 등 혁신적인 정책을 추진하여 세계인들이 감탄하는 '한강의 기적'을 이룩하였다. 그러나 대통령은 한강의 기적이란 결코 기적이 아니라고 생각했다. 그것은 대통령 자신과 우리 국민 모두가 한 덩어리가 되어 흘린 피와 땀과 눈물의 결정이라고 생각했다. 대통령과 우리 국민들이 자립경제와 자주국방 건설을 위해 피땀을 흘린 그 끈질기고 지속적인 노력의 과정은 한두 마디의 수사나 한두 줄의 단문으로 설명될 수 있는 것이 아니다. 불신과 체념, 좌절과 절망 속에서 시작되어 각성과 용기, 희망과 자신으로 이어져 마침내 우리 민족의 무한한 저력이 분출되고, 그 저력이 가난하고 힘이 없는 이 나라를 번영되고 힘이 있는 부국강병의 나라로 탈바꿈시킨 18여 년의 전 과정은 실로 끝없이 이어지는 장대한 서사시(敍事詩)라고 해도 과언이 아니다.

나는 1979년 대통령이 서거한 직후부터 박정희 대통령이 국민들과 함께 자립경제와 자주국방건설 완성을 위해 뼈가 가루가 되고 몸이 부서지도록 최선의 노력을 다한 헌신 봉공의 18년 기록을 정리해 둔 사실그대로 30년 세월바쳐 써 나아갔다. 이제《박정희 경제강국 굴기18년》으로 편찬하여 10권으로 역사에 남기기로 한다.

# 제1장 기업과 기업인에 대한 '특혜지원'으로 수출을 일으키다

**수입대체산업을 수출산업으로 발전시켜 공업입국의 꿈을 실현하다**

제1차 5개년계획에서 정부가 주력한 부분은 수입대체공업이었다. 즉, 우리나라 국민의 의식주를 해결하는 데 필요한 물건을 생산하는 공장을 세우는 것이었다. 수력발전소를 비롯하여 비료공장, 정유공장, 시멘트공장, 종이제조용 펄프공장, PVC공장, 판초자 제조에 사용되는 소다회공장 등 공업개발이 광범위하게 추진되었다. 1950년대와 1960년대 초에 걸쳐 대규모 외자부담을 일으켜 왔던, 정유, 시멘트, 철강재, 비료, 화섬제품, 전기기구, 약품 등을 국내에서 생산할 수 있게 됨에 따라 상당한 규모의 수입대체 효과가 나타나게 되었다.

이들 제조공업의 발달은 우리나라의 공업화에 선도적인 역할을 했으며, 이 과정을 통하여 많은 공업 분야에서 수입대체 효과가 촉진되었고, 시멘트, 화학잡화공업은 수출산업으로 성장하기 시작했다. 그때까지 가장 많은 외화를 들여서 수입해 오던 정유, 시멘트, 비료를 생산할 공장이 국내수요를 충당하고 외국으로 수출하여 외화를 벌어들인 것이다.

그래서 1964년부터는 당초 수입대체산업으로 건설된 공장들은 그 공산품을 국내에서 팔면서 국제시장에 내다 팔아서 외화를 획득하는 수출산업으로 육성·지원하기로 했다. 이것은 수입대체공업화 전략을 수출지향공업화 전략으로 전환시키는 것이었다. 이것은 그 당시 개발도상국가의 경제개발 경향에 역행하는 발전전략이었다. 그 당시 농수산업과 광산업 등 1차산업 위주의 산업구조를 가지고 있던 인도와 일부 중남미의 개발도상국가들은 수출지향공업화를 추진했다가 실패하여 수입대체공업화를 추진하고 있었던 것이다.

그래서 일부 국내학자와 해외 원조기관들은 수출지향공업화로 정책방향을 전환하는 데 대해 반대했다. 기술과 자본이 부족한 상태에서 수출지향공업화를 추진하는 것은 좋게 봐 주어서 위험한 모험이고, 결국은 실패하게 될 전략이라는 것이다.

특히, 당시 일부 경제학자와 경제를 안다는 지식인들은 대놓고 코웃음을 쳤다.

젊은 장군 출신 대통령이 경제도 모르면서 되지도 않을 일을 벌이려고 한다는 것이다. 사실 그 당시 우리가 공장을 건설할 자본이 없어서 외국에 몇 백만 달러의 차관을 얻으러 가면 차관을 줘봤자 본전도 못 건질 희망 없는 나라라고 거절당하고 피눈물을 흘려야만 했던 시절이라 상식적으로 본다면 수출지향공업화가 불가능하다는 주장이 틀린 것은 아니었다. 그 당시에는 누가 보아도 공업화가 될 수 있다고 믿을 만한 조건이라고는 없었기 때문이다.

64년 수입대체공업화 전략에서 수출지향공업화 전략으로 전환했을 당시 국내학자들과 외국 원조기관이 이를 반대하고 실패할 것이라고 주장한 그 근거는 한 마디로 우리나라가 자본과 기술이 빈약한 후진국이라는 것이었다. 우리가 제1차 5개년계획에서 수입대체공업의 주요사업으로 정유, 시멘트, 비료공장의 건설을 결정했을 때에도 국내외에서 반대가 많았다. 특히 이 계획을 수립하는 데 도움을 주었던 미국은 부정적인 반응을 보였다. 세계에서 제일 가난한 나라의 하나인 한국이 무슨 돈, 무슨 기술로 그렇게 큰 공장들을 당장 짓겠다는 것이냐, 이 계획은 성공하기 어렵다는 것이다. 이들이 지적한 가장 큰 문제는 돈이었다. 즉 공장 건설에 필요한 외화가 없지 않느냐는 것이었다. 사실 그 당시 우리나라는 외화를 빌려올 수 있는 처지가 못 되었다. 미국은 무상원조를 받고 있는 한국에는 차관을 제공할 수 없다는 것이다. 일본은 국교가 없는 한국과의 차관 협정을 체결할 수 없다는 것이다. 당장 화급하게 된 것은 울산공업단지에 제1차 5개년계획의 핵심사업의 하나인 대한석유공사의 울산 정유공장을 건설할 외화가 없었다.

가령, 우리가 빈약한 자본과 저수준의 기술을 가지고 공산품을 만든다고 해도 풍부한 자본과 고도의 기술을 갖고 있는 선진국의 공산품과는 국제시장에서 가격과 품질면에서 경쟁해서 살아남기 어렵기 때문에 수출이 될 수 없다. 따라서 수출지향공업화는 실패하게 되어 있다. 그러니 국민들의 의식주 생활에 필요한 물건을 생산하는 수입대체공업화를 그대로 밀고 나가는 것이 가장 현실적인 정책이라는 것이었다.

그러나 대통령의 생각은 달랐다. 대통령은 실패를 두려워하지 않고 위험하다는 그 험난한 모험의 길로 나서기로 한 것이다.

제1차 5개년계획의 3년차 년도인 64년에 들어서면서 대통령은 수출지향공업화 정책은 성공할 수 있다는 확신을 굳혔다.

국내 일부학자와 외국 원조기관이 무리한 것이라고 반대하던 시멘트, 비료 등 수입대체공업이 내수를 충당하고 해외수출에 성공하고 있다는 고무적인 사실에서 대통령은 우리의 노력 여하에 따라서 수출지향공업화는 성공적으로 지속될 수 있다는 가능성을 내다보고 있었다. 10년, 20년의 앞날을 생각할 때 국내시장이 협소한 우리나라로서는 해외시장을 겨냥하는 수출지향공업화가 장차 우리나라의 경제가 지속적으로 성장하고 발전해 나갈 수 있는 최선의 길이라고 생각한 것이다.

세계를 향해 문호를 개방하고 우리 스스로 국제무대로 나가 남들과 당당히 경쟁해서 이겨야 한다는 것이다.

수출은 국제시장에서 많은 나라들이 상품을 가지고 대결하는 전쟁이나 다름없다. 그래서 수출전쟁이니 무역전쟁이니 하는 말이 생겨난 것이다. 천연자원이 부족한 우리나라로서는 전세계를 대상으로 하는 이 수출전쟁에서 승리해야만 외화를 획득할 수 있고, 국민의 의식주 문제를 해결할 수 있는 물적 자원을 확보할 수 있다. 따라서 수출지향 공업화정책은 대한민국의 국운과 한국인의 생로(生路)를 새로 개척하는 최선의 길이다. 그것은 또한 우리 경제가 폐쇄경제에서 개방경제로, 원조경제에서 자립경제로 탈바꿈하고 우리 국민들의 의식과 생활이 근대화되는 역사적인 전기가 될 수 있다는 것이다.

대통령의 판단과 예단은 시간이 지나면서 그대로 현실화되었다. 즉, 대통령이 제1차 경제개발 5개년계획에 착수하면서 잡초가 무성한 황무지에 공업단지를 조성하고, 공장을 건설한 후 공업화의 횃불이 전국의 주요도시에서 타오르고 건설의 굉음이 지축을 흔들기 시작했다. 그리하여 대통령의 그 대담한 모험은 대통령 자신과 그를 도와 공업화에 참여했던 기업인들이 기대할 수 있었던 가장 낙관적인 목표조차 뛰어넘는 성과가 나타나기 시작했다. 공업제품의 수출이 급격히 증가했고 고도의 경제성장이 지속되었다.

특히 1964년부터 경제정책의 기본방향을 수출 제일주의로 확정한 후 모든 국가자원을 수출산업에 집중 투입한 결과 64년 말에는 1억 달러의 수출목표를 목표연도보다 2년 앞당겨 달성했다. 1차 5개년 기간 동안 경제성장률은 당초의 목표인 연평균 7.1%보다 높은 7.8%를 기록했다.

1961년 11월 중순 박 의장이 케네디 대통령과의 정상회담을 위해 방미했을 때, 동행한 경제기획원의 송정범 부원장이 미국무부의 해밀턴 해외개발처장을 만나 1차 5개년계획에 관해 설명하자 해밀턴은 깜짝 놀라며 "지금 경제성장률은 7.1%라고 했느냐"고 반문하면서 7.1%의 성장률 목표는 선진국에서도 어려운 것이니 좀 낮추라고 종용했던 그 7.1%를 초과 달성한 것이다. 그것은 바로 44%의 신장률을 기록한 획기적인 수출증대의 결과였다. 즉, 수출이 경제성장의 동력이 된 것이다. 공업제품의 수출이 공업화율의 상승을 이끌고 높은 공업화율이 경제성장을 주도한 것이다.

우리의 공업화는 이처럼 최종 소비재의 수입대체공업에서 출발하여 단기간 내에 수출지향공업으로 이행했으며, 수입대체와 수출확대가 거의 동시에 이루어질 정도로 그 이행 기간이 단축되었다. 그 결과, 초기에는 국내수요가 확대되고, 다음 시기에는 수출이 증대하여 총수요가 급속하게 확대됨으로서 국내 생산이 계속 증대하였다.

그리고 최종 소비재 생산이 확대됨에 따라 생산재 수요가 증가했고, 그러한 생산재 수요 압력을 극복하기 위해 정부는 생산재의 국내생산을 서둘러 촉진하였다. 즉, 최종 소비재 수출증대에 따른 생산재 수요 압력을 극복하기 위해 제2차 수입대체인 중화학공업화를 추진하였으며 그 결과 단시일 내에 유기적인 공업구조가 형성되었다.

예컨대 합성섬유와 합성수지 제품이 우리나라 수출의 대종을 이루게 되자 수입에 의존하던 그 생산재를 국산화하기 위해서 석유화학공업을 일으켰으며, 전기제품, 조선과 같은 철강소비산업의 수출이 크게 증대하자 포항종합제철을 건설하여 철강생산을 국산화했다.

이처럼 우리나라는 노동 집약적인 최종 소비재 생산과 자본 집약적인 생산재 생산을 동시적으로 발전시켜 왔다.

이것이 바로 우리나라가 다른 개발도상국가와 다른 점이다. 다른 개발 도상국가들은 최종 소비재의 수입대체산업이 국내시장의 한계에 부딪쳐 정체되었을 때 생산재 생산에서 새로운 대체 기회를 얻기 위해 중화학공업을 추진했던 것이다. 그러나 우리나라는 증대되는 최종 소비재의 수출확대를 더욱 촉진하기 위해 중화학공업을 최종 소비재 산업과 거의 동시에 발전시킨 것이다.

요약해서 말한다면 한국의 공업화 과정은 수입대체산업에서 수출산업으로 발전하였고, 저임금의 방대한 노동력을 활용하여 소비재를 생산하는 노동 집약적인 경공업과 잡화 공업의 단계에서 탈피하여 고도의 기술인력을 활용하여 생산재를 생산하는 자본 집약적인 중화학공업의 발전단계로 진입하였다. 그리고 정부가 전략산업을 엄선하여 국가적 지원으로 적극 육성한 결과 모든 공업 수준이 한 단계 상승하였고, 투자효과가 경제 전반에 폭넓게 나타났으며, 그 시간도 크게 단축되었다.

이러한 공업화 과정을 거치면서 우리 경제는 고도성장을 지속하고 전근대적인 농업국가에서 현대적인 공업국가로 탈바꿈하는 구조 변화를 빠른 속도로 이룩할 수 있게 될 것으로 전망되고 있었다.

공업화는 국민들의 생각, 정신, 생활에 획기적인 변화를 가져왔다. 가장 중대한 변화는 심리적인 것이었다. 일에 대한 의욕, 생산에 대한 열의가 사회 전반에 확산되기 시작했다. 그것이 수출주도 공업화의 추진력에 동력을 제공했고, 경제성장의 성과는 일에 대한 의욕과 생산에 대한 열의를 더욱 가열시키는 선순환의 과정이 되풀이 된 것이다.

특히 민족주의 열정에 불타고 있던 젊은 세대들은 급속한 공업화를 경제적 자립과 정치적 독립이라는 관점에서 정당화하고 지지하였다.

그리하여 그들 젊은 세대들은 부강한 새로운 조국이 그들의 뼈 위에 건설된다고 하더라고 주저하지 않겠다는 사심 없는 희생정신으로 갯벌에 공장을 세우는 궂은일에 기꺼이 자원했다.

경제건설이 일자리가 없는 젊은 세대들을 괴롭혀 온 실업을 해결해 주리라는 경제적인 실리보다는 새로운 조국을 건설한다는 고결한 이상이 젊은 세대들의 피를 끓게 하고 의욕을 돋우었던 것이다.

대통령은 우리국민들이, 특히 젊은 세대들이 경제성장을 그 시대의 중요한 가치로 받아들이고, 사고방식과 행동양식을 수출지향공업화에 적응시켜 나가는 새로운 현실 속에 지속적인 경제발전과 근대화의 길이 있다고 보고 있었다.

그리하여 대통령은 우리가 민족의 중흥을 이룩할 수 있는 최선의 방책은 수출지향공업화에 있다는 확신을 한층 더 굳히고 스스로 철두철미한 수출 제일주의자가 되었다.

대통령은 일 년 열두 달 자나 깨나 수출을 생각했고, 수출을 위해 자신의 혼과 열정을 불태웠다.

대통령에게 있어서 수출은 직장의 창조자였고, 소득의 창출자였으며, 산업자본의 형성자였다. 수출은 또한 농촌근대화의 동력이었고, 국방재원의 조달자였다. 한 마디로 수출은 국부(國富)의 원천이었고, 국력의 척도였다.

**1억 달러 외환보유 수준유지를 위해 수출진흥에 최대 노력을 기울여야 한다**

1964년 1월 10일, 연두교서에서 대통령은 1억 달러의 외환보유 수준유지를 위해 수출진흥에 최대의 노력을 기울여야 한다는 점을 강조했다.

"경제의 안정과 자립은 국제수지의 개선으로 달성되는 것입니다. 우리나라는 만성적인 국제수지의 역조에 시달려 왔으며, 이제까지는 대부분 미국의 원조에 의하여 이것을 충당하여 왔던 것입니다마는 아시는 바와 같이 이제 우리는 과거와 같은 수준의 원조를 기대할 수는 없는 실정에 있는 것입니다.

그러면서 우리는 원활한 대외거래를 위하여 적어도 1억 달러 이상의 외환보유 수준을 유지하여야 할 것인 바, 이를 메우기 위해서는 궁극적으로 외화획득력을 적극적으로 증대하는 길밖에는 딴 도리가 없을 것이므로 정부는 수출진흥에 최대의 노력을 경주하고자 하는 것입니다.

먼저 수출제도를 과감하게 개선하여 상품수출 및 관광사업을 위시한 용역수출을 더욱 촉구하여 기존시설을 가능한 한 수출산업으로 전환하도록 하는 한편, 수출산업용 원자재 및 시설재의 도입을 원활히 하기 위하여 이에 소요되는 외환을 우선적으로 배정할 것입니다.

한편 수출보상제도 및 수출금융제도를 개선 확대할 것이며, 또한 조세제도를 활용하여 수출가능품목의 국내소비를 억제할 것입니다. 이와 아울러 무역행정의 간소화 등 지원정책을 강화할 것입니다.

그러나 수출진흥에 아무리 노력한다 하더라도 단시일 내에 외환사정을 호전시킬 수는 없는 것입니다.

그러므로 우리는 당면한 외환난(外換難)을 극복하고 앞으로의 발전을 위하여 당분간 우리의 경제능력 범위 내에서 소비를 과감히 규제하려 합니다.

현재 국민생활에 있어서의 긴요도가 적은 물자의 수입을 대폭 삭감하여 국민생활에 긴요한 물자를 생산하는 시설이나 수출산업을 위한 원자재 확보에 충당할 것입니다.

따라서 수입원료에 크게 의존하고 있는 기업은 이를 국산원료로 대체하는 방안을 강구하고, 또 기존 생활시설을 가급적으로 수출산업으로 전환하도록 하며, 이로 인하여 파생되는 문제점에 대하여는 합리적인 대책을 강구할 것입니다.

보유 외환에 의한 시설투자는 실질적으로 어려운 형편이므로 정부는 국제수지 효과를 최우선적으로 고려하며, 그 조건이 우리의 경제 능력에 비추어 수긍할 수 없는 것은 이를 규제하고, 철저한 경제적 기술적 타당성 검토에 입각한 건전한 사업계획을 발전시켜 재정차관 같은 유리한 조건의 외국자본을 획득하도록 노력할 것입니다."

### 시멘트 수급난을 해결함으로써 외화절약과 고용증대를 이룩할 것이다

1964년 4월 16일, 서독정부가 제공한 차관과 시설로 건설된 쌍용양회공장이 시업식을 갖고 시멘트 생산을 시작했다. 대통령은 이날 어려운 생활고 속에서 인내와 노력을 다하여 이 공장을 건설하게 된 데 대하여 무한한 기쁨을 금할 수 없다는 감회를 피력했다.

"오늘 쌍용양회공장의 시업식에 참석하여 나는 신설된 공장 전모를 바라보면서 무한한 기쁨을 금할 길 없습니다.

불비한 제반여건하에서도 그리고 벅찬 생활고의 현실에서도 우리는 분발과 인내와 노력의 결정으로 이와 같이 훌륭한 공장을 건설하게 된 것을 나는 전 국민과 더불어 이를 경축하고 또한 그 기쁨을 함께 나누고자 합니다.

우리는 지금까지 양회제조의 주원료가 되는 질 좋은 석회석을 무진장으로 보유하고 있으면서도 다년간 극심한 양회부족에 허덕여 왔고 또한 많은 외화를 양회수입을 위하여 소비하지 않을 수 없었던 것입니다.

이제 이 쌍용양회공장의 시업을 계기로 국내 양회수급 사정은 급속히 호전될 것이며 불원 우리들은 양회수급난을 완전히 해결할 것이고 이로써 막대한 외화의 절약은 물론 고용의 증대도 아울러 기할 수 있게 된 것입니다. 또한 양회가 건설의 기초자재로서 차지하는 크나큰 비중을 아울러 생각할 때 이 공장의 건립은 건설자만의 기쁨이 아니라 우리 국민 전체의 기쁨인 것을 다시 한 번 되새기는 바입니다.

특히 이 공장은 경제개발 5개년계획의 일익을 담당하여 순 민간사업으로 건립되었으며 그 규모가 클 뿐만 아니라 시설에 있어서도 고도의 성능을 갖추고 있고 더구나 현재 건립 중에 있는 여러 공장 중에서 제일 먼저 시업식을 갖게 되었다는 점에서 그 의의는 더욱 크다고 아니할 수 없습니다.

나는 이 자리를 빌려 그간 허다한 애로를 극복하고 치밀한 계획과 적극적인 추진으로 정부가 기대하던 이상으로 조기에 좋은 성과를 거둔 관계자 여러분과 차관 및 시설을 제공해 준 우방 서독의 정부당국자와 관계회사에 높은 치하와 찬사를 아끼지 않는 바입니다."

대통령은 이어서 이 거대한 생산공장은 제1차 5개년계획을 추진하기 위해서 우리가 지불한 막대한 희생의 대가로서 우리의 공업화 과정에 있어서 매우 뜻 깊은 것임을 거듭 강조했다.

"이제 우리는 우리의 힘으로 건설된 거대한 생산공장을 눈앞에 두고 있습니다. 의욕적인 경제개발 5개년계획의 추진을 위하여 지난 2년여에 걸쳐 우리가 지불한 막대한 희생의 대가로서 오늘 이 공장의 시업을 보게 된 것은 공업화를 위한 우리의 노력과 시련의 과정에서 매우 뜻 깊은 경사임을 나는 다시 한 번 강조하지 않을 수 없습니다. 그것은 바로 물가고와 외환부족 등으로 조성된 민생고의 막중한 시련은 결코 무위와 낭비의 결과가 아니라 이 공장건설에서 보는 바와 같이 오늘의 희생을 감수하면서라도 인내와 피땀 어린 노력으로 공업화의 토대를 구축하는 보람 있는 결실을 가져오기 위해서 불가피한 것이었다는 것을 입증하고 있기 때문입니다.

따라서 오늘 이 공장의 시업을 경축하는 지금 이 순간은 건설과 번영의 내일을 위해서는 오직 인내와 노력 그리고 희생적 정신만이 요구된다는 격려의 계기가 될 것을 나는 확신해 마지않습니다.

자립경제를 하루 속히 달성하려는 우리의 절실한 과제는 보다 많은 인내와 희생을, 그리고 보다 많은 창의적 노력과 헌신적 봉사를 요구하고 있는 것입니다. 더욱이 공업화의 과정에서 양회생산이 차지하는 비중은 매우 큰 것입니다.

아무쪼록 여러분들은 기업의 경영을 합리화시키는 일면 부단한 연구와 창의 있는 열성을 경주함으로써 계획된 목표량의 생산에 온갖 힘을 기울여 주시기를 간곡히 부탁드리는 바입니다."

### 원화가치 안정, 수출증대를 위해 환율을 현실화하다

1964년 5월 3일을 기하여 정부는 지금까지 실시해 오던 '외환매상집중제도'를 예치 및 매상의 양제도를 혼합한 체제인 '외환증서제도'로 개편하는 동시에 대미화공정환율 '130 대 1'을 '225 대 1'의 기준 환율로 개정하였다. 이 기준율은 국제통화기금(IMF)과의 거래율이 되었고 정부 및 유엔군 거래, 미국 원조 달러를 비롯한 모든 외환거래에 적용될 환율은 국내외환시장에서 자유로이 형성되는 현실적인 실세 환율로서 이루어지게 되었다.

민정 이양 후 정부는 우리나라의 경제체질을 개선하기 위하여 몇 가지 어려운 현실화 정책을 단행하였는데, 제일 먼저 단행된 것이 환율의 현실화였다. 이 단일변동환율제는 당초에는 많은 잡음이 있었다. 그러나 이 제도는 환율과 국내물가의 안정에 크게 이바지하였을 뿐 아니라 종래의 비현실적인 고정환율제로 인해 파생됐던 갖가지 폐단을 없애고 수출 진흥에도 기여했다.

대통령은 단일변동환율제가 실시되는 64년 5월 3일보다 하루 앞선 5월 2일 '환율제도 개혁에 관한 담화문'을 발표하고 이러한 개혁을 결행하게 된 4가지 이유에 대해 설명했다.

"정부가 이번에 환율제도의 개혁을 결행하게 된 데 있어서는 몇 가지의 이유가 있습니다.

그 첫째의 이유는 원화의 대외가치를 실세에 부합시키는 동시에 새로운 기준에서 앞으로의 안정을 기하는 데 있습니다. 공정환율과 실세환율과의 현격한 차는 그 폭을 더욱 넓히는 작용을 해 왔습니다. 따라서 앞으로의 안정을 기하기 위해서는 그것을 실세화할 것이 전제가 되었던 것입니다.

그 둘째의 이유는 우리나라 경제의 자립도를 높이기 위한 작업과정에서 요구되는 하나의 정지공사를 하자는 데 있습니다. 공정환율과 실세환율과의 심한 차는 수출의욕을 저상시키고 여타 부문에서의 외화수입을 감소케 하는 작용을 해 왔습니다.

오늘날 우리가 당면하고 있는 경제적 여건 밑에서는 수출의 증진을 비롯한 외환획득면에서의 모든 노력이 효과를 거두지 못하게 되면 경제자립이란 기대할 수 없는 것입니다. 따라서 우리에게는 환율 현실화의 필요성이 제기되었던 것입니다.

그 셋째의 이유는 외화자원의 낭비를 막자는 데 있습니다. 저환율은 수출의욕을 저상시키는 반면에 수입수요를 촉진시키는 작용을 해 왔습니다. 그것은 우리들에게 분에 넘치는 낭비를 증대시키는 자극을 주었고 그로 말미암아 외화자원의 낭비를 가져다 주었습니다.

여기에서 외화자원의 낭비를 억제하는 역할을 하는 환율의 현실화 조치가 필요하였던 것입니다.

그 넷째의 이유는 특혜와 그에 따른 부패를 근절하자는 데 있습니다. 비현실적인 환율은 외화를 사용할 수 있는 권리의 부여가 특혜를 주는 결과를 가져오는 일면이 있었고 또 그것을 둘러싸고 부정부패가 생기는 요인이 된 바도 있었습니다. 부정부패를 불식하겠다는 본인의 염원을 달성하기 위해서는 그 요인의 하나가 되는 특혜의 근원을 없애야 하겠다고 생각했고 따라서 환율의 현실화가 필요하다고 인정하였던 것입니다.”

**울산정유공장 준공은 공업화를 위해 지불한 희생과 노력의 결정(結晶)이다**

1964년 5월 7일, 울산공업단지에서 울산정유공장의 준공식이 거행되었다.

1950년대에 우리나라는 전략물질인 석유공급을 미국에 의존하고 있었는데, 미국은 이 석유공급을 우리 정부에 압력을 가하는 무기로 사용했다. 즉 1954년 미국의 환율인상 요구에 대해 이승만 대통령이 이를 거부하자 미국은 즉각 우리나라에 대한 석유공급을 중단했다.

약 2개월 동안 석유공급이 중단되자 교통기관이 마비되고, 공장의 기계가 가동되지 못해 경제가 무너질 위기가 닥쳤다. 이 대통령은 할 수 없이 미국의 환율인상 요구에 굴복했다.

석유를 얻어 쓰느라고 미국에 수모당하는 것이 얼마나 서럽고 분했던지 이 대통령은 기름을 안 쓰는 자동차를 만들어 보라는 주문을 하기도 했다.

결국, 석유는 우리가 그것을 생산하느냐, 아니면 미국에 계속 의존하느냐에 따라 우리가 경제적으로 자립할 수 있느냐 아니면 미국에 예속되느냐를 좌우하는 중요한 요소가 되어 있었다. 따라서 우리나라가 정유공장을 가진다는 것은 경제자립의 첫 단계 출발점이었다. 대통령은 이 점을 잘 알고 있었다.

그래서 정유공장 건설을 제1차 경제개발 5개년계획의 중추적인 사업으로 책정하고 세계의 주요 정유회사에 투자의사를 타진했다. 미국 걸프오일(Gulf Oil)에서 합작의사를 밝혀 왔다.

우리나라가 75%, 걸프 측이 25%의 지분을 갖는 좋은 조건이었다. 이 공장은 1962년 초 우리나라에 처음으로 조성된 울산공업단지 내에 첫 번째로 기공식을 올렸고 2년 반이 지난, 이날 그 준공식을 보게 된 것이다.

대통령은 이날의 준공식에서 이 정유공장은 궁색한 경제여건 속에 공업화를 위해 우리 모두가 지불한 고귀한 희생과 노력의 결정(結晶)이며, 앞날의 희망을 기약하는 상징적 업적이라고 평가하고, 이 공장 가동의 의의와 제1차 5개년계획의 추진 과정에서 얻은 성과와 문제점에 대해 설명했다.

"우리들의 오랜 염원이었던 이 울산정유공장이 오늘 뜻깊은 준공을 보게 된 것을 나는 온 국민과 더불어 충심으로 경축해 마지않는 바입니다.

우선 이 자리를 빌려 나는 공장건립에 이르기까지 온갖 노력과 정성을 기울인 관계자 여러분과 우방 미국의 기술진 여러분의 노고를 높이 치하하는 바입니다.

이제 이 정유공장의 정상가동으로 석유제품의 국내 민간수요를 충족할 뿐 아니라, 군수요량까지 공급할 수 있는 능력을 보유하게 되므로 연간 약 2,500만 불의 석유제품을 우리 힘으로 생산 공급하게 되고, 국내외 석유시장을 널리 개척하여 외자획득의 길도 트이게 되는 것입니다.

**울산정유공장 준공** 하루 3만 5천 배럴의 원유처리 능력을 갖춘 우리나라 최초의 정유
공장(1964. 5. 7)

또한 석유반제품을 이용한 석유화학공업의 발전이 크게 기대되고
있는 것입니다.

오늘 이 공장의 준공을 경축하는 우리는 벅찬 감회 속에 이 식전
의 참된 의의를 되새기면서 이 나라 경제재건을 위한 새로운 결의
를 가다듬어야 할 것입니다.

지난 2년여에 걸쳐 우리는 자립경제의 달성에 온갖 힘을 기울여
왔습니다. 궁색한 재원에도 불구하고 공업화를 위한 자재의 도입을
서두른 나머지 많은 외화를 사용치 않을 수 없었고, 또한 이 막대한
출혈은 결과적으로 외환의 부족에 따른 물가의 앙등(仰騰)과 민생

고라는 경제적 시련을 불가피하게 만들었던 것입니다.

그러나 공업화의 과정에서 필연적으로 요청되는 이 벅찬 시련과 희생의 대가로써 우리는 그간 전력을 비롯한 기간산업의 토대를 구축할 수 있었으며, 오늘 이 정유공장도 이러한 우리들의 고귀한 희생과 노력의 결정인 것을 나는 명백히 선명(宣明)해 두고자 하는 것입니다.

5개년계획을 '낭비'와 '실패'로만 규정하려는 일부 왜곡된 견해가 제기되는 이 나라의 현실에 우리는 뼈저린 각성을 새로이 하여야 할 것입니다.

경제를 재건하고 번영의 기틀을 바로잡는 도정(道程)에 결코 안일과 요행이 있을 수 없으며 오직 피땀어린 노력과 인내와 과도적인 희생이 요구되기 때문인 것입니다.

확실히 오늘의 경제적 현실은 침체적 곤경이 이 나라 발전적 과정의 불가피한 진통이며, 전진을 위한 전환적 시련으로서 그 전도는 희망적인 전망을 점차로 나타낼 것을 나는 확신해 마지않습니다.

민생난의 각박한 생활여건하에서도 우리는 결코 희망과 자신을 잃지 말아야 할 것입니다.

낭비를 억제하는 데서 오는 일시적 시련을 참고 이겨내는 강인한 정신적 자세로써 꾸준히 생산건설을 서둘러 나가야 하겠습니다.

실로 오늘 이 정유공장의 준공은 자립을 지향한 우리 경제 역사에 길이 남을 경사이며, 우리의 앞날에 희망을 기약하는 상징적 업적이라 아니할 수 없습니다.

나는 이 뜻깊은 식전이 앞으로의 경제건설을 위한 분발의 계기가 되고, 내일의 번영을 위한 '전진의 지표'가 될 것을 확신하는 바입니다.

경제적 자립의 진척을 역력히 입증하는 이 보람찬 '결실의 순간'

이 앞으로 생산의 역군인 여러분의 앞날에 자신과 용기를 안겨다 주고 증산을 위한 굳은 결의를 북돋워 줄 것을 기대하는 바입니다."

## 중소기업을 수출산업으로 전환하고 다각적으로 지원할 것이다

1964년 5월 21일, 제1회 중소기업인대회에서 대통령은 중소기업을 수출산업으로 전환시키고 다각도로 지원하겠다는 방침을 천명했다.

"우리 경제가 당면한 긴급한 과제는 자립경제의 달성인 것입니다. 그것은 점감(漸減)되는 외원(外援)의 수혈을 우리 스스로의 피와 땀으로 대치시켜 공업화의 굳건한 터전을 구축하고 그 위에 복지국가의 이상을 구현하는 것으로 요약되는 것입니다. 최근의 물가 앙등도 총 공급의 부족을 자력으로 해결하지 못하는 데서 오는 불가피한 시련임은 말할 나위도 없겠으나, 이 국민경제의 불균형을 개선하지 않는 한 빈곤으로부터의 자유와 내일의 번영은 이룩될 수가 없을 것입니다.

정부는 자립경제의 기반형성을 위한 중요목표를 수출산업과 수입대체산업의 육성에 두고, 이에 따른 산업구조의 개선에 주력하고 있으며, 또한 이 경제건설의 지표는 장차 보다 고차적으로 실현되어 나갈 것을 명백히 해 두고자 합니다. 따라서 광공업 전체 사업수의 97%를 점하면서 수출산업과 생활필수품산업, 그리고 고용면에서 큰 비중을 차지하고 있는 중소기업의 위치와 사명은 매우 중요한 것이라 아니할 수 없는 것입니다.

정부로서는 이러한 중소기업의 위치를 감안하여, 우선 중소기업의 독자적 실력배양과 대기업과의 계열적 제휴를 조장, 육성, 지도할 것이며, 중소기업이 수출산업으로 전환할 수 있도록 최대한의 행정적 지원을 다할 것입니다.

중소기업의 생산성 향상을 위해서는 적절한 보조조치를 고려할 것이며, 특히 수출산업에 대하여서는 세율면의 특혜와 필요한 융자로써 국제시장 진출을 적극 조장할 방침입니다.

또한 정부는 시설의 근대화, 경영 및 생산기술의 개선책과 세제의 개혁과 행정기구의 강화 또는 계열화의 조성 등과 같은 일련의 종합정책의 추진을 위하여 중소기업기본법의 제정을 서둘러 나갈 것입니다.

아무쪼록 여러분들은 이와 같은 정부의 노력과 충정을 깊이 이해하여 기업태세의 정비와 경영의 합리화를 통하여 하루 속히 우리나라 제품을 국제수준까지 향상시키도록 합심협력 있기를 바라는 바입니다.

지난날처럼 일부 기업인들이 사리사욕에만 치우쳐 국민경제를 교란시켜 정상적인 발전을 저해하는 폐해가 재현되지 않도록 각별한 자숙의 기운을 진작시켜야 할 것입니다. 모든 기업인이 창조적인 기업가 정신을 발휘하여 이 어려운 경제적 시련기를 조속히 극복하여 자립경제의 기반을 조성할 수 있도록 적극적인 협조를 기대하여 마지않습니다."

정부는 64년 7월 24일 경제 각의에서 중소기업육성책을 대폭 수정하여 중소기업을 수출업체로 전환시키는 계획을 추진하기로 했다. 모든 중소기업을 대상으로 하는 것은 아니고 우선 긴급대책으로 1년 6개월을 기한으로 잡고, 이것을 다시 3단계로 나누어 각 단계마다 목표를 세우고 지원토록 했다.

제1단계(64년 8월부터 12월까지)에는 수출업체로 전환 가능한 업체 150개만 골라서 우선 집중지원한다. 수출실적을 750만 달러에서 1천 5백만 달러로 증가시키며 가동률도 8월 현재의 46.8%에서 58.3

%로 향상시킨다.

이렇게 해서 서울 48, 부산 34, 경북 25, 경남 18, 전북 5, 전남 9, 경기 10, 충북 5, 충남 4, 강원 2, 제주 1, 중앙회 6, 합계 167개 업체가 제1차로 선정되었다.

제2단계(65년 1~6월)에는 제1차 선정 167개 업체를 더욱 지원하여 수출을 2천만 달러로 증가시키고 가동률도 63.6%로 향상시킨다.

제3단계(65년 7~12월)에는 상기 167개 업체에다 133개 업체를 추가로 선정하여 수출전환 업체를 3백 개로 늘려 수출은 3천 2백만 달러로 하고 가동률은 74.2%로 높인다. 이렇게 해서 선정된 업체를 집중 육성하고 차차 그 수를 늘려나가는 정책을 추진해 나갔다.

**한일시멘트공장의 준공은 우리나라 공업발전의 희망을 상징한다**

1964년 6월 20일, 한일시멘트공장 준공식에서 대통령은 연산 40만 톤의 생산능력을 보유한 제4시멘트 공장의 가동은 우리나라 공업발전의 희망적인 계기를 상징하는 것이라고 경축했다.

"오늘 이 뜻 깊은 한일시멘트공장 준공식에 참석하여 여러분과 함께 우리나라 경제발전의 기간(基幹)을 이룰 수 있는 또 하나의 거대한 생산공장의 가동을 경축하게 된 것을 나는 매우 기쁘게 생각하는 바입니다.

이제 정부와 국민이 한결같이 합심·노력한 보람이 있어 오늘 우리는 연산 40만 톤의 생산능력을 보유한 제4시멘트공장의 준공을 보게 된 것입니다.

전 국민과 더불어 나는 이 벅찬 기쁨을 함께 나누면서 이 공장건설에 온갖 노력을 기울인 관계자 여러분의 노고를 높이 치하하는 바입니다.

오늘날 시멘트의 수요는 어느 나라를 막론하고 일익 격증해 가는 경향을 보이고 있거니와, 우리나라의 시멘트 수요도 그 용도나 수량에 있어서 엄청난 증가일로를 걷고 있는 것입니다.

이제 내월 초에 또 다른 시멘트공장의 준공을 보게 될 예정인 바, 그렇게 되면 해마다 4만 톤 내지 30만 톤의 시멘트를 수입했던 지난날과는 달리 우리는 금년의 시멘트 수요 130만 톤을 자급자족하고도 약 7만 톤 가량의 여유를 갖게 됨에 비추어, 이 공장의 가동은 이 나라 공업발전을 위한 희망적 계기를 상징하는 것이라 아니할 수 없습니다.

돌이켜보건대, 19년 전 8·15 당시만 해도 삼척에 8만 5천 톤 규모의 양회공장 하나가 있었을 뿐이었다는 것을 생각하면 오늘의 이 경사는 격세의 감회를 자아내게 하며, 아울러 근면과 노력의 줄기찬 도정에는 반드시 이와 같은 보람 있는 결실이 맺어진다는 고귀한 교훈을 일깨워 주고 있는 것이라 아니할 수 없습니다.

확실히 1964년은 우리의 시멘트 생산능력이 일약 100만 톤이나 늘었다는 고무적인 공업화의 진전을 입증하는 해로서, 이와 같은 결과는 일찍이 세계 시멘트공업 사상 희유(稀有)한 일임을 자부하고 싶을 따름입니다.

앞으로 우리의 손으로 만들어진 시멘트는 조국근대화의 앞날에 다시없는 촉진제가 될 것이며, 수리사업을 비롯한 각종 토목사업 등 건설에 긴요하게 사용되어 국민생활 향상과 복지사회 건설에 크게 이바지하게 될 것을 확신해 마지않습니다.

아무쪼록 여러분들은 오늘날 생산 분야에 부하된 시대적 사명을 깊이 인식하여 분발과 창의를 다하여 계획된 목표량의 달성과 품질의 우수성 확보에 헌신적인 기여 있기를 간곡히 당부해 마지않습니다."

## 비스코스인견사 생산하게 되면 수입해 오던 국내수요 충족할 수 있게 된다

1964년 6월 27일, 흥한비스코스인견사 공장의 기공식에서 대통령은 앞으로 이 공장이 준공되어 비스코스인견사를 생산하게 되면 수입에 의존해 온 국내수요를 충족할 수 있게 되어 외화절약과 고용증대의 성과를 거둘 수 있다고 전망했다.

"오늘 뜻 깊은 비스코스인견사공장의 기공을 나는 충심으로 경축하는 바입니다. 생산과 건설이 그 어느 때보다도 온 국민의 집중적 노력을 요청하는 오늘의 시점에서 또 하나의 생산 공장의 건설에 착수하게 된 것은 매우 뜻깊은 일이라 하겠습니다.

무엇보다도 오늘에 이르기까지 이 중대한 사업을 꾸준히 추진하여 온 관계관 여러분의 노고를 높이 치하하며 아울러 여러분의 배전의 분발과 노력으로 하루 속히 이 공장이 그 준공을 보게 될 것을 바라 마지않는 바입니다.

이 공장이 머지않아 준공되어 가동을 보게 되면 연간 5,400톤의 비스코스인견사가 생산되어 지금까지 수입에 의존했던 국내수요 전량을 충족하게 되므로 연간 400여만 달러 외화를 절약할 수 있을뿐더러, 많은 사람을 고용하여 실업자의 구제에 큰 도움이 될 것을 믿어 마지않는 바입니다.

돌이켜보건대 지난 3년간 우리는 의욕적인 경제건설을 서둘러 왔으며 많은 공장들을 건설해 왔던 것입니다. 이제 이러한 정부와 국민의 한결같은 인내와 노력의 보람으로 우리는 전력과 석탄, 비료와 정유 및 시멘트 등 기간산업의 토대를 구축할 수 있게 된 것입니다.

그러나 이와 같은 공업화를 위한 국민적 노력이 꾸준히 계속되던 지난 2년여에 걸쳐서 우리는 많은 시련과 희생을 지불하지 않을 수 없었던 것입니다. 외환의 부족, 물가고, 생활난 등이 바로 그것입니다.

그러나 이 시련과 고난은 건설과 번영을 위해서는 반드시 겪어야할 과도적인 현상인 것이며, 일단 그 고비를 넘어서면 경제적 발전은 급속히 이룩될 수 있다는 것을 나는 오늘 이 자리를 빌려 거듭강조하고자 합니다. 인내와 노력보다는 안일과 체념이 앞서고 자신과 용기보다는 위축과 실의가 앞서는 곳에 결코 건설과 번영의 앞날이 기약될 수는 없는 것입니다.

한국의 경제는 이미 밝은 전망이 점차로 나타나기 시작하였으며오늘의 경제적 현실은 침체에서 생기로 전환되는 과도적 시련이라는 것을 국민 모두가 깊이 인식하여야 하겠습니다.

비록 어렵고 힘겨운 여건하에서나마 우리는 기어이 이 난국을 타개하려는 비상한 결의를 가다듬어, 희망과 자신을 가지고 경제건설을 줄기차게 추진시켜 나가야 하겠습니다.

오늘의 이 기공식도 우리들에게 가일층의 분발과 노력을 촉구하는 뜻깊은 계기가 되어야 할 것입니다.

아무쪼록 경제건설의 선두에 선 여러분들은 이 나라 경제가 당면한 시급한 과제를 깊이 인식하여 맡은 바 소임을 성실히 수행해 나갈 것을 간곡히 부탁드리는 바입니다."

### 가장 비쌌던 우리나라 시멘트값이 국제적으로 가장 값싼 국내 판매가격을 형성하게 되었다

1964년 9월 15일, 미국AID의 지원으로 건설된 현대건설 단양시멘트공장의 시업식에서 대통령은 시멘트값이 제일 비쌌던 우리나라가 금년부터는 국제적으로 가장 싼 국내 판매가격을 형성하게 되었다는 사실을 지적했다.

"오늘 현대건설 단양시멘트공장의 뜻깊은 시업식을 갖게 된 것을나는 여러분과 함께 충심으로 기쁘게 생각하는 바입니다.

자립경제를 이룩해야 하겠다는 우리들의 절실한 염원에 비추어볼 때, 생산과 건설이 그 어느 때보다도 온 국민의 집중적 노력을 요청하는 지금, 오늘의 이 보람찬 결실은 그 의의가 매우 크다고 아니할 수 없으며, 우리들의 배전의 분발과 노력을 촉구하는 계기가 될 것을 믿어 의심치 않습니다.

돌이켜보건대, 휴전이 성립된 이후 재건과 부흥에 막대하게 소요되었던 시멘트는 종래에 있던 두 공장의 가동만으로써는 도저히 그 수요를 충족시킬 수 없었기 때문에, 해마다 막대한 외화를 들여서 수십만 톤의 외국산 시멘트를 수입했던 것이 우리의 실정이었던 것입니다.

5·16혁명 이후 정부는 모든 산업의 개발과 건설의 주요 자재인 시멘트의 국내 자급자족 필요성을 절실히 느껴, 4개의 양회공장 건설을 5개년계획에 책정하고 이를 강력히 추진하여 온 보람이 있어 금년에 들어서 이미 쌍용, 한일 두 양회공장의 준공을 본 바 있으나 오늘 또다시 이 현대건설 단양시멘트공장의 시업을 보게 된 것입니다.

이로써 우리나라 시멘트 연간 총생산량은 일약 180여만 톤으로 대폭 증가하여 1961년만 해도 연산 57만여 톤에 불과했던 것이 지금은 그 3배로 늘어났으며, 시멘트값이 제일 비쌌던 우리나라가 금년 하반기부터 국제적으로 가장 헐한 국내 판매가격을 형성하게끔 된 것입니다.

이와 같이 시멘트생산이 근간에 이르러서 괄목한 만큼 발전하게 된 것은 정부의 적극적인 지원조치와 건설자 여러분의 왕성한 사업의욕의 결과라 하겠으나, 한편으로는 이 공장건설에 있어서와 같이 미국 'AID' 당국이 베푼 적극적인 지원에 크게 힘입은 것을 생각할 때, 오늘의 이 '건설의 결실'도 미국이 한국을 위해서 꾸준히 노력하는 민간경제육성의 산 표본이라 아니할 수 없는 것입니다. 나는 이 자리를 빌려 이 공장건설에 적극 참여한 모든 관계자 여러분을 비롯하여 특히 우방 미국의 관계관 및 기술진의 협조와 노고에 심심한 사의를 표하는 바입니다."

대통령은 이어서 경제자립의 전망은 밝아오고 있고, 앞으로 얼마 동안의 고비만 넘어서면 경제발전은 급속히 이루어질 가능성이 짙어가고 있다고 낙관했다.

"이제 이 공장의 정상적 가동으로 국내수요는 일단 충족되고, 66년 초에 있게 될 이 단양시멘트공장의 시설증가와 확장으로, 우리는 앞으로의 경제성장에 수반하여 점차로 증가될 시멘트수요에 충분히 대비할 수 있게 된 것입니다.

비단 시멘트뿐만 아니라 우리나라의 경제발전에 있어서 큰 비중을 차지하는 전력문제도 일단 해결되고, 석탄, 비료 등의 기타 기간산업의 건설도 진척을 보이고 있으므로, 우리의 경제건설은 한 가지 한 가지씩 착실한 성과를 거두어 가고 있는 것이 여실히 입증되고 있습니다.

따라서 경제자립의 전망은 점차로 밝아가고 있으며 앞으로 얼마동안 고비만 넘어서면 경제적 발전은 급속히 이루어질 가능성이 짙어져 가고 있는 것입니다.

우리는 이 기회를 놓치지 말고 더욱 분발하고 노력함으로써 우리의 모든 힘을 생산에 집결시키고 건설에 건설을 이어나가야 하겠습니다.

전력이나 시멘트의 생산에 있어서 짧은 시일 동안에 이처럼 큰 성과를 올렸다는 것은, 우리도 노력만 하면 반드시 성공할 수 있다는 하나의 고귀한 체험이 아닐 수 없는 것입니다. 우리의 관심을 더

1년에 40만 톤 생산능력을 갖춘 한일시멘트 단양공장 준공식에 참석한 박 대통령
(1964. 6. 21)

현대 단양시멘트공장 시업식에 참석한 박 대통령  왼쪽이 박충훈 상공부 장관, 오른쪽
이 정주영 현대건설 사장(1964. 9. 15)

욱 경제건설에 집중시키고, 또 더욱 힘차게 일해 나갈 것을 굳게 다짐하는 바입니다.

오늘의 시업식을 계기로 이 단양시멘트공장이 생산하는 막대한 양의 시멘트가 국토건설과 산업부흥에 커다란 힘이 될 것을 기원하면서, 끝으로 현대건설주식회사의 무궁한 발전과 사원 여러분의 건투를 비는 바입니다."

## 1억 달러 수출달성은 자립경제의 근간이 되는 수출증대의 앞날을 위해 뜻깊은 일이다

1964년 11월 30일, 이날 우리나라는 드디어 우리의 오랜 숙원이었던 1억 달러 수출을 달성했다. 11월 말 현재 정확한 수출실적은 1억 139만 2000달러였다.

1962년부터 착수한 제1차 경제개발 5개년계획이 성공적으로 추진됨에 따라 농업생산의 증대는 물론, 에너지산업 및 각종 기간산업의 건설과 철도, 도로, 통신 등 사회 간접자본의 기반조성에도 많은 성과가 나타났고, 특히 수출은 목표연도보다 2년 앞당겨 달성된 것이다.

상공부는 1억 달러 수출목표를 달성한 11월 30일을 '수출의 날'로 정하고 우리의 수출증대와 경제자립 달성을 위한 이정표로서 매달 기념하기로 하고, 64년에는 12월 5일에 제1회 수출의 날 기념식을 거행하기로 하였으며, 이 사실을 12월 2일에 발표했다.

수출의 날을 알리는 현수막이 전국의 곳곳에 내걸렸다. 서울의 명동에 있는 중앙우체국 앞에는 '수출실적 1억 달러 돌파', '늘어나는 수출에 밝아오는 나라살림'이라는 표어가 적힌 기념탑이 세워졌다. 모두가 불가능한 일이라고 생각하던 수출 1억 달러 돌파에 온 나라가 열광했다.

**1억 달러 수출달성** 1964년 11월 30일, 이날을 '수출의 날'로 정하였다. '수출의 날' 기념식에서 공로자들을 격려하는 박 대통령

12월 5일의 제1회 수출의 날 기념식에서 대통령은 1억 달러 수출의 달성은 자립경제의 근간이 되는 수출증대의 앞날을 위해서 뜻깊은 일이라고 천명했다.

"친애하는 국민 여러분!

오늘 평소에 우리들의 숙원이던 억대 수출의 달성을 보게 됨에 즈음하여, 나는 수출증진이라는 국가지상의 과제를 이룩하기 위하여 제일선에서 애써 노력한 수출업자와 생산업자 여러분은 물론, 온 국민 여러분과 더불어 충심으로 기뻐해 마지않는 바입니다.

더욱이 우리나라 수출무역에 있어서 역사적인 기점을 마련한 오늘을 '수출의 날'로 정하여 널리 기념하게 된 것은 자립경제의 근간이 되는 수출증대의 앞날을 위하여서는 참으로 뜻 깊은 일로 여기는 바입니다.

돌이켜보건대, 우리나라는 과거 반세기 일제강점기하에서 산업구조가 기형화되었고, 2차 세계대전 종전과 함께 해방을 맞았으나, 불행히도 국토가 양단되어 공업적 입지조건이 유리한 북한 땅을 상실한데다가 설상가상으로 6·25전쟁으로 인한 참혹한 전쟁의 피해로 그나마 산업시설이 회진되어 선진제국에 대비할 때, 국민소득 수준은 저위에 머물고 또 국제수지는 만성적인 역조현상을 면치 못하여 상품수입이 수출의 10배를 넘는 실로 엄청난 불균형을 나타나게 되었고, 이로 말미암은 부족한 외화를 외원에 의존하면서 자립경제와는 너무나도 동떨어진 환경 속에서 살아왔던 것입니다.

그러나 최근 수년간 정부나 경제계의 여러분, 그리고 일반국민이 비상한 각오로써 자립경제 달성의 요체가 되는 수출증진에 온갖 정력을 경주함으로써 국제수지의 개선을 시도한 보람이 있어서 그간 눈부신 성과를 거둘 수 있게 된 것입니다.

특히 고질화된 국제수지의 역조현상을 개선하는 데는 허다한 난문제가 있었습니다만 수출업자와 생산업자 여러분은 물론 모든 국민이 수출 진흥에 적극 노력한 결과, 수출가 증가추세는 계속 유지되어 오늘에 이르러서는 우리나라 수출규모가 억대 돌파라는 새로운 과정을 확립하기에 이른 것입니다.

한편 수출무역에 있어서 양적인 면에서만 진전을 보았을 뿐만 아니라, 근래에 와서는 국내산업이 발전함에 따라 공업제품 수출이 현저하게 증대되어 후진적인 수출구조에서 점차로 고도화된 수출구조로 개선되어 가고 있어, 우리나라 수출무역의 장래를 밝게 해주고 있음은 매우 고무적인 사실이 아닐 수 없습니다."

대통령은 이어서 우리국민의 타고난 재질과 또 저렴하고 풍부한 노동력을 활용하여 노동집약적인 산업을 육성하여 공산품수출을 증대시키는 데 힘써 줄 것을 기업인들에게 당부했다.

"오늘날 세계 각국은 무역자유화의 경향과 함께 판로의 개척과 확대를 위하여 실로 불을 뿜는 치열한 경쟁을 하고 있음에 비추어, 우리나라에 있어서도 수출업 또는 생산업에 종사하고 있는 여러분들은 경영을 보다 합리화하고 기술을 개선함으로써 품질과 가격면에서 국제 간의 경쟁에 뒤지지 말아야 소기의 성과를 기할 수 있다는 점을 재삼 명심해야 할 것입니다.

정부에서도 여러분의 노력에 못지않게 국제경제의 환경에 적응되는 효과적인 시책으로 적극 여러분들을 지원할 것을 다짐해 두는 바입니다.

또한 우리나라는 천연자원이 아직 미개발 상태에 있으나 반면에 인적 자원은 풍부합니다.

그러므로 앞으로 우리는 지난날과 같이 농수산물 및 광산물과 같은 자연자원 수출에만 치중할 것이 아니라 우리민족이 선천적으로 타고난 재질과 저렴하고 풍부한 노동력을 최대한으로 활용하여 다각적인 생산 활동을 더욱 활발케 하고, 특히 노동집약적인 산업을 육성케 하고 여기서 제조되는 공산품 수출을 진흥시키는 데 가일층 노력할 것을 아울러 요망해 두고자 합니다.

끝으로 오늘 제1회 '수출의 날' 기념식에 즈음하여 상공당국이나 대한무역진흥공사가 이룩한 업적을 높이 찬양하고, 또 관계관 여러분의 노고를 치하하면서 이 뜻 깊은 날이 자립경제를 촉성하는 또 하나의 계기가 될 것을 기원하는 바입니다."

### 우리도 국제수출 경쟁에서 이겨나갈 수 있다는 자신을 가지게 되었다

1965년 1월 16일, 대통령은 국회에 출석하여 발표한 연두교서에서 우리도 국제수출 경쟁에서 이겨나갈 수 있다는 자신을 가지게 되었다고 천명했다.

"정부는 증산과 더불어 수출을 대지표로 삼았습니다.

공업원료의 수입의존도가 높은 나라에서 수출은 경제의 생명입니다.

2차 세계대전 직후, 영국의 처칠 수상의 '수출 아니면 죽음'이란 호소가 결코 과장이 아닐 것입니다.

한 가정은 주인의 수입 내에서 살고, 정부는 세수입 내에서 경비를 지출하고 국가는 대외수입 범위 내에서 대외지출을 하는 것이 바로 자립의 초보적인 목표인 것입니다.

실로 우리나라는 과거에 수출이라는 것을 모르고 살아왔다 해도 과언이 아닙니다.

해방 전에는 예속경제, 해방 후에도 원조경제하에 자국의 수입 수요를 자력으로 충족시켜야 한다는 각성이 부족하였고 수출시장을 개척하려는 의욕도 거의 없었던 것입니다.

여러 해를 두고 년 2,000~3,000만 달러의 수출이 고작이었으며, 그것도 중석(重石) 등을 빼면 더욱 보잘 것 없었습니다.

그러나 지난 수년래(數年來) 정부와 민간이 잠을 깨고 노력한 결과, 수출은 급속히 신장하게 되었던 것입니다.

작년에는 드디어 1억 2,000만 불을 돌파하기에 이르렀습니다.

아직 무역수지 균형까지에는 상당한 거리가 있으나 우리도 국제수출 경쟁에서 이겨나갈 수 있다는 자신을 가지게 된 것만은 확실합니다.

작금 양년(兩年)의 수출 '템포'로 보면 금년의 목표가 1억 7,000

만 불은 물론, 내후년 67년의 3억 불 목표도 능히 돌파할 것으로 예측됩니다.

한국의 잠재적인 수출경쟁력에 대한 국제사회의 인식도 점차 높아가고 있는 이때야말로 우리가 투입한 교육투자의 과실을 거둘 때가 왔다고 생각합니다.

앞으로 수년간만 국내정치가 안정되고 경제시책을 수출무역에 집중한다면 우리나라도 국제적인 수출입면에서 자립할 수 있게 될 것입니다.

정부는 경제시책의 방향이 무역진흥에 집결될 수 있도록 할 것이며, 무역에서 출발하여 무역에서 안정될 수 있도록 전력을 다할 것입니다.

증산과 수출의 2대 과업을 수행하여 가면서, 이를 뒷받침할 각종 공장건설을 비롯하여 국토종합개발과 전력·철도·주택 등의 건설도 정부는 그야말로 꾸준하고 치밀한 계획으로 이를 실천해 나갈 것입니다.

올해에는 이미 착공한 모든 댐 공사가 완성될 것이며, 또 정선선·경북선·진삼선의 개통을 비롯하여 240여 km의 철도 부설이 있을 것이고, 통신사업에 있어서는 '마이크로·웨이브'의 신설과 자동전화 3만 7,000회선의 확충, 그리고 해군에 있어서는 4만여 톤(M/T)의 외항선도입 등이 이루어질 것입니다."

대통령은 이어서 증산, 수출, 건설의 목표를 달성하기 위한 통화안정, 외자도입, 중소기업 육성, 농수산물 가격유지 등에 관해 설명했다.

"위에서 밝힌 3대목표의 달성을 위하여 정부는 먼저 통화의 안정을 기할 것입니다.

65년도의 재정안정 계획은 현재 검토 중에 있으므로, 금융·통화·외환 등의 기본지표는 아직 결정을 보지 못하고 있으나, 64년도의 체험에 비추어 우리나라의 경제규모에 가장 적절한 안정목표를 책정하여 안정된 바탕 위에서 증산과 수출이 가능하도록 뒷받침할 것입니다.

금융면에 있어서는 한정된 통화량 범위 내에서 치밀 주도한 자금계획을 수립하고 주로 증산 수출 중소기업 등 부문에 집중적으로 지원되도록 조치할 것입니다.

금년 정부는 획기적인 시책으로 외환에 대한 단일변동환율제를 채택하여 자유시장의 수요공급에서 환시세가 형성되도록 하고, 동시에 국제시장 가격과 국내시장 가격의 상호작용에 의한 자동적인 수입조절 기능을 대폭 회복케 하겠습니다.

이는 증산과 더불어 물가안정을 뒷받침하는 2대지주입니다.

다음은 우리나라 경제의 성장을 돕고 발전을 촉진시키는 데 있어서 더욱 많은 우방국가와의 경제협력을 강화하겠습니다. 우리는 우리의 눈을 밖으로 돌려야 합니다.

우리는 우리가 낙후된 것을 아는 동시에, 우리가 전진할 수 있는 잠재능력을 가진 것도 인식하여야 하고, 또한 우리를 도울 수 있는 많은 우방국가가 있다는 것도 알아야 할 것입니다.

금년에는 미국·서독을 비롯하여 서구 제국(諸國)과 일본 등으로부터의 차관 가능액이 상당한 크기에 달하고 있습니다.

필요한 것은 수원(受援) 태세의 정비입니다.

외자를 신속하고 올바르게 받아들이기 위하여 일부 경제행정기구를 능률적으로 개편 강화할 생각입니다.

그 다음으로 일찍이 밝힌 바 있거니와, 중소기업에 대하여는,

첫째 수출산업에의 전환을 적극 지원하겠습니다.

그리고 당분간은 대기업과의 경합을 완화시키고 그 산업성을 높이기 위하여 중소기업을 계열화·조직화하는 동시에, 중소기업의 소요자금과 원료공급을 대폭 증대할 방침입니다.

끝으로 농업·수산업에 있어서는 농수산물가격 유지에 더욱 주력하기 위하여 각종 공업원료·수출상품의 계약재배를 계속 확대 지원하며, 이 방면에 대한 도시자본의 투입을 환영할 것입니다.

또한 농업, 수산금융에 있어서도 계층별로 지도금융에 중점을 두어 실시해 나갈 방침입니다.

그러나 5단보(段步) 미만이 100만 호가 넘는 우리나라에서 중농정책의 성공은 농민의 자발적인 협동조직 위에서만 이루어질 수 있는 것입니다.

이 산 예로, 거의 자발적으로 현재 진행 중에 있는 경상북도의 경지정리사업을 들 수 있습니다.

나는 경상북도의 예를 전국에 펼쳐서 농업협동정신을 앙양하는 동시에, 농업경영합리화의 기반을 마련코자 전국으로 동 사업을 계획 실시할 방침입니다."

### 수출하는 기업과 기업인에 대한 '특혜지원'이 시작되다

대통령은 연두교서를 발표한지 1주일이 지난 1월 22일 전국산업인대회에 참석하여 수출증대를 위한 정부의 각종 지원 대책을 밝히고 기업들의 창의적인 노력과 분발을 촉구했다. 이날 대통령이 천명한 수출기업지원 방침은 한 마디로 수출을 하는 기업과 기업인에 대해서는 무엇이든지 다 도와 주겠다는 '특혜'의 시작이었다. 그것은 실로 파격적이었다.

대통령은 먼저 우리나라와 같은 어려운 여건하에서 수출한다는 것이 어려운 일이지만, 기업인이 앞장서고 정부가 뒤를 밀고 온 국민이 합심 협력한다면 단시일 내에서 성과가 오를 것이라는 확신을 피력했다.

"오늘 여러분들이 이렇게 모처럼 한자리에 모여 우리나라 산업의 여러 가지 문제에 대하여 서로 자유로이 의사를 교환하고 앞날의 발전을 위하여 토의할 수 있는 기회를 갖게 된 것을 매우 반갑게 생각합니다.

또한 이 대회가 여러분에게는 물론, 국가경제의 발전을 위하여도 뜻 깊은 회의가 될 것을 믿어 마지않습니다.

그런데 우리는 아직도 경제자립의 바탕을 갖추지 못하고 있습니다.

다시 말하면 수출을 증대시켜 원조 없이도 국제수지가 균형되고, 많은 공업원료와 기계시설이 국내에서 생산되어 물가등귀 없이 산업발전이 이루어지도록 되어야 하겠습니다.

지난날 우리가 겪은 쓰라린 경험에 비추어 우리와 같은 어려운 환경하에서 한 나라의 산업이 발전한다는 것이 결코 용이한 일이 아님을 나는 잘 알고 있습니다.

오늘에 이르기까지의 여러분의 고충도 이만저만이 아니었을 줄 압니다. 전기가 끊어진다, 원료가 달린다, 환율이 2배로 뛴다는 등등 어려운 일이 한두 가지가 아니었던 것이 사실입니다.

그러나 그러는 사이에 수출도 늘기 시작하고, 공장도 건설되어 가고 있고, 전기사정도 크게 좋아졌습니다.

그러나 우리 경제가 자립하려면 아직도 한고비 더 넘어야 하겠습니다. 이제 우리는 우리의 나아가야 할 방향이 무엇인가를 민관이 다 같이 뼈저리게 인식하게 되었습니다.

첫째, 수출을 늘려야 하겠습니다.

차관상환이나 수출용 원료수입 증가 등을 생각하면 수출면에 있어서 여러분이 담당하여야 할 일이 얼마나 벅찬 일인가가 짐작됩니다.

어려운 일이지만 여러분이 앞장서고, 정부가 뒤를 밀고, 또 온 국민이 합심 협조하면 단시일 내에 성과가 오를 것으로 확신합니다. 우선 우리는 눈을 밖으로 돌려서 세계도처에서 우리의 고객을 찾아야 하겠습니다.

정부도 여러분을 돕기 위하여 정부의 모든 노력은 물론, 무역진흥공사와 해외공관의 경제활동을 일층 강화하겠습니다.

나는 여러분이 수출시장을 확대하기 위하여 세계 각국에 그 활동을 넓히는 데 대하여 전적으로 뒷받침해 드릴 작정입니다. 수출실적이 있는 분에게나, 수출이 유망한 업체에서 해외여행을 희망할 경우에는 비행기표나 초청장이 있어야 한다는 조리에 맞지 않는 행정을 금년에는 일소토록 하겠습니다.

그 대신 여러분도 자발적으로 외화를 절약해 주어야 할 것입니다. 외화는 온 국민의 피와 땀이 어린 노력의 결정입니다.

또한 나는 지난 연말부터 실시된 수출용 원자재 수입시의 신용장개설보증금문제와 수출금융의 이자 및 제반수수료 인하문제 등을 즉각 재검토하여 이를 시정하도록 지시했습니다.

기타 행정의 복잡성도 계속 시정하도록 조치하고 있습니다.

다만 여러분 가운데 목전의 이익추구에 조급한 나머지 국제적 신용을 추락시키는 일은 절대로 있어서는 안 되겠습니다.

정부는 그런 일이 발생하지 않도록 금년부터 검사제도의 일층 강화를 꾀할 것입니다. 만약에 고의로 상품의 질을 속이는 경우가 있다면 단호한 처벌을 받아야 될 것입니다."

대통령은 이어서 우리는 우리의 자원을 개발하고, 인류의 지식과 기술을 소화하며, 실업자를 활용함으로써 자본 부족을 보충해야 한다는 점을 강조하고, 이를 위해서 정부는 기업인들의 활동에 도움이 될 수 있는 여러 가지 방책을 취하겠다는 뜻을 밝혔다.

"지혜와 용기를 가진 민족에는 활로가 있습니다.

우리는 수출과 아울러 풍부치는 못하나 우리가 가진 자원을 개발하는 데 전력을 다하여야 하겠습니다.

우리는 수많은 실업자를 활용하여야 하고, 이로써 자본부족을 조금이라도 보충할 수 있어야 할 것입니다.

이를 위하여 정부는 여러분에게 무엇을 어떻게 해 드려야 하겠느냐를 생각해 보았습니다.

첫째, 여러분이 믿을 수 있는 정부가 되어야겠다고 생각했습니다.

근본정책이 조석으로 변하지 말아야겠습니다. 여러분이 판단기준으로 삼을 수 있는 각종 정책을 사전에 제시하는 방향으로 행정을 시정해 가겠습니다.

예를 들면 단일변동환율제도만 하여도 그 실시 시기의 불투명으로 수출활동이 저해되고 있음을 알고 있습니다. 이러한 일이 없도록 노력하여야겠으며, 또한 일부의 반대만 있으면 근본정책을 쉬 변경하는 흔들리는 행정이 되풀이되어서도 안 되겠다는 것입니다.

이런 방침에서 정부는 각종 공업의 목표와 육성방침을 성안하여, 여러분이 지침으로 삼고 투자활동을 할 수 있게끔 지도할 작정입니다. 중소기업에 있어서도 마찬가지입니다. 각 업종별로 그 나아갈 방향을 제시해 볼 생각입니다.

또한 산업시설 도입을 위한 외국자본의 도입면에 있어서도 외자도입법의 취지를 살리면서 행정을 능률화해 갈 방침입니다. 자금면에서도 새로이 서구지역의 협력을 얻을 수 있게 될 것이며, 중소기업에 대하여도 2,000만 달러의 차관자금이 우선적으로 배당될 것입니다.

그러나 뭐니뭐니해도 산업건설의 관건은 내자조달에 있습니다. 이 점에 있어서 여러분의 협조가 무엇보다도 중요하다고 생각하는 것입니다. 절약할 수 있는 사람은 바로 여러분들입니다.

일부의 내자는 외자에 의하여 마련하는 방법도 연구 중입니다. 그것도 결국 상환하여야 한다는 사실을 생각할 때, 역시 내자는 어디까지나 국내자본의 동원에 의하여야 한다고 절실히 느껴지는 것입니다.

물론 정부는 금융면에서도 소요자금의 일부를 공급할 계획입니다. 그러나 물가안정을 무엇보다도 중요시하여야 할 정부입장으로서 덮어놓고 자금을 공급할 수 없다는 어려움이 있음을 여러분도 이해해 주어야 하겠습니다.

따라서 정부는 재래의 가족회사를 탈피하여 여러분이 상호협조하여 큰 자본을 조달할 경우에는 우선적으로 지원할 방침입니다.

이러한 관점에서 주식분산이라는 것이 더욱 절실히 요망되며, 정부 측에서도 국영기업체의 주식을 꼭 공매토록 하여 주식대중화의 사회적 분위기를 조성하는 동시에 내자를 조달해 나가겠습니다."

대통령은 끝으로 역사와 민족과 국가 앞에 기업인으로서의 사명의식을 간직해 줄 것을 당부했다.

"다시 한 번 가능성의 세계로 우리의 머리를 돌려 봅시다. 싼 노임과 세계 최신의 기술이 결합된 상태를 상상해 봅시다. 우리에게도 반드시 비약의 날이 가까운 장래에 올 것입니다.

이웃나라 일본도 결코 자원이 풍부한 것이 아닙니다. 그들의 석유화학공업이나 방직업·철광업도 그 원료의 대부분을 외국에 의존하고 있지 않습니까? 우리와 다를 것이 무엇입니까? 노임이 싼 만큼 우리는 그들보다 유리합니다. 방직업계에는 이미 그런 기운이 싹트고 있습니다.

여러분! 더욱 용감하게 전진합시다. 그러면 더 많은 분야에서 우리가 그들을 능가할 수 있을 것입니다.

좋은 착상과 그것을 실현하려는 불굴의 의지와 노력만 있으면 반드시 우리 사회에도 번영의 꽃이 피게 될 것입니다.

전국의 공업·광업·농림·수산업 그리고 무역업을 경영하는 산업인 여러분!

여러분의 의욕에 넘친 사업을 정부로서는 최선을 다해 지원할 것을 다시 한 번 다짐하면서, 마지막으로 당부할 것이 하나 있습니다.

그것은 조국근대화라는 민족적인 과업에 임해서, 역사와 민족과 국가 앞에 사명의식을 깊이 간직해 달라는 것입니다. '기업활동의 자유'가 과거 사회에서와 같이 왜곡되거나, 또 윤리성을 저버리는 일이 없어야 하겠다는 것입니다. 더욱이 아직도 불우한 환경 속에 사는 많은 불쌍한 동포들을 한시도 잊지 말아야 하겠습니다.

여러분들의 왕성한 사업의욕과 함께 국가, 민족에 향하는 불타는 사랑이 있기를 간곡히 당부해 마지않습니다.

나는 이 뜻깊은 대회에 나와서 여러분의 새로운 결의 찬 모습을 보고 마음 든든하게 생각하며, 여러분의 온갖 노력이 참되게 결실되기를 바라는 바입니다."

대통령은 한국의 경제발전을 이룩하는 데 있어서 기업인의 필요성과 중요성을 누구보다도 잘 알고 있었다. 기업과 기업인은 투자를 담당하고 경제성장을 주도하는 주체로서 국가의 번영과 국민의 복지를 위해서 불가결한 존재라고 믿고 있었다.

기업인은 특이한 상상력과 특출한 결단력과 추진력을 가진 사람들로서, 항상 과거 질서를 파괴하고, 과거의 관습과 고정관념을 거부하면서, 끊임없는 혁신을 통해 새로운 미래의 가치와 질서를 창조한다.

기업인은 위험을 무릅쓰고 회사를 설립하여 새로운 상품의 생산을 위해 아직 시도되지 않은 기술적 가능성을 이용하고 원자재의 새로운 공급원이나 생산물의 판로를 개척하며, 산업의 재조직을 통해 생산양식을 혁신한다.

기업인들은 사용되지 않은 저축을 공장과 사무실, 농장과 연구실로 전환시키고 상품과 일자리를 창출해 부를 창조한다.

경제의 고도성장은 기업인들의 모험정신과 혁신능력에 절대적으로 의존한다.

따라서 경제를 살리려면 먼저 기업을 살려야하고, 기업을 살리려면 기업인들의 기업가 정신과 혁신과 모험의 정신이 살아나야 한다. 시대변화를 꿰뚫어보는 통찰력과 위험을 무릅쓰고 새로운 가능성에 도전하는 개척정신, 해야 할 일은 반드시 해내고 마는 추진력을 겸비한 젊고 패기에 찬 기업인들이 등장해야 한다.

그래서 대통령은 기업의 급속한 성장과 발전을 위해서 정부가 여러 가지 방법과 수단으로 기업을 지원하고 보호하도록 했다.

대통령은 정부가 기업을 지원하는 데 있어서 정부의 관계부처와 지원 대상 기업이 반드시 지켜야 할 원칙을 정하여 이를 철저하게 실행하도록 했다.

첫째, 정부는 지원 대상 기업과 사업을 선정함에 있어서 철저하게 경제논리에 따라 결정하고 일체의 정치적 고려를 배제한다.

둘째, 지원 대상 기업은 사업의 타당성과 경제성을 입증하고 선진국의 자본과 기술을 도입하도록 한다.

셋째, 정부는 공장의 부지로 최적의 입지조건을 갖추고 있는 지역에 공업단지를 조성하여 연관성 있는 공장들은 입주시킨다.

넷째, 지원 대상 기업은 수출증대에 집중적인 노력을 기울이도록 한다.

다섯째, 정부의 관계부처는 지원 대상으로 선정된 기업과 기업인에 대해서는 과감하고 파격적인 지원을 한다.

이러한 원칙에 따라 시멘트공장, 제철공장, 비료공장, 정유공장과 같은 기간산업 건설과 사회간접자본 확충사업을 추진하도록 선정된 기업과 기업인에 대해서 대통령은 과감하고 파격적인 지원이 어떤 것인가를 각종 건설현장에서 보여 주었다. 1962년 2월 3일 울산공업지구건설 기공식을 시작으로 1979년 10월 26일 세상을 떠난 그 순간까지 대통령은 전국의 공업단지를 수시로 방문하여 근로자들을 격려하고 경영진을 만나서는 애로사항을 물어서 그 애로를 현장에서 해결하도록 특단의 조치를 해 주었다.

일찍이 역대정권 시대에는 어떤 집권자도 하지 않았던 일이 일어나고 있는 광경을 보고 있던 정부관계부처의 고위관료들은 "저러시면 안 되는데"하고 당황하고 놀라는 기색이 역력했다. 그러나 특단의 지원을 받은 그 기업의 경영진은 기뻐할 사이도 없이 놀라고 감동했다. 문제의 애로사항을 해결하기 위해 관계부처에 여러 번 찾아가서 지원을 요청했으나 이런 저런 규정을 내세우며 차일피일 미루어 왔는데 대통령이 직접 챙기고 도와 주니 정말 열심히 일해야겠다는 마음이 앞선다는 것이다.

대통령은 기업다운 기업이나 기업인다운 기업인이 없는 우리나라가 공업화를 하려면, 부모가 자식을 낳아서 키우고 교육시켜서 그 자식을 훌륭한 인재로 성장하는 그날까지 무한한 사랑과 정성으로 보살피고 보호하고 격려해 주는 그러한 부모의 마음가짐으로 우리의 기업과 기업인을 하나하나 착실하게 키워나가야 한다는 생각을 갖고 있었다.

제1차 5개년계획부터 제4차 5개년계획이 완성되는 20년 동안 우리가 그렇게 노력해 나간다면, 1980년대에 가면 세계적인 한국기업과 세계적인 한국기업인이 많이 생기게 된다는 것이다.

대통령이 예단한 이러한 밝은 전망은 제1차 5개년계획 추진 과정에서 이미 엿보이기 시작했다. 기간산업 건설과 사회간접자본 확충사업을 맡아서 추진한 기업과 기업인들은 그러한 사업을 추진하는 과정에서 새로운 기술을 습득하고 자본을 축적함으로써 해마다 성장을 지속했다.

사실 1960년대 초 대통령이 우리나라가 경제발전을 이룩할 수 있는 최선의 길은 수출주도 공업화에 있다고 선언했을 때 대부분의 기업인들은 그들이 국제시장에 나가서 수출을 증대시키는 것은 거의 불가능한 일이라고 체념하고 있었다. 그러나 대통령은 우리 기업인들도 창의력을 가지고 노력하면 국제 경쟁에서 이길 수 있다고 믿고 있었다.

대통령은 자신의 신념을 기업인들에게 인식시키고, 그들이 국제 경쟁에 뛰어들어 수출을 증대할 수 있도록 정책적인 지원을 해줌으로써 마침내 자신감을 상실했던 기업인들에게 수출에 대한 자신감을 가질 수 있게 만들었다.

그러나 정부의 육성과 지원과 보호 속에 성장한 기업과 기업인들은 정상적인 경영활동의 영역을 벗어나 해서는 안 되는 일을 되풀이함으로써 기업인에 대한 국민들의 기대를 저버리는 사례도 적지 않았다.

기업인들 중에는 수단과 방법을 가리지 않고 이윤극대화만을 추구하여 돈벌이에만 급급한, 천박한 장사꾼과 부동산투기꾼이 생겨났고 심지어는 밀수와 탈세로 축재를 일삼는 자들도 있었다.

대통령은 지속적인 고도의 경제성장을 위해서 기업이 투자재원을 확보하기 위해 부를 축적하는 데 대해서는 이를 규제하지 않았다.

그러나 기업인이 개인적으로 부를 축적하는 데 대해서는 이를 반사회적인 행위라고 단정하고 기업인의 사회적 책임을 강조하였으며, 기업윤리를 실천하는 데 솔선수범할 것을 강력히 촉구했고, 악덕 기업인에 대해서는 법이 정하는 대로 준엄하게 다스렸다.

정부는 무역정책, 외환정책, 조세정책, 관세정책 그리고 금융정책의 5가지 측면에서 수출촉진 정책을 추진하여 경제개발 계획의 초기단계에 있어서 수출을 통한 경제 성장추구에 대한 정부의 의지를 분명히 했다.

1960년대 초 이래로 정부가 실시한 각종 수출지원 정책은 수출에 대한 강력한 지원, 합리적인 환율유지, 수출산업에 대한 금융 및 세제상의 지원 등이었다.

정부는 수출장려에 있어서 다음과 같은 원칙을 정하여 전략품목을 집중 지원했다.

첫째, 모든 업종을 골고루 도와 주는 것이 아니고, 품목의 성격상 우리나라에 유리한 품목을 골라 집중적으로 지원한다. 즉 특화산업의 육성이다. 그리고 그것도 일시에 하는 것이 아니고 몇 개 업종씩 단계적으로 골라서 실시한다.

둘째, 선정된 특화업종이라도 다 도와 주는 것은 안 된다. 그 업체가 수출하느냐, 안 하느냐, 많이 하느냐, 적게 하느냐에 따라서 도와 주기도 하고 안 도와 주기도 해야 한다. 따라오는 업체는 도와 주고 방관하는 업체는 도와 주지 않는다. 따라서 업종이 아니라 업체를 지원 대상으로 한다. 업체 수도 처음부터 많이 하는 것이 아니고 단계별로 수를 늘려나간다.

셋째, 선정된 업체에 대해서는 수출을 제대로 하는 한 힘껏 도와주어야 한다. 관민이 일체가 되어야 한다. 구식기계는 최신 것으로 교체한다. 자금이 필요하면 달러든 원화든 지원한다. 수출용 기자재 도입은 관세도 면제한다. 금리도 싸게 해준다. 운영자금도 필요한 만큼 준다. 기술지도도 공짜로 해준다. 외국시찰도 허가한다.

넷째, 수출목표를 달성하면 표창한다. 훈장도 준다.

정부의 수출진흥책은 수출품 제조업체에 대한 지원책과 무역업무에 대한 애로타개와 장려책 등 다양했다.

60년대 초부터 정부가 실시한 수출진흥책의 하나는 적자가 나는 수출업체를 보상해 주는 수출보상 정책이었다. 수출보상 수단으로는 수출장려금도 있었고, 수출입링크제도도 있었다. 이 제도는 수출업자에게 수출을 한 액수만큼 자기가 마음대로 달러를 쓸 수 있는 권리를 주는 제도로 꼭 필요할 때만 일정기간을 정하고 일정비율 한도에서 이 수출입링크제도를 활용하였다. 즉, 새로운 품목을 수출하기 시작할 때의 자극제로 활용하였다. 이 제도의 활용으로 그동안 약간의 적자 때문에 수출을 못하던 제품들의 수출이 늘어나기 시작하였으며, 특히 아직 수출 기반이 약한 공산품의 수출에 도움을 주었다.

1964년 5월 3일 환율인상으로 공정환율이 달러당 130원에서 2배인 255원으로 올라가 거의 실세에 가깝게 되고, 고정환율도 변동환율로 바뀌어 시세에 따라 환율이 변동되는 정상적 길이 마련됨으로써 수출입링크제도는 수출증대에 크게 기여하게 되었다.

또 하나의 수출장려책은 소요량증명에 의한 기술소득제도이다.

이것은 어떤 원료를 들여다 제품을 만들어 수출할 때 거기에 드는 원자재 수입을 인정하고 관세를 면제해 주는 제도이다. 원자재 10개가 들겠다고 해서 들여왔는데 알뜰하게 쓰다 보니 2개가 남았을 때, 그 2개에 대해서 기술소득이라 하여 관세를 면제해 주는 것이다. 다시 말하면 원자재 수입을 좀 후하게 해주고 수출하고 남은 원자재는 이를 제품화해서 국내시장에 팔아도 된다는 것이었다. 예를 들면, 텔레비전 1백 대를 만드는 데 TV부품 110대분을 들여다가 1백 대만 수출하고 10대는 국내에 팔아도 되었다. 관세를 물지 않아도 되고 구경도 못하던 신제품을 국내에서 팔면 돈을 벌 수 있기 때문에 수출업체에 큰 이익이 돌아갔다. 이 제도도 수출진흥에 큰 도움을 주었다.

정부는 기업에 보조금에서부터 특혜관세와 면세조치에 이르기까지 많은 것을 지원했고, 물품구입 등을 통해 기업의 자본수요액의 상당량을 떠맡았다. 정부는 기업에 고속도로, 항만, 철도, 통신 등을 마련해 주었고, 재정난에 빠진 기업을 구제하기도 했다. 정부는 또한 관세를 통해 기업을 외국과의 경쟁에서 보호해 주었고 어려운 기업에 대해 세금을 면제하거나 경감해 주었다. 뿐만 아니라 정부는 기술개발 비용이 기업의 능력 이상으로 방대한 경우에는 그 비용을 기업 대신 부담했고, 필요한 과학기술 지식의 획득을 위해 자금을 지불하고 기업으로 하여금 그 지식을 이용하게 했다. 현대 기술의 특징은 새로운 기술을 연구 개발하는 데 엄청난 시간과 자금이 소요된다는 데 있다. 따라서 새로운 제품의 생산에 필요한 기술을 개발해야 할 경우에는 소요시간이나 비용은 크게 늘어나며 실패했을 때 부담해야 할 손실도 적지 않다.

그리고 이러한 위험은 기술이 고도로 발달하면 발달할수록 개별적인 기업의 능력으로는 감당할 수 없게 된다. 그래서 정부가 기업을 위해서 그 위험을 부담하기로 한 것이다.

정부는 또한 인적 자원 육성, 총수요의 조정, 임금과 물가의 안정 등을 통해 기업의 성장을 지원했다.

정부는 또한 선진공업국가들로부터 외자를 도입하여 자본형성과 공업화에 필요한 수입재를 조달했고, 외국의 기술을 도입하고 기술교육을 확충했으며, 경제행정과 경제외교를 강화했다.

경제개발 초기에 있어서 기업인들은 현재와 미래에 사회질서와 정치안정을 보장하는 강력한 통치를 필요로 한다. 정치안정과 사회질서가 보장 안 되면 기업인들은 이윤을 창출하지 못하고 미래의 경제전망에 대해서도 확신을 가질 수 없게 되기 때문이다.

따라서 대통령은 기업이 경제성장에 기여할 수 있는 정치안정과 사회질서를 유지하기 위해 강력한 조치를 취했고, 기업인들은 대통령을 믿고 생산투자에 전념함으로써 경제 성장의 견인차 역할을 다했다.

한편, 정부는 두 가지 형태의 금융정책으로 기업을 지원했다. 그 하나는 저금리정책이었다.

60년대 초 우리나라는 개인가계저축이나 법인기업저축이 아주 빈약한 상태에 있었다. 일인당 국민소득이 낮은 데다가 개인저축을 동원하는 금융기관이 불충분했기 때문이다.

그래서 정부는 제1차 경제개발 5개년계획을 추진하면서 정부 주도로 각종 금융기관을 창설하고 이들을 통해 수출산업에 대해 금융지원을 강화했다. 경제개발의 상당기간 동안 시중 은행들은 국유화 상태로 유지됐고 정부의 지시에 따라 저리자금을 기업에 빌려주는 기능을 수행했다.

금융기관들은 시장의 실제금리보다 낮은 조건으로 기업에 대출을 해 주고, 기업은 유리한 대출로 투자수익을 올리게 되고, 확대투자를 위해 더 많은 대출을 요청하고, 금융기관들은 기업의 확대수요를 충당해 주는 식으로 금융기관과 기업 사이에 확장적인 대응관계가 발전되어 왔다.

그리고 예금을 통한 금융저축이 빈약했기 때문에 정부는 중앙은행의 신용대출을 통해 금융기관에 필요한 자금을 지원해 주었다.

이러한 금융의 팽창은 공업화를 촉진하고 경제의 고도성장을 지속시킨 원동력의 하나였다. 이러한 고도성장은 인플레를 수반하는 이른바 인플레적 성장이었다.

인플레는 기업의 반제부담을 경감하고, 인플레 이익을 통해 사업확대를 촉진하고 그 결과로 취업기회의 증대와 임금상승을 가져와 국민의 생활이 향상되었다.

또 하나의 정부의 금융정책은 정책금융이었다.

정책금융은 정부가 경제개발 계획 등 특정정책 목표를 달성하기 위하여 금융면에서 일반상업 금융을 질적 또는 양적으로 보완함으로써 자본유입을 의도적으로 증대시켜 당해 부분을 육성시키기 위한 선별적 금융정책 수단이었다. 그것은 정부가 은행을 통해서 조성한 국내외의 저축을 경제개발 계획에 입각한 사업의 우선순위에 따라 특정의 산업과 기업에 유리하게 배분하는 것이었다.

60년대와 70년대에 정책금융을 통한 대출금이 전체 대출금에서 차지하는 비중은 항상 50% 이상을 차지했다. 정책금융의 자금배분은 주로 수출산업 등 외화획득산업과 중화학공업 및 주요기간 산업의 지원을 위한 자금이 총정책금융의 과반수 이상을 차지했다.

정책금융은 60년대 전반에는 섬유공업과 경공업에 대한 지원, 60년대 후반에는 전자공업에 대한 지원, 70년대 전반에는 수출산업과 중화학공업에 대한 지원, 70년대 후반에는 중화학공업에 대한 지원에 집중되었다.

그 당시 야당과 일부 경제학자들은 정부의 금융에 대한 개입을 비판했다. 특히 정책금융을 통한 특정산업과 대기업에 대한 편중된 금융자원의 배분은 시장경제의 효율적 기능을 왜곡하고 낭비와 부패를 가져온다고 주장했다. 금융자원의 배분을 자유시장의 기능에 맡겨두면 투자자원의 낭비와 부패를 막고 효율적인 경제성장이 가능하고, 중소기업을 중심으로 하는 균형잡힌 경제구조가 형성될 수 있다는 것이다. 이들의 비판이나 주장은 그 당시 우리나라의 경제현실을 무시하고 선진국에서 이루어지고 있는 시장경제의 원리를 무조건 우리도 도입해야 한다는 것이었다.

그러나 그 당시 우리나라에는 금융자원을 배분할 수 있는 시장 자체가 형성되어 있지 못했다. 직접금융의 기능을 하는 자본시장은 1956년 증권거래소가 개설되면서부터인데 주로 국채를 거래한 유통시장으로 존재하였고 상장기업도 1960년대까지 한전을 비롯한 국영기업 중심의 고작 10여 개에 불과하였다. 기업의 설립자금을 조달하는 발행시장이 시동된 것은 1967년 한국투자개발공사 설립부터이며 그것은 정부가 창업투자회사의 역할을 대신하여 기업이 발행하는 주식을 인수하는 것이었다.

이어서 1972년 기업공개촉진법이 제정된 후에야 자본시장이 본격적으로 가동되었다. 그리고 간접금융의 기능을 담당하는 은행시장은 만성적인 자금부족과 대출의 초과수요에 시달리고 있었다. 그 당시 생계금융이나 상업금융의 역할을 하고 있던 사채시장의 이자율은 최저 50% 최고 100%의 고율이었다.

따라서 은행들은 이러한 고금리 유혹을 뿌리치고 수익성도 낮고, 불투명하고 위험한 기업대출을 하려고 하지 않았다. 이러한 상황에서 기업들은 정부에 특단의 조치를 호소했고, 정부는 정책금융을 통해 경제성장에 기여할 수 있는 기업에 금융자원을 집중적으로 배분한 것이다. 따라서 정책금융이나 저금리정책은 60년대 초의 상황에서 공업화를 밀고 나가기 위해서는 불가결한 것이었다.

이러한 금융정책은 수출지향 공업화를 통해 우리 경제의 지속적인 고도성장에 중요한 동력이 되었다.

야당과 일부 경제학자들은 정책금융이 자원의 낭비와 부패를 가져왔다고 비판했지만, 그들의 말대로 금융자원이 낭비되고 부패가 만연했다면 우리 경제는 절대로 장기간 동안 고도성장을 지속할 수가 없었을 것이다.

우리 경제의 고도성장은 금융자원 배분에 있어서 그 기본방향과 원칙을 정부관계 부처의 담당공무원들이 사심 없이 철저하게 준수했기 때문에 가능했던 것이다. 그 당시 대부분의 공무원들은 근대화의 주도집단이라는 긍지와 사명감으로 분발하여 자기들의 권한을 개인적인 치부수단으로 악용하지 않았다.

그것은 대통령이 항상 공무원의 정직과 청렴을 강조하고 신상필벌의 원칙에 따라 부정한 공무원은 엄벌하고 청렴한 공무원에 대해서는 포상을 한 결과였다.

정책금융에 부정과 부패가 수반된 것은 1987년 이른바 민주화 시대에 집권자들이 부정부패한 시기였다.

1980년대 이후에는 우리나라에 자본시장을 포함한 금융시장이 크게 성숙하였기 때문에 정책금융은 완화할 필요가 있었다. 그러나 80년대 이후의 집권자들은 주택건설이나 농어촌 구조조정, 또는 사회 정책적 요구 등에 금융자금을 배분하는 과정에서 부정부패를 조장했다.

정부의 공무원들이 부정문제로 사법처리되는가 하면 대통령과 대통령의 자제까지 부패사건에 연루되어 모두 사법처리되었다. 이것은 한 마디로 집권자 자신들이 청렴하지 못했고, 자신의 가족과 추종자들이 개인적이 축재에 눈이 멀었기 때문이었다.

대통령은 범정부 차원에서 수출확대와 수출기업에 대한 체계적이고 신속한 지원을 해주기 위해 정기적인 회의기구를 설치했다. 1964년 12월 말에 서독을 국빈방문한 후 귀국한 대통령은 65년 1월부터 무역진흥회의를 시작했다. 이 회의에는 관계국무위원과 경제 4단체장이 참석하여 매달 수출증대 문제를 논의했다.

1966년에는 무역진흥회의를 무역진흥 확대회의로 개편하고 중앙

청 제1회의실에서 대통령 주재하에 매달 회의가 열렸다. 이 회의에는 국무총리를 비롯한 모든 경제관계 각료와 경제 4단체장, 수출업계 대표 그리고 정계대표 등 수출관련 모든 인사들이 총집결된 대규모 확대 회의였다.

상공부 장관이 사회를 보는 이 회의에서는 먼저 외무부로부터 해외시장의 정보보고와 애로사항을 듣고 상공부에서 지난달의 실적과 전월대비 증가율, 전년대비 실적을 분석 보고하였으며, 수출목표 달성을 위한 대비책도 보고하였다. 이어서 경제계로부터 수출목표 달성을 위한 애로사항을 건의케 하여 관계 장관들이 즉석에서 답변토록 하였다. 그리고 수출유공자에 대하여 포상하였고 포상업체에 대하여는 세제상 우대조치도 시행하였다.

이 회의는 완전한 공개회의였고, 항상 수출기업에 유리한 결정을 했고 결정된 사항은 지체 없이 집행되었다.

대통령은 매달 무역진흥 확대회의를 직접 주재하고 기업인들과 경제정책에 관하여 많은 대화를 나누었고 회의가 끝나면 오찬을 같이 하면서 기업인들과 관계부처의 장관들로부터 수출의 진척상황과 애로사항에 관한 보고를 들었으며, 기업인이 지적한 애로사항이나 문제점에 대해서는 시정조치를 그 자리에서 지시하여 즉각 해결해 주었다.

이 회의는 우리나라가 달성해야 할 수출목표를 정하고 그 목표를 달성하기 위해서 정부와 기업인들이 어떻게 하면 우리나라의 수출고를 보다 더 많이 올릴 수 있고, 우리나라의 수출산업을 보다 더 발전시킬 수 있고 또 우리의 해외시장을 더 개척해 나갈 수 있는가 하는 문제와 관련하여 그동안, 정부와 경제계에서 추진해 온 여러 가지 일들을 반성해 보고, 앞으로 어떻게 노력해 나가야 되겠는가하는 문제에 관해 격의 없는 토론을 하는 대화의 광장이었다.

이처럼 대통령이 매달 무역진흥회의를 직접 주재하고 수출전략을 진두지휘한 예는 다른 나라에서는 찾아볼 수 없는 일이었다. 그 당시 수출에 있어서 우리나라와 경쟁관계에 있는 대만, 홍콩, 싱가포르도 수출확대를 위해 힘쓰고 있었으나, 국가원수가 직접 수출 진흥회의를 주재하지는 않았다. 이것은 다른 나라의 지도자들이 따라올 수 없을 정도로 수출에 대한 대통령의 열정과 집념은 넘치고 확고했음을 보여주는 것이었다.

이 회의는 1979년 대통령이 운명하는 날까지 대통령이 한 번도 거른 적이 없을 정도로 중요시한 수출입국의 산실이었고 지휘소였다.

### 외국자본의 수용태세를 확립하고, 경제체질 개선에 힘써야 한다

1965년 5월 12일, 제2회 상공인의 날에 대통령은 외국자본의 수용태세확립과 우리 경제의 체질개선에 힘쓸 것을 촉구했다.

"오늘 제2회 '상공인의 날'을 맞이하여 나는 상공인 여러분과 자리를 같이하게 된 것을 매우 기쁘게 생각하는 바입니다.

지난해에는 여러 가지 어려운 경제여건에도 불구하고 정부의 시책에 힘껏 협조하시고 또한 생산증대와 수출진흥을 위해 온갖 심혈을 기울여 주신 여러분의 노고를 치하해 마지않는 바입니다.

오늘날 우리나라의 경제는 안정된 기조 위에 착실한 성장을 거듭하고 있거니와 다각적인 국가 간의 경제협력은 우리의 대내적인 경제체질의 개선과 수용태세의 확립을 요구하고 있는 것입니다.

한편 이와 같은 경제협력은 작년에 여러분이 이룩한 1억 2,000만 달러의 수출업적을 더욱 촉진시킬 것이며, 또한 외화획득의 극대화와 생산성의 향상으로 국민의 소득수준을 높이는 데도 커다란 도움이 될 것이며, 이에 따라 여러분 기업인은 자발적인 국민 저축을 통한 내자조달과 타당한 사업의 발견 및 적절한 기술검토 등 효율적이고 새로운 외자의 수용태세를 조속히 갖추어야 할 것입니다.

여러분도 아시는 바와 같이 정부는 금년을 '일하는 해'로 정하고 모든 행정력을 증산과 수출 그리고 건설이라는 3대 목표에 집중하여 총체적인 노력을 경주하고 있으며, 특히 국제수지의 만성적인 역조를 개선키 위한 수출산업과 중소기업 육성에 중점적인 배려를 하고 있는 한편, 단일변동환율제도의 실시를 계기로 무역의 자유화와 자유경제의 대원칙에 입각한 준개방체제를 지향하고 있는 것입니다.

그러나 이와 같은 정부의 시책을 수행하는 데는 너무나 어려운 문제들이 가로놓여 있으며, 이러한 문제들의 해결을 위해서는 그 어느 때보다도 상공인 여러분의 적극적인 협조가 요구되는 것입니다.

친애하는 상공인 여러분!

나는 여러분에게 몇 마디 부탁의 말씀을 드리고자 합니다.

여러분은 마음의 자세를 새로이 하고 기업의 체질개선을 통한 경영의 합리화로 국가가 요청하는 증산과 수출에 기여해 달라는 것입니다.

기술향상과 철저한 품질관리로써 신용도를 높여 국제무대에서의 경쟁력을 강화해 달라는 것입니다. 선의의 자유경쟁을 통해서 적정이윤을 모색하는 기업인의 사회적 책임과 기업적 책임을 다해 달라는 것입니다.

후손만대에 다시는 '가난'과 고통을 물려주지 않을 경제적 번영을 이룩하여, 보다 밝은 복지사회를 건설하는 데 상공인 여러분이 앞장서서 합심 협력하여 달라는 것입니다. 자신과 희망을 가지고 전진해 달라는 것입니다. 아무쪼록 여러분들의 앞날에 행운과 발전이 같이 하기를 축원합니다."

## 해운기업 발전을 위한 노력을 새로이 해야 되겠다

1965년 8월 3일, 해운공사의 '동명호' 취항식에서 대통령은 해운

기업은 여러 나라에서 외화획득의 방편으로 큰 역할을 하고 있다는 사실을 지적하고, 우리도 해운기업 발전을 위한 노력을 새로이 해야 되겠다는 점을 강조했다.

"오늘 해운공사의 제1차 도입선인 동명호의 취항식을 가지게 되었음을 나는 매우 기쁘게 생각하는 바입니다.

오늘날 해운기업은 수입초과로 인한 국제수지의 불균형을 타개하기 위한 하나의 방편으로서 커다란 비중을 차지하고 있으며, 한 나라의 해운기업의 발달이 그 나라의 국제수지 개선에 이바지해 오고 있는 실례는 여러 나라에서 찾아볼 수 있습니다.

그 한 예로, 수출에 비해 수입이 3배나 되는 '노르웨이'가 1,300만 톤 이상의 선박으로 벌어들이는 외화로 수입초과로 인한 외화수요를 충당하고 있음은 물론, 국부의 증강에 크게 기여하고 있음은 널리 알려진 사실입니다.

그리스의 경우도 마찬가지입니다. 또 일본만 하더라도 근 1,000만 톤 이상의 선박에 의한 해운기업을 통해 막대한 외화를 벌어들이고 있는 것입니다.

그러나 그 어느 나라보다도 수입초과로 인한 외화부족으로 곤란을 겪고 있고, 또 생산과 건설에 상당한 외화를 필요로 하는 우리나라는 그 해운기업면에 있어서, '노르웨이'나 일본에 비하면 100분의 1도 안 되는 16만여 톤의 선박밖에 없는 실정인 것입니다.

이것은 우리가 못사는 원인이 어디에 있으며, 또 우리가 잘살 수 있는 활로가 무엇인가를 깨우쳐 주는 반성의 자료가 아닐 수 없으며, 이것은 또한 해운기업의 발전을 위한 우리의 결의와 노력을 촉구하는 경종이기도 한 것입니다.

특히 오늘날의 국제정세가 이념적으로나 정치적으로는 적대관계에 있는 나라들조차도 통상과 무역을 통한 국가이익의 추구에 주저함이 없는 '교역의 시대'로 접어들고 있음을 생각할 때 우리의 이 취항식은 정녕 우리나라의 해운기업의 발전을 위한 획기적인 계기가 되어야 할 것입니다."

대통령은 이어서 조선기술의 습득과 최신시설을 도입해서 동명호보다 더 빠르고 더 큰 선박을 만드는 데 총력을 기울여야 되겠다는 점을 강조했다.

"오늘 취항을 보게 되는 이 동명호는 해운공사 도입분 4척과 65년도 무역계획에 따르는 자가자본에 의한 도입량 9척, 그리고 국내건조 4척을 포함하는 65년도의 선박건조와 도입계획의 일환으로 독일에서 사들이 것인데 앞으로 국내화물의 운송에 의한 외화절약과 외국화물의 운송에 의한 외화획득에 많은 공헌을 할 것으로 기대되고 있습니다.

내가 오늘의 이 자리를 빌려 한 가지 더 강조하고 싶은 것은 조선사업을 하루속히 발전시켜 나아가야 하겠다는 것입니다.

내가 알기로는 우리나라의 유능한 선원이 국내선박의 부족 때문에 할 수 없이 외국에 고용된 수가 무려 700여 명이나 된다고 하거니와, 이것은 그들 개개인을 위해서나 국가의 장래를 위해서 커다란 손실이 아닐 수 없습니다.

조선기술의 습득과 최신 시설의 도입을 서둘러, 이 동명호보다도 더 크고 빠른 선박을 만들어 내는 데 총력을 경주해야 하겠습니다.

조선사업의 발달은 곧 해운기업 발전의 선행요건이며, 해운기업의 발전은 국부증강에 직결되어 있기 때문입니다.

오늘을 계기로, 관계요로(要路) 당국은 물론, 해운관계인사 여러분은 기간산업으로서의 해운기업 발전에 가일층 분발해 줄 것을 당부하는 바입니다."

## 금리현실화로 저금리의 문제점을 해결하다

1965년 9월 24일, 정부는 금리현실화를 단행했다.

금리는 경제의 투자재원이 되는 저축을 동원하는 유인이 되는 동시에 기업에 있어서는 투자를 위한 자본조달 비용이 된다는 의미에서 대단히 중요하다. 일반적으로 자본주의 경제체제에서 금리는 화폐시장에서의 수요와 공급에 의해서 결정된다.

선진국의 경우는 금융시장의 이자율을 직접 규제하는 것이 아니라 통화량의 증가를 통해 간접적으로 낮은 수준에 묶어 두기 때문에 금융시장의 이자율이 자금의 대출과 수요를 일치시키는 균형이자율에서 벗어나지 않는다.

그러나 2차 세계대전 후 일본과 개발도상국에서는 경제개발을 위한 투자를 촉진시키기 위하여 정부가 은행 등 공식 금융기관의 대출이자율을 직접 규제하여 균형이자율보다 훨씬 낮은 수준으로 묶어두는 저금리정책을 취했다.

우리나라도 금융기관의 금리가 자율적으로 금융기관에 의하여 결정되지 않고 정부에 의해 정책적으로 결정되었다.

정부가 금리를 결정함에 있어서 목표로 삼았던 것은 기업으로 하여금 보다 많은 투자를 하도록 하는 유인을 제공하는 것이었다. 따라서 정부에 의해서 결정된 금리는, 그것이 예금금리든 대출금리든 시장에서 결정될 수 있는 균형이자율보다 낮은 수준으로 묶여 있었다.

1954년 5월부터 65년 8월까지 우리나라의 여수신금리는 1년 이상 만기정기예금이 연 12~15%였고 일반대출은 연 14.6~18.25% 수준이었다. 명목금리가 낮은 수준으로 계속 유지되고 같은 기간의 도매물가 상승률은 연평균 22.3% 수준이었기 때문에 저축하면 제 돈을 깎아 먹는 결과를 가져왔다. 예금하는 것은 곧 손실을 의미하고 대출받으면 그것은 곧 이익을 의미하는 것이 되어서 대기업에 대한 대출이 곧 대기업에 대한 특혜로 인식되었다.

이러한 금리의 구조 때문에 시중의 자금은 제도권 금융보다 이자율이 높은 지하시장에 많이 몰리게 되었고, 그에 따라 지하시장이 크게 발달하기도 하였다. 이것은 투자재원의 부족을 가져왔고, 해외저축에 대한 의존을 증대시켰다.

이러한 저금리에서 나타난 문제점을 극복하기 위하여 정부는 금리현실화를 시행한 것이다. 이자제한법을 개정하여 금리의 법정 최고한도를 연 20%에서 26.5%로 상향조정했다.

9월 30일의 금융통화운영위원회는 1년 만기 정기예금 이자를 연 15%에서 30%로 두 배나 올렸다. 일반대출이자도 연 16%에서 28%로 끌어올렸다. 이른바 역금리체제가 이루어져 은행에서 돈을 꾸어다 예금하면 저절로 돈을 버는 현상이 빚어졌다. 금리현실화와 함께 금융통제 방식을 종래의 직접통제에서 간접통제로 전환시켰다. 역금리에 따른 금융기관의 수지악화를 완화하고 저축추진 의욕을 높여주기 위하여 예금지급준비금에 대하여 이자를 붙여주기로 했다.

고금리정책은 국내저축의 증가를 가져와 내자동원이나 자금배분에서는 상당한 효과를 거두었다. 특히 수출금융에 대한 우대금리는 인상치 않아 수출업자에 대한 상대적 유인을 크게 높이는 데 기여했다.

## 자립경제 건설을 위해서는 밀수를 뿌리뽑아야 한다

1965년 11월 10일, 밀수단속을 위한 군, 검찰, 경찰, 세관관계관의 연석회의가 있었다.

대통령은 이날 회의에서 자립경제 건설을 위해서는 밀수를 뿌리뽑아야 한다는 점을 역설했다.

"밀수입과 밀수출이 국가경제를 좀먹는 악질적인 범죄행위이며,

밀수범이 국가사회를 해치는 암적 존재라는 것은 재론의 여지가 없는 것으로서, 어느 나라 어느 시대를 막론하고 밀수행위가 성행하며 밀수범이 활개치는 곳에서는 항상 쇠잔과 퇴폐만이 있을 뿐입니다.

특히 우리나라의 경우 일찍이 외세의 착취로 말미암아 국내산업이 크게 뒤떨어져 있었고, 아직도 경제적 사회적인 후진성을 극복하지 못한 실정이기 때문에, 이 밀수행위의 해독(害毒)이야말로 실로 치명적인 것이 아닐 수 없습니다.

우리의 국내시장이 밀수입된 사치품과 PX 등을 통해 들어온 각종 외래품으로 범람하던 지난날의 병적인 현상은 바로 그것을 실증하고 있는 것입니다.

사치품이 지배하는 곳에 국내산업의 진흥이 있을 수 없고, 사치품이 범람하는 곳에 생산적인 사회기풍이 진작될 수 없다는 것을 우리는 지난날의 경험을 통해 뼈저리게 느끼고 있습니다.

전 국민이 총력을 집중하여 하루속히 자립경제를 이룩해야 할 이 마당에, 그 어느 때보다도 밀수근절을 위해 힘을 기울여야 할 이유가 바로 여기에 있는 것입니다.

밀수행위를 뿌리뽑고 국내산업을 보호하는 이것이 자립경제 달성을 위한 가장 중요한 정지(整地) 작업이라는 사실에 나는 특히 여러분의 주의를 환기시키고자 하는 것입니다."

대통령은 이어서 밀수단속에 있어서 큰 성과를 거두고 있는 이 기회에 밀수사범을 발본색원하여 산업발전의 기틀을 확고히 하고 국산품애용 사상을 고취해야 되겠다는 점을 역설했다.

"정부는 그동안 밀수방지를 위해 온갖 정력을 기울여 왔거니와, 지난 6월 18일에는 군·검·경 등 각 수사기관으로 구성된 밀수사범 특별합동수사반을 편성함으로써 강력하고도 효율적인 밀수단속을 꾀하게 되었던 것입니다.

다행히 이와 같은 적극적인 노력은 최근에 이르러 많은 실적을 올리게 되었고, 건국 이래 어느 정권 때에도 방지하지 못했던 남해 안 밀수 '루트'를 봉쇄함에 있어서도 큰 성과를 거두고 있습니다.

특히 밀수사범특별합동수사반이 편성된 지 5개월 동안에, 쾌속정에 의한 소위 '특공대 밀수'를 일망타진한 것을 비롯하여, 상습적이며 조직적인 밀수행위를 분쇄하게 되었다는 것은 흔쾌한 일이 아닐수 없습니다.

또한 밀수단속에 있어서의 성과가 커짐에 따라 일반 국민들이 밀수방지를 위한 인식을 새로이 하게 되었고, 국내상품에 대한 매기가 상승하여 생산공장들도 활기를 띠게 되었다는 사실은 국가장래를 위해 지극히 다행한 일이라 생각합니다.

그러나 소수의 몰지각한 자들은 아직도 망국적인 밀수행위를 시도하고 있고 또 특정외래품의 사용을 꾀하는 자들도 우리 주변에 적지 않게 남아 있다는 점에 비추어 볼 때 그와 같은 행위를 일선에 나가 뿌리뽑고 국산품애용 사상을 고취해야 할 여러분의 사명은 그 어느 때보다도 더욱 막중하다는 것을 깊이 인색해야 하겠습니다.

밀수행위의 근절단계에 들어선 지금 이 시기가 가장 중요한 때이며, 이 기회를 놓치지 않고 밀수사범을 완전히 뿌리뽑아 산업개발의 기틀을 확고히 할 수 있느냐 없느냐 하는 관건이 여러분의 분발과 노력 여하에 달려 있다는 것을 명심해야 한다는 것입니다.

소기의 목적을 성공적으로 달성하기 위해서는 무엇보다도 관계 각 기관 상호간의 긴밀한 협조가 요구되는 것이며, 따라서 밀수사범 특별합동수사반을 비롯한 군·검·경 및 세관당국은 혼연일체적인 노력을 통해서 임무수행에 정진하여야 할 것입니다.

서로 긴밀한 유대를 가지고 협조함으로써 밀수행위를 발본색원하여야 할 관계기관들이 책임전가를 한다거나, 부질없는 공명심과 경쟁심에 사로잡혀 불협화를 초래하는 일이 절대로 있어서는 안 된다는 것을 나는 특히 강조해 두는 바입니다.

아무쪼록 여러분들은 국가사회의 발전과 경제재건을 위해 선도적 역할을 담당해야 할 자신의 위치를 재확인하고 긴밀한 공동의 노력으로 더욱 분발해 줄 것을 당부합니다."

### 해외공관장들은 악덕 수출업자에 대해 엄중하게 충고해야 한다

1965년 11월 18일, 대통령은 해외공관장들에게 보낸 친서에서 주재국에 드나드는 악덕 수출업자들에 대해 엄중하게 충고하고, 이 사실을 대통령에게 보고하라고 지시했다.

"여러 가지 어려운 여건하에서 국위선양과 외교신장을 위하여 주야로 노고하시는 귀하에게 충심으로 경의를 표하는 바입니다.

조국근대화와 자립경제 건설을 위해서 국내국외를 막론하고 온 국민이 총매진함으로써, 국내정국은 안정과 발전의 일로를 걷고 있으며, 국내산업도 나날이 활기를 띠고 있으며, 특히 무역전쟁이란 구호 아래 수출제일주의를 지향하고 수출실적을 올리기 위해서 정부는 물론이요 국내기업인들의 기업 활동도 전에 볼 수 없을 만큼 열의와 노력을 경주하고 있으며, 특히 해외에 주재하시는 여러분들이 이에 호응하여 괄목할 만한 업적을 올리고 있다는 사실에 대해서는 진심으로 사의를 표하는 바입니다.

연(然)이나 근자 외국에 출입하는 일부 국내업자 중에는 자기의 사리사욕에만 눈이 어두워 외국업자와의 상거래에 있어서 국가의 위신을 실추케 하고 신의를 망각한 행위를 함으로써, 모처럼 개척된 해외시장에서 한국상품에 대한 전적인 불신을 초래하거나 배척을 받는 사례가 비일비재함은 실로 통탄할 일이 아닐 수 없습니다.

이점에 대해서는 지난 11월 15일 제6차 무역확대회의를 직접 청와대에서 개최하고 정부관계 당국은 물론 무역업계 대표들에게 강력한 경고와 지시를 시달한 바 있고, 정부도 앞으로 제도면에서 강력한 단속과 위배행위에 대해서는 철저한 제재를 가할 조처를 강구 중에 있으며, 일부는 입법화하기 위해 국회에 안건을 상정 중에 있습니다.

앞으로 귀 공관에서는 주재국에 출입하는 국내업자들에 대해서 그들의 사업을 도와 주기 위한 종전과 같은 모든 협조를 제공할 것은 물론이거니와, 동시에 그들 중에 조금이라도 국가의 체면을 손상하는 행위를 하거나 국제상도의에 위배하는 행위를 하거나 아국업자끼리 과다한 경합 또는 '덤핑'을 하거나 함으로써 국가이익에 역행하는 행위자가 있을 때에는 이들에게 귀하가 정부를 대표해서 엄격히 충고를 하시고 동시에 지체 없이 본직에게 직접 서면 또는 전문으로써 보고하시기를 바랍니다.

지난 수세기 동안 선진각국이 그들의 조국을 근대화하기 위하여 심혈을 경주할 때, 우리의 조상들이 봉건적 감몽(甘夢)에 도취하고 있었던 그 과오가 우리의 세대로 하여금 역사적 부채를 청산하지 않을 수 없는 숙명적인 인과관계를 우리 다 같이 명심하고, 우리 자손들에게는 영광된 유산을 물려주기 위한 노력과 봉사를 아끼지 않을 것을 우리 다 같이 굳게 다짐합시다.

귀하와 귀 공관직원 일동 그리고 가족 여러분의 건승과 행복을 기원합니다."

## 수출업자들은 국제상도의를 확립해야 한다

1965년 11월 30일, 제2회 수출의 날에 대통령은 제1차 5개년계획의 성공적인 추진으로 우리나라의 수출실적이 양적으로나 질적으로 발전적인 변화를 가져왔다는 사실을 지적했다.

"우리 경제가 1962년부터 착수한 제1차 경제개발 5개년계획이 성공적으로 추진됨에 따라 농업생산의 증대는 물론, 에너지산업 및 각종 기간산업의 발전과 철도·도로·통신 등 사회간접자본의 기반조성에도 많은 성과를 올렸고, 특히 수출실적은 기하급수적으로 늘어났던 것입니다.

금년에는 이미 지난 10월말 현재 작년 1년 간의 수출실적을 훨씬 넘어선 1억 3,000여만 달러 규모의 성과를 올린 것으로 보아, 금년도 목표액인 1억 7,000만 달러선을 무난히 돌파할 것으로 전망하고 있습니다.

나는 여기서 최근 수년간의 우리 수출실적이 이와 같이 양적인 면에서 괄목할 만한 증대를 보였을 뿐 아니라, 질적인 면에서도 많은 발전적 변화를 가져왔다는 점을 지적하고자 합니다.

1962년 이후로 우리나라 수출구조상에는 일대전환이 이루어졌는데, 그것은 전통적인 수출상품이던 농수산물과 광산물의 수출비율이 줄어지고 있음에 반하여, 전에는 전체 수출액의 10%정도에 불과했던 공산물의 수출이 이제는 60%를 상회하고 있다는 사실입니다.

1960년도 우리나라 총수출액은 3,200만 달러였습니다. 그러나 이 3,200만 달러 중에는 2,900만 달러가 쌀 생사·생돈(生豚)·해태(海苔)·수산물·중석 등 농수산물 또는 원광석 수출이고, 공산품은 불과 300만 달러였습니다. 금년에는 1억 7,000만 달러 수출 중에는 공산품이 전체의 65%인 1억 1,000만 달러를 점하게 되었으니, 4년 전 300만 달러에 비하면 무려 약 36배가 증가되었다는 사실입니다. 1차 5개년계획의 목표연도인 명년(明年) 말에 가면 공산품은 기준년도에 비해서 약 50배가 증가되게 될 것입니다.

이와 같은 현상은 우리나라의 2차산업이 활발하게 발전하고 있다는 고무적인 사실을 입증해 주고 있는 것입니다."

　대통령은 이어서 수출업자들에게 신용을 생명처럼 여기는 정신무
장을 통해 국제상도의를 확립할 것을 당부했다.
　"우리의 수출산업이 이처럼 발전하고 수출이 대폭적으로 증가하
고 있기는 하지만 누적된 국제수지의 역조를 만회하여 조국근대화
와 자립경제 건설의 기반을 굳건히 하기 위해서는 아직도 극복해야
할 허다한 난관이 산적해 있다는 것을 잊어서는 안 될 것입니다.
　자본·기술·설비 및 관리면에서의 낙후성을 비롯하여 시장개척 문
제 등 우리가 해결해야 할 과제들은 한두 가지가 아닌 것입니다.
　그러나 내가 오늘 이 자리에서 특히 강조하고자 하는 것은, 신용
을 생명처럼 여기는 정신무장을 갖추어 국제상도의를 확립해야 한
다는 것입니다.
　최근 수출업자 중에는 기업가로서의 양심을 저버리고 국제상도의
에 위배되는 행위를 자행함으로써, 우리 국민의 국제적 신망과 국가
의 위신을 땅에 떨어뜨리고 있을 뿐 아니라 정부의 시책이나 선의
의 업자들에게 커다란 타격을 주고 있는 악덕업자가 다소나마 있다
는 것은 참으로 유감된 일이 아닐 수 없습니다.
　예로부터 '장사는 신용이 자본'이라는 말이 있습니다.
　한 번의 거래로 치부를 해 보겠다는 경박한 생각을 가진 수출업
자가 단 한 사람이라도 있어서는 안 되겠다는 것입니다.
　정부는 이와 같은 악덕업자를 단호히 처단하여, 수출진흥과 더불
어 선의의 업자를 보호하기 위하여 노력하고 있습니다만, 무엇보다
도 수출업자 자신들의 반성과 새로운 분발이 선행되어야 한다는 점
을 특히 강조해 두는 바입니다."

대통령은 끝으로 수출증대에 있어서 기업인의 책임은 무거운 것이지만, 그 사명은 보람된 것임을 강조하고 정부는 기업인들의 활동을 지원하는 데 필요한 모든 조치를 강구하겠다는 뜻을 밝혔다.

"친애하는 수출업자 그리고 생산업자 여러분!

오늘날 세계 여러 나라들은 앞을 다투어 자국의 수출증대를 위해 치열한 경쟁을 벌이고 있습니다.

지금 우리는 이 격렬한 무역전쟁의 도전에 온 국력을 동원하여 응전하고 있는 것입니다.

여러분들은 바로 이 가열한 수출전선에 있어서 조국의 이익을 대표하는 대변자인 것이며, 수출한국의 활로를 타개할 개척자의 위치에 있는 것입니다.

앞으로 5년, 10년 후에 우리나라의 어떤 상품이 얼마나 많이 그리고 얼마나 많은 나라에 계속하여 진출할 수 있느냐는 것은 오로지 여러분의 오늘의 노력과 성실과 신의에 달려 있는 것입니다.

실로 여러분의 책임과 사명이야말로 그 누구의 그것보다 무겁고 보람된 것이 아닐 수 없습니다.

정부는 수출업자와 생산업자 여러분의 활동을 지원하는 데 필요한 모든 조치를 강구할 것입니다.

아무쪼록 이 제2회 '수출의 날'이 우리나라 수출진흥과 경제자립에 획기적인 계기가 될 것을 기원하면서 여러분의 건투를 빕니다."

### 우리의 철강공업은 획기적 발전을 보일 것이다

1966년 4월 9일, 인천제철 기공식에서 대통령은 우리의 철강공업은 획기적인 발전을 보일 것이라고 천명했다.

(전략) "선진공업제국의 예를 열거할 필요도 없이, 국가산업의 발전을 위해서는 철강공업이 차지하는 막중한 역할과 그 비중에 대

해서는 누구나 다 알고 있는 사실입니다. 각종의 건물이나 교량, 철도 그리고 '댐' 등 모든 건설 사업이 철강재 없이는 이룩될 수 없는 것이고, 또한 이 철강공업의 뒷받침 없이는 기계공업, 자동차공업, 조선공업 등을 비롯한 기간산업들도 정상적인 발전을 기대할 수 없는 것입니다.

흔히 철강공업을 일컬어 '기간산업 중 기간산업'이라고 말하는 까닭이 바로 여기에 있는 것입니다.

국가산업의 발전에 있어 철강공업이 차지하는 비중이 이처럼 중차대한 것임에도 불구하고 우리나라의 경우는 사실상 그 어느 부문보다도 뒤떨어진 공업으로서 거의 미개척 상태에 놓여 있다고 해도 과언이 아닌 형편입니다. 우리의 철강공업은 외국의 철강공업에서 흔히 채용하고 있는 철강일관작업 체제를 갖춘 공장이 없고, 제철·제강·압연 부문이 각기 독립해서 운영되고 있어, 아직까지 유치산업을 탈피치 못했을 뿐 아니라, 그 어느 부분에서나 시설은 지극히 빈약하고, 그나마 노후화되어 있기 때문에 격증하는 철강재의 국내 수요를 도저히 충당치 못하고 있는 실정인 것입니다.

제철 부분으로 말하자면, 일제 말기에 건설된 삼화제철이 사실상 우리나라 유일의 시설이라 할 수 있는데, 그나마 6·25전쟁으로 파괴되어 장기간 방치되고 있다가, 그 이후에 일부 보수해서 가동을 보아 왔으나, 높은 생산원가 등 운영난에 빠져 62년도에는 조업중단을 초래한 바 있었을 뿐 아니라, 현재에도 생산 부진 상태를 면치 못하고 있습니다.

제강시설이나 압연부분에 있어서도 시설능력은 지극히 미흡하며, 그나마도 대부분의 시설이 노후화했거나 비능률적이어서 시설능력을 제대로 발휘할 수 없는 처지에 놓여 있습니다. 그렇기 때문에 우리는 매년 막대한 외화를 들여 제강원료와 철강재 완제품을 수입해 왔고, 또 최근 수년 동안의 비약적인 산업건설에 따라 철강재의 국내 수요는 격증일로를 보여 심각한 문제로 되어 있는 것입니다.

정부는 일찍이 이러한 실정에 비추어 제1차 경제개발 5개년계획 사업의 하나로 종합제철공장 건설을 계획한 바 있었으나, 제철공장의 특수성과 국내여건의 불비로 말미암아 그 뜻을 이루지 못하고 오늘에 이르렀습니다.

그러나 그동안 정부는 제철공업의 육성과 철강재의 장기적인 자급자족을 목표로 서해안지구와 동해안지구로 구분해서 종합적인 제철공장 건설을 계획해 왔던 것이며, 이 계획에 따라 서해안지구 인천제철공장의 기공을 오늘 이 자리에서 보게 된 것입니다.

이 인천제철공장이 2년 반 후에 완성되면, 연간 약 1천만 달러의 외화를 절약할 수 있음은 물론 연간 6만 톤의 강재증산을 이룩함으로써 산업건설에 지대한 공헌을 할 것입니다. 나는 오늘의 이 기공식이 이 나라 철강공업의 발전에 신기원을 획하는 것일 뿐 아니라, 국가산업의 도약을 위한 새로운 계기가 될 것을 확신하는 바입니다."

대통령은 이어서 이 공장은 실업인들이 자발적으로 민간자본을 동원하여 국가기간산업 건설에 참여한 민간업체의 좋은 예라고 높이 평가했다.

"나는 인천제철회사가 국내의 대다수 철강기업인과 실업인들의 결속에 의해서 구성된 민간업체라는 점에서, 지난한 국가기간산업을 자발적인 민간자본의 동원으로 스스로 담당한 좋은 예라고 보고, 크게 치하의 뜻을 표하고자 합니다. 이것은 국내의 실업인들이 뭉쳐 국가산업 건설을 위해 참여하려고 한다면, 그 아무리 어려운 사업이라도 이룩할 수 있다는 것을 실증한 것입니다. 앞으로 우리 실업인들이 이와 같이 단합해서 산업건설에 힘써 나간다면, 머지않아 우리도 떳떳한 공업국가로 발전할 수 있다는 것을 나는 확신해 마지않습니다.

제1차 경제개발 5개년계획에서 에너지원의 개발과 경공업 발전에 큰 성과를 올리고 있는 우리는 제2차 경제개발 계획에서는 제철공업·화학공업 등 기간산업을 본격적으로 추진해 나가야 할 것인데, 이러한 계획을 추진해 나감에 있어서는 무엇보다도 실업인 여러분의 적극적인 참여를 필요로 하고 있다는 것을 특히 강조하고자 합니다.

인천제철을 중심으로 한 서해안지구의 종합적인 제철공장이 이룩되고, 또 머지않아 실현을 보게 될 동해안지구의 종합제철 공장이 건설되는 날에는 철강공업 부문에서 실로 획기적인 발전을 가져올 것으로 기대되는 바가 큰 것입니다.

아무쪼록 이러한 중요한 공업건설작업이 계획대로 진행되어 하루속히 우리도 아시아의 공업국으로서 그 위치를 확고히 할 수 있기를 기원해 마지않습니다.

끝으로 이 공장 건설을 위해 장기상업차관을 해 준 서독정부와 관계자 여러분에게 감사드리고, 오늘의 이 기공식 이 나라 공업건설의 새로운 이정표가 될 것을 바라 마지않는 바입니다.”

# 제2장 경제학자가 '불가능하다' 했던 일들이 모두 '가능한 일'이 되다

**무책임하고 근거 없는 과잉생산 주장은 경제건설에 방해가 된다**

1966년 4월 25일, 안양의 한국케이블공장이 그 준공식을 거행했다. 이 공장은 기존업체가 미국의 원조기관과 합세하여 신규업체의 등장을 막으려고 정부에 반대함으로써 공장건설이 1년여 동안 중단되는 등의 파란을 극복하고 착공한지 4년만에 준공되었다.

한국케이블공장 건설을 둘러싼 논란은 정부가 제1차 5개년계획에 따라 외자를 유치하여 신규공장을 건설하려는 데 대해 기존업체가 미국의 원조기관과 결탁하여 이른바 과잉생산을 이유로 새 공장 건설을 반대하고 저지하려 한 데서 비롯한 것이었다.

1962년 4월, 한국케이블공업주식회사는 서독의 훌마이스타사와 송배전선 및 통신용 전선제조기계 일체를 도입하기 위한 295만 달러의 차관계약을 체결했다. 이 공장은 제1차 경제개발 5개년계획의 일환으로 내자 1억 원과 외자 295만 달러의 기자재를 들여와서 연산 4천 톤의 각종 현대식 전선과 케이블을 생산하기 위해 건설하기로 한 것이었다.

그런데 62년 5월초 대한전선회사가 최고회의 의장에게 제출한 진정서를 발단으로 시비가 일기 시작했다. 국내시장을 독점하다시피하고 있던 대한전선으로서는 신규공장이 더 생긴다면 큰 타격을 받을 것이 분명했기 때문이었다. 그러나 이 문제는 국내업자 간의 이

해다툼으로 끝나지 않았다. 미국 원조기관이 대한전선과 미국기업의 독점을 보호하기 위해 미국의 원조를 무기로 삼아 혁명정부를 압박하고 한국정부의 경제건설 사업에 개입하고 간섭하는 사태로 발전했다.

정부는 한국케이블이 서독과 차관계약을 맺었다는 사실을 유솜에 통보했다.

그런데 이 통보를 받은 유솜은 미국의 원조자원으로 건설되어 운영 중인 대한전선과 동일한 제품을 생산하는 신규공장의 건설에 반대했다.

그 무렵 극동지역에 많은 시장을 확보하고 있던 미국의 펠프스덧지(Phelps Dodge) 회사는 유솜의 도움으로 대한전선과 제휴를 꾀하고 있었다.

덧지사는 기존 대한전선을 지원함으로써 결과적으로 제2공장 건설계획을 좌절시키고 나아가 대한전선에 자사의 기계설비와 기술을 팔려는 속셈이었다. 아울러 대한전선이 생산하지 못하는 종류의 전선을 자사제품으로 충당하려는 생각도 갖고 있었던 것이다.

대한전선은 유솜과 덧지사의 원조계획을 담은 제3차 진정서를 최고회의에 제출하면서 전선공장의 신설계획을 취소할 것을 거듭 촉구했고 유솜은 정부에 대해 제2전선공장에 건설계획을 포기하도록 외교적 압력을 가했다.

이 문제의 시정책이 마련되지 않을 경우 미국 측은 '외원자금의 비율적 활용'이라는 조항을 적용하여 투자된 해당 달러화의 상환요청을 제기하겠다는 공식통보를 두 번이나 전달했다.

그 후 8월 12일 대한전선은 최고회의 의장에게 제2전선공장 건설계획의 취소를 촉구하는 이른바 제4차 진정서를 제출하고 유솜 측의 위협적인 '원조자금 일부 회수방침'을 지적하면서 기정방침의 변경을 요구했다.

대한전선 등 기존업체의 반대와 유솜의 위협, 그리고 정치인과 언론의 비판 때문에 한때 건설공사가 중단되었으나 결국은 정부의 계획대로 66년에 완공되었다.

한국케이블 문제가 처음 나왔을 때 국내 기존업계에서는 66년의 우리나라 전선수요를 3천 톤 정도일 것이라고 내다보았다. 한국케이블 쪽은 66년의 수요가 5천 톤 정도 될 것이라고 전망했다. 그러나 예상을 크게 웃돌아 한국케이블이 준공된 66년에 이미 9천 톤을 초과, 이 숫자는 케이블공장을 신설하면 공급과잉으로 기존업체는 물론 애써 신설한 공장도 제대로 가동하지 못하게 될 것이라는 국내외의 견해, 특히 미원조당국의 반대가 근거 없는 것이었다는 점이 입증되었다.

이 공장준공을 계기로 미 원조기관의 간섭과 반대풍조는 한풀 꺾이기 시작했고, 우리 정부는 자신과 책임감을 가지고 경제건설에 박차를 가해 나갔다. 한국케이블의 준공은 우리나라가 경제개발을 위한 정책결정에 있어서 미국의 절대적인 영향권에서 벗어나 국가 이익을 위해 자주적으로 판단하고 독자적으로 결단을 내리는 하나의 분수령이 되었다.

그 당시 새로운 공장건설을 반대하는 이른바 과잉생산 논란은 시멘트공장과 자동차공장 건설의 경우에도 있었다.

대통령은 이날 정부가 경제개발 계획사업을 추진하는 데 대해서 근거도 없이 비판하고 반대하는 무책임한 발언은 경제건설에 커다란 방해가 되고 있다고 대한전선의 행태를 작심하고 강력하게 비판했다.

"오늘 이 자리에서 우리나라에 또 하나의 거창한 산업시설의 준공을 보게 된 것을 여러분과 더불어 충심으로 기쁘게 생각합니다.

특히 이 공장이 준공될 때까지 파란과 애로를 극복해 나가면서 드디어 오늘 준공을 보게 된 본 회사 사장 구인회 씨, 그리고 회사 측 여러분과 또 이 회사에 차관을 제공해 준 독일의 회사, 기술진 여러분의 노고에 대해서 심심한 경의를 표하는 바입니다. 조금 전의 경과보고에도 있었던 바와 마찬가지로 이 한국케이블공장의 건설은 제1차 경제개발 5개년계획 사업의 하나로서 결정되었던 것입니다. 이 회사는 앞으로 나날이 늘어가는 우리나라의 전력개발과 송배전시설, 또는 농어촌의 전화사업의 확장, 기타 체신사업 등등 많은 분야에 있어서 늘어나고 있는 전선과 케이블의 수요를 충당하게 될 것입니다.

이 사업을 제1차 5개년계획의 계획사업으로 책정했던 그 당시에, 여러 가지 잡음이 많았습니다. 정부 내부에서도 이 공장을 새로 만들 필요가 없다는 반대의견이 있었습니다. 일부 업계에서도 상당한 반대가 있었습니다. 일부 언론에서도 필요 없는 공장을 정부가 공연히 무계획적으로 건설하고 있다, 외화를 낭비하고 있다는 비난이 있었습니다.

민정이양 후 국회의 국정감사에서도 관계 장관들이 불려나가 수요도 없는 공장을 만든다고 공격을 받았습니다. 또한 한국에 나와 있는 미 '유솜' 당국에서도 이 공장은 필요 없다는 주장을 계속해 왔습니다. 내가 기억하기에는 이 한국케이블에 대해서는 내가 최고회의 의장으로 있을 때, 이 공장 때문에 관계자들을 모아서 연 회의만 하더라도 열네댓 번 됩니다. 당시 우리나라에 있던 기존업체로서는 대한전선 외에 열한 개의 중소기업체들이 있었습니다. 일부 반대하는 측에서는 앞으로 제1차 5개년계획이 끝나는 66년도에 가서 우리 한국의 전선 케이블의 수요는 3천 톤밖에 안 되기 때문에 현재 있는 공장시설만 가지고도 이것을 전부 가동할 것 같으면 오히려 생산과잉이 된다고 주장했습니다.

그러나 당시 정부에서는 여러 가지로 검토한 결과, 5년 후에 있어서의 우리나라 수요가 그것보다 훨씬 더 초과할 것이라는 판단 아래 여러 가지 방해를 무릅쓰고, 중간에 일단 공장건설을 한 1년 동안 중지했다가, 63년 7월에 다시 계속해서, 햇수로 따지면 만 4년 만에 준공을 보게 된 것입니다.

조금 전에 말씀드린 바와 마찬가지로, 이 공장 책임자인 구인회 사장 이하 직접 이 사업을 담당한 관계관 여러분들의 그 동안 노고와 고충에 대해서는 다시 한 번 경의를 드리지 않을 수 없습니다.

지금부터 한 5년 전에는, 66년도에 가서 우리나라의 전선과 케이블의 수요가 3천 톤 정도 될 것이라고 했는데, 조금 전에 구인회 사장은 금년도 우리나라의 수요가 5천 톤이라고 했습니다. 그런데 정부가 최근에 파악한 통계에 의하면 금년의 수요만하더라도 9천 톤을 초과하고 있는 것입니다.

이러한 문제를 우리가 생각할 때 우리나라에서 오늘날 경제건설을 하고, 공장을 세우고, 여러 가지 사업을 추진해 나가는 데 있어서, 이런 일을 과거에 해 보지 않던 정부의 관계관들이 일하는 데 서투른 점도 있을 것이고, 과오도 있을 것이고, 잘못도 있을 수 있는 것입니다. 이런 점에 대해서 국민 여러분들이 정부에 대해서 편달하고, 좋은 충고를 하고, 지도를 하는 것이 국민 여러분들이 의당히 해야 될 권리요, 또한 의무인 것입니다.

그러나 경제건설에 대해 반대한다든지 비판할 때에는 확고한 근거를 가지고 책임 있게 해야지, 확고한 이론적인 근거도 없이 덮어놓고 반대하고 비판하는 따위의 무책임한 발언은 오늘날 우리 한국 경제건설에 커다란 방해가 되고 있다는 것을 나는 이 자리에서 똑똑히 지적하는 바입니다."

대통령은 이어서 시멘트공장 건설에 대한 반대에 대해서도 이를 반박했다.

"비단 한국케이블뿐만이 아닙니다. 1961년도에 제1차 5계년계획을 세울 때 앞으로 5년 후에는 우리나라에 상당한 시멘트의 수요가 있을 것을 예견하고 제3, 제4, 제5 시멘트공장을 건설할 것을 그때 계획, 책정하고 이를 추진했습니다.

당시 일부 기존업자나 일부 외부에서는, 한국에 당시 있던 문경시멘트와 삼척에 있는 동양시멘트공장 외에 또 다시 공장을 세우면 생산과잉이 되어 기존업체까지 전부 넘어질 것이라고 수차 나한테 와서 건의한 것을 나는 기억하고 있습니다. 그런데 아직 5년이 채 되기도 전에 제3, 제4, 제5 시멘트공장은 벌써 준공되어, 작년 말에 벌써 170만 톤이라는 시멘트를 생산했지만, 오히려 약간 모자라는 형편에 있습니다.

금년 말이 제1차 5개년계획의 최종년도가 되는 것입니다.

우리나라의 시멘트 수요는 급격히 상승하고 있습니다. 따라서 얼마 전에 정부는 이런 방법으로 시멘트 개발을 해 나가서는 우리나라의 수요를 도저히 따라갈 수 없다는 판단 아래 약 2백만 톤 정도의 대단위 시멘트 공장을 빨리 추진해야 되겠다는 것을 계획해서, 얼마 전에 국회에서 이에 대한 지불보증 승인까지 얻게 되고, 이 사업이 지금 추진되고 있는 것입니다.

국민 여러분들이 확실히 여러분들 눈으로 역력히 목격하는 바와 같이, 서울을 위시해서 전국 방방곡곡에서는 지금 건설 붐이 한창 일어나고 있는 것입니다.

금년 말의 우리나라 시멘트 생산이 일부 확장시설까지 합쳐서 180만 톤 정도가 되리라고 나는 생각하는데, 이것 가지고는 부족하지 않을까 염려되는 것입니다.

조금 전에도 자동차로 장기영 부총리와 상공부 장관과 같이 오면서 걱정한 것이 금년도에 건설자재가 수요에 따르지 못해서 시멘트, 철근, 목재 등의 가격이 뛸 것을 예견해서 이에 대한 대비책을 여러 가지로 검토하고 왔습니다."

　대통령은 이어서 자동차공장 건설에 대해서 여기에는 무슨 흑막이 있다느니, 공연히 쓸데없는 일을 한다느니 등 무책임한 소리를 하는 데 대해서는 지극히 불만스럽게 생각한다는 뜻을 천명했다.

　"또 있습니다. 최근에 자동차 문제가 여러분들 귀에 아직도 생생할 것입니다.

　여러분들은 지금 우리나라에 자동차가 몇 대나 있는지 아시겠죠? 승용차를 제외하고 약 4만 1천 대가 있습니다. 이 4만 1천 대라는 것은 대부분이 불하받은 미국 군용차량을 뜯어 고친 '지프 타입'의 차량이거나, 또는 '지엠시'를 개조하여 드럼통을 뜯어 망치로 두드려 맞춘 버스이거나 대부분이 그러한 차량들입니다. 솔직히 말씀해서 선진국가 수준에서 이 차량들의 성능검사를 한다면 거의 합격되는 차들이 없을 것입니다. 그러나 지금 당장은 그것 외에 없으니까 이런 차량을 부득이 쓰고 있는 것입니다. 이런 차량은 빨리 성능이 완전한 차량으로 대체해야 합니다.

　우리나라에 차량사고가 많이 나는 원인이 운전사들의 주의 부족이라든지 여러 가지 원인도 있겠지만, 근본적으로는 차량들이 전부 노후하고, 벌써 수명을 초과한 것들을 무리하게 운전하기 때문에 사고가 많이 난다고 나는 확실히 믿고 있습니다.

　뿐만 아니라, 앞으로 우리나라의 자동차 수요가 어느 정도 늘어나겠습니까? 5·16혁명이 나던 그 당시만 해도, 나 자신부터 우리나라에 있는 차량을 되도록 줄여야 된다. 기름 한 방울 나지 않는 나라에서 무슨 자동차가 이렇게 많으냐 하는 주장을 했습니다. 그러나 지난 수년 동안에 우리 한국경제가 성장하는 추세로 봐서 우리나라 자동차공업을 빨리 육성해야 되겠고, 자동차수요가 급격히 늘어나기 때문에 이에 대한 대책을 강구해야 되겠다는 것을 정부는 생각하고 있는 것입니다. 산업경제의 발전이라는 것은 모든 것이 균형적으로 발전해 나가야 되는 것입니다.

얼마 전에 내가 동남아시아 여행을 했을 때, 말레이시아에 가니까, 그 나라에는 지금 인구가 약 900만입니다. 우리나라 인구의 약 3분의 1정도 밖에 안 되는 나라인데 자동차는 150만 대나 가지고 있습니다. 자동차공장이 지금 세 개 있는데, 또 하나 더 지어야 되겠다고 그 나라의 관계장관이 나에게 얘기했습니다. 물론 말레이시아의 경제 상태는 현재 우리보다도 훨씬 앞서고 있는 것입니다. 국민소득이 350달러 내지 370달러 된다니까 우리보다는 훨씬 살기 좋은 나라입니다.

지금 우리 정부가 추진하고 있는 신진자동차공장, 또는 요즘에 추진하고 있는 아시아자동차공장을 다 움직인다 하더라도 1년에 약 1만 대 정도의 자동차밖에 나오지 않습니다. 나는 앞으로 우리나라의 자동차 수요가 적어도 1년에 1만대는 훨씬 넘는다고 확신합니다.

그렇다면 지금 새로 짓는 공장이 앞으로 2년 후에 완공되면 우리나라의 자동차는 1년에 최소한 1만 대 이상 늘어납니다. 여기에 대한 대비를 해야 될 것입니다. 우리가 1년에 1만 대씩 늘어난다 하더라도, 150년을 가야 말레이시아의 수준에 따라 가는 것입니다.

아무리 우리 경제가 약간 뒤떨어졌다 하더라도, 150년이나 걸려야 우리가 말레이시아를 따라 간다는 형편이라면, 우리에겐 아무런 희망도 꿈도 없을 것입니다. 그러나 앞으로 불과 수년 후면 우리 경제는 그런 수준을 따라 간다고 나는 확신합니다. 그렇다면 우리나라의 자동차공업을 빨리 육성해야 된다고 나는 확신합니다.

이러한 문제에 대해서도 일부 국민 중에서 정부가 자동차공장을 공연히 쓸데없이 만들고 있다, 거기엔 무슨 흑막이 있다 등등 무책임한 소리를 하는 데 대해서 나는 지극히 불만스럽게 생각합니다."

대통령은 이어서 정부는 경제건설에 대한 국민들의 진실한 충고를 받아들여 정부시책에 반영하겠으나 정부정책에 대한 비판이나 의견 제시는 책임 있게 해야 하며, 무책임한 소리를 하는 것은 경제건설에 방해가 된다는 것을 거듭 강조했다.

"한 나라의 경제건설에 있어서 여러 가지 사업을 놓고 보면 거기에는 중점이 있는 것입니다. 우리나라처럼 뒤떨어진 이런 상태에서 모든 것을 하루아침에 잘 되게 하는 방법이란 신이 아닌 이상 도저히 불가능한 것입니다. 그렇다면 우리나라 경제건설에 가장 요긴한 부문, 전략적인 부문에 정부가 중점적으로 힘을 기울여야 할 것입니다.

그렇다고 해서 한 부문만 밀고 다른 부문을 전부 무시해도 좋겠는가? 이렇게 해도 안 되는 것입니다. 지금 정부가 중농정책을 지향한다고 하지만, 그렇다고 해서 공장건설을 전부 덮어 두고 농촌에만 치중한다고 해서 우리 한국경제가 옳게 발전되겠습니까? 이것은 절대 될 수 없는 것입니다. 다른 한편, 우리가 공업국가 건설을 궁극적인 목표로 삼고 있다고 해서 농촌문제는 전부 도외시해도 괜찮겠는가? 그럴 수도 없는 것입니다. 이것을 균형적으로 발전시켜 나가야 되는 것입니다. 따라서 우리나라의 산업이 부흥되고, 생산이 증가되고, 모든 분야가 고루 발전해 나갈 그런 단계에 있어서는 자동차공업과 수송력 등도 산업건설과 같이 병행돼야 할 것입니다.

수송력 이야기가 나왔습니다만, 지금 우리는 수송력 부족으로 큰 아우성을 치고 있는 것입니다. 요즘 일부 언론계에서는 정부의 수송행정이 엉망이어서 각 역에 화물이 산더미처럼 쌓여 있다고 무책임한 소리를 하고 있는데, 지금 우리나라의 수송력은 1년에 15% 내지 17%나 늘어나고 있습니다.

그만큼 경제가 성장하고 경제규모가 커지니까 물자가 많이 생기고 많이 움직이는 것입니다.

따라서 수송력이 많이 필요한 것입니다. 이렇게 급격이 늘어난 수송수요에 수송력이 미처 따라가지 못하고 있는 것입니다. 솔직히 말씀드린다면 오늘날 수송난 운운하는 것은 좋은 의미에 있어서 그야말로 기쁜 비명이라 해도 과언은 아닐 것입니다. 정부는 이에 대해서 여러 가지로 만반의 대책을 지금 강구하고 있습니다.

전력문제에 있어서도 마찬가지입니다. 현재 몇 년 전에 비해서 배 이상의 출력을 하고 있지만, 금년에 내가 가장 걱정하고 있는 것은, 금년 말쯤 가서 전력이 부족하지 않을까 하는 것입니다. 지금 대통령이 무엇을 제일 걱정하고 있느냐고 나한테 물으면, 전력과 수송력, 그 다음에 건축자재 이러한 서너 가지 문제를 걱정하고 있습니다.

따라서 이런 문제에 대해서 국민 여러분의 계속적인 편달과 충고와 지도를 정부는 언제든지 환영할 것이고, 여러분들의 그러한 건실한 충고를 받아들여서 정부시책에 언제든지 반영하겠습니다. 이러한 국가경제 건설이라는 중요한 문제에 대한 비판이나 각자의 견해 같은 것은 좀 더 책임 있게 해야지, 무책임한 소리를 하는 것은 건설에 방해된다는 것을 말씀드리고, 오늘 이 한국케이블이 그동안 파란곡절을 겪고 드디어 준공을 보게 된 이 시점에서 감개무량한 바가 있어 몇 말씀 드렸습니다."

## 신용을 통한 국제경쟁력 강화는 기업인들의 역사적 사명이다

1966년 5월 12일, 제3회 상공인의 날에 대통령은 일부 수출업자들의 상도의를 망각한 악덕행위를 강력하게 비판하고 기업의 윤리성과 사회성을 역설했다.

대통령은 먼저 기업인의 책임의식과 경제윤리의 확립이 절실하다는 점을 지적했다.

(전략) "먼저 이 뜻깊은 자리를 빌려 모범상공인으로서 표창받는 여러분의 영광을 축하하고, 지난해의 여러 가지 어려운 경제적 여건 하에서도 생산증대와 수출 진흥에 심혈을 기울여 1억 8천만 달러의 수출목표를 무난히 초과달성하는 데 이바지한 상공인 여러분의 노고를 치하해 마지않습니다.

돌이켜 보건대, 제1차 경제개발 5개년계획을 착수한 1962년부터 오늘에 이르기까지, 갖가지 고난과 애로를 극복하고 경제건설에 총력을 기울인 보람이 있어 매년 평균 7.6%의 높은 경제성장률을 과시하였고, 국제수지면에서는 작년의 당초 수출목표를 훨씬 초과달성하여 1억 8천만 달러의 수출실적을 올렸던 것입니다.

제1차 5개년계획을 성공리에 매듭짓고, 제2차 5개년계획의 준비를 서둘러야 할 금년이야말로 그 어느 때보다도 여러분의 확고한 책임의식과 건전한 경제윤리의 확립이 절실히 요청되고 있습니다.

수출만이 경제자립의 활로라는 우리의 지상목표를 달성하기 위해서는 상품의 질적 향상, 국제유통 면에서의 신용앙양과 '서비스'개선, 선진제국의 과학기술도입과 그 습득활용 등에 만전을 기해야 하겠으나, 무엇보다도 상공인 여러분이 기업의 사회성을 인식하고 나아가서 국제사회의 경제질서를 성실히 준수함으로써 국제적 경쟁력 강화에 힘써야 하겠습니다.

다행히도 지난해에는 뜻 있는 상공인 여러분이 자립경제 달성을 위한 자신들의 국가적 사명을 자각하여 주체의식의 확립과 공정한 경제활동, 그리고 상도의의 앙양을 내용으로 하는 경제윤리강령을 마련하여 상공인으로서 지녀야 할 윤리와 도의심을 강조하고 있음은 시의를 얻은 현명한 행동이라 하겠습니다."

대통령은 이어서 일부 기업인의 악덕행위를 구체적으로 적시하고, 기업인들은 시대적 사명감과 사회적 책임감에 투철해야 한다는 점을 강조했다.

"그러나 이러한 고무적인 기풍이 조성되어 가고 있음에도 불구하고 상공업계 일부에는 아직도 '타인의 공업소유권을 침해한다', '타인의 상표나 의장을 도용하여 위조품을 생산한다', '탈세·밀수·밀조 행위가 있다'하여 일반의 빈축을 사고 있는 일이 있을 뿐만 아니라, 일반기업의 부당한 독점·과점, 동업자 간의 각종 카르텔형성, 제품의 출하통제 등을 통하여 일반 소비대중에게 손해를 끼치고, 결과적으로 국가경제 전반에 악영향을 미치는 일이 흔히 있는 것입니다.

심지어는 무역거래에 있어 국내업자 간에 무모한 경쟁을 하여 덤핑을 일삼음으로써 업자개인은 물론, 국가의 손실을 자초하는 일이 적지 않습니다.

이 모든 것이 기업의 윤리성·사회성을 몰각한 일부 상인들의 무분별한 소치로서, 이러한 행위가 상공업계에서 완전히 뿌리뽑히지 않는 한, 자립경제 건설과 조국근대화라는 말은 한낱 공염불에 그치고 만다는 것을 나는 단언하지 않을 수 없습니다.

지금 우리는 온 국력을 총동원하여 조국근대화라는 역사적 과업을 수행하고 있거니와, 그것은 어느 개인이나 어느 특정집단의 이익만을 위한 것이 아닙니다. 오늘의 우리와 내일의 후손들의 번영과 영광을 위한 것입니다. 다시는 이 땅 위에 헐벗고 굶주리는 사람이 없는 밝은 내일을 기약하는 국가백년지대계인 것입니다.

여러분은 일시적인 폭리나, 일시적인 호도로써 이윤을 추구하기에 앞서, 또는 내 회사나 내 공장의 이익을 위하여 노력하기에 앞서 우리 사회 전체를 생각하고, 우리민족 전부를 염두에 두어, 소비자 국민 대중에게 기여할 줄 아는 상공인이 되어야 할 것입니다. 목전에 소리에 급급하여, 자립경제 건설이라는 냉엄한 국가적 당면과제를 외면하는 기업행위에는 언제나 국민의 준엄한 심판이 뒤따르고 있다는 것을 여러분은 명심해야 할 것입니다.

모름지기 상공인 여러분들은 보다 좋은 제품생산과 공정거래를 통하여 국내외 소비대중에게 만족을 주고, 상공인으로서 국가경제 발전에 헌신하여야 한다는 시대적 사명감과 국리민복의 증진에 기여해야 한다는 사회적 책임감에 투철해 줄 것을 당부하는 바입니다."

대통령은 끝으로 오늘의 시점에서 기업인들의 역사적 사명은 신용을 통한 국제경쟁력을 강화하는 일이라는 점을 강조했다.

"자립경제 건설의 첩경은 수출의 증진에 있고, 수출증진의 길은 국제적 경쟁력을 강화하는 데 있는 것입니다.

근자에 상품의 수출과정에서 클레임 문제가 대두되어 국가의 위신을 추락시키는 일이 있거니와, 이는 우리의 시급한 당면과제인 국제무대에서의 수출경쟁력 강화에 막대한 지장을 주는 일임을 잊어서는 안 되겠습니다.

국제시장에서 판로를 개척하는 가장 빠른 방법은 무엇보다도 상공인 여러분이 손수 만든 상품의 국제적 신용도를 높이는 데 있는 것입니다.

우리나라 상품의 국제적 신용, 이것은 바로 우리의 국제경쟁력을 강화하는 길이며, 결과적으로 자립경제 건설과 조국의 근대화에 이바지하는 가장 중요한 열쇠인 것입니다.

신용을 통한 국제경쟁력의 강화야말로 오늘의 이 시점에서 상공인 여러분에게 부하된 역사적인 사명과 책무라는 것을 거듭 강조하면서, 금년도 수출목표 2억 5천만 달러의 초과 달성을 위하여 가일층 분발과 노력 있기를 당부하는 바입니다."

**선진국들이 우리나라에 대한 차관과 투자에 적극성을 보이고 있다**

1966년 6월 9일, 팔당수력발전소 기공식에서 대통령은 먼저 전력개발의 필요성 증대와 그 개발 계획에 관해 설명했다.

"오늘 이 고장에 또 하나 거창한 건설의 메아리를 울리게 되었습니다. 여러분들이 잘 아시는 바와 같이 전력에너지라는 것은 산업경제 건설에 있어서 가장 원동력이 되는 것입니다.

우리들이 일상생활에서 문화적인 생활을 하기 위해서도 이 전력이라는 것이 물론 필요하지만, 특히 오늘날 우리나라에 있어서는 산업경제 건설의 필요 때문에 우선적으로 전력개발을 서두르고 있는 것입니다.

5·16혁명 전의 우리나라 전력발전량은 여러분들이 아시는 바와 같이 불과 37만 킬로와트 정도밖에 되지 않았습니다만, 오늘날 우리는 약 79만 킬로와트라는 과거의 약 배 이상의 전력을 개발하게 되었습니다. 그러나 현재 이런 정도의 전력을 가지고는 나날이 성장되어 가는 우리나라의 산업건설에 뒷받침이 되지 못한다 하는 결론이 나와서, 지금 정부는 전력발전과 아울러, 화력발전, 기타 긴급시에 대비해서 가장 전력의 부족을 초래하리라고 예측되는 금년 연말과 내년도 초기에 대비해서, 일반 민간에서 가지고 있는 자가용 발전기 전부를 총동원해서 이러한 부족에 대처할 준비를 서두르고

있는 것입니다.

조금 전에 설명이 있은 바와 같이, 지금 정부가 서두르고 있는 이 전력개발 계획은 앞으로 5년 후에 제2차 경제개발 5개년계획이 완성될 무렵에 가서는 현재의 약 배 이상인 160만 킬로와트 이상의 전력량을 가지게 될 것입니다.

그러나 내가 현재 보는 전망으로서는 그때 가서는 우리의 전력이 160만 킬로와트 가지고도 부족을 초래할 것으로 보입니다.

최근까지도 우리나라의 전문가들이나 외국 기술자들은 한국의 전력수요는 매년 12% 내지 15% 정도 증가되는 것으로 보면 충분할 것이다 라고 이렇게 판단했던 것이 벌써 작년도만 해도 우리나라의 전력수요 증가가 22%가 넘었고, 금년도 상반기에 벌써 작년도에 비해서 25%의 수요를 요구하고 있는 것입니다.

이러한 추세와 전망으로 볼 때, 우리나라에 있어서 가장 서둘러야 할 문제가 전력개발입니다."

대통령은 이어서 서구 선진국가들이 근년에 우리나라에 대한 차관과 투자에 적극적으로 나오는 것은 매우 고무적인 일이라고 기뻐했다.

"오늘 이곳에서 기공을 보게 되는 팔당수력발전소는 특히 이 사업을 추진하기 위해서 혁명정부 때부터 지난 4·5년 동안 꾸준히 교섭해 오다가, 그동안 이에 대한 계약이 체결되고, 모든 사업이 추진되어서 오늘 비로소 기공을 보게 된 데 대해 나는 감개무량함을 금할 수 없습니다. 특히 이 사업은 프랑스의 민간산업차관에 의해서 건설되는 것입니다.

우리나라에 그동안 도입된 외국차관은 대부분이 미국 AID차관 또는 근년에 와서는 독일차관, 또 최근에 와서는 일본차관이 많이 들어오고 있습니다만, 프랑스에서 하나의 단일사업에 대해서 본격적인 차관을 한 것은 이번 사업이 처음인 것입니다. 우리나라는 지금 경제건설을 위해서 우리가 가지고 있는 내자동원에 최대한의 노력을 경주하는 동시에, 부족한 자원의 조달을 위해서 외국의 차관에 많이 의존하고 있는 것입니다.

특히 서구 선진국가 여러 나라들이 최근에 와서 우리 한국에 대한 차관 또는 투자에 많은 흥미와 관심을 가지고, 적극적으로 나오는 데 대해서 우리는 무엇보다도 고무적인 것을 느끼는 바입니다.

이러한 현상이라는 것은 오늘날 우리 경제가 나날이 안정되어 가고 있고, 상당히 빠른 속도로 성장되어 가고, 머지않은 장래에 상당히 밝은 전망이 보인다는 증거이며, 또한 그런 전제 하에 외국에서 우리나라에 대한 투자나 차관을 제안해 오고 있다고 볼 때, 우리는 대단히 고무와 용기를 느끼는 것입니다.”

**제철, 종합기계, 석유화학, 조선공업은 제2차 5개년계획의 4대 중점사업이다**

1966년 7월 6일, 부산조선공사의 시설확장공사의 기공식이 있었다. 이날의 행사에서 대통령은 제2차 경제개발 5개년계획에 있어서 정부가 가장 역점을 두고 있는 제철공업, 종합기계공업, 석유화학공업, 조선공업 등 4대 사업에 대해 설명했다.

대통령은 먼저 철강공업의 현황에 대해 설명했다.

(전략) “내년부터 시작되는 제2차 경제개발 5개년계획 중에 특히 공업 분야에 있어서 정부가 가장 힘을 들이고 있는 네 가지 큰 사업이 있습니다. 그 하나는 제철공업, 또 하나는 종합기계공업, 또 하나가 석유화학공업, 네 번째가 조선공업입니다.

제2차 5개년계획에서 우리가 할 일이 여러 가지 많지만, 한국의 산업을 급속히 성장시키고, 한국경제를 빨리 부흥시키기 위해서 공업 분야에 있어서 정부와 국민이 특별히 힘을 들이고자 하는 이 네 가지 사업 중 이 조선공업이 그 하나에 속하는 것입니다. 이 네 가지 사업은 우리가 오랫동안 노력하고 추진해 온 결과, 지금 단계에 와서는 이 네 가지 사업이 대부분 빠르면 금년 내에, 늦어도 내년 초에는 전부 착수하거나, 여기 필요한 회사 설립을 보거나, 기공하거나, 할 수 있는 단계에 왔다는 것을 국민 여러분들에게 알려드리고자 합니다.

제철공업, 철강공업은 우리나라의 기간산업 중에서도 가장 중요한 산업의 하나인 것입니다. 앞으로 우리의 공업을 발전시키기 위해서는 이러한 철강재를 종전과 같이 외국에 언제까지나 의존하고는 우리나라 경제를 발전시킬 수 없는 것입니다.

이 사업은 군사혁명정부 때, 벌써 한 5년 전에 정부의 계획으로서 추진해 왔으나, 이것이 여의하게 되지 않다가, 최근에 와서 미국의 저명한 사파스회사와 독일의 리말크회사, 그리고 일본에 있는 야하다제철, 이러한 몇 개 회사가 기간이 돼서 모든 문제가 순조롭게 추진되어 금년 내로는 발족을 볼 수 있는 단계에 놓여 있는 것입니다.”

대통령은 이어서 종합기계공업에 대해 설명했다.

“두 번째가 종합기계공업입니다. 이것도 또한 앞으로 우리나라의 가장 중요한 산업의 하나입니다. 우리는 지금 공업건설을 하기 위해서 산업건설을 하기 위해서 많은 공장들을 건설하고 있습니다. 또 이러한 공장들은 외국에서 많은 차관을 해서 기계를 도입하고 있습니다.

이러한 공장에 장차 필요한 부속품이라든지 기계를 계속 외화를 써서 외국에서 사들여서는 우리나라의 공업을 발전시킬 수 없습니다.

외국에서 사오는 것은 굉장히 비싼 가격을 지불해야 되는 것입니다. 따라서 우리 한국의 공업을 급속히 발전시키기 위해서 정부는 종합기계공장을 빨리 만들어야 되겠습니다. 이것도 역시 혁명정부 때부터 추진해 왔으나 여러 가지 외국의 차관교섭이라는 것이 잘 되지 않아서 지금까지 지연되어 오다가 최근에 와서 이 사업이 상당한 빠른 속도로 진전을 보아서 대략 현재 진행되고 있는 임시국회, 7월 15일까지 끝나는 이 회기 중에 정부는 약 7천만 달러에 해당되는 종합기계공장 건설의 정부지불보증에 대한 국회동의 승인요청서를 국회에 제출하려고 하는 단계에 있습니다.

이 공장도 빠르면 금년 중, 늦어도 내년 초에는 착수를 볼 수 있으리라고 믿고 있습니다. 이 공장이 됨으로써 지금까지 우리가 1년에 수천만 달러에 달하는 기계와 현재 서 있는 공장에 필요한 부속품을 외국에서 사들여 오던 것을 제철공장에서 나오는 철강재를 가지고 종합기계공장에서 여러 가지 기계를 우리의 손으로 만들어, 사오는 것보다도 훨씬 싼 기계를 제조할 수 있게 됩니다.

이렇게 함으로써 외화를 절약할 수 있고, 나아가서는 여기서 만든 기계를 다른 외국에까지 수출도 할 수 있는 능력을 우리는 가질 수 있으리라고 확신합니다."

대통령은 이어서 석유화학공업에 대해 설명했다.

"다음 세 번째 석유화학공업도 앞으로 우리나라의 공업을 위해서는 가장 중요한 산업의 하나입니다.

지금 정부는 제2정유공장과 제3정유공장을 건설하기 위해서 근일 중 동시에 승인 발족시킬 계획을 지금 추진하고 있습니다.

작년에 제3·제4비료공장을 동시에 건설에 착수했던 것과 마찬가지로 제2·제3공장도 거의 같은 시기에 앞으로 1·2개월 내에 승인될 수 있는 단계까지 도달했습니다. 동시에 이 석유정유 공장의 관련사업으로서 석유화학공업에 대한 정부의 종합적 계획도 벌써 서 있고, 미국의 아스아리틀회사에서 이미 종합적 기술조사도 끝나서, 우리 정부에 지난 6월 30일까지 보고서를 제출하게끔 약속이 되어 있었습니다. 그런데 약간 시일이 지연되어 7월 상순 중에는 우리 정부에 제출될 것입니다. 따라서 앞으로 수일 중에 이 보고서가 제출되면, 이것을 검토해서 앞으로 우리 한국의 석유화학공업에 대한 종합적 계획을 어떠한 방향으로 끌고 나아갈 것이며, 모든 산업의 계획안을 어떻게 세울 것인가에 대한 순서와 방향과 우선순위가 결정될 것입니다. 그렇게 되면 이러한 공장들도 빠르면 금년 중 또는 내년 초부터 착착 하나 둘씩 착수되리라고 보고 있습니다.”

대통령은 이어서 조선공업에 대해 설명했다.
“마지막에 조선공업입니다.
이 조선공업도 하나의 종합공업이기 때문에 우리나라의 공업건설을 위해서는 가장 중요한 공업의 하나입니다. 이것은 자유당정권 때부터 대단히 정부가 관심을 가지고 여러 가지로 노력했으나 여의치 않게 되었다는 것도 사실입니다.
우리나라는 여러분들이 아시는 바와 같이 삼면이 바다로 둘러싸여 있습니다. 이 바다에는 무진장한 수산자원이 간직되어 있습니다. 이것을 개발하기 위해서 우리나라 조선공업계에서는 앞으로 많은 어선을 제조해야 될 것입니다.
이것은 비단 이 조선공사뿐 아니라 민간의 모든 조선공장에서도 앞으로 선박들을 계속 대량으로 제조해야 할 것입니다.

동시에 우리 경제가 나날이 성장함에 따라서 수송수요가 급격히 증가하고 있습니다.

이것은 육상에 있어서의 철도수송이나 자동차수송이나 또는 해상에 있어서의 해상수송이나를 막론하고 급격히 증대되어 현재 우리가 가지고 있는 수송능력으로서는 대단히 부족을 느끼고 있는 것입니다.

현재 우리나라에 들어오고 나가는 화물을 우리가 가지고 있는 배로 수송할 수 있는 능력은 불과 전체량의 25% 내지 27%에 불과한 것입니다. 나머지 약 75%에 해당하는 이런 막대한 수송은 전부 외국선박에 의존하고 있는 실정입니다. 따라서 이에 필요한 수송요금을 1년에 2천 5백만 달러 내지 근 3천만 달러나 외국선박에 지불하고 있는 것입니다.

이러한 여러 가지 문제를 검토한 결과, 우리 조선공업이 빠른 시일 내에 육성되어야 할 필요성을 절감하게 되는 것입니다.

이 조선공사에는 지금부터 약 5년 전 5·16혁명 직후에 한번 와봤습니다. 그때 우리가 서 있는 이 자리에는 잡초가 우거져 있었고 무슨 종류의 기계인지는 모르지만 수많은 기계들이 빨갛게 녹이 슬어 마치 고철 야적장 같이 되어 있는 그런 형편이었습니다. 경영 상태는 적자가 근 40억 원, 그동안에 우리 손으로 배는 한 척도 만들지 못하고 있는 그런 실정이었습니다.

혁명정부는 이 조선공사 시설을 빨리 확장하고 능력을 증대시키기 위해서 여러 가지 시책을 펴 왔습니다. 과거에 이 공사가 가지고 있던 부채를 전부 정부가 안고, 여기에 대해서 증자하고 재투자해서 부채를 전부 청산했을 뿐 아니라, 시설확장과 기술증진에 여러 각도로 노력한 결과 오늘날 겨우 이런 정도의 상태까지 끌어 올릴 수 있었던 것입니다.

그러나 현재 우리 조선공사의 능력이나 시설이나 기술수준이 선진국가의 그것에 비하기에는 아직도 많이 뒤떨어진 상태에 있는 것입니다. 이것을 빠른 시일 내에 확장 개선하고 우리가 보다 더 많은 선박을 제조하고 우리의 힘으로써 수리할 수 있는 능력을 갖추기 위해서 이번에 외국 차관 약 3천 3백만 달러 내지 약 20억 원을 들여서, 앞으로 2년 내지 2년 반 동안에 저 약도에 있는 대로 확장하자는 것이 오늘 이 기공식의 원래 목적인 것입니다.

이 공사가 예정대로 68년 하반기에 완공되면, 조금 전에 설명한 바와 같이, 종전보다도 약 2~3배 이상의 조선능력을 가지게 될 것입니다. 즉 1만 톤짜리 배를 우리 손으로 만들 수 있는 능력을 가지게 되고, 2만 톤 이상의 큰 배들을 이 '드라이 독'에서 수리할 수 있게 될 것입니다.

현재까지는 외국 선박이 우리 한국의 부산항이나 기타 항구에 왔다가 수리가 필요하게 되어도 우리 한국에 그런 수리시설이나 능력이 없기 때문에 일부러 일본까지 돌아가서, 거기서 수리하고 되돌아가는 것입니다. 우리가 외화를 벌 수 있는 좋은 기회를 다 놓치고 있는 것입니다. 이런 것도 앞으로 2년 후면 상당한 양의 수리능력과 선박능력을 가지게 되기 때문에 외화를 절약하고 또한 외화를 많이 가득할 수 있게 될 것입니다."

대통령은 끝으로 조선공사의 간부와 종업원들에게 특별히 간곡한 당부의 말을 했다.

"그러나 오늘 이 자리에서 우리 국민 여러분들이나 조선공사의 간부 또는 종업원 여러분에게 특별히 당부하고자 하는 것은 2년 후에 이 공장이 우리의 계획대로 완성되고 시설이 확장된다 하더라도, 아직까지 우리 한국의 선박능력이나 그 수준이 다른 선진국가에 많이 뒤떨어진다는 것을 알아야 되겠습니다.

민간선박회사까지 합치더라도 아직까지 우리는 불과 한 10여만 톤 이내의 생산능력밖에 가지지 못한 것입니다. 다른 선진국가에서는 벌써 1년에 1백만 톤 이상을 건조할 수 있는 능력을 가지고 있습니다. 따라서 우리의 조선공업을 발전시키자면 앞으로도 수년 동안 여러분들이나 우리 국민이나 우리 정부가 보다 힘을 기울여서 이 조선공업의 육성을 위해서 노력해야 되겠습니다. 그런 것을 깊이 명심해 주기 바랍니다.

동시에 여기서 만드는 배가 아무리 만 톤짜리, 8천 톤짜리, 4천 톤짜리 등 된다할지라도 현재로서는 우리가 만든 배 한 톤당 제조원가가 외국에서 만든 것보다도 10달러 이상 비쌉니다.

우리나라는 임금이 싼 많은 노동력을 가지고 있으면서도, 다른 나라보다도 톤당 10달러 이상 비싼 배를 만든다는 것은 아직까지 우리의 기술면이나 여러 가지 시설면이 뒤떨어졌다는 것을 의미하는 것이며, 따라서 또 우리가 개선해 나가야 될 점이 많다는 것을 알아야 되겠습니다. 특히 조선공사에서 근무하는 종업원 여러분들은 우리가 어떻게 하든지 앞으로 수년 동안 노력해서 큰 배를 만들고, 좋은 배를 만들고, 많은 배를 만들고, 많은 배를 수리하되 만든 배는 외국의 배와 똑같이 국제수준 가격에 따라갈 수 있도록 하는 것을 조선공사의 하나의 목표로 내세우고 수년 동안 여러분들이 피땀어린 노력을 해야 하겠다는 것을 오늘 이 자리에서 여러분들에게 당부하는 바입니다. 우리 정부나 국민들이 여러분들에게 기대하는 것도 역시 그러한 점일 것입니다.

앞으로 우리 한국의 조선공업 발전을 위해서 오늘 이 조선공사의 시설확장공사의 기공식에 임해서, 그동안 여러분들이 지난 수년 동안 노력한 노고에 대해서 다시 한 번 치하의 말씀을 드리고, 앞으로 이 공사가 예정 안에 빨리 추진되고, 이것이 완공된 후에 있어서도 보다 질이 좋고, 값이 싼 훌륭한 배를 많이 만들어 우리 한국의 조선공업 발전에 크게 이바지해 줄 것을 당부해 마지않습니다."

## 우리나라의 첫 번째 PVC공장이 준공되었다

1966년 11월 28일 우리나라의 첫 번째 PVC생산공장인 대한플라스틱공업 PVC공장의 준공식이 충북 청원군에서 거행되었다.

대통령은 이날 행사에서 우리나라의 석유화학공업에 있어서 맨 처음으로 준공을 보게 된 이 PVC생산 공장은 그동안 우리가 막대한 외화를 들여 수입해 온 합성수지의 원료가 되는 PVC를 연산 6천 6백 톤을 생산하게 되며, 제2차 5개년계획에서 석유화학공업 관련공장들이 건설되면 여러 개의 PVC공장들이 또 건설될 것이며, 우리나라에서 생산이 안 되거나, 적은 양밖에 생산을 못하는 철강재와 목재와 고무 등으로 만든 자재를 PVC로 대체할 수 있게 된다고 말하고 가정용품에서부터 건설자제에 이르기까지 무진장한 PVC의 용도에 대해 설명했다.

"여러분들 고장에 현대적인 새로운 산업시설이 또 하나 준공을 보게 된 데 대해서 여러분과 더불어 충심으로 축하해 마지않습니다.

우리나라에서는 오래 전부터 많은 양의 합성수지를 외국으로부터 수입해 왔습니다. 이로 말미암아 우리는 그동안 막대한 양의 외화를 낭비해 왔습니다. 그렇기 때문에 우리 정부에서는 오래 전부터 합성수지의 원료가 되는 PVC공장을 우리나라에도 만들어야 하겠다는 판단하에 이 공장건설을 추진해 오다가 이번에 대한플라스틱공업주식회사의 이 공장 준공을 보게 된 것입니다.

이 공장은 여러분들도 아시는 바와 같이, 카바이트를 원료로 하는 PVC공장입니다. 그러나 이 공장 역시 우리 정부가 추진하고 있는 석유화학공업의 일환이 되는 것입니다.

정부는 내년부터 시작되는 제2차 경제개발 5개년계획에 있어서 석유화학공업에 대해서 특별히 큰 비중을 두고 있는 것입니다. 앞으로 지금 추진하고 있는 제2정유공장의 건설이 끝나고, 또 제1정유공장의 배가 공사가 끝나고, 또다시 제3정유공장의 건설이 착수되면, 이와 병행해서 석유화학공업에 대한 여러 가지 관련공장들이 같이 건설될 것입니다. 따라서 그 때에는 오늘 여기에서 준공을 보게 되는 이 PVC공장 외에 여러 개의 PVC공장이 또다시 건설되리라고 믿고 있습니다.

정부가 지금 판단하기에는 1971년에 가서는 우리나라 PVC의 소요가 3만 2천 톤 가량 필요할 것입니다. 오늘 여기서 준공하는 이 공장은 연산 6천 6백 톤의 생산을 하게 될 것입니다.

우리나라에는 지금 철강재와 목재, 또는 고무 등이 생산이 안 되거나, 되더라도 극히 적은 양밖에 생산을 못하고 있습니다. 그러나 이 PVC공장 같은 것이 앞으로 여러 개 건설되면 우리나라에서 부족한 이러한 철강재·목재·고무 등에 대한 자재를 이것으로 대체할 수 있는 것입니다.

PVC공장에서 무엇을 생산하는지 혹 여러분들 가운데 잘 모르는 분도 계실지 모르겠습니다. 작은 물건으로서는 우리 가정에서 어린 아이들이 가지고 노는 노리개·완구 같은 물건으로부터 식기라든지, 또는 우리 가정에 사용하는 가구라든지, 또는 여러분들이 신는 고무신이라든지, 또는 우리가 앉는 의자에 씌우는 '비닐' 따위 농촌에서 여러분들이 쓰는 모든 자재가 여기서 생산되는 것입니다.

또 큰 물건으로서는 이런 건물을 짓는 데 필요한 목재—이것도 PVC로 대체되는 것입니다. 저 지붕도 이것으로 대체되리라 믿습니다. 또한 우리가 상수도시설을 하는 데 필요한 철관·수도파이프—이런 것도 이 PVC로서 전부 대체할 수 있는 것입니다.

선진 공업국가에 있어서는 상수도시설에 필요한 수도파이프 같은 것은 벌써 전부 PVC로 대체하고 있는 것입니다. 우리는 지금 철관을 전부 이용하고 있습니다.

이와 같이 이 PVC의 용도라는 것은 무진장으로 많은 것이며, 우리들 생활주변에 앞으로 이 PVC로서 제품이 된 물건들이 수많이 나타날 것입니다. 그야말로 석유화학공업이란 것은 오늘날 현대공업에 있어서 가장 첨단을 걷고 있는 것이며, 또한 총아의 하나로서 등장하고 있는 것입니다.

오늘 이 공장이 준공을 보게 된 것은 이 지방주민 여러분들의 향토개발을 위해서, 지역사회 발전을 위해서 커다란 공헌을 할 뿐만 아니라, 앞으로 우리나라의 산업개발과 특히 공업발전을 위해서 큰 공헌을 할 것을 나는 믿어 마지않습니다. 동시에 앞으로 이 공장지대는 여러 가지 적은 규모의 관련공장들이 많이 생기게 될 것입니다. 또한 이 부근에 있는 농가에도 여러 가지 가내공업이 많이 발달할 것을 나는 확신해 마지않습니다.

조금 전에도 말씀드린 바와 같이, 앞으로 제2차 5개년계획이 완료될 무렵에 가서 이러한 석유화학공업에 관련되는 계열산업이 거의 완공단계에 들어가면, 우리나라의 공업은 급진적인 발전을 할 것을 믿어 마지않습니다.

오늘 이 대한플라스틱공업주식회사가 이러한 우리나라의 석유화학공업에 있어서 맨 처음으로 준공을 보게 되었다는 데 대해서, 우리는 또한 다 같이 경하해 마지않는 바입니다.

앞으로 이 공장이 우리 국가의 산업발전과, 특히 이 지역사회의 발전을 위해서 많은 공헌을 해 줄 것을 거듭 당부하면서, 그동안 여러 가지 난관과 애로를 극복해 나가면서 이 공장 준공에 노고를 하신 대한플라스틱공업주식회사 사장 임창호 씨와 회사 간부진 여러분과, 종업원 여러분, 또한 이 공장의 공사 준공을 맡으신 건설업계 여러분, 또한 이 지방의 관민 여러분들의 많은 협조에 대해서 심심한 사의를 드립니다."

## 기업인은 수출을 촉진하는 여러 조건을 성숙시키는 데 앞장서야 한다

1966년 11월 30일, 제3회 수출의 날에 대통령은 제1차 5개년 기간 동안에 이룩된 수출실적을 평가하고 수출의 필요성과 중요성, 국제경쟁력 강화, 기업의 윤리성과 사회성에 대해 평소의 소신을 피력했다.

"오늘 제3회 '수출의 날'에 즈음하여, 자립경제 건설에 있어서 수출이 차지하는 비중의 막대함과 수출업자와 생산업자 여러분의 사명의 막중함을 강조하고, 여러분의 가일층 분발을 다짐하게 된 것을 매우 뜻깊게 생각하는 바입니다.

나는 먼저 이 자리를 빌려 그동안 시장개척과 우량상품의 생산 또는 다액수출에 남다른 공이 있어 훈장과 표창을 받는 여러분에게 축하의 뜻을 표하고 그간의 노고를 치하하고자 합니다.

지난 몇 년 동안 우리는 조국근대화와 자립경제 건설을 위해서 온 국력을 이에 총동원하여 꾸준히 전진해 왔습니다.

제1차 경제개발 5개년계획의 마감을 한 달 앞둔 현시점에서 이 계획의 진척상황을 돌이켜볼 때, 기간산업의 육성, 동력원의 개발, 사회간접자본의 확충, 그리고 수출진흥에 역점을 두었던 이 계획은 대체로 성공리에 매듭 지우게 되었다고 말할 수 있을 것입니다. 그 중에서 가장 성공적이었다고 봐야 할 것은 역시 수출증대인 것입니다.

1960년도만 해도 3천 2백만 달러에 불과하여 억대 수출은 다만 꿈같은 이야기였습니다만, 불과 4년 후인 1964년에는 드디어 1억 2

천만 달러의 수출실적을 올렸고, 작년도에는 목표액 1억 7천만 달러를 초과달성하여 1억 8천만 달러의 실적을 거둠으로써 1960년도에 비하면 무려 6배에 가까운 수출실적을 올렸던 것입니다. 금년도에는 10월 말 현재 2억 달러를 돌파한 것으로 보아 목표액 2억 5천만 달러를 달성하는 것도 무난할 것으로 예상되고 있습니다. 여기서 더욱 고무적인 것은 이와 같은 수출의 양적인 증가가 수출상품 구성비율의 발전적인 변화와 병진해서 이루어졌다는 사실입니다.

1962년 총수출액 5천 6백만 달러의 대부분은 가공되지 않은 농수산물이었고 공업제품은 불과 그 27%인 1천 5백만 달러였습니다. 그러나 작년도에는 이와 정반대로 공업제품이 수출총액의 62.3%인 1억 1천 2백만 달러에 도달함으로써 수출구조를 완전히 뒤바꿨습니다. 이것은 우리나라가 1차산품인 원료수출 국가로부터 상품수출 국가로 발전된 것을 의미하며, 공업국가로의 성장을 입증하고 있는 것입니다.

또한 해외시장 개척에 있어서도 1961년도에는 수출대상국이 아주(亞洲) 중심의 20개국에 불과했습니다만, 작년도에는 미주와 구주 등으로 뻗어나가 60개국, 금년도에는 80개국에 이르러 자유 우방 거의 모든 나라가 우리 상품을 수입하고 있습니다."

대통령은 이어서 수출진흥의 필요성과 중요성이 이제부터 더욱 증대되고 있는 우리의 현실을 지적했다. 즉, 자립경제를 지향하는 제2차 5개년계획의 성패는 투자재원의 확보에 달려 있으며, 이 투자재원의 주요원천은 수출증대에 의한 외화획득이라는 것이다.

"그러나 수출업자와 생산업자 여러분!
우리의 수출산업이 날로 발전하고 수출실적이 급진적으로 늘어나고 있습니다만, 수출진흥의 필요성과 중요성은 이제부터 더욱 증대되고 있다는 우리의 현실을 나는 지적하지 않을 수 없습니다.

여러분이 아시다시피, 우리는 이제 제2차 5개년계획을 강력히 추진하여 자립경제를 하루빨리 이룩해야 할 시점에 처해 있습니다. 그리고 이 계획의 성패는 실로 투자재원을 여하히 확보하느냐에 달려 있는 것입니다. 수출증대에 의한 외화획득은 바로 이 투자재원의 주요한 원천이 되는 것이며, 수출증대는 경제자립의 동맥선이라고 해도 과언이 아닐 것입니다. 따라서 수출제일주의로 수출입국을 이룩하고, 이를 위해 하루빨리 공업국가를 건설해야 한다는 것은 우리의 가장 긴급한 과제인 것입니다.

나는 금년에 2차에 걸친 동남아 순방여행을 통하여 우리민족의 활로가 공업화에 의한 수출증대에 있다는 것을 다시금 절감한 바 있습니다. 수출총액의 80 내지 90%가 자연자원인 이 지역 국가들과의 무역경쟁에서 우리가 승리하려면, 우리는 그들이 필요로 하는 우수한 공산품을 생산해 낼 수 있어야 할 것입니다. 이러한 의미에서 앞서 지적한 바와 같이 우리의 수출상품 구조가 해마다 공업제품 위주로 급속한 전환을 이룩하고 있는 것은 매우 고무적인 일이며, 우리는 전국의 모든 가능한 지역을 공업단지로 만들어서 이를 더욱 발전시켜 나가야 하겠습니다.

나는 명년 초에 과학기술부 신설계획을 연구, 검토하도록 내각에 지시한 바 있습니다만, 이는 군·관·민이 일체가 되어 과학기술을 진흥시켜 공업국가 건설을 촉진하고, 우리 모두가 일인일기주의로 나가 하루속히 공업화를 이룩하자는 것입니다."

대통령은 이어서 수출진흥에 가장 많이 기여하는 다액수출업자는 진정한 애국자라고 평가하고 기업인의 가일층 분발을 당부했다.

"제2차 경제개발 5개년계획에 있어서 목표연도의 수출목표액은 7

억 달러입니다.

그러나 지난 6년 동안 수출실적의 연간 신장률이 평균 41.9%였다는 사실에 미루어 우리는 앞으로도 연평균 40%의 성장률을 계속 유지함으로써 1971년도의 수출실적은 적어도 10억 달러가 넘도록 총력을 경주해야 하겠습니다. 이를 위해서 생산업자와 수출업자 여러분이 가장 힘써야 할 일은 우선 신용 있고 품질 좋은 상품을 생산 수출하여 국제경쟁력을 강화하고 새로운 시장을 개척하는 일이라 하겠습니다.

오늘날 우리의 각종 상품은 세계 도처에서 많은 사람들의 호평을 받고 있습니다만, 우리는 여기서 만족할 것이 아니라, 조금만 더 노력하면 남이 따라올 수 없을 만큼 훌륭한 상품을 만들 수 있다는 것을 명심하여 '세계제일의 신용', '세계제일의 품질'을 신조로 삼아 수출 한국의 앞날을 위해 더욱 분발해야 하겠습니다.

지금 우리 주위에는 스스로 애국자임을 자처하는 사람이 많이 있습니다만, 나는 수출진흥에 가장 많이 기여하고 있는 다액수출자야말로 진정한 애국자라고 생각합니다."

대통령은 끝으로 기업인은 기업의 윤리성과 사회성의 바탕 위에서 수출을 촉진하는 여러 조건을 성숙시키는 데 앞장서고 정부는 기업인의 수출진흥 노력을 최대한 지원한다면 1971년도에는 10억 달러 이상의 수출실적을 올릴 수 있다는 확신을 피력했다.

"수출은 원대한 안목을 가지고 착실히 계획하고 줄기차게 실천해야 할 것입니다. 목전의 조그만 이익보다는 내일에 얻을 수 있는 큰 이익을 생각하고, 나 한 사람이나 우리 회사의 이익보다는 국가와 민족전체의 이익을 앞세울 줄 아는 참다운 기업가정신이 정녕 아쉬운 우리의 실정입니다.

무모한 '덤핑'으로 우리의 상품가치를 저하시키거나, 또는 밀수출입 등의 불법행위로 국가경제의 건전한 발전을 해치는 일은 사회의 지탄이나 제재를 받기 전에 여러분 자신의 도의와 양심과 이성의 힘으로 시정해 나가야 하겠습니다.

이러한 기업의 윤리성과 사회성의 바탕 위에서 부족한 기술, 불비한 시설 등 수출증진을 가로막고 있는 모든 애로를 과감히 타개하고 특산물의 개발, 수출산업 기반 확충 등 수출을 촉진하는 여러 조건을 성숙시키는 데 여러분이 앞장선다면, 제2차 5개년계획이 끝나는 1971년에는 10억 달러 이상의 수출실적을 올릴 수 있을 것으로 나는 확신합니다.

정부는 수출용 원자재의 면세, 수출업무의 간소화, 수출산업의 중점적인 육성 등 여러분의 생산 활동과 수출 진흥을 위한 노력을 최대한으로 지원할 수 있는 가능한 모든 조치를 취할 것입니다.

그러나 수출한국의 앞날은 여러분의 두 어깨에 달려 있다는 책임과 사명을 자각하고 긍지와 자신을 가지고 힘찬 전진을 거듭하여 해마다 목표액을 초과달성하는 데 힘써 줄 것을 당부하는 바입니다.

아울러 10월 말 현재 66년도 목표 2억 5천 달러의 83%인 2억 달러를 달성하는 데 이바지한 전국의 수출업자와 생산업자 여러분의 노고를 치하하고, 앞으로 더욱 분발하여 금년도 목표를 달성함은 물론, 해마다 40% 이상의 수출 신장률을 유지해 줄 것을 당부하면서 여러분의 건투를 빕니다."

### 우리의 수출증대와 경제성장의 동력은 외자도입에 의한 공장건설이다

1966년 12월 13일, 충북시멘트공장 준공식에서 대통령은 야당이 외자도입에 의한 공장건설을 비판하고, 이른바 '부익부빈익빈' 운운하며 대기업 육성을 공격하는 데 대해서 이를 반박했다.

"오늘 이 고장에 우리나라의 기간산업에 속하는 거창한 시멘트공장이 또 하나 준공을 보게 된 것을 여러분들과 더불어 무한히 기쁘게 생각하는 바입니다.

우리나라에는 지금 매년 시멘트의 수요가 늘어나고 있습니다. 이것은 우리나라에 그동안 많은 산업시설과 건설사업들이 그만큼 추진되어 가고 있다는 것을 입증하는 것이라고 보아야 하겠습니다.

제1차 경제개발 5개년계획이 시작되던 1961년도에 우리나라에서는 약 60만 톤 정도의 시멘트를 생산하는 데 불과했습니다. 오늘 이 공장이 준공됨으로써 우리나라에서는 연간 220만 톤이라는 시멘트를 생산하게 되는 것입니다. 내년 말에 가면 3백만 톤을 약간 넘는 막대한 시멘트를 생산할 수 있는 능력을 가지게 되는 것입니다. 내후년 1968년 여름에는 지금 동해안에서 건설 중에 있는 대단위 시멘트공장이 준공됨으로써 우리나라에서 약 5백만 톤 이상의 시멘트를 생산할 수 있게 될 것입니다.

오늘날 현대국가에 있어서, 그 나라에서 시멘트를 어느 정도 소비하느냐 하는 그 수량은 그 나라의 산업·경제·문화의 수준을 측정하는 하나의 척도가 되는 것입니다. 여러분들이 아시는 바와 같이, 우리 이웃에 있는 일본같은 나라는 1년에 약 5천만 톤 이상의 시멘트를 생산하고 있습니다. 인구로 봐서 우리보다 약 3배가 되니까 우리는 최소한 그 사람들의 3분의 1정도의 시멘트를 생산해야만 모든 건설이 일본수준을 따라갈 수 있다고 말할 수 있을 것입니다. 그렇다면 앞으로 우리나라에 있어서는 적어도 1천만 톤 이상의 시멘트를 빠른 시일 안에 생산해야 되겠습니다, 이것도 머지않은 장래에 실현될 수 있는 문제라고 나는 확신하고 있습니다.

시멘트가 이와 같이 생산되면, 또 여기에 따르는 여러 가지 부수적인 문제가 생기게 됩니다. 그것은 즉 수송문제입니다.

1천만 톤 이상의 시멘트가 생산되면, 현재 우리나라에서 생산하고 있는 전체 석탄이 약 1천만 톤을 넘기 때문에, 석탄수송을 위해서 정부나 국민들이 걱정하고 있는 것과 같은 문제들이 또다시 우리들 앞에 부닥치게 될 것입니다. 정부는 장차 이러한 우리나라의 산업건설 및 생산증대와 이에 따르는 수송수요 문제들을 예의 검토하고, 이에 대한 대비책을 강구하고 있는 것입니다.”

대통령은 이어서 외자도입이 우리의 수출증대와 경제성장의 동력이 되고 있다는 사실을 지적하고, 외자로 건설된 공장에 대한 경영과 관리를 개선하는 문제에 대해 기업인들이 크게 반성하고 심각하게 검토할 단계가 왔다는 점을 강조했다.

“우리는 지난 수년 동안에 수많은 공장들을 건설했습니다. 여러 가지 산업시설을 건설했습니다. 일부 국내에서는 정부가 이러한 공장들을 건설하는 데 대해서 비판적인 여론이 없지도 않다는 것을 나는 잘 알고 있습니다.

어떤 사람들은 왜 정부가 이렇게 서둘러서 외국에 비싼 이자를 줘 가면서까지 남의 나라 돈을 꿔서 공장을 자꾸 짓느냐, 이러한 부채를 어떻게 할 작정이냐, 하고 걱정하고 있습니다. 그러나 지금 우리나라의 형편으로서, 우리가 빨리 선진국가의 모든 산업구조나 기타 발전수준에 따라가기 위해서는 우리가 가지고 있는 우리나라의 자본만으로는 도저히 해 낼 도리가 없는 것입니다.

우리의 자본이 부족한 것은 외국에서 꿔 오더라도 빨리 지어서 다른 나라에 따라가고, 그동안에 우리가 증산을 해서 외국의 부채를 갚아 나가고, 또한 우리가 생산한 물건을 해외에 수출해서 외화를 벌어들이고, 이렇게 함으로써 우리 한국의 경제가 성장되어 가는 것입니다. 따라서 공장을 짓는 그 자체가 덮어놓고 나쁘다고 하는 것은 과히 정당한 이론이라고 할 수 없는 것입니다.

문제는 우리가 어떠한 공장을 짓느냐 하는 시설에 대한 정책이 문제가 되는 것이고, 어떤 공장을 먼저 짓고, 어떤 공장을 다음에 짓느냐 하는 우선순위의 결정이 문제가 되는 것입니다. 동시에 외국의 차관을 들여 지은 공장이든, 정부가 융자를 해서 지은 공장이든, 자기 자신의 자본으로 지은 기업체이든 간에 오늘날 우리 정부나, 모든 경제인들이나, 기업인들이 다시 한 번 관심을 가지고 크게 반성해야 될 줄 생각합니다.

이러한 공장들에 대한 경영과 관리를 개선하고, 어떻게 하든지 좋은 물건을 값싸게 많이 만들어서 국민들에게 공급할 수 있고, 동시에 품질이 좋고 값비싼 물건을 많이 해외에 수출해서 외화를 많이 벌 수 있는, 소위 말하면 경영관리에 대한 개선, 경영합리화, 이러한 문제를 지금부터 심각하게 검토해야 할 단계가 왔다는 것을 나는 이 자리에서 말씀드리고자 합니다. 싸고 품질 좋은 물건을 만들어서 소비자인 국민 대중에게 많이 제공하는 것, 이것은 다시 말해서 국민 각자에 대한 하나의 간접적인 혜택을 주는 결과가 되는 것입니다.”

대통령은 이어서 정부가 대기업만을 지원함으로서 이른바 ‘부익부 빈익빈’ 현상을 조장하고 있다는 비판에 대해 그것은 쓸데없는 걱정이라고 반박했다.

“우리나라에서 최근에 이러한 큼직큼직한 기업체가 많이 생김으로써 일부에서는 정부시책에 대해서, 우리나라는 지금 이런 식으로 경제를 건설해 가면서 돈이 많고 잘사는 사람은 점점 더 부자가 되고, 못 사는 사람은 점점 더 못살지 않느냐, 소위 말하는 ‘부익부·

빈익빈'이 되지 않느냐고 걱정을 하는 사람도 있는 것 같습니다.

그러나 지금 여러분들에게 말씀드린 바와 같이 누가 공장을 짓든, 이러한 훌륭한 시설을 만들어서 경영관리를 개선하고 경영합리화를 기해서, 싸고 좋은 물건을 많이 만들어서 국민 여러분들에게 공급하게 되면, 그 혜택은 국민 여러분들도 간접적으로 받게 되고 기업체 자체도 덕을 보는 것이며, 정부는 그 기업체로부터 많은 세금을 징수하게 되는 것이며, 정부가 받은 세금은 또한 국민 여러분들을 위해서 여러 가지 건설에 쓰이게 되는 것입니다.

이렇게 됨으로써 이러한 훌륭한 기업체, 경영관리가 훌륭한 기업체란 것은 어떤 개인의 독점물이 아니라 정부나, 국민이나, 그 기업체 주인이나, 모든 사람에게 고루고루 혜택이 가는 것입니다.

소위 자본주의 경제체제에 있어서, 우리가 큼직큼직한 기업체를 육성하는 그 근본적인 취지와 방향이 이런 데 있다는 것을 국민 여러분들이 잘 이해를 해 주어야 하겠다는 것입니다.

따라서 모든 우리나라 경제인들이나 기업가들은 앞으로 어떻게 하든지 자기가 가지고 있는 기업체 경영을 합리화하고 경영관리를 훌륭하게 해서 좋은 물건, 값싼 물건을 국민들에게 많이 공급하고, 또한 해외에 많이 수출해서 외화를 많이 버는 데 최선의 노력을 다해야 하겠습니다. 이것이 오늘날 우리나라의 기업인들의 기업가정신이 되어야 한다고 나는 강조합니다.

오늘 이 훌륭한 공장이 건설되는 마당에서, 이 자리에 모인 국민 여러분들과 또한 우리나라의 모든 경제인·기업가 또는 정부 각 부처에서 근무하는 모든 국가공무원들이 이러한 점에 대해서 보다 더 관심을 가지고 우리나라의 경제체제를 더욱 강화하고, 국제시장에 있어서의 우리 한국 상품의 경쟁력을 강화하기 위해서 보다 더 정신을 차리고 노력해야 될 그런 시점에 있다는 것을 여러분들에게 한 번 더 강조하는 바입니다.

그동안 이 공장건설 기간에 수고를 많이 하신 회사간부 여러분과 해외기술진 여러분, 기타 이 지방관민 여러분의 노고에 대하여 다시 한 번 감사의 말씀을 드립니다."

## 하나의 공장을 건설하는 데는 복잡하고 어려운 문제들이 많이 있다

1966년 12월 16일, 광주 아시아자동차 기공식이 있었다.

대통령은 이날의 기공식에서 공장건설에 수반되는 여러 가지 어려움과 우리나라의 자동차 수요문제, 공장부지 매상가격 문제 등 공장건설과 관련해서 제기되는 가장 기본적인 문제들에 관해 소상하게 설명했다.

"그동안 호남지방 주민들은 왜 우리 고장에는 공장을 세워 주지 않느냐 하고 불평이 많았다는 것을 나는 잘 알고 있습니다. 그러나 공장이란 것은 그렇게 간단히 건설되는 것이 아니라는 것을 나는 애기하고 싶습니다.

오늘 여기서 기공되는 이 아시아자동차 공장만 하더라도 그 설립 계획이 추진된 것은 지금부터 5년 전 군정 초기의 일입니다. 공장이 하나 건설되려면 여러분이 생각하는 것보다 훨씬 어렵고 복잡한 여러 가지 애로가 있다는 것을 잘 이해하여야 합니다.

첫째, 우리나라에는 자본이 부족하기 때문에 외국에서 차관을 해야 되며, 차관교섭에는 상당한 시일이 걸리는 것입니다. 남의 나라의 돈을 꾸니까 우리는 이자를 주어야 합니다. 돈을 꿔주는 사람은 나중에 본전을 빼낼 수 있겠는가 하는 주판을 놓습니다. 또 돈을 꾸는 우리의 입장에서는 차관으로 공장을 건설해서 생산한 상품을 판매했을 때, 꾸어 온 돈을 충분히 상환할 수 있고, 또 이익이 남아서 우리나라 경제에 도움이 될 수 있느냐 하는 것을 충분히 계산해야 합니다. 이와 같이 쌍방이 서로 상반되는 이해관계에 관한 교섭에 오랜 시일이 소요됩니다. 그러한 것이 일단 해결된 뒤에 외국에서 차관을 받았다 하더라도 외국 돈만 가지고는 공장이 건설되지 않는 것입니다. 외국차관이 쓰이는 것은 공장에 필요한 주요한 기계뿐이고, 그 나머지 부지공사, 건물건축, 각종 노임은 더 말할 것도 없고, 기타 국내에서 생산되는 물자조달을 위한 내자 즉 우리나라 돈이 필요한 것입니다.

이러한 문제가 해결된다 하더라도 그 다음에 가장 중요한 것은 과연 이러한 종류의 공장이 이 지방에 서서 앞으로 여러 가지 운영에 유리하겠느냐, 않겠느냐 하는 것입니다. 이런 것을 소위 공업의 입지적 조건이라고 하는데, 이에 대한 여러 가지 기술적인 조사 등등이 뒤따릅니다. 다음에는 외국에서 차관을 하는 사업에 대해서는 정부가 국회의 지불승인의 동의를 얻어야 합니다. 그동안 정부가 국회에 지불보증 승인을 요청한 차관사업이 장기간 논란이 거듭되고, 어떤 사업은 국회에서 삭제되고, 취소되는 예가 많았다는 것을 여러분들은 신문지상을 통해 잘 알고 계실 것입니다. 이처럼 하나의 공장이 서는 데는 여러 가지 복잡한 과정과 절차를 밟아야 하는 것입니다. 이러한 문제들이 있었다는 것을 여러분은 아셔야 할 것입니다."

대통령은 이어서 아시아자동차공장의 건설은 자동차의 생산과잉을 가져오는 것이라는 일부 주장을 일축하고 앞으로 수년 후에는 자동차 수요가 많아진다는 판단하에 이 공장을 건설하는 것이라고 천명했다.

"그동안 이 아시아자동차공장 건설을 둘러싸고, 우리 정부 안에서나 경제계에서 우리나라에 신진자동차공장이 하나 섰는데 또 이런 공장이 우리한테 필요하겠는가, 즉 그만한 수요가 있느냐 없느냐 하는 문제로 장시일 논란을 거듭해 왔습니다. 사실 오늘 기공식을 하는 이 순간까지도 이러한 문제에 대해서 여러 가지 회의를 품고 있는 분들이 상당수 있다는 것을 나는 잘 알고 있습니다.

그러나 정부는 이 공장이 서더라도 수년 후에 가서는 자동차의 수요가 더욱 많아진다는 판단하에 이 공장건설을 추진하고 있는 것입니다.

여러분!

지금 우리나라에 있는 자동차 수가 얼마나 되는지 아십니까? 전부 합쳐서 4만 대 정도입니다. 금년 봄에 동남아시아 여행을 갔을 때, 말레이시아라는 나라에 들렀는데, 이 나라 인구는 우리나라의 한 3분의 1인 약 1천만 밖에 안 되는데, 자동차가 150만 대 있었습니다. 그 나라는 계속 1년에 한 10만 대씩 늘어나고 있습니다.

오늘날 산업경제 발전에 있어서 자동차공장이 어느 정도 발달되고, 자동차 수효가 얼마만큼 늘어 나가는가 하는 것으로 그 나라의 산업경제의 성장을 측정하는 척도로 삼고 있습니다.

이 아시아자동차공장이 앞으로 1년 반 내지 2년 후에 준공되고, 지금 있는 신진자동차공장에서 1년에 약 5천 대 내지 1만 대 생산되더라도, 우리나라에는 앞으로 그보다 훨씬 더 많은 수요가 있다는 것을 우리는 믿고 있는 것입니다.

앞으로 이 공장에서는 물론 소형자동차도 생산되겠지만, 주로 중형·대형 또는 트럭 같은 것들이 대량으로 생산될 것입니다.

최근 신문지상의 보도를 볼 것 같으면, 매일같이 자동차 사고가 일어납니다. 버스가 굴러서 사람이 몇 사람 죽고, 몇 사람 다치는 등 우리의 이맛살을 찌푸리게 하는 불상사가 매일처럼 연발하고 있습니다. 대단히 불행한 일입니다.

물론 여기에는 자동차를 운전하는 사람의 부주의, 기타 눈이 오고

비가 와서 길이 나쁘다는 문제도 있겠지만, 가장 중요한 원인은 버스나 자동차가 너무 낡고 노후한 때문이라고 나는 생각합니다. 지금 여러분들이 타고 다니는 버스의 대부분은 6·25전쟁 이후 미군용 트럭을 불하 받아서 만든 조립형 버스입니다.

외국 사람들은 한국 사람들이 자동차공장도 없는데 저희들이 만든 자동차와 '드럼통'을 망치로 두드려서 저렇게 훌륭한 것을 만든다고 아주 경탄합니다. 물론 우리나라 사람들이 그만큼 재주가 있다는 사실이 되겠지만, 그러나 벌써 수명이 넘고 낡은 자동차에 귀중한 생명을 담고 달린다는 것은 대단히 위험한 일이니, 빨리 새 자동차로 대체하는 것이 시급한 문제입니다.

따라서 광주에 아시아자동차공장이 새로 섬으로써 자동차의 생산과잉이 초래된다고 하는 말은 당치 않은 것이라고 결론지을 수 있습니다. 그 좋은 증거로서 여기에 지금 아시아자동차공장이 건설된다는 것을 번연히 알면서도 최근 미국의 저명한 자동차회사에서, 신진과 아시아자동차공장 외에 우리 대한민국에 또 하나의 자동차공장을 만들 테니까 정부가 허가해 달라는 신청이 들어와 있습니다. 이 사람들 역시 한국의 모든 자동차 수요라든지, 산업경제의 실태라든지 하는 모든 점을 종합적으로 판단해서, 자기들이 여기다가 그런 공장을 만들어도 절대 손해가 가지 않는다는 판단이 섰기 때문에 신청한 것이라고 보아야 합니다.

이러한 견지에서 볼 때, 이 공장이 오늘 기공을 보게 되는 공업단지에 들어서서, 이 지방의 공업발전에 크게 이바지해 줄 것을 간곡히 부탁해 마지않습니다."

자동차공업은 기계공업을 비롯하여 전기·전자공업, 화학공업, 철강·금속공업, 재료공업 등을 모두 포함하는 종합공업으로서 자동차 기술은 그 나라 산업발전의 척도가 된다.

우리나라는 1960년 5월에 신진자동차공업주식회사가 부산진구 전포동에 자동차공장을 준공하면서 자동차 조립공업 시대의 막이 올랐다.

1962년 혁명정부가 자동차공업보호법을 제정한 후 부평에 새나라 자동차공장이 건설되어 일본의 닛산자동차와 기술제휴로 생산과 판매를 시작했는데, 조립된 새나라자동차가 처음 나온 것이 62년 8월이었다.

62년 당시 부품을 수입하여 조립된 자동차는 승용차가 1천 7백대, 상용차가 100대로 모두 1천 8백 대 정도였다. 새나라자동차는 첫차가 생산된 지 1년도 안 되는 63년 5월까지 2천 7백여 대가 조립 생산되었다.

이보다 앞서 1952년 우리나라에서 처음으로 삼천리호 자전거를 생산해 온 기아산업(기아자동차의 전신)이 61년부터 일본의 혼다와 기술제휴를 하여 오토바이를 생산했고, 그 후 일본의 마쓰다자동차와 기술제휴로 경3륜 자동차를 생산했으며 62년 7월에는 자동차제작공장의 허가를 얻어 65년부터 3륜 자동차를 생산하기 시작했다.

그 후 신진자동차공업이 새나라자동차 공장을 인수하여 코로나승용차를 생산했고, 이어서 아시아자동차공업주식회사가 광주에 공장을 건설하였으며, 1968년에는 현대자동차가 미국의 포드자동차와 조립 및 기술계약을 맺고 그해 11월에 코티나를 조립생산하기 시작했다.

이렇게 해서 우리나라의 자동차공업은 경제개발 계획에 맞추어 발전하기 시작했고, 생산, 내수, 수출도 증가했다. 자동차 기술도 단순 조립생산에서 설계기술을 개발하고 자동차 제작을 우리기술로 이루어 낸 국산자동차 시대를 열었다.

특히 1973년부터 육성된 중화학공업의 발전에 힘입어 자동차공업은 눈부시게 발전했다. 기계적인 시스템이 주류를 이루던 자동차도 점차로 전자제어시스템을 적용하여 엔진을 비롯한 각종 장치가 전자제어장치로 바뀌게 되면서 자동차공업은 더욱 급속하게 성장했다. 그리하여 우리나라의 자동차는 수출의 주력상품이 되어 세계의 도시를 누비기 시작했다.

## 제2정유공장(호남정유) 건설은 석유화학공업 발전을 위해 상징적 의미를 지니고 있다

1967년 2월 20일, 대통령은 제2정유공장(호남정유) 기공식에서 여수 부근을 공장입지로 선정한 배경과 석유화학공업 건설계획, 제2공장 건설에 대한 주민들의 협조문제에 대해 소상히 설명했다.

대통령은 먼저 400년 전 임진왜란 당시 이순신 장군이 후퇴하는 왜적에 대해 최후의 일격을 가한 유서 깊은 이 고장에 근대화를 위한 공업단지를 건설하게 되어 매우 뜻이 깊다는 감회를 피력했다.

"친애하는 전라남도 도민 여러분! 그리고 내외 귀빈 여러분!

정부에서는 오래 전부터 제2정유공장의 건설을 위해서 이 사업을 추진해 오다가, 오늘 이곳에서 제2정유공장의 기공식을 올리게 된 것을, 이 고장 주민 여러분과 또한 우리 국민들과 더불어 충심으로 경하해 마지않습니다.

나는 오늘 이곳을 처음으로 방문했습니다마는, 오늘 여기를 와서 보고 여러 가지 느끼는 점이 많습니다. 이 고장의 오늘의 모습은 여수반도의 한쪽에 있는 조그맣고 조용한 어촌에 불과하지만, 이 지점을 포함한 이 일대는 우리나라 역사상 대단히 유서가 깊은, 또 우리 후손들로 하여금 잊을 수 없는 유서 깊은 고장이라고 나는 느껴집니다. 이 밑에 있는 여수시는 여러분들이 아시는 바와 같이, 지금부터 약 4백 년 전 임진왜란 때 이순신 장군이 전라좌도의 수군통제사로서 통제영을 가지고 있던 유서 깊은 고장입니다.

또한 오늘 이 자리에서 이 부근의 현황을 보건대 확실한 것은 잘 모르겠습니다만, 이 고장이 바로 임진왜란 말기에 왜적이 쫓겨 갈 때 이 일대의 고지에 최후까지 머물다가, 여기서 우리 한국 군대와 명나라 군대 연합군에 몰려서 쫓겨 갔던 장소라고 생각됩니다.

그 당시에 왜적 소서행장(小西行長)과 그 외 많은 일본 군대들이 북쪽에서 쫓겨 내려와서, 순천 있는 데서 남쪽으로 내려와 이 부근에 최후의 거점을 잡고, 순천 방면으로부터 압력을 가하는 한국 군대와 명나라 군대의 공격을 받고, 또 이 앞에 보이는 해상에는 우리나라의 이순신 제독이 지휘하는 한국함대가 이곳을 봉쇄하고, 최후의 일격을 가한 그러한 유서 깊은 곳이라고 나는 느껴집니다. 그때부터 세월이 흘러서 약 400년, 그동안 이 고장은 아는 사람은 알고, 모르는 사람은 모르고, 지금에 와서는 조용하고 쓸쓸한 어촌이 되고 말았습니다.

400년이 지난 오늘날, 그들의 후손인 우리들이 조국근대화와 이 나라의 공업건설을 위해서, 여기다가 새로운 거창한 공업단지를 만들고 과거 우리 조상들의 훌륭한 그 위업에 부끄럽지 않을 훌륭한 조국의 재건을 위해서, 우리가 여기서 새로운 건설의 고동소리를 울리게 되었다는 것을 대단히 의의가 깊은 일이라고 생각합니다."

대통령은 이이서 제2정유공장의 입지로 여수를 선정한 배경에 대해서 설명했다.

"여러분들이 아시는 바와 같이, 우리나라에는 지금부터 3년 전에 경상남도 울산에 제1정유공장을 건설했습니다.

그 후 우리나라의 산업경제 발전에 따라서 우리나라의 석유수요는 나날이 늘어가고, 제1정유공장 하나만으로는 도저히 수요를 충족시킬 수 없다 하는 그러한 판단이 났기 때문에, 정부에서는 오래 전부터 제2정유공장과 또 같이 병행해서 울산에 있는 제1정유공장에 시설확장공사를 지금 서두르고 있습니다.

제2정유공장의 위치문제에 대해서는, 그동안 정부에서도 주로 우리나라의 석유·유류의 수요가 가장 많은 경인지구 부근이 적합하지 않느냐 하는 그런 의견이 많이 있었습니다만, 이곳 여수는 여러 가지 지리적인 여건과 특히 훌륭한 천혜적인 항구를 가지고 있는 입지적 여건을 가졌다는 점과, 또 하나는 정부가 시도하고 있는 우리나라의 공업시설을 지방에 분산하고, 특히 오늘날 다른 지방에 비해서 공업시설이 부족한 호남지방의 공업발전을 촉진한다는 의미에서, 여수 부근이 가장 적절하겠다는 판단하에 이 장소를 선택한 것입니다."

대통령은 이어서 제2정유공장의 기공은 우리나라의 석유화학공업 발전과 공업입국을 위해서 상징적인 의의를 지닌 일이라는 점을 강조했다.

"20세기 후반기의 과학의 발전은 오늘날 석유화학공업이라는 새로운 분야를 개척하게 되었습니다. 과거의 석유는 주로 연료분야 즉 에너지원으로서 이것이 주로 사용되어 왔고, 그 방면에 특히 비중을 차지하고 있었지만, 오늘날에 와서는 에너지원과 동시에 석유화학공업의 하나의 원료로서, 또는 기간산업체로서 새로이 등장하게 되었습니다.

정부에서는 제2차 5개년계획 사업 중에서 가장 큰 중점을 두고 있는 것이 세 가지 있습니다.

그 하나가 바로 석유화학공업의 개발이요, 또 하나는 제철공업이요, 또 하나는 종합기계공업입니다.

특히 석유화학공업에 대해서는 그동안 정부에서 오랫동안 검토를 해 왔고, 또 외국기술자들의 여러 가지 전문적이고 기술적인 조언을 받아서, 금년 내로는 이 사업을 착수해야 되겠고, 또 그렇게 할 수 있는 모든 준비가 추진되고 있는 것입니다.

이 석유화학공업이라는 것은 방대한 자원이 필요한 것입니다.

지금 계획하고 있는 것만 하더라고, 약 8천만 달러 내지 1억 달러가 소요되는 외자를 투입해서 우리나라의 새로운 석유화학공업을 발전시킬 구상을 하고 있는 것입니다.

이러한 사업들을 앞으로 추진하게 된다면, 오늘 기공을 보게 되는 제2정유도 머지않은 장래에 울산에 있는 제1정유와 같이 시설을 확장 배가해야 할 것이고, 아울러 새로이 제3정유공장도 현재 예의 검토 중에 있는 것입니다.

이렇게 함으로써 우리나라의 공업은 급진적으로 발전할 수 있다는 견지에서 볼 때, 오늘 이 자리에서 제2정유공장 건설의 기공을 보게 되었다는 것은 비단 이 지방의 발전뿐만 아니라, 우리나라의 공업입국이라는 견지에서도, 하나의 상징적인 의의를 지닌 대단히 의의 깊은 일이라고 생각합니다."

대통령은 이어서 제2정유공장 건설과 이 지방의 공업단지 건설이 촉진될 수 있도록 여러 가지 협조를 아끼지 말 것을 이곳 주민들에게 당부했다.

"또한 오늘 이곳에 모인 주민 여러분들에게 한마디 말씀드리고자 하는 것은, 정부는 특히 여러분들 고장과 관련 깊은 또 하나의 사업을 하고 있습니다. 즉 내일 그 일부의 개통식을 보게 되는 전라남도 순천과 경상남도 진주를 연결하는 경전선의 철도건설입니다.

지금 그 일부 공사가 완공이 되어서, 내일은 전라남도 광양과 경상남도 진주에서 서쪽으로 약 2개 정류장 온 지점에서 개통식을 거행합니다만, 이 사업은 정부에서 금년에 가장 중점적인 사업으로서, 약 34억 원이라는 예산을 여기에다가 투입을 해서 금년 내로는 이것이 완공이 되는 것입니다.

이렇게 됨으로써 전라남도의 순천과 경상남도의 전주를 연결하는 철교가 완공되고, 따라서 순천·여수·진주·삼천포를 하나의 공업권으로 하는 새로운 산업권이 여기에 생기게 될 것입니다. 이러한 사업들은 이 지방의 발전을 위해서 하나의 획기적인 사업이 된다고 나는 확신합니다. 정부는 이 사업을 위해서 최대한의 지원과 뒷받침을 해줄 계획입니다. 동시에 이 지방의 주민 여러분들도 이 사업을 추진하는 데 있어서, 모든 면에 적극적인 협조가 있어야만 이 공사들이 예정시일 내에 완공할 수 있을 것입니다.

오늘 여기서 처음으로 기공식을 하는 이 모습을 볼 때에는, 여기 무슨 공장이 설 수 있겠느냐 하는 서글픈 감을 가지고 있는 사람이 있을지도 모르지만, 이 공장은 내년 말이면 완공이 될 것입니다. 지금 계획하고 있는 사업으로서는 우선 정유공장이지만, 이러한 공장이 여기에 건설이 되고, 여기 이 공장을 위한 철도가 들어오고, 또한 이 공장운영을 위한 공업단지로서의 필요한 공업용수가 저 멀리 순천 부근에서 여기까지 끌어오게 되고, 이러한 여러 가지 지리적인 여건과 공업단지로서의 지원시설이 완공될 것 같으면, 앞으로는 여러 가지 공장들이 여기에 차차 들어오리라고 확신합니다. 이런 사업들이 정부와 또 이 건설사업을 직접 담당하는 담당자 여러분들과 현지주민 여러분들이 서로 합심해서 협조함으로써, 이 공사들이 빠른 시일 내에 완성될 수 있다고 봅니다.

그리고 오늘 이 자리를 빌려서, 제2호남정유공업주식회사 사장 구인회 씨와 또 이 회사간부 여러분들이 그동안 이 사업을 추진하기 위해서, 여러 가지 많은 수고를 하신 데 대해서 감사의 말씀을 드리고, 특히 이 사업에 직접 투자를 하신 미국의 Caltax회사 여러분들에게 또한 감사의 말씀을 드립니다. 다시 한 번 말씀드리거니와 현지주민 여러분들이 적극적으로 협조를 함으로써 이 공사가 빨리 완공이 됩니다.

지금부터 여러 가지 어려운 문제가 많이 남아 있다고 생각합니다. 첫째는 이 공장부지로서 필요한 토지매상을 해야 할 것이고, 또한 저쪽 철도에서 이 지점까지 철도의 인입선을 끌어 오자면, 일부 농토와 민간의 소유지가 여기 포함되기 때문에 이런 것도 여러분들이 협조를 해서 빨리 매상 조치가 끝나고 공사가 하루 빨리 이루어지도록 협조를 해주셔야만, 이 공장이 빨리 건설이 되고 또한 이 지방에 공업단지가 이루어진다는 것을 말씀드리고, 여러분들의 협조를 다시 한 번 부탁해 마지않습니다."

## 대구 제3공업단지는 대구시를 근대산업도시로 발전시킬 것이다

1967년 3월 31일, 대구에서는 제3공업단지 기공식이 거행되었다. 공업화가 촉진되고, 도시화가 진전됨에 따라 대도시의 인근 지역에 있던 기존의 공장들은 도시 속에 파묻히게 되었고 이에 따라 사회, 경제적인 폐해가 발생했다. 즉, 대도시의 인구집중과 공해 등 사회 문제가 생겼고, 또 기업들은 새로운 공장입지 조성과 공장시설을 이전하는 데 경제적 부담을 지게 되어 생산비가 증가하여 경제 성장이 저해되고 있었다.

그래서 정부는 우리나라 제조업의 성장을 촉진하고 도시 인구집중을 억제하며, 또 도시와 농촌의 균형발전을 이룩하기 위해서 도시계획을 새로 수립하고 도시 내의 공장을 이전시키기 위한 새로운 공업단지를 건설했다.

정부는 1964년 '수출산업공업단지 개발조성법'을 제정하고 구로동의 수출산업공업단지를 비롯한 수출전용 단지를 건설했다. 그리고 중소기업육성과 지방공업진흥을 위해서 각 도에 한 곳씩 20만 내지 1백만 평 규모의 지방공업육성단지를 조성하였다. 인천, 춘천, 원주, 전주, 대전, 광주, 대구, 구미 등의 공업단지가 그것들이다. 정부는 각 지방의 특정지구에 중소기업을 집단화하여 공동이용시설을 지원하고 경영과 기술을 집중적으로 지도하는 각종 서비스를 제공하여 중소기업을 적극 육성하기로 한 것이다.

정부가 이처럼 각 지방에 수출공업단지나 중소기업단지를 조성한 것은 공업의 지방 분산과 지역별 유휴노동력의 활용을 동시에 달성하고 지역사회 개발을 촉진하고, 이를 통해, 도시와 농촌, 공업과 농업의 균형발전을 이룩하고, 도시와 농촌 간의 소득격차를 없애기 위한 노력의 일환이었다.

대구 제3공업단지 기공식이 있은 이후에 전주공업단지의 기공식이 있었고, 광주공업단지, 부평공업단지 건설이 추진되었다.

1968년에는 대단위 석유화학 및 연관공업을 중심으로 울산에 석유화학단지를 조성했으며 뒤이어 1969년부터 구미에 전자공업 중심의 수출산업단지가 조성되었다.

이날의 대구 제3공업단지 기공식에서 대통령은 먼저 이 공업단지는 앞으로 대구시를 근대산업도시로 발전시키기 위해 조성하는 것이라고 말하고 그 건설 배경에 대해 설명했다.

"오늘 여기에 기공을 보게 된 제3공업단지의 조성은, 우리 대구시가 앞으로 근대산업도시로 크게 발전할 수 있는 하나의 좋은 계기가 되리라고 나는 생각합니다.

우리 대구시는 우리나라에서도 서울·부산 다음에 가는 가장 큰 도시인 동시에, 경인지구와 부산지구 다음에 가는 공업시설이 여기에 집중되어 있습니다.

특히 섬유공업 분야에 있어서는 우리나라에서 가장 으뜸가는 위치를 차지하고 있습니다. 그러나 지금 이 대구시의 설계와 구조는 앞으로 우리 대구시가 공업도시로 또는 산업도시로 크게 발전하기 위해서는 여러 가지 불편한 점이 많습니다.

이곳은 옛날 일제강점기 일본 사람들이 도시계획을 했기 때문에 모든 것이 규모가 작고 답답합니다.

원래 일본 사람들이 우리 한국을 공업도시나 근대국가로 만들어야 하겠다는 생각이 없었기 때문에, 이런 도시계획도 그렇게 규모가 작게 되었으리라 생각합니다만, 우리 산업이 발전하고 공업이 커나가고, 우리의 모든 역량이 커나가고, 도시의 인구가 늘고, 도시가 확장해 나감에 따라서 우리 대구시는 여러 가지 불편을 느끼게 되었습니다.

마치 사람의 몸이 어릴 때 입었던 옷이 몸집이 커지니까 몸에 맞지 않아서 여러 가지 불편이 생기는 것과 마찬가지입니다.

대구시의 인구가 늘어나고, 공장이 늘어나고, 여러 가지 산업이 발전되어 나감에 따라서, 처음에는 저 교외 변두리에다가 공장을 세웠는데 얼마 가지 않아서 그것이 도시 한가운데가 되어 버리고, 공장과 상가와 주택이 한데 섞여서 공장은 공장대로 불편하고, 주택은 주택대로 불편하고, 상가는 상가대로 불편하고, 여러 가지 이러한 불편과 모순이 많이 생기기 때문에, 이 대구를 발전시키기 위해서는 근본적으로 도시계획을 뜯어 고쳐야 되겠다 이렇게 되어서 착수한 것이 오늘 여기서 기공을 하는 제3공장단지라고 생각합니다.

오늘 아침 여관에서 여기까지 오는 도중에, 소위 대구시내 여러분들이 말하는 깡통 도로, 옛날 우리가 학교 다니고 그전에 여기 살 때, 아주 불편하던 그런 곳인데 대단히 시원시원하게 널찍하게 잘

구로동 수출산업공단 준공을 기념하여 휘호를 쓰고 있는 박 대통령(1967. 4. 1)

닦았습니다.

물론 이런 공사를 하는데 여기 있는 일부 주택이 철거를 당했고, 건물이 헐어져야 되고, 여러 가지 보상 문제라든지 어려운 문제가 많았고, 또한 자본도 들었다는 것을 압니다.

그러나 앞으로 우리 대구시를 적어도 근대국가의 근대도시로서 모든 체모를 갖추자면 이런 일은 불가피한 것입니다.

이 점에 대해서 시민 여러분들의 여러 가지 어려운 바, 고통을 참으시고 많이 협조를 해 주신 데 대해서 감사의 말씀을 드립니다."

대통령은 이어서 우리는 제2차 5개년계획이 끝날 무렵의 수출목표를 10억 달러로 잡고 있으며, 우리나라의 3대 도시의 하나인 대구시는 적어도 그 10분의 1인 1억 달러는 감당해야 하고, 대구시가 이 목표를 달성할 수 있는 산업도시로 성장하는 데 있어서 이 제3공업단지는 불가결하다는 점을 강조했다.

"오늘 또 이 제3공업단지 역시 이것을 조성하는 데는 여러 가지 어려운 일이 많았다는 것을 잘 알고 있습니다.

지금 우리나라에서는 매년 수출이 급격히 늘어나고 있습니다. 작년에 2억 5천만 달러, 금년에 우리의 목표가 3억 5천만 달러, 3억 5천만 달러면 여러분들이 짐작이 가실 줄 압니다만, 우리가 1년을 365일로 잡는다면 하루 평균 약 100만 달러어치의 물건이 우리나라에서 생산이 되어, 우리나라 여러 항구를 통해서 외국으로 수출을 하는 것입니다.

앞으로 제2차 5개년계획이 끝날 무렵에 가서는 우리는 약 10억 달러 정도를 수출해야 되겠다, 이렇게 지금 목표를 세우고 있습니다.

그때 가면 우리 대구시에서도 적어도 10분의 1, 즉 1억 달러 정도는 여기서 수출해야 되겠다, 그러한 목표를 보면 오늘 대도시가 세운 이 계획은 너무 목표가 좀 낮다, 나는 좀 더 의욕적으로 많이 했으면 좋겠다, 이렇게 생각을 합니다.

우리나라에서 세 번째 가는 큰 도시 대구에서 10억 달러 중의 10분의 1도 감당을 못하면, 대구에 있는 여러분이 큰 소리를 못하게 됩니다.

앞으로 적어도 1억 달러 정도는 여기서 수출해야 되겠고, 그러기 위해서는 이제 제3공업단지와 앞으로 시가 계획하고 있는 제2공업단지, 그밖에 현재 있는 여러 기업체시설의 대체와 모든 기술의 혁신 등으로 해서, 우리 대구에서 보다 더 많은 공업제품을 생산하고 국내시장과 해외시장에 많이 수출할 수 있도록 우리 전 대구시민이 같이 협력해 주셔야 되겠습니다.

만일 앞으로 수년 후에 대구에서 1억 달러 수출을 하게 된다면, 현재보다도 22만 명의 고용이 증가될 것이며, 대구 시내에 있는 실업자는 거의 없어질 뿐만 아니라, 노동자를 대구시에서 구할 수 없어서 대구 일원에 있는 시골에서 모두 나오게 될 것이고, 이렇게 됨으로써 대구도 발전을 하고, 이 인근에 있는 모든 농촌과 시골도 같이 따라서 발전을 할 것입니다.

그러한 의미에 있어서 오늘 이 제3공장단지 기공식은 우리 대구를 앞으로 근대산업도시로서 크게 발전할 수 있는 하나의 계가 되며 발돋움이 된 것입니다. 또 동시에 오늘 여기 국도포장공사, 이것도 이미 여러분들이 오래 전부터 갈망하던 사업이라고 생각합니다.

이것은 이번에 한미합동공사로서 우리 군에서 나와서 이 공사를 담당하여 도로를 확장하게 되고, 포장을 하고, 과거에는 정부 간선도로가 대구시내 한복판을 통과함으로써 여러 가지 시민에게 불편을 주었지만, 이번에는 시의 중앙을 통과하지 않고 변두리를 통과하는 국도가 되었다는 것입니다.

시민 여러분에게 여러 가지 편리를 제공함과 동시에, 앞으로 크게 발전할 수 있는 그러한 지위를 더 향상시킨 결과도 되었습니다. 이 도로는 아까 지사의 말씀과 같이 우리나라의 군사목적으로서도 대단히 중요한 도로입니다. 앞으로 이러한 모든 공사들이 계획대로 빨리 추진이 되어서, 대구시가 보다 아름답고, 보다 살기 좋은 그러한 도시가 될 것을 빌어 마지않습니다."

## 서울 구로동 수출공업단지에서 생산되는 제품은 전부 해외로 수출한다

1967년 4월 1일, 서울 구로동의 수출공업단지 준공식에서 대통령은 이 공단에서 생산되는 모든 제품은 국내시장에 팔지 않고 전부 해외에 수출하도록 되어 있다고 말하고, 이 공단은 재일교포 실업인들이 조국의 산업건설에 이바지하겠다는 열의에 의해서 건설된 것이라고 천명했다.

"지금으로부터 2년 전 3월 12일경이라고 기억합니다만, 구로공업단지 기공식을 바로 이 자리에서 올렸습니다.

당시만 하더라도 이 장소는 군의 탄약고가 있던 곳으로, 일부 피란민들이 변두리에 살고 있었습니다.

허허벌판에 '불도저'를 집어넣고 기공식을 올렸습니다.

당시에만 해도 정부가 추진하는 이 수출공단이 잘 되겠느냐 하고 의심을 한 사람들이 많았습니다.

그러나 2년 동안 이 공사를 직접 담당하고 감독하고 추진해 온 이사장 이병호 씨, 그 외 이사들, 또 이 장소에 입주한 국내실업인, 특히 일본에 계시는 재일교포 실업인 여러분들이 많은 수고를 하고 여기까지 어려운 문제들을 극복해 나가면서, 오늘 이와 같이 훌륭한 공업지대를 완공한 데 대해서 감사의 말씀을 드리고 또한 감개가 무량함을 금할 수 없습니다.

우리나라에서는 지금 이러한 공업단지가 여기저기에 건설되고 있습니다.

누구나 처음에 설 때에는 이게 될까 하고 의심을 합니다.

어떤 사람들은 안 된다고 합디다. 이 구로공업단지도 안 되겠다고 부정적으로 얘기하는 사람들이 많았습니다.

오늘날 우리는 조국의 재건을 위해서, 정부나 국민이나 우리나라의 실업인이나 모든 사람들이 힘을 합쳐서, 이런 건설을 강력히 추진하고 있습니다.

우리가 이런 사업을 추진하는 데 있어서는, 첫째는 우리의 목표가 뚜렷이 서 있어야 되는 것이고, 다음에는 이 목표를 끝까지 달성하

구로공단 해외수출산업단지의 가발공장에서 일하는 여성 근로자들 이들 덕분에 파산
할 뻔했던 국가위기에서 벗어날 수 있었다(1964).

기 위해서는 사전에 치밀하고도 충분한 계획이 있어야 되는 것입니
다. 다음 단계는 이 계획을 실천하기 위한 강력한 집행과 추진력이
있어야 되는 것입니다.

지금 우리나라의 여기저기에 공업단지가 조성되고 있습니다. 어
제만 하더라도 대구에서는 대구 제3공업단지 기공식을 올렸습니다.
얼마 전에는 전주공업단지의 기공식이 있었고, 또 그 전에 광주공업
단지, 또한 1년 전부터 착수해서 추진하고 있는 부평공업단지, 그밖
에도 몇 군데서 그 지방주민들의 희망에 의해서 또 그분들의 노력
에 의해서 일부 추진되고 있는 것이 있습니다.

이 수출공단은 공업단지나 같은 뜻인데, 특히 구로동을 수출공단

이라고 우리가 얘기하는 것은, 여기서 생산되는 모든 제품을 국내시장에 팔지 않고 전량을 해외에 수출하도록 되어 있기 때문에, 여기를 수출공단이라고 호칭을 하고 있는 것입니다. 그리고 이 구로수출공단은 우리 정부에서 제일 처음으로 구상해서 착수되었고, 또 제일 먼저 준공된 수출공단입니다.

특히 이 공단에는 그동안 재산반입이라든지, 국내에 들어와서 여러 가지 수속절차라든지, 또는 이 공단을 앞으로 육성해 나가는 데 필요한 입법조치라든지, 융자문제 등 여러 가지 어려운 문제들이 많았습니다만, 이러한 여러 가지 수속절차가 어려운 것을 무릅쓰고, 우리 재일교포 실업인 여러분들이 조국의 산업건설에 이바지하겠다는 그러한 열의에 의해서 훌륭한 공단이 건설된 것입니다.

또 그분들이 우리 국내에 진출함으로써 우리나라의 수출증대에 이바지한다는 것은 물론이거니와, 우리 재일동포들이 가지고 있는 모든 기술을 우리 국내에 들여올 수 있다는 데 우리 정부는 특별히 관심을 가지고 있는 것입니다.

지금 여기 한 30여 개 공장이 서서, 벌써 10여 개 공장이 가동하고 있고, 나머지는 계속해서 가동하게 될 것입니다.

동시에 여기 입주를 하겠다는 국내실업인 또는 대기업체 실업인들의 희망자가 많이 있기 때문에, 정부는 앞으로 이 공단을 더 확장해서 스물댓 개 공장이 더 들어갈 수 있는 공단공사의 계획을 추진하고 있습니다.

이러한 공단이 완공이 됨으로써, 이 인근에 있는 주민 여러분들이 여기에 와서 일할 수 있는 그런 직장이 생기고, 여기서 연간수출에 의한 막대한 외화가 가득이 되는 것이고, 동시에 우리나라 수출산업의 육성과 공업기술 발전에 크게 이바지할 것을 기대해 마지않습니다.

그동안 이 공단건설에 노고가 많으신 이사장 이병호 씨, 그리고 이사진 여러분과 또 여기 입주한 국내실업인, 재일교포 실업인 여러분의 노고에 대해서 다시 한 번 심심한 사의를 표하고, 여러분들이 운영하는 모든 일이 앞으로 성공적으로 추진되기를 부탁해 마지않습니다."

### 제2차 5개년계획이 끝날 무렵에는 10억 달러 수출을 달성할 것이다

1967년 4월 15일부터 시작된 제6대 대통령선거의 4월 18일 전주 유세에서 대통령은 수출산업을 중점적으로 육성하여 2차 5개년계획이 끝날 무렵에는 약 10억 달러의 수출을 달성하려고 한다는 목표를 제시했다.

(중략) "2차 5개년계획에 있어서 우리는 또 수출산업을 아주 중점적으로 육성해야 되겠습니다. 우리나라에 지난 수년 동안 공업이 급속히 발전되고 특히 수출이 많이 늘어나고 있습니다. 이것은 앞으로 대단히 유망합니다. 우리는 이 사업을 강력히 추진해서 2차 5개년계획이 끝날 무렵에는, 수출을 약 10억 달러 정도 올려보자 하는 이러한 목표를 세우고 있는 것입니다.

금년도 우리 정부의 수출목표가 여러분들이 아시는 것과 같이 3억 5천만 달러입니다. 이것은 한 5년 전에 비하면 즉 1차 5개년계획이 시작되기 전에 비하면 약 10배의 액수가 되는 것입니다.

3억 5천만 달러라는 돈이 대략 얼마 정도나 되겠느냐? 1년이 365일이므로 하루에 평균 100만 달러 정도의 우리나라 물건이, 우리나라 공장에서나, 가정에서나 또 농촌에서나 이런 데에서 만든 물건이, 100만 달러 어치가 우리나라의 여러 항구를 통해서 외국으로 수출이 되는 것입니다. 100만 달러이면 얼마냐? 우리 돈으로 2억 7천만 원이 됩니다. 이러한 막대한 물건이 지금도 매일같이 외국에 수출이 되고 있는 것입니다. 앞으로 10억 달러가 될 때에 가면 하루에 얼마 정도 우리가 수출이 되느냐?

하루에 300만 달러 정도의 우리나라 물품이 외국으로 나가서 외국의 달러를 우리가 벌어오게 됩니다.

1960년도 민주당정부 말기에 우리 정부가 1년에 수출한 액수가 총 3천 200만 달러인데, 그중에서 대부분이 쌀·중석·석탄·해산물 이런 것이었는데, 공장에서 만든 공업제품은 그때에 1년에 불과 280만 달러밖에 되지 않았습니다. 그러니 앞으로 2·3년 후에 가면, 우리나라에서는 과거 5년 전에 1년 동안 수출하던 액수를 하루에 수출한다, 이러한 얘기가 됩니다. 그렇게 된다면 우리나라의 공업이 어느 정도 발전될 것이다, 우리나라의 경제가 얼마만큼 더 좋아질 것이다 하는 것을 대략 여러분들 짐작으로 아실 수 있으리라고 생각합니다."

## 섬유공업은 생활향상과 국제수지 개선에 기여하게 될 것이다

1967년 4월 20일, 동양합섬 울산공장 준공식에서 대통령은 섬유공업은 수입대체산업의 하나로 의류공급을 통한 생활향상과 외화절약을 통한 국제수지 개선에 기여할 중요한 사업계획임을 강조했다.

"오늘 동양합섬주식회사 울산공장 준공식에 즈음하여, 나는 날로 모습을 달리하는 우리나라 섬유공장의 발전을 경하해 마지않으며, 이 공장의 준공을 위해 노력해 오신 사장 이하 직원 여러분, 그리고 관계인사 여러분의 그간 노고를 충심으로 치하하는 바입니다.

여러분도 아시다시피 섬유공업의 발달은 의류공급을 통하여 국민생활의 향상에 직결되는 일면, 우리나라 실정에서는 외화의 절약으로 국제수지 개선에 크게 기여할 수 있는 중대한 사업계획의 하나라고 할 수 있습니다.

해방 이후 우리나라 국민의 의류양식은 전래의 면직물에서 점차

로 화학섬유류의 혜택을 많이 입게 되었으며, 요즈음에 와서는 화학
섬유류의 국내외 수요가 날로 격증하여, 이 방면의 증산과 개척에
일대 전기를 요청하게 된 것입니다.

이러한 때에, 비록 연산 2천 톤의 시험적인 규모이기는 하나, 본
공장의 준공을 보게 된 것은 앞으로 이 나라 섬유공업의 전도를 밝
게 하는 또 하나의 경사로서 그 의의는 실로 크다고 아니할 수 없습
니다.

앞으로 본 공장의 가동으로 국내의류 양식의 개선은 물론, 현재
막대한 외화를 들여 수입하고 있는 '아크릴 화이버'를 수입대체함으
로써 연간 약 220만 불의 외화가 절약될 것이며, 또한 본 공장에서
생산되는 아크릴 화이버를 가공하여 의류 등의 제품을 수출함으로
써 연간 약 260만 불의 외화를 벌어들이게 되었습니다.

비단 이러한 직접적 효과 이외에도 고용면이나 파급효과면에서,
이 공장의 가동으로 얻어지는 경제적 이득은 실로 다양한 것입니다.

특히 이곳 울산은 정부에서 추진하는 공업단지인만큼, 공장가동
에 따른 제반조건이 양호하고, 많은 대규모 공장들이 인접해 있어,
관련사업체의 상호발전을 기할 수 있게 되어 있는 것입니다.

앞서 말씀드린 바와 같이 이 공장은 1일 생산률 6톤 규모로 그
능력이 국제경제 단위에는 미달이기 때문에, 국제시장에서의 경쟁
은 현재로서 불가능한 것이 사실입니다.

그러나 합성섬유공업은 날로 발전하고 있고, 또 다양화해 가는 합
성섬유공업 중에서도 아크릴 화이버는 나일론, 폴리에스테르와 함
께 3대 합성섬유의 하나로서, 양모를 대신할 수 있는 유망성과 수
요증가의 국제적 추세에 비추어, 그 전도는 매우 기대되는 바가 많
다고 할 수 있습니다.

앞으로 합리적인 경영으로 시설을 확장한다면, 1일 생산률 26톤

규모의 증설계획이 가능한 것으로 알고 있습니다.

그렇게 되면 수입대체로써 외화절약은 물론, 국제경쟁력이 강화될 것을 믿어 의심치 않습니다."

## 한국비료 울산공장은 단일 요소비료공장으로는 세계 최대 규모의 공장이다

1967년 4월 20일 한국비료울산공장 준공식에서 대통령은 단일 요소비료공장으로서는 세계 최대 규모인 이 공장의 준공을 경하하고, 그 의의에 대해 설명했다.

"오늘 한국비료 울산공장의 준공식은 '전진의 해'를 장식하는 경제건설의 개가로서, 나는 온 국민과 더불어 이를 충심으로 기쁘게 생각합니다.

그동안 많은 파란곡절을 겪으면서도 돌관작업을 강행하여, 불과 13개월이라는 짧은 시일 내에, 이처럼 우람한 공장을 건설하는 데 힘써 온 관계인사 여러분의 노고에 대해 나는 심심한 치하의 뜻을 표하는 바입니다.

제1차 5개년계획의 일환으로 추진되었던 이 공장은 단일요소 비료공장으로서는 세계 최대 규모로, 연간 33만 톤의 생산능력을 갖추고 있는 것입니다.

이제 본 공장이 가동됨에 따라, 우리는 질소질 비료의 국내수요를 완전히 자급자족할 수 있게 되었으며, 농업생산성의 향상도 기대할 수 있게 되었습니다.

뿐만 아니라, 본 공장의 가동은 연간 2천 5백만 달러의 외화절약과 고용증대, 그리고 외국의 최신특허 도입에 의한 기술향상과 화학공업·기계공업·운수업 등 관련 산업의 발전에 커다란 공헌을 하게 될 것입니다.

**울산공단을 시찰나온 박 대통령** 삼성그룹 이병철 회장이 한국비료공장 현황을 설명하고 있다(1965. 2. 4).

　지금 우리는 농공병진의 조국근대화 작업에 온 국력을 총동원하고 있습니다만, 이 한국비료공장의 건설은 바로 농업과 공업의 균등 발전을 이룩하려는 우리들의 계획과 노력에 있어서 밝은 전망을 약속해 주는 고무적인 성과라 하겠습니다.

　우리가 염원하는 빈곤의 추방이나 경제적 번영은 빈틈없는 착실한 계획과 중단 없는 줄기찬 실천에서만 기약할 수 있는 것입니다.

　지금 우리에게는 이미 제2차 5개년계획이라는 성장을 위한 계획이 마련되어 있습니다. 발전을 위한 국민의 결의와 의욕도 넘쳐흐르고 있습니다.

　이제 우리에게 남은 문제는 우리 모두가 함께 나선 이 근대화의 대열에서, 한 사람도 낙오되지 않고 또 촌각도 중단함이 없이 인내와 용기로써 위대한 전진을 거듭하는 일인 것입니다.

우리가 굳게 뭉쳐 공장 하나라도 더 짓고 한 치의 땅이라도 더 갈아서 증산·수출·건설에 박차를 가해 나간다면 부강한 나라를 건설하고 잘 사는 국민이 되려는 우리의 노력은 반드시 보람찬 결실을 거두게 될 것으로 나는 확신합니다.

아무쪼록 오늘의 이 준공식은 근대화작업을 위한 우리의 전진적 자세를 새로이 가다듬는 뜻 깊은 계기가 되어야 하겠습니다.

끝으로 한국비료공업주식회사 사원 여러분은 자립경제 건설에 있어서, 여러분이 차지하고 있는 막중한 사명과 책임을 명심하고, 부단한 연구와 합리적인 경영으로써 세계에서 가장 우수한 품질의 비료를 생산하는 데 혼신의 노력을 다해 줄 것을 당부하는 바입니다."

## 한 경제학자가 불가능한 일이라고 말했던 일들이 모두 가능한 일이 되었다

1967년 제6대 대통령선거의 대구유세(4월 23일)에서 대통령은 5·16군사혁명 이전에 한 경제학자와 나눈 대화를 소개하면서 그 당시 그 경제학자가 불가능한 일이라고 비관적으로 말했던 일들이 모두 가능한 일이 되었다는 사실을 설명했다.

"5·16이 나기 전에 이 사람이 어떤 경제학자를 만나서 물어 보았습니다. '우리는 지금 남의 나라의 원조만 받고 그저 얻어먹기만 하고 남의 신세만 지는데, 우리는 언제쯤 가면 우리가 자립할 수 있겠으며, 남의 원조를 받지 않고 살 수 있겠습니까? 선생께서는 어떻게 생각합니까?' 하고 물으니까, 그 학자가 말하기를 '참 대단히 섭섭하고 슬픈 이야기지만, 우리나라의 경제가 자립할 도리는 없습니다. 왜 없느냐 하면, 농산물은 해마다 소위 토지체감원칙에 의해서 농사를 지을수록 자꾸 줄어들어가고 그 반면에 인구는 자꾸 늘어나

고 하니 식량의 자급자족도 안 됩니다. 이것은 외국 사람한테 얻어 먹어야지 별도리가 없습니다.'

또 수출도 그 당시에 아마 한 2천만 달러인가 3천만 달러 했을 것입니다. '우리가 아마 수출을 한 3억 달러까지만 올리면 우리가 거의 외국에 큰 신세를 안 지고 살 수 있는데, 3억 달러라는 것이 우리나라에서는 도저히 불가능한 일입니다.' 아주 비관적인 대답이 었습니다.

그런데 지금 우리 식량사정은 앞으로 2차 5개년계획이 끝나면 완전히 자급자족이 됩니다. 그 당시의 우리의 경제전문가라는 사람들이 3억 달러만 되면 우리가 자립할 수 있다는 그 3억 달러를 금년 말에 우리는 훨씬 더 초과를 합니다.

수출 외에 외국에 나가 있는 우리나라 기술자들, 또는 우리나라를 찾아오는 관광객들이 우리나라에 뿌리는 '달러'를 합하면, 금년 말에 가서 우리는 약 6억 달러라는 외화를 벌게 되는 것입니다.

이러한 이야기도 지난 한 4·5년 전에는 우리 국민들로서는 도저히 상상도 못하던 하나의 꿈같은 이야기였습니다.

우리의 경제가 지금 나날이 성장을 하고 있는 것입니다. 우리는 희망을 가져야 됩니다. 우리도 앞으로 수년 내에 자립할 수 있으며, 이것은 틀림없이 할 수 있는 것입니다."

**시멘트공업은 제2차 5개년계획의 성공을 뒷받침하는 원동력이 된다**

1967년 4월 24일은 동양시멘트 증설공장의 준공식 날이었다. 동양시멘트는 일제강점기에 건설된 60만 톤 규모의 공장으로서 휴전 이후 대부분의 산업시설이 유휴상태에 있는 상황에서 문경시멘트와 함께 가동되고 있는 공장의 하나였다.

제3공화국에서 정부가 시멘트공업 육성에 박차를 가하면서 66

년 초에 추가로 60만 톤 증설공사를 추진하였던 것이다. 대통령은 이 준공식에서 기간산업인 시멘트공업 육성의 중요성을 강조했다.

"오늘 동양시멘트공업주식회사의 제3차 증설공사 준공식을 가지게 된 것을 나는 여러분과 더불어 매우 기쁘게 생각하는 바입니다.

작년 1월에 착공한 이래 여러 가지 어려운 난관과 애로에도 불구하고, 꾸준히 노력하여 이처럼 훌륭한 시멘트공장을 증설한 사장 이하 관계인사 여러분의 그간의 노고에 대해 심심한 치하의 뜻을 표하는 바입니다.

무릇 한 나라의 시멘트생산량과 그 소비량은 그 나라의 산업·경제·문화 및 생활수준을 저울질하는 하나의 척도가 되고 있습니다.

확실히 시멘트공업은 건축·토목·항만·간척·수리사업 등 국민생활의 향상과 국가개발 계획을 추진하는 데 있어 필요불가결의 기본자재인 것입니다.

따라서 증산·수출·건설의 붐을 일으켜 자립경제 건설을 촉진하자는 우리의 경우, 기간산업으로서의 시멘트공업 육성발전은 가장 긴급한 국가적 과제가 아닐 수 없습니다.

여러분이 아시다시피 1961년도의 우리나라 시멘트 연간생산량은 60만 톤에 불과했습니다.

1년에 5천만 톤 내지 8천만 톤씩 생산하는 나라와 비교해 볼 때, 이것 하나만으로도 우리가 얼마나 뒤져 있었고, 따라서 그들을 뒤따라 앞서려면 시멘트공업을 급속도로 발전시키지 않으면 안 된다 하는 것을 알 수 있는 것입니다.

정부는 제1차 5개년계획 기간 중에 비료공업·정유공업과 더불어 시멘트공업의 개발에 각별한 배려와 노력을 기울여 왔습니다.

그리하여 쌍용시멘트공장을 비롯하여 한일시멘트공장, 현대건설의 단양시멘트공장, 충북시멘트공장을 새로 건설하여 작년 말 현재 우리는 연간 240만 톤을 생산하게 됨으로써, 급격히 늘어나는 그 수요를 거의 충당하게 되었습니다.

오늘부터 이 동양 시멘트공장에서 증설분 60만 톤이 생산됨에 따라, 이제 우리는 연간 300만 톤의 시멘트를 생산할 수 있게 된 것입니다. 이것은 1961년도의 60만 톤에 비하면 실로 5배의 증산이 되는 것입니다.

오늘 이 공장의 준공에 이어, 지금 동해안에서 건설 중에 있는 대단위 시멘트공장이 내년 여름에 준공된다면, 우리는 연간 약 500만 톤 이상의 시멘트를 생산할 수 있게 될 것입니다."

대통령은 이어서 시멘트공업은 제2차 5개년계획 사업의 성공을 뒷받침하는 원동력이 된다는 점을 강조했다.

"농업과 공업의 균형발전을 이룩하여 잘사는 국민이 되고, 부강한 나라를 건설하자는 우리의 조국근대화 작업은 이제 제2단계로 접어들었습니다.

우리는 이미 제2차 경제개발 5개년계획에 착수하였거니와, 이 계획기간 중에 우리의 경제는 꾸준히 고도의 성장을 지속할 것이며, 우리의 생활 주변은 놀라울 정도로 크게 변모할 것입니다.

식량을 자급자족하고, 전국 도처에 더 많은 공장이 건설될 것이며, 더 많은 상품을 생산하여 10억 달러의 수출실적을 올릴 것입니다.

철도·도로·항만시설도 크게 증설될 것이며, 많은 주택이 건립될 것입니다. 국민소득도 현재의 2배가 될 것입니다.

시멘트공업은 바로 이러한 국가개발 계획의 성공을 뒷받침하는 커다란 원동력이 되는 것입니다.

정부는 앞으로도 계속해서 시멘트공업의 육성발전을 위해서 가능한 모든 일을 다 할 방침으로 있습니다. 관계인사 여러분의 배전의 분발과 창의적인 계획과 노력이 요청되고 있다는 것을 강조해 두는 바입니다.

아무쪼록 여러분들은 자립경제 건설에 있어 막중한 사명과 책임을 지고 있다는 것을 깊이 명심하고 합리적인 경영으로 값싸고 좋은 물건을 많이 생산하는 데 힘써줄 것을 당부하는 바입니다."

## 제2차 5개년계획 기간 중에는 중화학공업을 발전시킬 계획이다

1967년 제6대 대통령선거의 서울유세(4월 29일)에서 대통령은 제2차 5개년계획 기간 중에는 선진공업국가 수준에 올라서기 위해서 중화학공업을 발전시킬 계획이라고 천명했다.

"또 우리는 이 기간에 이 수출산업 외에, 우리나라가 앞으로 선진공업국가 수준에 빨리 올라가기 위해서는 또 해야 될 것이 있습니다. 중공업과 중화학공업을 우리는 발전시키려고 합니다. 지금 정부가 착수 중에 있는 종합제철공장·종합기계·석유화학공업, 이것이 이 기간 중에 완성이 될 것입니다.

그밖에 정부는 1차 5개년계획 기간 중에 건설한 여러 가지 기간산업, 이것도 또 우리나라의 산업 발달에 따라서 확장을 해야 될 것입니다. 예를 들면 전력도 자꾸 수요가 늘어가기 때문에 발전소도 이 기간에 더 많이 만들어야 되고, 정유공장도 더 많이 만들어야 되고, 시멘트공장도 더 많이 만들어야 합니다.

2차 5개년계획이 끝날 무렵에 가면 우리나라의 시멘트 수요가 약7백만 톤으로 올라갑니다. 그러니까 현재 있는 것보다 한 배 정도 시멘트를 더 생산을 해야 될 것입니다. 이러한 기간산업 분야를 우리는 우리 경제가 발전하는 속도에 따라서 더 확장해 나갈 것입니다."

## 6천 톤급 대형강선 건조로 세계 조선무대 진출의 계기를 마련했다

1967년 8월 24일, 대한조선공사가 우리나라에서는 처음으로 최대의 강선(鋼船) 6천 톤급 화물선을 건조하여 그 진수식을 가졌다.

대통령은 이날의 행사에서 먼저 최대형인 6천 톤급 선박을 건조하여 진수하게 된 것은 성장하는 우리 조선공업의 또 하나의 개가라고 기뻐했다.

"오늘 대한조선공사가 우리나라 조선사상 처음으로 최대의 강선 6천 톤급 화물선을 건조하여, 그 진수식을 가지게 된 것을 매우 기쁘게 생각하는 바입니다.

조선공업의 발전은 그 나라 공업발전의 척도인 것이며, 조선공업 자체는 곧 해운 및 수산업의 원동력일 뿐 아니라, 종합공업으로서 모든 산업발전의 중추적 역할을 맡고 국력증강에 크게 이바지하고 있는 것입니다.

특히 삼면이 바다로 민족의 활로와 국가산업 발전이 해양개척과 그 이용에 있는 우리나라의 경우, 선박공업의 발전은 참으로 중요한 과제인 것입니다.

정부는 제1차 경제개발 5개년계획에 의한 조선공업 육성책에 따라, 만난을 무릅쓰고 시설장비의 보수와 증설로써, 대한조선공사에서만도 이미 58척의 각종 선박을 건조하였으며, 특히 국내에서 건조된 원양어선은 멀리 남태평양 '사모아'까지 출어하여 선진국의 어선보다 우수한 성능을 발휘하고 있는 것입니다.

오늘 또다시 최대형인 6천 톤급 선박을 건조 진수하게 된 것은 성장하는 우리나라 조선공업의 또 하나의 개가로서, 이 선박을 건조하는 데 수고를 아끼지 않은 관계인사 여러분의 노고를 치하하는 바입니다."

대통령은 이어서 6천 톤급 대형강선 건조로 우리는 세계조선 무대진출 계기를 마련했다고 말하고 조선공업발전 계획에 대해 설명했다.

　"여러분이 아시다시피 오늘날 선박의 대형화는 세계적인 추세이며, 오늘 진수하는 6천 톤급 대형 강선건조로 우리는 세계선박 무대로 진출을 위한 계기를 마련했습니다만, 제2차 5개년경제계획에 따른 상당한 수출입화물 수송으로 연간 350만 달러의 외화유출을 방지하기 위해서도, 50여만 톤의 선박증가와 대형화는 우리의 시급한 과제인 것입니다.

　정부는 이미 작년 7월에 대한조선공사의 시설능력을 연간 6만 6천 톤을 건조할 수 있도록 확장공사에 착수한 바 있습니다만, 이 공사가 불원(不遠) 준공하게 되면 우리는 1만 톤급의 대형화물선을 건조하게 될 것입니다.

　이제 이와 같은 조선공장을 비롯하여, 정유·비료·시멘트·제철공장 등 여러 기간산업이 계획대로 건설 또는 확장 증설됨에 따라, 우리의 자립경제 건설과 조국근대화의 전망은 더욱 밝아오고 있습니다.

　과거 부산항에 입항하는 외국의 대형선박을 보고 부러워했던 우리가, 이제 내년부터는 외국에서 도입해 오던 1만 톤급의 대형선박을 우리의 손으로 건조하게 되고, 2만 톤급 선박의 수리도 가능하게 되었으니, 이것은 조선공사의 경사인 동시에 국가의 발전을 위한 흐뭇한 일이 아닐 수 없습니다. 그러나 우리에게는 아직도 많은 과제가 있다는 것을 잊지 말아야 하겠습니다.

　가까운 일본의 경우만 보더라도 이미 20만 톤급 이상의 선박을 건조하고 있음을 볼 때, 우리의 각오와 노력은 더욱 새로운 바 있어야 할 것입니다.

　특히 국내에서 건조되는 선박의 가격·시설·기술·생산의 모든 부문에서 국제평균화를 이룩해야 할 과제가 있음을 깊이 명심하고, 관계당국자와 선박관계인사 여러분은 기간산업으로서의 조선공업 발전에 가일층 분발해 줄 것을 당부하는 바입니다."

## 민간실업인의 철강공업은 상당히 발전하고 있다

1967년 9월 29일, 부산연합철강공업 준공식에서 대통령은 먼저 우리나라의 공업은 지난 수년 동안 괄목한 만한 발전을 이룩했다고 천명했다.

"지난 수년 동안 우리나라의 산업은 여러 가지 어려운 여건이 많았는데도 불구하고 꾸준하게 고도의 성장을 지속해 왔습니다.

특히 그중에 있어서도 공업 분야의 성장은 괄목한 만한 발전을 가져왔습니다.

또 앞으로도 우리나라의 공업은 급속히 성장해 가리라는 전망이 뚜렷이 내다보입니다.

오늘날의 이러한 발전은 우리 모든 국민들이 우리 정부와 같이 협력을 해서, 우리나라의 산업근대화와 특히 공업화과업에 있어서, 힘을 합쳐 가지고 어려운 문제들을 참고 이겨나가는 데 우리가 꾸준히 노력해 온 결과라고 생각하며, 국민 여러분에게 심심한 감사의 뜻을 표하는 바입니다.

그동안 잘 된다, 못 된다, 지금 되어 가고 있는 것이 올바른 방향으로 걷고 있다, 또는 잘못된 방향으로 가고 있다, 여러 가지 논란과 시비, 왈가왈부가 많았습니다. 오늘 이 시점에 있어서 우리들이 지나온 몇 년 동안을 회고해 볼 때, 우리가 지금 걷고 있는 이 산업근대화와 우리나라의 공업화 과정이란 것은 가장 건전하고 올바른 방향을 지향하고 있다는 확신을 더욱 더 굳게 가지는 바입니다.

우리나라는 19세기 말엽 또는 20세기 초엽에 있어서, 다른 나라들이 근대화한 가장 귀중한 시기에 이러한 근대화의 기회를 놓쳤던 것입니다.

20세기 초엽에 우리가 일본의 식민지가 된 근본원인은 한국의 공업화가 늦었다는 사실에 있는 것입니다. 정치를 잘못 했다든지, 당파싸움이 많았다든지, 여러 가지 원인을 들 수 있겠지만, 한마디로 간단히 요약하자면 한국이 일본에 비해서 공업화가 늦었기 때문에 그렇게 되었던 것입니다.

지금 우리는 떳떳이 독립된 주권국가로서 자처합니다. 그러나 오늘날 우리의 조국은 국토가 양단되어 있습니다. 물론 이 국토의 양단은 우리 민족의 원하는 바도 아니었고, 전적으로 우리 민족의 잘못이라고 할 수도 없는 것입니다.

그러나 어떻게 되었든 역사는 우리에게 이러한 운명을 뒤집어 씌웠습니다만, 이 민족의 비극인 국토의 양단은 반드시 원상으로 복구되어야 하는 것입니다. 다시 말씀드리자면 우리의 조국은 반드시 통일이 되어야 한다는 것입니다.

언제 어떠한 방법으로 남북통일이 되느냐 하는 문제에 대해서, 요즘 여러 가지 부질없는 말을 하는 사람들이 많습니다만, 통일의 첩경은 우리나라의 공업화를 빨리 해야 된다는 데 있는 것입니다.

말로만 앉아서 아무리 떠들어 봤자 남북통일이 이루어지는 것은 아닙니다. 정치인들이 앉아서 아무리 남북통일론을 부르짖어 봤자 안 될 것입니다.

오로지 우리의 실력을 배양해야 되는 것입니다. 국가의 실력이란 것은 여러 가지 문제가 있겠지만, 오늘날 현대국가의 국력이란 곧 공업력입니다. 우리의 조국을 빨리 공업화해야 되겠습니다.

나는 지난 수년 동안 오늘 이와 같이 새로 준공되는 공장에 가봤습니다만, 그때마다 우리나라의 젊은 청년들이 또는 학교를 갓 나온

소녀들이 가장 정밀한 현대적인 기계 앞에 서서, 작업복을 입고 옆도 거들떠보지 않고 열심히 일하고 있는 모습을 보고 가장 흐뭇한 감을 느꼈습니다.

과거 우리 국민들이 상상도 못하던 이러한 복잡하고 정밀한 기계를 가진 산업시설이 우리나라에는 지금 도처에 건설되었고, 건설 중에 있는 것도 있고, 또 앞으로 건설하려고 여러 가지 계획을 추진하고 있는 것도 있습니다.

여기 우리나라의 많은 기술자들이 또 젊은 청년노동자들이 들어가서 지금 일을 하고 있습니다.

생산을 증대하고, 수출을 증대하고, 외화를 많이 획득하고, 국민의 소득을 올리고, 동시에 우리 모든 국민들이 현대공업에 대한 기술을 습득하고 있거니와, 이것은 곧 우리의 국력이 나날이 신장되어 가는 뚜렷한 증거일 것입니다."

대통령은 이어서 내달 3일에 포항종합제철공장의 기공식을 갖게 된다는 사실을 밝혔다.

"한 국가가 근대화하는 데 있어서 미리 해야 할 과업이 많이 있습니다만, 그중에서도 가장 중요한 것이 산업의 근대화입니다. 산업의 근대화는 곧 그 나라의 공업화를 말하는 것입니다.

특히 우리나라가 공업화하는 데 있어서 또 여러 가지 근본적으로 해야 할 일들이 많이 있습니다만, 그중에도 또한 가장 중요한 사업의 하나가 곧 제철과 제강공업의 발전입니다.

그 나라에서 얼마만큼 철을 생산하고, 그 나라 국민들이 얼마만큼 철강을 생산하느냐 하는 것은, 그 나라의 공업이 어느 정도 발전했느냐를 측정하는 하나의 척도가 됩니다.

오늘날 우리가 그 나라의 공업력을 측정할 때, 그 나라의 전력이 얼마만큼 생산이 되고, 그 국민들이 얼마만한 전력을 쓰고 있느냐, 또는 그 나라의 시멘트가 얼마나 생산이 되고, 국민 한 사람이 1년에 얼마만한 시멘트를 사용하고 있느냐, 그 나라에 기름이 얼마만큼 생산이 되고, 얼마만큼 이 기름을 소비하고 있느냐 하는 것이, 그 나라의 공업력을 측정하는 하나의 척도가 되는 것과 마찬가지로, 그 나라의 제철능력이 얼마만큼 있고, 또 철강공업이 얼마만큼 발달이 되어 있고, 그 나라에서 그 철강제를 얼마만큼 사용하고 있느냐 하는 것은, 곧 그 나라의 공업력을 재어보는 나무 막대기가 되는 것이고, 따라서 우리 정부에서는 제1차 5개년계획 때부터 우리나라에 빨리 종합제철공장을 만들어야 되겠다는 것을 착안해서 그동안 이것을 4·5년 동안 추진해 왔습니다.

그런데 이 종합제철공장이란 것은 방대한 자원이 드는 것입니다.

연산 5·60만 톤 규모의 제철공장만 하더라도, 외화가 약 1억 불 이상 들고, 우리 내자가 또한 300억 원이 드는 것입니다.

그래서 이것이 빨리 추진이 되지 않았는데, 이번에 대한국제경제협의체와 우리 정부가 오랫동안 협의해 온 결과, 오는 내달 3일 경북 포항에서 종합제철공장의 기공식을 가지게 되었습니다. 이 공장은 최초규모가 연산 60만 톤입니다만, 앞으로 약 300만 톤 규모로 확대해 나갈 계획으로 추진을 하고 있는 것입니다."

대통령은 이어서 정부의 종합제철공장 건설이 늦어지고 있는 사이에 민간실업인의 철강공업은 상당히 발전하고 있다는 사실을 지적했다.

"그런데 이런 정부의 사업은 늦었습니다만, 우리나라의 민간기업인들이 하고 있는 이러한 철강공업은 많이 발달되었습니다.

정부가 하고 있는 사업보다 훨씬 더 앞서서 이런 사업들이 발전하고 있습니다.

오늘 이 자리에서 준공을 보게 되는 이 연합철강도 이러한 철강공업의 일환으로서 민간기업인의 손으로 이루어진 시설이고, 여기서 생산되는 냉간압연시설은 오늘날 철강공업으로서 가장 현대화된 우수한 기계일 뿐 아니라, 여기서 생산되는 냉간압연마강판(冷間壓延磨鋼板)은 우리나라의 모든 산업에 거의 들어가지 않는 데가 없을 만큼 많이 쓰이는 것입니다.

우리의 일상생활 주변에도 이러한 철강제는 얼마든지 발견할 수 있습니다.

지금 이와 같은 냉간압연시설이 우리나라에는 부산에 있는 이 연합철강 외에, 서울 영등포구에 있는 일진산업이라는 또 하나의 철강공장이 지금 건설 중에 있습니다.

이것도 10월 중순께 준공될 그런 단계에 있습니다.

이러한 공장들이 준공이 되고, 따라서 우수한 철강제품이 생산이 되고, 이런 것이 많이 보급이 될 것 같으면, 우리나라의 모든 산업 분야에 있어서 크게 기여할 것을 우리는 믿어 의심치 않습니다.”

## 세계 일등상품을 만들어 수출을 급격히 증대시켜야 한다

1967년 11월 30일, 제4회 수출의 날에 대통령은 지금의 우리의 수출은 매년 40% 이상의 성장을 지속하고 있지만, 자기만족이나 자기도취하지 말고 세계 1등상품을 만들어 수출을 급격히 증대시켜야한다는 점을 강조했다.

“오늘 이 자리에서 훈장과 표창을 받은 수상자 여러분에 대해서 다시 한 번 축하의 말씀을 드리고, 그동안 우리나라의 수출산업을 육성하고 수출고를 올리고, 또 해외시장의 개척과 우리 한국상품의 품질향상, 그리고 무역진흥면에 여러 가지 수고를 많이 해 주신 우리 생산업자·수출업자, 그리고 각 공장에서 일하는 기술자·노동자, 행정관청에서 일하는 관계공무원 여러분들에 대해서, 또 항시 지원을 아끼지 않은 모든 시민 여러분에 대해서 감사의 말씀을 드립니다.

지난 수년 동안 우리 한국의 수출이 그야말로 괄목할 만한 성장을 해 온 것은 자타가 공인하는 사실입니다. 수출액수에 있어서 많이 늘었다기보다도 그 질적인 면에 있어서나, 산업의 구조면에 있어서, 과거 수년 전에 비해서는 급격한 성장을 했고, 또한 수출고가 증대되었던 것입니다.

금년도 목표액 3억 6천만 달러, 현재로서는 거의 목표를 달성하리라고 봅니다만, 이것도 지난 4·5년 전에 우리나라의 수출고에 비해 본다면, 거의 10배 이상의 수출액수가 된다고 생각합니다.

금년도 우리나라에서는 이러한 상품수출에 의한 무역고뿐만 아니라, 소위 무역 외 수입, 우리나라에 들어오는 관광객들의 관광수입, 또는 군납에서 우리가 획득하는 군납용품 등의 상품수출고에서 들어오는 외화의 수입이 또한 상당히 성장되어서, 이것을 전부 합친다면 대략 6억 8천만 달러가 되는데, 잘하면 7억 달러 정도는 육박할 수 있다고 내다보고 있는 것입니다.

이러한 우리나라의 외화획득 실적은 그중에서도 특히 상품수출, 공업제품의 수출면은 수년 전에는 우리들이 상상할 수 없었던 만큼 증대하였습니다. 우리나라의 산업이 그 정도로 성장한 것입니다."

대통령은 이어서 우리가 남에게 의존하지 않고 자립해서 살 수 있으려면 우리의 상품수출을 적어도 10억 달러 정도는 해야 하며, 3~4년 후에는 상품수출 10억 달러 정도는 충분히 달성할 수 있는 능력과 자신을 우리는 가지고 있다는 확신을 피력했다.

"지금부터 한 5~6년 전에 5·16 직후라고 생각합니다만, 우리나라의 어떤 한 경제학자를 만나서, 우리나라가 남에게 의존하지 않고 자립해서 살 수 있다면, 어떻게 해야 하겠고, 언제쯤이면 되겠느냐고, 내가 물어본 기억이 있습니다.

그 당시 그 학자가 대답해서 말하기를 적어도 상품수출 3억 불 정도는 우리가 낼 수 있어야만 겨우 자립을 할 것이다, 이런 대답을 한 것을 들은 기억이 있습니다.

그 학자가 3억 달러란 근거가 어디 있는지 잘 모르겠습니다만, 대략 지금 내 짐작에는 그 당시 우리나라의 상품수출이란 것은 거의 없었습니다.

주로 미국의 원조에 의존해서 즉 1년에 약 3억 달러 내외의 원조에 의존해서 우리나라 경제가 지탱되어 왔기 때문에, 우리가 우리 손으로 약 3억 달러 정도 상품수출해서 벌 수 있다면 겨우 자립할 수 있지 않겠느냐. 이러한 근거에서 3억 달러란 얘기가 나왔다고 나는 생각이 됩니다.

그러나 지금 와서는 금년에 우리가 3억 6천만 달러는 수출하되 이것만 가지고는 자립에는 부족합니다. 최소한 어느 정도해야 되겠느냐 하면, 우리나라 상품수출을 적어도 10억 달러 정도는 올려야 되겠다고 생각합니다. 그러면 언제쯤 우리가 10억 달러 정도 올릴 수 있겠느냐. 먼 장래가 아닙니다.

현재 우리들이 노력하고 있는 이 노력을 그대로 중단하지 않고 꾸준히 지속한다면, 우리는 앞으로 3~4년 후에는 상품수출 10억 달러 정도는 충분히 달성할 수 있는 그러한 능력과 힘과 자신을 가지고 있는 것입니다.

그렇기 때문에 우리가 지금 매년 수출이 40% 이상씩 성장한다고 해서 절대 이것으로 안심할 것이 아니라, 보다 더 우리가 분발하고 노력해야 되겠다는 이유가 바로 여기에 있는 것입니다. 오늘날 우리나라의 수출산업이 이만큼 육성되고 또한 발전한 그 이면에는 우리 모든 생산업자·수출업자, 우리나라의 기업가들 기타 모든 분들이 그동안 피눈물나는 노력을 계속해 온 결정이라고 생각합니다.

거의 황무지와 같은 이러한 여건하에서, 하나씩 둘씩 우리가 수출 산업을 육성하고, 해외시장을 개척하고, 우리나라의 수출고를 올렸다는 것은, 이것은 전부 결과를 가지고 볼 때는 아직까지 우리가 선진 여러 나라와 비교해 볼 때 요원한 감이 있지만, 그러나 이러한 과정과 성장을 겪어온 그 이면에는, 남모를 여러 가지 어려움과 피눈물 나는 고생이 있었다는 것을 우리가 잘 알아야 하겠습니다. 따라서 우리는 현재 이러한 수준에서 결코 안심이나, 자기만족을 해서는 안 될 것이며, 자기도취를 해서도 안 되겠습니다.”

대통령은 이어서 '이것은 세계에서 가장 우수한 상품이다, 일제 같은 것은 문제가 아니다'라는 정도의 자신을 가지고 노력해야만 우리의 수출이 급격히 성장할 수 있다는 것을 역설했다.

“지금 매월 한 번씩 청와대에서 무역확대회의라는 것을 하고 있습니다. 정부의 관계장관·관계실무자, 기타 각 수출업계·생산업계·경제인협회·상공회의소 이러한 모든 관계기관의 대표자들이 모여서, 어떻게 하면 우리나라의 수출고를 보다 더 많이 올릴 수 있고, 우리나라의 수출산업을 보다 더 발전시킬 수 있고, 또 우리의 해외 시장을 어떻게 더 개척해 나가야 되겠고, 그동안에 우리가 해 온 여러 가지를 다시 반성해 보고, 앞으로 우리가 어떻게 노력해 나가야 되겠다는 것을 여기서 토의를 합니다. 그럴 때마다 나는 항상 우리 공무원들과 우리 업계에 있는 여러분들에게 당부한 말이 있습니다.

품질이 좋고 값이 싼 이러한 물건을 만들면, 우리가 해외에다 수출하고 개척해 나갈 시장은 아직도 얼마든지 있고, 따라서 우리가 지금부터 노력할 것은 지금부터 우리가 모든 기업에 대한 경영을 보다 더 합리화하고, 관리를 개선하고, 품질관리를 잘하고, 생산원가를 싸게 해서 좋은 물건, 싼 물건을 해외에 많이 수출하도록, 여기에 대한 우리의 경영과 기술면에 있어서 일대혁신을 가져 와야 되겠다는 것입니다.

이러한 노력 없이는 현재 우리가 성장해 나가는 이 수출의 성장 속도라는 것은, 어느 단계에 가면 둔화될 우려가 많다는 것을 항시 강조하고 있습니다.

우리나라에서 근래에 와서는 자주 상품전시회, 무슨 전시회하는 전시회들을 많이 개최합니다. 아마 국민 여러분들이 가 보시고, 우리나라의 상품이 지난 수년 동안 이만큼 좋아졌구나 하고 대단히 흐뭇하게 생각하고, 여러분들이 기쁘게 생각한 적도 많았으리라 생각합니다.

나도 이런 장소에 가 보고 대단히 기쁘게 생각했습니다만, 그러나 하나 크게 불만스럽게 생각하는 점이 있습니다.

그것은 우리나라의 생산업자나, 수출업자나, 또는 정부 간에 있는 관계공무원들이 자칫하면 현재의 정도를 가지고, 지나치게 만족을 해버리는 소위 만심을 가지기 쉽다는 것입니다.

어느 전시회에 가보면 어떤 상품회사 주인들이 '이것은 외제에 못지않습니다', '이건 일제하고 거의 맞먹습니다'라고 말합니다.

이런 소리는 과거에 우리 상품이 하도 나빴기 때문에, 거의 다 따라간다는 이러한 자랑스러운 얘기일 것입니다.

그러나 일제에 못지않다든지, 외제에 못지않다는 것보다도, '이것은 세계에서 가장 우수한 상품입니다. 일제 같은 것이 문제가 아닙니다.'

이런 정도의 자신을 우리가 가져야 되겠다는 것입니다.

이렇게 해야만 우리 한국의 수출이 급격히 성장되는 것입니다."

대통령은 이어서 국제시장에서 치열한 경쟁에서 뒤떨어지지 않기 위해 모든 국민들은 수출산업의 성장과 수출고의 증대를 이룩하는 데 모든 힘과 노력을 집중해야 한다는 점을 강조했다.

　"오늘날 우리는 국제사회에서 무서운 경쟁 속에 생활하고 있는 것입니다. 우리에게 여러 가지 다가오는 위협이란 것이 비단 38선 북쪽에서 오는 공산당들의 위협이라든지, 우리 해안이나 산악지대를 통해서 침투하는 무장간첩도 우리에게는 커다란 위협이지만, 우리에게는 국제상품 시장에서의 치열한 경쟁도 큰 위협입니다. 우리가 여기서 뒤떨어져서는, 대한민국이란 것은 절대 이 지구상에서 우수한 민족이라는 우수성을 발휘할 수 없는 치열한 경쟁 속에 우리는 살고 있는 것입니다. 공산당하고도 싸워서 이겨야 하겠지만, 이런 국제시장에 있어서, 경쟁력에 우리가 절대 뒤떨어져서는 안 되겠습니다.

　지난 1 세기 동안 우리 한국역사를 더듬어 볼 때, 왜 한국사람들이 여러 가지 오욕적인 그런 역사의 흔적을 남겼나, 그것은 국제사회의 경쟁에 있어서 우리는 항상 뒤떨어졌기 때문입니다.

　근대화를 하는 데 있어서도 그랬고, 무슨 생산이나 산업혁명을 하는 데도 그랬고, 교육을 보급하는 면에서도 그랬고, 여러 가지 문화면에 있어서나 모든 면에 있어서 국제사회가 나날이 발전을 하고 진전을 하는데, 한국의 과거 우리의 사회는 언제든지 한 걸음 두 걸음 때로는 열 걸음 이렇게 뒤떨어져 왔던 것입니다.

　과거에는 우리가 또 그런 대로 지나왔지만, 이제부터의 국제사회란 것은 우리가 하루 동안 우물쭈물하면 1년 뒤떨어집니다. 1년 동안 우리가 우물쭈물하면 10년 내지 20년 남에게 뒤떨어지는 것입니다. 따라서 우리가 지금 이러한 국제사회, 이러한 역사적인 시점에 살고 있다는 것을 모든 국민들이 잘 자각을 하고, 특히 우리나라의 수출산업의 육성과 국제경쟁력 강화를 위해서, 전 국민들이 일대 분발을 해야 될 시기에 왔다고 생각합니다."

### 우리는 후손들에게 원망을 듣는 조상이 되지 않아야 한다

1967년 12월 15일, 대통령은 해외공관장들에게 친서를 보냈다. 대통령은 이 친서에서 먼저 다사다난했던 67년 한 해의 일들을 회고하고, 우리의 국가 목표달성을 위한 굳은 결의를 다짐했다.

"다사다난하였던 1967년도 저물어 가고 있습니다. 희망과 의욕에 넘치는 1968년의 신년을 맞이하려는 이때에 즈음하여, 지난 1년 동안 여러 가지 어려운 여건을 극복하고, 해외에서 국위선양과 통상확대, 문화기술교류 등 여러 가지 부문에서 눈부신 활약을 하시고 다대한 성과를 이룩한 귀 공관직원 일동과, 여러분을 따라 객지에서 고생하시는 여러분의 가족 일동에게 대통령으로서 만강의 경의와 감사를 드리며, 새해에도 배전의 노력과 성과를 거양하시기를 당부하는 동시에, 새해에 여러분과 여러분 가족에게 하느님의 가호와 행복이 있기를 축원하는 바입니다.

지난 1년 동안 국내에서는 두 차례에 걸치는 선거가 있었고, 이로 인한 다소의 정치적 잡음이 있기는 하였으나, 국민 대다수는 조국근대화라는 민족적 대과업 완수를 위하여, 일치단결하여 제2차 경제개발 제1차년도 사업완수를 위하여 쉴 줄 모르는 노력과 건설이 이루어졌으며, 아시는 바와 같이 호남지방에 70년래의 혹심한 한발과 천재를 겪으면서도 연말현재로 잠정적인 추계로서 나타난 우리나라의 지난 1년간의 경제성장률은 10%라는 고도의 성장을 가져왔다는 것을 우리는 자랑스럽게 생각하고 있습니다.

우리의 이 과업은 새해에도 계속될 것이며, 더욱 과감한 전진이 지속될 것입니다. 우리가 나가는 목표와 방향은 너무나도 명백한 것입니다.

궁극적인 목표는 분단된 조국을 통일하여, 자주독립적인 민주조국을 건설하여 번영된 복지사회를 이룩하자는 것이고,

이 목표를 달성하기 위하여 우리는 낙후된 조국의 후진성을 하루속히 탈피하고, 근대화된 공업국가를 건설하자는 것이 우리의 중간목표이며,

이 목표를 달성하기 위하여 우리는 단계적으로 1·2·3차 경제개발 5개년계획의 2차년도에 접어들고 있습니다.

우리의 당면한 목표는 이 5개년계획의 성공적인 완수를 위하여 전 심혈을 경주하고 있으며, 이 사업은 차질 없이 계획대로 진행이 되고 있어, 앞으로도 여하한 난관이 있더라도 기어코 관철하고야 말겠다는 굳은 결의와 신념에 가득 차 있는 것입니다.

이것은 우리의 지상명령이며, 조국에 봉사할 수 있는 우리의 최대의 영광이라고도 생각합니다. 우리는 이와 같은 역사적인 사명완수를 위하여, 같은 세대에 태어난 동지요, 겨레라는 긍지를 가져야 할 줄 압니다. '우리들의 후손들에게 영광된 사회를 물려주기 위한 목적이 없다면, 사람이 사는 목적이 무엇이냐'하는 처칠의 말을 새삼 상기하지 않을 수 없습니다.

그러나 우리가 이와 같은 거창한 과업을 완수하는 과정에는 여러 가지 난관과 애로에 봉착한다는 것도 충분히 각오를 해야 할 것입니다. 이 난관과 애로를 극복하고 이겨나갈 수 있느냐, 아니면 좌절하고 중단하고 마느냐 하는데, 우리의 민족적 과업을 성취하느냐 못하느냐 하는 관건이 있는 것입니다."

대통령은 이어서 새해에는 제한된 인원과 예산으로 과중한 업무를 수행하고 있는 해외공간의 애로를 해결해 줄 수 있는 예산조치

를 하겠다고 말하고 해외에 근무하는 공직자들도 소임을 충실히 다하고 있는지 성찰해 볼 것을 당부했다.

"여러분이 해외에서 임무수행을 하는데도 이러한 애로와 곤란은 예외일 수 없을 것입니다. 제한된 인원과 제한된 예산에 과중한 업무를 수행해 나가야 하기 때문입니다. 이러한 여러분의 고충을 나는 대통령으로서 충분히 인식하고 있다고 자부하면서도, 이러한 애로와 고충을 즉각 해결해 드리지 못하는데, 대통령으로서의 고충이 또한 있다는 것을 여러분에게 솔직히 이야기하지 않을 수 없습니다. 새해 예산에는 이러한 점이 많이 반영되어 상당한 개선이 있으리라고 믿고 있습니다.

그러나 여러분께서도 다음과 같은 점에 스스로 냉철히 반성을 하고, 국가를 대표해서 해외에 나와 있는 공직자로서 자기의 소임을 충실히 다하고 있는지, 해를 보내고 새해를 맞이하려는 이 시점에 성찰을 해봐야 할 것입니다. 즉,

1. 우리 국민소득이 얼마인데, 우리의 처우가 국민 소득평균에 비하여 어떠한 수준의 처우를 받고 있는지,

2. 조국이 지금 민족중흥의 대과업을 수행 중에 있는데, 우리의 하루 하루의 모든 활동이 이와 호흡을 같이하고 있는지,

3. 정부를 대표해서 나와 있는 공무원으로서 교포들에 대하여 관료주의적 고자세로써 불친절하게 대함으로써, 불신감이나 소외감을 가지게 한 일은 없는지,

4. 정부에서 송달되는 각종 간행물이나 선전책자들이 충분히 활용이 되지 않고, 공관창고 속에서나 서가 위에서 잠을 자고 있지나 않는지,

5. 주재국에 파견된 정부 각 부처 공무원들이 공관장의 지시·통제 하에 일사불란하게 단합하고 협조함으로써, 업무의 능률향상과

국가의 위신과 체통을 세우는 데 소홀함이 없는지,

6. 통상증대와 수출시장 개척을 위해서 얼마나 연구를 하고 있고, 얼마나 성과를 올렸으며, 앞으로 어떠한 계획을 추진하고 있는지, 등등을 지적할 수 있겠습니다"

대통령은 끝으로 우리는 후손들에게 원망 듣는 조상이 되지 않아야 한다는 점을 강조했다.

"우리에게 지금 가장 소중한 것은 시간입니다. 선진국에 1세기 뒤떨어진 것을 우리는 앞으로 10년 이내에 회복하자는 것입니다. 이것이 불가능하다고 포기하는 사람에게는 앞으로 1세기를 지나도 불가능할 것입니다. 가능하다고 자신과 신념을 가진 사람에게는 반드시 가능한 일입니다. 우리는 가난한 조국의 현실을 우리들 조상의 잘못이라고 원망하기에 앞서서, 우리들 후손들에게 우리들 자신이 원망 듣는 조상이 되지 않아야 할 것입니다. 이 세대는 모든 책임이 전적으로 우리들에게 있기 때문입니다.

우리의 피와 땀과 노력으로써 위대한 조국을 재건하여 사랑하는 우리들 자손들에게 넘겨줍시다.

이상 몇 말씀으로 지난 1년 동안 여러분의 노고를 치하하고, 새해에 보내는 축복으로 삼고자 합니다."

# 제3장 가득액만 따지지 말고 수출액수를 계속 늘려 나가야 한다

## 100만 평 울산벌판에 12개 석유화학계열 공장이 건설되다

1968년 3월 22일, 울산시 부곡동 일대의 100여만 평 벌판에 우리 나라 최초로 12개의 석유화학계열 공장의 기공식이 거행되었다. 대통령은 이날의 기공식에서 이들 공장에서 생산될 각종 원료와 이 공장들이 거둘 수 있는 수입대체와 수출증대효과에 대해 자세히 설명했다.

대통령은 먼저 이들 공장에 무슨 물건을 생산하게 되는지에 대해 이야기했다.

"우리들이 오래 전부터 추진해 오던 석유화학계열 공업의 기공식을 오늘 이 자리에서 올리게 된 것을 여러분과 더불어 기쁘게 생각하는 바입니다. 우리는 지난 수년 동안 우리 국민들과 정부가 협력을 해서 수많은 공장들을 건설했습니다. 지난 1차 5개년계획 중만 하더라도 대소 3,500여 개의 공장을 우리나라 각처에 건설했습니다. 지금도 매년 우리나라에서는 수십 개의 공장이 나날이 건설되어 가고 있는 것입니다. 부산시만 하더라도 1개월 동안에 공장들이 약 20개씩 늘어나고 있는 것입니다. 이러한 공장을 건설하는 과정에 있어서 우리는 여러 가지 비난도 받았고 비판도 받았지만 기업가들과 정부 당국에서는 꾸준히 모든 것을 참고 밀고 나와서 오늘날 이러한 공장이 많이 서게 된 것으로 알고 있습니다. 그러나 이러한 공장들이 많이 섰지만 어떠한 공장이 무엇을 만드는 공장이고, 어디 있느냐를 자세히 아는 사람은 우리 국민들 가운데 극히 적은 숫자밖에 안 될 것입니다. 비료공장이다, 시멘트공장이다, 또 정유공장이다 하는 이러한 공장은 대부분 알겠지만, 그 나머지 여러 가지 공장의 이름이라든지 또 그 공장에서 어떠한 물건이 생산되느냐 하는 것을 아는 사람이 대단히 적다는 것입니다. 그러나 국민 여러분들은 이러한 공장의 이름이나 어떠한 제품을 생산하는지 잘 모르지만 여러분들은 이 공장에서 생산되는 여러 가지 물품을 사용하고 있고, 또 그 혜택을 직접 간접으로 받고 있는 것입니다. 지금 여러분들이 입고 있는 그 양복이라든지 또 여러분들이 입고 있는 내의 또는 양말, 신고 있는 구두, 쓰고 있는 모자, 대부분이 이런 공장에서 생산되고 제조되는 것입니다. 오늘 여기에서 기공을 보게 되는 이 공장들도 여러분들이 생전에 들어보지 못하던 이름의 공장들로서 12개가 지금부터 건설되게 되는 것입니다. 나도 어떤 공장인가 그것은 잘 모릅니다. 공장 이름이 무엇인가 하나씩 불러 보겠습니다. 첫째는 나프타분해공장, 이런 것은 아는 분이 많을 것입니다. 폴리에틸렌, 여러분들이 아마 처음 듣는 이름일 거예요. VCM·에틸렌그리콜·폴리스티렌·카프로락탐·아크릴로니트릴·아세트알데히드·폴리프로필렌·알킬벤젠·SBR·메탄올·스티렌과 같은 이름들을 갖고 있습니다. 이것은 외국사람의 이름도 아니고 저 아프리카 정글 속에 사는 동물 이름도 아닙니다. 바로 오늘 우리가 여기서 건설을 하고자 하는 우리나라의 석유화학공단에서 생산되는 제품의 이름입니다."

대통령은 이어서 석유화학공업이 발달한 국가가 선진공업국가라고 말하고 앞으로 우리의 12개 석유화학계열 공장과 그 연관공장에서 생산하게 될 여러 가지 제품에 대해 자세히 설명했다.

"오늘날은 석유화학공업의 시대라고 합니다. 석유화학공업이 발달한 나라를 우리는 선진공업국가라고 합니다. 우리 이웃에 있는 일본만 하더라도 우리보다는 12, 3년 앞선 1955년 비로소 석유화학공업을 건설하기 시작했습니다. 우리는 지금 시작하니까 일본보다 12, 3년 뒤떨어졌습니다. 그런데 오늘날 일본은 적어도 석유화학공업에 있어서 미국 다음 가는 세계 제2위를 차지하고 있는 것입니다. 오늘날 일본경제가 급격한 성장을 하고 있는 것은 석유화학공업에 크게 기인하고 있다는 것을 우리는 알아야 합니다. 이러한 공장들이 앞으로 어떠한 물건을 생산해 내느냐 하는 것은 조금 전에 상공부장관께서도 얘기가 있었습니다만, 물론 여기 서게 되는 12개 공장은 중간원료제품 공장입니다. 이러한 공장이 섬으로써 그 뒤에 여기 따라가는 연관공장이 우리나라에 수십 개나 같이 서게 될 것이고, 그래서 이러한 공장에서는 여러 가지 물건들이 나옵니다. 첫째는 우리가 입는 의류, 또 건축자재, 또는 우리의 일용잡화, 여러분들 가정에 쓴 식기라든지 가재도구라든지 심지어 어린애가 갖고 노는 완구에 이르기까지 전부 여기서 생산되는 것입니다. 또는 비료와 의료품·약품들이 이 공장에서 생산될 것입니다. 이러한 원료 제품은 우리나라에서 과거에 생산 못했기 때문에 외국에서 수입해 왔습니다. 1년에 얼마 정도 수입해 왔느냐 하면, 작년도인 1967년만 하더라도 이러한 화학섬유라든지 화학 원료 등이 약 1억 달러 가까이 됩니다. 앞으로 이 공장들이 건설됨으로써 우리는 외국에서 사들여 오는 이러한 물건을 대부분 국내에서 생산하게 됩니다. 소위 수입대체를 할 수 있다는 것입니다. 우리는 앞으로 외국에 수출도 할 수 있게 될 것입니다. 이런 공장들을 건설하는 데 건설에 소요되는 예산은 약 1억 8천만 달러가 된다고 우리는 보고 있습니다. 우리나라 돈으로 따지면 약 500억 가까운 돈이 이 공장 건설에 소요되는 것입니다. 이렇게 해서 앞으로 2년 후인 1970년도 초가 되면 이 공장들이 거의 완공이 되어서 과거 외국에서 수입하던 물건을 우리나라에서 생산하게 되고, 외화를 절약하게 되고 또는 외국에 수출해서 외화획득을 더 하게 될 것입니다. 이와 같이 오늘날 우리 경제는 나날이 급속한 성장을 하고 있습니다. 앞으로도 우리 경제는 계속 성장하고 발전해 나가리라고 확신하고 있습니다."

## 국산선박을 많이 만들어 우리의 수출입물량을 수송해야 한다

1968년 8월 12일, 대한선박주식회사의 한양호 진수식에서 대통령은 국산선박을 많이 만들어 증가하는 수출입물량을 수송해야 되겠다는 점을 강조했다.

"오늘 이 자리에서 대한선박주식회사 소속 한양호의 진수식을 갖게 된 것을 대단히 뜻깊게 생각합니다. 대한선박주식회사에서 발주한 2만 5천 톤급의 대형화물선 두 척과 그 외 1만 5천 톤급 선박 5척을 지금 현재 이태리 선박회사에서 건설 중인 것으로 알고 있습니다. 작금 우리나라의 해운업계는 급속한 발전을 가져왔습니다. 또한 우리가 가진 선박의 톤수도 불과 몇 년 전에는 16만 톤 혹은 20만 톤 하던 것이 금년 연말에는 약 80만 톤, 내년 봄에는 우리 선박의 총톤수가 백만 톤을 초과하게 될 그런 단계에 있습니다. 이처럼 해운업계가 급격한 발전을 가져오고 우리나라의 선박 총톤수가 늘어난다는 것은 곧 우리나라의 경제가 최근 급격한 발전을 하고 있기 때문에 자연적으로 여기에 수반되는 물동량의 증가라든지 또 화물의 유통량 증가, 그리고 국내외적인 여러 가지 거래의 양이 늘어나기 때문에 자연적으로 수송의 수요가 늘어난 결과라고 생각합니다. 우리가 지금 외국에서 많은 물자를 들여오고, 또는 우리나라에서 생산된 수출상품들을 해외에 지금 많이 수출을 하고 있는데, 이러한 물건들을 지금 우리나라의 배만 가지고는 부족하기 때문에 우리 선박을 쓰는 외에 대부분의 화물량을 외국선박에 의존하고 있는 그런 실정입니다. 아직까지도 이로 말미암아 우리가 매년 외국에다 지불하는 수송비만 하더라도 수천만 달러에 달합니다. 따라서 우리나라의 자국선박, 우리자체의 선박을 많이 만들고 또는 외국에서 차관도 해오고 해서 우리 선박으로 하여금 가급적 많은 화물과 물자를 수송해야 되겠다는 것입니다. 이렇게 함으로써 수송비의 절약과 더 나아가서는 우리나라에서 생산되는 여러 가지 상품에 대한 원가를 절하하고 여러 가지 경제적인 이득을 우리는 노리고자 하는 것입니다."

대통령은 이어서 우리는 국내에서 선박을 계속 제조하는 한편 부족한 양은 차관을 해서라도 많이 도입해야 되겠다는 점을 강조했다.

"우리 국내에서도 여러분이 아시는 바와 같이 부산에 있는 조선 공사가 금년부터는 약 만 톤급의 선박을 우리 손으로 건조할 단계에 왔습니다. 이 조선 공사만 하더라도 불과 몇 년 전에 내가 가 보니까, 조선공사 뜰에는 잡초가 가득히 우거져 있었고, 창고에 들어가 보니까 쓰지 못할 자재들이 빨갛게 녹이 나서 마치 고물상의 창고 같이 쌓여 있던 공장이 최근에 여러 가지 시설 대체와 운영의 개선을 기해서 지금은 매년 상당한 선박을 우리 손으로 만들고, 금년 후반기부터는 우리도 이제 한 1만 톤급의 선박을 우리가 건조할 수 있는 단계에 왔습니다. 경제가 성장할 때 반드시 여기에 따르는 것이 곧 수송문제입니다. 수송이란 선박뿐만 아니라 철도라든지 도로라든지 또는 항공이라든지 여러 가지 있겠지만, 특히 대외 거래면에서 있어서 가장 큰 역할을 하는 선박, 이것을 우리는 빠른 시일 내에 국내에서 많이 건조를 해야 되겠고, 또 그래도 부족한 양은 외국에서 우리가 차관을 해서라도 많이 도입해야 되겠다 하는 것입니다. 여기에 대해서 우리가 노력을 하고 있는 처지에 금번 대한선박주식회사에서 이러한 대형화물선을, 오늘 진수식을 보는 한양호와 또 현재 운행 중에 있는 경주호 이 두 척이 취항을 보게 된 것을 대단히 기쁘게 생각합니다. 앞으로 이 선박을 운행하는 이 선박의 선장 및 이 선박에서 일하는 많은 승무원들은 이 배 위에 우리 대한민국의 태극기를 달고 5대양을 돌아다니면서 우리나라 경제발전에 크게 이바지해 주고 동시에 우리의 국위를 대외적으로 선양하는 등 많은 역할을 해 주시기를 부탁드리는 바입니다. 이 선박이 도입되기까지 수고를 맡으신 대한선박주식회사 여러분들과 또 차관에 대해 여러 가지 애를 많이 써주신 주한 이태리 대사, 기타 관계관 여러분들 노고에 대해서 다시 한 번 치하의 말씀을 드리고 한양호 진수식에 거듭 축하의 말씀을 드리는 바입니다.”

### 값싸고 품질 좋고, 소비자 기호에 맞는 상품을 생산해야 한다

1968년 9월 9일, 우리나라에서는 처음으로 무역박람회가 열렸다. 이 박람회에는 국내의 300여 기업체와 17개 국가의 100여 기업체가 참여, 각종 상품을 출품하여 성황을 이루었다. 이날 대통령은 수출상품은 국가의 문물수준과 국력을 상징하는 척도라고 말하고, 무역전쟁은 이제부터 시작이라고 생각하고 값싸고 품질 좋은 상품을 생산하기 위해 다각적이고 창의적인 노력을 해야 되겠다는 점을 역설했다.

“나는 오늘 우리나라에서 처음으로 이 뜻 깊은 무역박람회를 개최하게 된 것을 충심으로 축하하며, 그동안 어려운 여건 속에서 짧은 시일 내에 이처럼 방대한 시설을 완성한 관계자 여러분의 노고에 대해 심심한 치하의 뜻을 표하는 바입니다. 우리가 자립경제를 국가목표의 하나로 삼고, 수출진흥에 온갖 노력을 경주한 지도 어언 5·6년의 세월이 흘렀습니다. 그동안 모든 국민이 합심협력하여 땀 흘려 노력한 결과 우리는 작년에 3억 6천만 달러의 실적을 올렸고 금년도 목표액인 5억 달러도 무난할 것으로 보고 있습니다. 또한 해마다 40% 이상 신장해 온 그간의 수출증가액 추세에 비추어 제2차 5개년계획의 최종연도인 71년에는 목표액 10억 달러도 틀림없이 달성할 수 있을 것을 나는 믿어 의심치 않습니다. 정부가 61년도에 제1차 경제개발 5개년계획을 수립할 당시 우리나라의 수출고는 겨우 3,200만 달러 정도였으며, 그 질적 내용에 있어서도 광산물과 농·수산물이 90%를 차지하고, 공업제품은 10%에 불과했던 것입니다. 그 당시 모든 국민은 어떻게 해서든지 2·3억 달러만 수출할 수 있어도 우리 경제가 자립할 수 있으리라 생각하면서도 그것은 한낱 희망이요 꿈일 뿐, 실현성 없는 것으로 체념하고 있었던 것이 사실이었습니다. 그러나 희망을 향한 우리의 끈덕진 의지는 체념 속에서 우리를 분발시켰고, 이제는 희망과 꿈이 점차 실현되어 가고 있는 것입니다. 우리는 그야말로 수출전쟁이라는 각오 아래 피땀어린 노력의 결과 이미 2년 전에 꿈으로만 생각하던 3억 달러의 실적을 올렸으며, 이제는 매년 2억 달러 정도의 증가 추세를 보이는 단계에 이르렀습니다. 뿐만 아니라 수출품의 내용도 당시와는 정반대로 70% 이상이 공산품으로서 공업국가의 면모가 역연해진 것입니다. 이러한 괄목할 만한 성장의 과정에서 우리는 올바른 지도와 협조 아래 성의껏 노력만 한다면 무엇이고 달성할 수 있다는 자신과 용기와 그리고 귀중한 교훈을 얻었으며, 우리나라 경제는 안정기조 위의 고도성장이라는 개발계기를 얻은 것입니다. 이제 우리 경제는 고도성장의 궤도를 본격적으로 달리기 시작했습니다. 몇 해 전만 하더라도 일반경제의 위축과 민심의 동요를 가져온 2년에 걸친 혹심한 한

발에도 불구하고, 우리 경제는 안정기조에 동요를 가져옴이 없이 여전히 10% 이상의 성장률을 보이고 있는 것입니다. 뿐만 아니라 격증하는 북괴의 전쟁도발에 대비하여, 새로이 자주국방 태세를 강화해야 하는 힘겨운 과제마저 수행하면서, 우리 경제가 여전히 고도성장의 길을 치닫고 있다는 것은 실로 고무적인 일이 아닐 수 없습니다. 이러한 우리 경제의 개발과 성장에 있어서 가장 큰 역할은 국민 여러분의 저축과 납세 그리고 수출이 담당해 왔습니다. 수출의 진흥과 확대 없이 우리 경제가 오늘날과 같이 성장할 수는 없었던 것입니다. 그러나 우리는 결코 이것으로서 만족해서는 안 되겠습니다. 수출은 치열한 국제상품 시장의 경쟁 속에서 전개되는 하나의 전쟁입니다. 만심과 정체는 바로 후퇴와 패배를 의미하는 것입니다. 더구나 이제 커 오르기 시작한 우리의 경제규모에 있어서 수출의 침체는 곧 경제성장의 좌절을 초래하기 때문에, 어느 면으로 보나 수출의 증대는 우리 경제개발의 제1과제가 아닐 수 없는 것입니다. 우리가 진정 싸워 이겨야 할 무역전쟁은 이제부터라고 봐야 합니다. 지금까지의 수출증대가 우리 경제의 자립과 자존의 기반 구축을 위한 정지단계라면 이제부터야말로 본격적으로 확대단계에 들어서지 않으면 안 되고, 따라서 오늘의 이 박람회는 내일을 위한 번영의 광장이 되지 않으면 안 되는 것입니다."

   대통령은 끝으로 수출증대를 위해서는 값싸고 품질 좋고, 소비자의 기호에 맞는 상품을 생산해야 되겠다는 점을 강조했다.
   "수출은 단순히 상품을 생산한다고 해서 그대로 되는 것이 아닙니다. 값이 싸고 품질이 좋아야 하고, 그리고 소비자의 기호에 맞는 의장과 포장 등 실로 다각적이며 창의적인 노력이 집중되어야만 이루어지는 것입니다. 특히 하나의 상품이라도 더 팔고, 한 푼의 외화라도 더 벌어들이려는 이 치열한 무역경쟁의 시대에 있어서, 수출의 증대는 오직 그에 종사하는 사람들만의 과제가 아니라 국민의 총력적 과제인 것이며, 또한 수출품 자체는 바로 그 나라의 문물 수준을 표시하고 국력을 상징하는 척도라고 보는 것입니다. 나는 항상 해외에 나가는 우리 기업인이나 공무원이나 문화인, 누구를 막론하고 해외시장의 상품품질·의장·상표·포장 등 무엇이고 조금이라도 수출진흥에 도움이 되는 것은 눈여겨 살필 것을 당부해 왔습니다. 이곳에 전시된 외국상품 중에서도 좋은 점을 익히고 배워서 우리의 것으로 소화할 수 있는 연구심을 지녀야겠습니다. 아무리 사소한 것이라도 조금이라도 나아지려고 노력하고 연구하는 것이 쌓이고 쌓여, 좋은 물건을 값싸고 훌륭하게 만들어 내어 수출증대라는 알찬 열매를 맺게 된다는 것을 우리는 잊어서는 안 되겠습니다. 지금 우리는 조국 근대화와 자주국방 등 실로 벅찬 과업을 완수해야 할 역사적 사명을 지니고 있습니다. 경제건설은 이 역사적 사명 완수의 기초가 되는 것이며, 수출진흥은 경제건설의 모체가 되는 것입니다. 이 박람회에는 우리 국내에서만도 301개 기업체가 각자 자랑스럽고 우수한 상품을 출품하고 있고, 멀리 해외에서도 17개국의 101개 기업체가 서로 그 품질을 자랑하면서 출품하고 있습니다. 여기는 우리 국민들만의 회장이 아니라 실로 국제교류의 회장인 것입니다. 외국인이 우리나라에 매혹되고 우리 상품이 탐나서 서로 앞을 다투어 무역하기를 바라는 계기가 되도록 관계당국은 물론 온 국민이 애써 노력해 주기를 당부합니다. 고객의 접대에서부터 공중도덕과 공공예의에 이르기까지 약진하는 한국의 모습을 유감없이 발휘하여 이 박람회가 소기의 목적을 달성할 수 있기를 거듭 당부하는 바입니다. 끝으로 이 박람회를 개최함에 있어서 전진하는 공업한국의 모습을 이와 같이 한눈으로 볼 수 있게 애써 주신 전국의 산업인과 근로자, 그리고 여러 가지 어려움을 무릅쓰고 심혈을 기울여 노력한 관계자 여러분의 노고를 거듭 치하하며, 아울러 이 박람회에 참가하기 위하여 멀리 이 땅을 찾아주신 외국산업인 여러분들에게도 감사의 뜻을 표하며 여러분의 건투를 빕니다."

## 우리나라의 시멘트생산은 1000만 톤을 넘어 선다

1968년 10월 31일, 쌍용시멘트주식회사가 일본의 미쓰비시상사의 차관을 얻어 태백산의 험준한 산골에 건설한 동해 대단위 공장의 준공식이 있었다. 대통령은 이날의 행사에서 단위공장으로는 동양에서 그 규모가 가장 크고 현대적인 이 공장을 밤낮 강행군으로 서둘러 완공하는 과정에서 발생한 희생자들에게 애도의 뜻을 표하고 남이 못하는 어려운 일을 하기 위해서는 남보다 몇 배의 고난을 겪어야 하고, 때로는 희생까지 따라야 한다는 것을 교훈으로 삼아야 되겠다는 뜻을 피력했다.

"지금으로부터 1년 전 8월 31일 태백산 험준한 이 산골, 바로 이 자리에서 본 공장의 기공식을 올린 것이 어제 같습니다만, 오늘 이와 같은 웅장하고 현대적인 공장의 준공식을 갖게 된 것을 매우 감명 깊게 생각합니다. 이 공장은 우리나라에서는 물론이요 동양에 있어서도 단위공장으로서는 가장 규모가 크고 으뜸가는 공장이라는 점에 있어서 우리는 또한 자랑스럽게 생각합니다. 그동안 이 공장 건설을 위해서 지난 2년 동안 쌍용시멘트주식회사 측과 또 이 공장 차관을 제공해 준 일본의 미쓰비시상사 여러분, 또한 국내 시공업자, 이 나라의 기술진 여러분들, 또한 현지주민 여러분들의 그야말로 주야겸영 강행군을 하다시피 이 공사를 서두른 보람으로 오늘 예정대로 준공을 보게 되었습니다만, 그간의 이러한 공사를 서두르는 과정에 있어서 여러분들의 노고에 대하여 진심으로 치하하는 바

쌍용시멘트공장 준공식에 참석하여 첫번째 생산되는 시멘트에 기념 휘호를 쓰고 있는
박 대통령(1968. 10. 31)

입니다. 또한 이 공사 도중에 몇몇 분의 희생자까지 났다는 것을 생
각할 때, 충심으로 애도의 뜻을 금할 수가 없습니다. 여기에서 우리
가 하나의 교훈으로 삼아야 할 것은 남이 못하는 어려운 일을 하기
위해서 남보다 앞장서기 위해서는, 또 힘든 일을 하기 위해서는 남
보다도 몇 배나 더 어려움과 고난을 겪어야 하고 또한 노력을 해야
된다는 것과 때로는 희생까지 따라야 한다는 것을 우리는 교훈으로
삼아야 하겠습니다.”

　대통령은 이어서 지금 건설 또는 확장 중에 있는 공장들이 71년
에 완공되면 우리나라의 시멘트생산은 1000만 톤을 넘게 되어 선진
공업국가의 수준을 따라가게 된다고 전망했다.
　“이 나라는 여러분들이 아시다시피, 다른 나라에 비해서 비교적

지하자원이 부족한 나라입니다. 그러나 다행히도 시멘트공업의 원료가 되는 석회석의 매장량은 그야말로 무진장이라고 해도 과언이 아닐 정도로 많은 매장량을 가지고 있습니다. 이 쌍용 대단위 공장 부근에만 해도 355억 톤의 매장량이 있다고 합니다. 연간 2백만 톤의 시멘트를 생산한다 하더라도 약 5백 년 동안 우리는 계속 시멘트를 매년 2백만 톤씩 생산할 수 있습니다. 앞으로 이 공장이 배가 해서 4백만 톤을 생산한다 해도 250년 동안 이 부근에 있는 매장량을 가지고 충분히 개발을 할 수 있다 하는 결론이 되겠습니다. 여러분들이 아시는 바와 같이 오늘날 그 나라의 시멘트공업의 발전과 시멘트의 생산량이라는 것은 그 나라의 산업과 문화를 측정하는 하나의 척도가 되었다는 것입니다. 그 나라가 시멘트를 얼마만큼 생산하고 얼마만큼 사용하느냐, 철강재를 얼마만큼 생산하고 사용하느냐, 이러한 것은 그 나라의 산업과 모든 문화의 수준을 측정하는 척도가 되는 것입니다. 우리나라는 지난 10년 전만 하더라도 국내에서 생산되는 시멘트가 불과 한 4, 5십만 톤밖에 되지 않았습니다. 경북 문경에 있는 대한양회가 한 20만 톤이고 남쪽에 있는 삼척의 동양시멘트가 한 2, 3십만 톤으로 불과 한 50만 톤밖에 되지 않았는데 오늘 이 공장이 준공됨으로써 또 내달 11월말에 완공을 보게 될 현대시멘트공장의 준공으로 이 나라에는 연간 500만 톤의 시멘트를 생산하게 되었습니다. 내년 말에 가면 640만 톤 정도의 시멘트가 생산됩니다. 지금 건설 중에 있고 확장 중에 있는 공장들이 71년에 가서 완공이 되면 우리나라의 시멘트생산량이 1,000만 톤을 넘게 됩니다. 1,000만 톤을 생산하게 되면 오늘날 선진공업국가의 수준을 우리는 따라가게 되는 것입니다."

대통령은 이어서 공장과 댐건설, 도로와 항만건설, 농촌의 문화주택 등 일상생활에 무제한 사용될 시멘트는 근대화와 공업화에 큰 도움이 될 것으로 확신한다고 말하고 두 가지 당부의 말을 했다.

"우리들 일상생활에, 우리들 주변에, 시멘트라는 것은 무제한으로 많이 사용되는 것입니다. 공장을 건설하고 댐을 만들고 도로를 건설하고 항만을 건설하고 우리 농촌에 있는 저런 초가를 전부 앞으로 기와집으로 또는 문화주택으로, 기타 우리들 주변에 시멘트라는 것은 무제한으로 필요한 것입니다. 우리나라의 이와 같은 풍부한 석회질, 석회석 매장량이 있고 또한 우리는 시멘트를 계속해서 개발함으로써 이 나라의 근대화와 공업화에 커다란 도움이 될 것을 나는 믿어 마지않습니다. 앞으로 본 공장이 계획하고 있는 배가 확장 공사도 예정대로 이것이 진행되어서 많은 시멘트를 국내에 공급하고 해외에 수출을 해서 우리나라 산업 발전에 크게 이바지해 줄 것을 부탁해 마지않습니다. 특히 오늘 이 자리를 빌어서 그동안 이 공장건설에 수고를 하신 쌍용시멘트회사 측과 일본의 미쓰비시회사, 그리고 두 나라의 기술진 여러분들의 노고에 대해서 심심한 치하를 드리고, 특히 우리나라 기술진 여러분들에게 당부하고 싶은 것은 그동안 우리나라에 시멘트 공장뿐만 아니라 여러 공장을 많이 건설을 했고, 우리는 자본이 부족하기 때문에 외국에서 차관을 해 오고, 기술이 부족하기 때문에 외국의 기술을 들여왔는데, 이제부터는 외국차관과 외국기술을 도입해서 건설하는 공장은 가급적 우리 힘만을 가지고 이것을 만들 수 있도록 여러분이 가일층 분발하고 노력해 주길 바랍니다. 우리 한국의 현대 모든 과정에 있어서 조금만 더 노력하면 우리 힘으로 할 수 있다는 것입니다. 문제는 여러분들의 노력과 연구에 달려 있는 것입니다."

## 대기업과 중소기업을 계열화하고, 중소수출산업에 대해 중점적으로 지원할 것이다

1968년 11월 18일, 중소기업은행 본점 준공식에서 대통령은 먼저 은행건물의 고층화, 대형화 추세와 중소기업의 중요성에 대해 소견을 피력했다.

"오늘 수도 서울의 한복판에 중소기업은행 본점 청사신축 낙성식을 보게 된 것을 여러분과 같이 축하해 마지않습니다. 근래 우리나라 경향 각지에 은행의 본점·지점 등의 고층 건물이 많이 서는 것에 대하여 일부에서는 전연 시비가 없는 것도 아닙니다. 은행이 저렇게 좋은 건물을 지을 만한 돈이 있으면 청사는 뒤에 짓고 오히려 업자들에게 대부를 해 주었으면 좋지 않겠느냐 하는 시비가 전연 없는 것도 아닌 줄을 알고 있지만, 하여튼 은행으로서는 이러한 좋은 청사와 좋은 환경을 만들어서 여기서 근무하는 모든 행원들의 보다 많은 능률 향상을 시킨다는 것이 한 가지 목적이겠고, 또 하나는 이 은행을 찾아오는 모든 고객들에게 보다 좋은 서비스를 해드려서 우리나라의 중소기업계에 봉사할 수 있는 여건과 환경을 만든다는 목적이라면, 이러한 청사가 새로 섰다는 것을 우리는 환영할 일이라고 생각합니다. 우리나라에 있어서 중소기업의 위치라 할까 비중이라는 것은 여러분이 아시는 바와 같이 대단히 큽니다. 우리나라 전체 특히 제조업부문에 있어서 총기업체 속의 거의 98%이상을 차지하고 있는 것이 중소기업입니다. 전 제조업부문 고용원의 6할 이상을 점하고 있음을 보더라도 우리나라 중소기업이 중요한 위치를 점하고 있다는 것을 알 수 있습니다. 따라서 정부도 그동안 중소기업 육성을 위해서 여러 가지 힘을 기울여 온 것도 사실입니다. 중소기업은행을 5·16혁명이 나던 그해 8월 달 혁명정부 초기에 서둘러서 발족시킨 시책의 근본취지도 정부가 중소기업을 위해서 얼마만큼 비상한 관심과 노력을 기울이고 있는가 하는 데 대한 증거가 될 것입니다."

대통령은 이어서 대기업과 중소기업은 계열화를 통해서 함께 성장해 나가는 길을 모색해야 되겠다는 점을 강조하고, 중소기업, 특히 중소수출산업에 대해 중점적으로 지원하겠다는 방침을 밝혔다.

"어느 나라를 막론하고 공업이 발전되는 초기에 있어서는 중소기업이라는 것이 정부가 계획적으로 육성한다기보다도 자연발생적이라고 할까, 또는 독자적으로 커 나온 것 같습니다. 그러나 어느 단계에 가면 중소기업도 체질 개선을 위한 시기에 도달하는 것입니다. 즉, 중소기업이 어느 정도 커 나가면 대기업이 나오기 시작한다는 것입니다. 그렇게 되면, 대기업과 중소기업이 마찰을 일으키게 됩니다. 중소기업과 대기업이라는 것은 초등학교 아이들과 대학생이 같이 경합을 하는 데 있어서 차이가 있습니다. 따라서 중소기업은 위협을 느끼고 타격을 받게 되는 것입니다. 이러한 마찰은 현재 우리나라 업계에도 있다고 나는 보고 있습니다. 우리 이웃에 있는 일본도 이러한 고비를 넘겼고, 기타 다른 나라에도 다소 과정의 차이는 있지만 이러한 과정을 밟는 것을 알고 있습니다. 정부의 입장이나 국가적인 입장으로 볼 때 이러한 마찰을 빨리 해소하고 대기업, 중소기업이 상부상조해서 같이 커 나갈 수 있는 길을 모색하고 조성해야 될 것입니다. 대기업을 육성하기 위하여 중소기업을 전부 도산시킬 수도 없는 것입니다. 또 중소기업을 위해서 대기업이 크는 것을 억제할 수도 없는 것입니다. 대기업과 중소기업이 손을 잡고 서로 보완해 가면서 상부상조해 나가야만 우리나라 기업이 건전하게 발전하고, 이러한 것이 이루어진 연후에 우리나라 공업은 한 단계 뛰어올라서 앞으로 도약할 수 있는 단계에 접어든다고 생각합니다.

이러한 것을 소위 우리는 기업의 계열화라고 하는데, 대기업과 중소기업이 경합만 할 것이 아니라 서로 보완해서 대기업은 대기업대로 커 나가고 중소기업은 중소기업대로 커 나갈 수 있는 길을 모색해 나가야 될 것입니다. 현재 정부도 이 문제에 대하여 힘을 들여 시도하고 있고 업계에서도 많은 노력을 하고 있는 것으로 알고 있습니다. 문제는 이러한 과정을 겪고 넘어가야만 우리나라의 산업과 공업이 보다 더 급속히 발전할 수 있는 단계에 들어갈 수 있다는 것을 업계에 계신 여러분도 인식해 주셔야겠고, 중소기업체를 지도하고 있는 중소기업은행에서도 이 점에 각별히 착안해서 지원해 주어야 될 줄 압니다. 앞으로도 정부는 중소기업에 대해서 계속 적극적인 지원을 할 것입니다. 그러나 그중에서도 특히 수출산업체에 대하여 중점적으로 지원하려고 합니다. 우리나라의 중소기업체의 수는 나날이 늘어나고 있지만 국제경쟁에 이길 수 있는 능력이나 업체의 체질을 볼 때 여러 가지 시정할 점이 많이 있습니다.

첫째, 낡은 시설을 빨리 현대적인 시설로 바꾸어야 하겠고, 둘째, 품질을 향상 시켜야 하겠고, 셋째, 경영관리를 잘해서 상품의 코스트를 낮추어서 국제시장에서 이길 수 있는 수준까지 끌어 올려야 하겠다는 것입니다. 이러한 점에 있어서 정부는 물론, 업계와 깊은 관련을 갖고 지원하고 있는 중소기업은행과 전국에 산재하고 있는 중소기업 업계 여러분들이 같이 노력해서 우리나라 중소기업이 발전을 하고 대기업과 긴밀히 협조를 해서 국제시장에 나가서 당당히 외국상품과 경쟁하여 이길 수 있는 단계에 까지 밀고 나가야 하겠습니다. 오늘 신청사의 준공을 보게 된 중소기업은행 행원 여러분, 또 우리나라 전체 중소기업계의 업자 여러분이 다 같이 협력하고 노력해 주기를 당부하고 치사에 대하는 바입니다."

생산이 기계화된 이래 지배적인 법칙은 효율과 속도다. 따라서 공업이나 농업이나 상업에 있어서도 기계화 이전의 시대에서처럼 제조하고 수확하고 교환하는 것만으로는 국제 경쟁에서 이길 수는 없다. 남보다 더 많이 제조하고, 더 많이 수확하고, 더 많이 교환해야만 국제경쟁에서 살아남을 수 있다. 따라서 단위가 작고, 분산되어 있고, 수가 많은 중소기업체를 통합시켜 국제경쟁에서 이길 수 있는 대기업체를 육성할 필요가 있는 것이다. 대기업은 우수한 능률과 기술의 힘에 의해 성장한다. 대기업은 이윤을 획득하는 뛰어난 능력을 가지고 있으며, 경쟁에서 살아남을 수 있는 기술혁신의 담당자 역할을 한다. 규모가 작은 중소기업은 기술혁신의 요구하는 지출을 감당해 낼 수가 없지만, 규모가 작은 중소기업은 기술혁신이 요구하는 지출을 감당해 낼 수가 없지만, 규모가 큰 대기업은 그러한 지출을 감당할 능력이 있기 때문에 기술 개발에 기여할 수 있다. 기업은 장래에 자기회사 제품의 가격, 매상고, 인건비와 금융비용을 포함하는 여러 비용의 동향 그리고 이들 비용으로 올릴 수 있는 수익에 관해서 정확히 알고 있어야 생산계획을 세우고 우발사태에 대한 대비책을 마련할 수 있다. 기술의 진보, 산업의 고도화, 국제화의 진전 등에 따라 기업이 의존하고 있는 시장의 불확실성은 더욱 커지고 있다. 대기업은 이러한 시장의 불확실성을 기업의 수직적 통합, 가격이나 소비수요의 통제 그리고 기업 간의 계약에 의해 극복할 수 있다. 그러나 중소기업은 그렇게 할 수 있는 능력이 없기 때문에 시장의 불확실성은 중소기업에게는 치명적일 수 있다. 그래서 대기업은 어느 나라에 있어서나 산업화를 이끌어가는 동력이 되고 있고, 경제의 성장이 고도화되면 될수록 기업은 더욱더 대기업화하게 된다. 따라서 경제의 지속적인 성장을 추구하기 위해서 각국의 정부들은 대기업을 육성하고 지원한다. 대통령은 수출지향 공업화를 추진하면서 우리의 제한된 자원으로 우리가 할 수 있는 몇 개의 전략적인 업종에 집중적으로 투자했고, 이 과정에서 이러한 수출업종에 참여한 기업에 대해 파격적인 지원을 함으로써 수출을 획기적으로 증대시켰으며, 경제의 지속적인 고도성장을 가져왔다. 이 과정에서 이들 수출기업은 급속한 성장을 거듭하여 초기의 규모와 비교가 안 될 정도로 큰 규모의 기업으로 발전했다. 이들 기업이 이른바 대기업이니 재벌이니 하는 우리나라의 대표적인 기업이 되었다. 이들 대기업은 내자를 동원하고 외자를 유치하여 투자를 계속 확대하여 고용을 증대시키고, 기술개발과 경영혁신을 이룩하여 세계적인 기업으로 발돋움했다. 우리나라가 1977년에 100억 달러 수출을 달성하는 데 있어서 주도적인 기업은 바로 이들 대기업이었다. 대통령이 추진한 모든 정책에 대해서 그러했듯이 수출증대를 위한 대기업육성 정책에 대해서도 여러 가지 비판이 있었다. 대기업만 지원하고 중소기업을 소홀히 함으로써 대소기업 간의 불균형을 심화시켰다느니, 또는 빈익빈, 부익부 현상을 초래했다느니, 또는 정경유착으로 부정부패를 조장했다느니 등등의 비판이 끊이지 않았다. 그러나 일부의 비판이 거셌던 다른 정책과 마찬가지로 대기업육성 정책도 우리나라의 수출진흥과 경제성장에 결정적인 기여를 한 것으로 널리 공인되고 있다. 자원도 기술도 빈약한 우리나라가 이른바 경제적인 도약을 하기 위해서는 대통령의 대기업집중육성 정책이 불가피한 선택이었을 뿐 아니라, 현명한 발전 전략이었다는 것이다. 1970년대부터 우리나라 수출의 대종을 이루고 있는 것은 철강, 조선, 석유화학, 전자, 자동차, 정보통신 등 중화학공업 업종이며, 이 업종은 대부분 대기업들이 주도했다. 한편, 대기업이 정부의 집중적인 지원을 받아 급속히 성장하기 시작한 공업화의 초기에는 중소기업이 상대적으로 대기업에 비해 불이익을 받은 것은 사실이다. 정부의 적극적인 지원

덕택으로 이른바 대기업으로 성장한 기업들은 1970년대 초에 이르러서는 독과점의 경향을 보였다. 정부가 수출지향 공업화를 추진하기 위해서 대기업을 육성함에 따라 대기업들은 자금과 고급인력과 시장을 독점하면서 급속히 성장하였으며 중소기업의 발전은 이를 따르지 못하여 대기업과 중소기업 사이에 격차가 확대되었다. 개발 초기에 규모의 이익을 실현하려는 대기업 중심의 경제성장 정책 때문에 경제적 집중이 급속히 가속화되어 사업체 수, 종업원 수 및 부가가치액에 있어 대기업의 비중이 현저히 높아지면서 중소기업의 비중이 낮아졌다. 대기업들이 계속 경제력을 집중시켜 나가는 과정에서 중소기업들은 임금인상 등의 부담을 안게 되어 건실한 성장이 둔화되었다. 대기업의 독과점 구조가 심화됨에 따라 경쟁적 시장기능이 크게 악화되고, 그로 인해 경제구조가 경직화되어 우리 경제의 활력이 약화될 위험성이 있었다. 또 대기업의 독과점 체제는 대기업과 중소기업 간에 기능적인 상호보완 관계보다는 경쟁 내지 대립적 관계 속에서 대기업이 중소기업 자체와 중소기업 영역을 잠식하면서 형성되었기 때문에 대기업과 중소기업 간에 단층적(斷層的) 이중구조가 생기게 되었다. 그러자 대기업의 독점과 횡포를 규제하고, 특혜를 중단하고 중소기업을 적극 육성하고 지원하라는 요구가 빗발쳤다. 정부는 이를 시정하기 위해서 공정거래법을 제정하고 가족경영적인 요소를 없애기 위해 기업내용의 공개조치를 취했다. 정부는 또한 중소기업 계열화촉진법과 중소기업사업조정법을 제정하여 대기업육성과 함께 중소기업육성을 위해서도 많은 지원을 했다. 한편, 대기업이 어느 정도 성장한 후에는 이른바 계열화를 통해서 대기업과 중소기업이 공생, 공영의 관계를 갖게 되었다. 즉, 수입부품을 가공하고 조립하는 수출주도 대기업이 수입부품이 국산화됨에 따라 일부 조립라인을 국내의 중소기업에 넘김으로써 대기업과 중소기업의 계열관계가 형성되었다. 물론 공업화 초기에는 대기업이 먼저 생겨난 후에 대기업과 기술 및 시장연관을 맺는 중소기업이 대기업 밑에 족생(簇生)하여 하청생산이라는 저급한 형태의 연관관계에서 벗어나지 못했으나, 일부 분야에서는 대기업과 중소기업이 공동으로 기술개발이나 시장개척에 나서는 등 선진적 형태의 협력관계가 이루어져 대기업과 중소기업 간에 공존, 공영의 관계가 성립되기도 했다. 이러한 관계는 공업화가 좀 더 고도화되어 감에 따라 전반적으로 확대되어 나갔다. 뿐만 아니라, 중소기업 가운데서도 대기업으로 성장하는 사례도 늘어났다.

### 우리가 보다 잘살 수 있는 길은 수출증대에 있다

1968년 11월 30일, 수출의 날에 대통령은 먼저 우리가 앞으로 살아 나갈 수 있는 길, 또 보다 잘살 수 있는 길은 수출증대에 있다는 사실을 강조했다.

"먼저 이 자리를 빌려서 그동안 우리나라 수출증대에 많은 노고와 공을 세우신 수상자 여러분에 대해서 충심으로 축하와 치하의 말씀을 드리는 바입니다. 또한 여러분이 오늘날과 같은 이러한 훌륭한 업적을 올리는 그 이면에 있어서는 여러 기업체에서 여러분과 같이 일하고 계신 회사의 간부·일반직원·기술자·기능공·종업원 또 여러분들의 사업을 측면에서 뒷받침해 주고 지원해 주는 정부관계 공무원 기타 모든 국민 여러분들의 숨은 노고가 많았다는 것을 생각하고 이분들에 대해서도 아울러 치하의 말씀을 드리는 바입니다. 지난 수년 동안 우리나라의 경제가 놀라울 만큼 빠른 속도로 성장을 해 왔습니다. 그중에 있어서도 가장 괄목할 만한 분야가 바로 수출신장에 있습니다. 오늘날 세계의 각국은 선진국가나 또는 중진국가나 개발도상에 있는 국가를 막론하고, 어느 나라나 전부가 수출증대에 그야말로 필사적인 노력을 하고 있는 것이 사실입니다. 우리는 지금 무역전쟁이라는 말을 쓰고 있습니다. 이 전쟁이라는 말이 실감 날 정도로 오늘날 국제사회에 있어서 이 수출이라는 것은 치열한 경쟁을 하고 있는 것입니다. 우리나라도 또한 치열한 경쟁 속에서 오늘날 수출증대를 위해서 정부나 국민들이 안간힘을 다하고 또한 노력하고 있습니다. 제2차 세계대전이 끝난 직후에 영국의 처질수상이 영국국민들에게 호소한 말이 있습니다. "수출이냐 죽음이냐 우리 영국국민이 앞으로 살아나갈 수 있는 길은 오직 수출증대의 길밖에 없다"는 것을 영국국민에게 호소를 했습니다. 전세계에 24시간 동안 해가 저무는 때가 없다고 할 만큼 광대한 영토와 식민지를 가지고 있던 대영제국이 2차 세계대전이 끝나자 전부 다 이것이 떨어져 나가고 혹은 독립해서 나가고 북대서양 한복판에 영국 본토만 오똑하게 남았습니다. "지난 수세기 동안 대영제국의 영광을 그대로 누리고 지속해 나가기 위해선 영국이 사는 길은 오로지 수출을 많이 하는 길밖에 없다. 수출을 못하면 영국은 살 길이 없다" 이런 소리를 했습니다. 처칠수상의 이 말은 오늘날 우리나라에도 그대로 적용이 되는 말이라고 나는 생각합니다. 우리가 앞으로 살아 나갈 수 있는 길과 보다 잘살 수 있는 길은 경제건설을 하고 그중에 있어서도 수출을 많이 해야 됩니다. 수출을 많이 한다는 것은 오늘날에 있어서 그 나라 국력의 총괄적인 표현이라고 나는 생각합니다. 한 국가에 있어서 모든 국력의 종합적인 배경이며, 여기에서 이기는 나라가 지구상에서 번영을 누리고 잘살 수 있고 여기서 패배를 하고 뒤떨어진 나라는 언제까지든지 후진이라는 낙인을 벗어나지 못하고 가난과 빈곤 속에서 허덕여야만 하는 것입니다."

대통령은 이어서 우리나라 수출상품의 국제경쟁력을 강화하기 위한 방책에 대해 설명했다.

"5·16 당시만 하더라도 우리나라의 수출고가 겨우 2, 3천만 달러에 불과했습니다. 2, 3천만 달러라는 것도 전부가 상품수출이 아니라, 대부분이 쌀·무연탄·중석·철광석, 이러한 일차산품이 대부분이고 공업제품이라는 것은 불과 2, 3백만 달러도 되지 않았던 것입니다. 이 계획은 우리의 예정대로 모든 것이 계획대로 추진되리라고 우리는 확신을 합니다. 그러나 앞으로 우리나라의 수출을 지속적으로 성장시키고 또한 증대시키기 위해서는 현재 우리가 하고 있는 일에 가일층의 노력해야 되겠다는 것을 이 자리에서 강조하고자 합니다. 우리는 국제시장에 있어서 외국상품과 경쟁을 하기 때문에 국제시장에 있어서의 우리의 국제경쟁력을 보다 더 강화하는 데 주력해야 되겠으며, 그러기 위해서는 우선 다섯 가지 문제를 정부나 업계나 또 우리 모든 국민들이 다 같이 노력을 해야 되겠다고 생각을 합니다. 그 한 가지는 오늘날 우리나라 산업계에서 가지고 있는 이 시설을 현대화해야 되겠다는 것입니다. 물론 최근에 외국에서부터 현대적인 좋은 시설을 많이 도입을 하고 있습니다만, 아직도 대다수의 공장은 어떤 것은 일제강점기에 도입한 것도 있고, 또는 해방 직후에 도입한 것과 몇 년 전에 도입한 시설들입니다. 다른 나라에서 새로운 기술들이 발달되어서 현대적인 시설이 나왔는데 우리나라의 기계가 아직도 뒤떨어져 있는 분야가 상당히 많이 있는 것입니다. 이것을 빨리 시설대체를 해서 현대적인 시설을 갖추어야 되겠다는 것입니다. 이런데 대해서 우리 정부나 업계에서 보다 큰 노력을 해야 되겠다는 문제가 있고, 또 하나는 우리나라의 기술을 개발하고 발전시켜야 되겠다 하는 문제입니다. 그렇게 해서 우리나라에서 만든 상품이 어디에 내놓더라도 다른 나라의 상품을 능가할 수 있는 우수한 품질의 상품을 만들어야 되겠다는 것입니다.

그러기 위해서는 기술개발에 보다 더 많은 노력을 기울여야 하고, 현재 우리가 하고 있는 정부의 기술을 가지고 만족해서는 절대 안 되겠다는 말입니다. 왜냐하면 우리만 노력하는 것이 아니라 다른 나라도 전부 똑같이 노력을 하고 있기 때문에 우리가 그들에게 이기기 위해서는 그 사람들보다도 몇 배나 더 많은 노력을 해야 되겠다는 것입니다. 다음에 또 한 가지 문제는 모든 우리의 기업이 경영 관리의 개선을 위해서 계속적인 노력을 해 나가야 되겠으며, 그렇게 함으로써 상품의 단가가 보다 싼 물건을 만들어 내는 데 노력을 해야 되겠다는 것입니다. 국제시장에 나가서 경쟁을 하는 데 이기는 조건은 두 가지가 있습니다. 첫째는 물건이 좋아야 하고, 둘째는 값이 싸야 됩니다. 물건이 형편없는데 값은 굉장히 비싸면 이것은 절대 팔리지 않는 것입니다. 이런 물건을 아무리 전시해 봤자 장사가 되지 않습니다. 다음에 또 한 가지는, 우리나라도 이제부터 점차 양산 체제를 갖추어 나가야 되겠습니다. 외국에서 상당한 주문이 들어오는데 어떤 품목은 우리나라의 시설을 가지고 미처 그만한 것을 만들어 낼 수 있는 능력이 부족하기 때문에 수출을 다 못한 분야가 나날이 늘어가고 있는 것입니다. 이런 것을 충족하기 위해서 이제부터는 점차적으로 대량 생산할 수 있는 양산 체제를 갖추어 나가야 되겠다는 것입니다. 마지막에 또 한 가지는 시장 개척에 있어서 우리들이 계속적으로 노력해 나가야 되겠습니다. 이것은 업계의 인사들뿐 만아니라 모든 국민 전부가 시장개척 역군이라고 생각하고, 또한 여러분들이 외국에서 본 손님이나 여러분들이 외국에 나갔을 때 외국 사람을 만났을 때에 있어서도 마찬가지입니다. 우리나라 상품을 소개하고 선전하는 그런 역할을 전 국민이 일부분씩 맡아야 되겠다는 것입니다. 이렇게 해서 시장 개척을 계속해 나갈 것 같으면 우리나라의 수출은 현재와 같은 이런 성장속도를 조금도 늦추지 않고 그대로 지속적으로 상승되어 나갈 것을 나는 확신해 마지않습니다."

대통령은 이어서 우리는 75년도의 수출목표를 25억 달러로 잡고 있으며 할 수 있다는 자신을 가지고 노력하면 달성할 수 있다는 확신을 피력했다.

"어떤 사람들은 한국의 수출이 지난 수년 동안 매년 40여 %씩 성장해 왔는데 이것은 초보단계에 있어서 우연히 있었던 현상이지 계속적으로 이렇게 성장할 수는 없다고 말합니다. 또 한국의 수출이 어느 정도 한계점에 도달했다는 얘기를 하는 사람도 있기는 합니다. 이것도 전연 이유가 없는 얘기는 아닙니다. 지금 다섯 가지 얘기한 이 여러 가지 우리의 목표에 대해서 우리가 계속적으로 노력을 하지 않고 현재 우리가 가지고 있는 시설이나 또 현재 우리가 가지고 있는 기술경영 관리의 방법이라든지 또는 이 양산체제 시장개척에 대한 이러한 노력을 더 하지 않을 것 같으면, 한국의 수출이라는 것은 여기서 답보상태에 들어가거나 그렇지 않으면 더 위축해 나갈 가능성도 충분히 있는 것입니다. 그러나 우리 온 국민이 일치단결해서 노력을 경주할 것 같으면, 나는 현재 우리가 성장하는 그 속도보다도 앞으로 당분간은 더 고도의 성장속도를 지속할 수 있다고 확신합니다. 이것은 오로지 우리 정부나 우리 업계에 있는 여러분들이나 모든 기술자, 종업원, 전 국민들의 노력 여하에 따라서 그만큼 성장할 수도 있고 못할 수도 있다고 말할 수도 있는 것입니다. 그렇게 해서 우리가 금년도 5억 달러 목표를 달성하면, 70년에 가서는 10억 달러를 여하한 일이 있어도 우리가 달성해야 되겠다고 생각하고 있고 또한 지금으로 봐서 우리가 조금만 더 노력하면 충분히 달성할 수 있는 전망이 서 있는 것입니다. 그렇게 해서 75년도에 가서는 약 25억 달러 정도로 우리나라의 수출을 올려보자는 것이 현재 우리 정부의 목표입니다. 이렇게 말하면 그것은 도저히 불가능하다고 얘기하는 사람들이 상당수 있으리라고 생각합니다. 불가능하다, 안 된다고 생각하는 사람은 안 됩니다. 할 수 있다는 자신을 가지고 노력하는 사람은 되는 것입니다."

대통령은 끝으로 수출한계론 주장을 비판하고 75년에 25억 달러의 수출을 할 수 있다는 그 가능성에 대해 설명했다.

"물론 우리가 어떤 목표를 책정할 때 너무 가공적인 실현성이 없는 그런 목표를 내거는 것은 오히려 잘못이 될는지는 모르지만, 우리의 노력 여하에 따라서 할 수 있는 그런 범위 내에서는 목표를 좀 높이 책정을 해서 모든 노력을 거기다가 집중해서 전 국민이 일치단결하여 목표를 달성해야 하겠습니다. 우리나라에서는 정부가 어떤 목표를 내세우면 처음부터 내용도 따져보지도 않고 그건 안 되는 거다, 정부가 공연히 무슨 선전효과를 위해서 내거는 것이다 하고 뒷전에서 빈정대는 사람들이 상당히 많은 것으로 나는 알고 있습니다. 그러나 지난 수년 동안 정부가 내놓은 목표가 달성되지 않고 안 된 일은 거의 없다고 확신합니다. 그것은 물론 정부의 노력만 가지고 되었다고 생각지 않습니다. 전 국민 여러분이 협력해 주시고 정부가 앞장서서 노력했기 때문에 되었던 것입니다. 75년에 25억 달러를 어떻게 달성하느냐? 70년에 우리가 10억 달러를 달성하면 그 다음부터 매년 적어도 3억 달러씩은 우리가 증대해 나가야 합니다. 그러면 5년이면 현재 우리 수출신장 속도로 보아 25억은 충분히 가능하다는 것입니다. 만약에 이것이 안 된다면 우리 정부나 국민들의 노력이 부족하다고 생각합니다. 노력을 하지 않는 데 발전이란 있을 수 없는 것입니다. 만약 우리나라가 앞으로 70년대 중반기쯤 가서 25억 달러의 수출고를 올리게 된다면 우리나라의 공업수준이 대략 어느 정도까지 올라가겠느냐 하면, 거의 일본의 공업수준과 비등할 정도로 올라가는 것입니다. 그러한 목표를 우리는 앞으로 수년 후에 달성하자는 목표를 세워놓고 지금 우리가 하고 있는 이 사업을 계속 추진하고 노력을 해야 되겠다는 것을 여러분에게 오늘 이 기회에 강조하고, 그동안 수출증대를 위해서 수고를 많이 하신 수출 업계 생산자 또 기술자, 노무자 또 정부의 관계공무원 기타 모든 관계기관의 인사 여러분들의 노고에 다시 한 번 치하의 말씀을 드리고, 앞으로 우리의 이 수출목표 달성을 위해서 보다 더 분발이 있기를 당부해 마지않습니다.”

## 75년도에는 30억 달러의 수출목표를 달성해야 한다

1968년 12월 15일, 대통령은 해외공관장들에게 보낸 친서에서 다사다난했던 68년도에 있었던 일들을 회고하고 앞으로 수출증대를 위해 더욱 더 힘써 줄 것을 당부했다.

“1968년도 저물어 가고 있습니다. 희망과 의욕에 넘치는 1969년의 새해를 맞이하려는 이때, 지난 1년간 이역만리 땅에서 어려운 여건과 난관을 무릅쓰고 국위 선양과 무역확대, 문화기술의 교류 등 여러 가지 부문에 걸쳐 주야로 업무완수에 헌신하고 다대한 성과를 이룩한 귀 공관직원 일동과 여러분의 가족 일동에게 대통령으로서 충심으로 경의와 감사를 드리는 동시에, 새해에도 배전의 노력과 성과를 당부하며, 새해에 여러분과 여러분의 가족 그리고 여러분의 직원 일동에게 하느님의 가호와 행복이 있기를 축원하는 바입니다. 돌이켜보면 지난 1년은 국내외적으로 다사다난한 한 해였지만, 또한 우리 민족의 잠재적 역량이 점차 그 저력을 발휘하여 허다한 시련과 도전을 물리치고 국가발전에 많은 업적을 쌓은 성공적인 1년이었습니다. 북한 괴뢰는 늘 되풀이해 온 휴전선 침범이나 간첩의 남파에서 한 걸음 더 나아가 무장 공비를 서울이나 동해안 태백산 지구에 침투시켜 심지어 소아까지 난자하는 양민의 무차별 학살, 치안의 교란, 게릴라 거점 확보 등을 기도하여 그 침략의 야욕을 노골화하는 한편, 푸에블로호 사건을 도발하여 한국 지역에 국제적 긴장을 조성하였던 것입니다. 또한 작년에 이어 금년에도 호남과 영남지방을 휩쓴 70년대의 대한발은 약 500만 석의 미곡감수와 300만 명의 이재민을 낳았습니다. 이러한 불안과 재난은 지금 막 성장의 궤도를 달리고 있는 우리나라 형편으로서는 실로 거대한 시련이며 도전이었습니다. 그러나 우리 국민은 잘 단결하고 잘 분투하여 북괴의 침략야욕을 모조리 분쇄하였고, 피땀어린 노력으로 대한발 또한 성공적으로 극복했습니다. 그뿐만 아니라, 한걸음 더 나아가서 제2차 5개년계획의 제2차년도 사업을 성공적으로 완수했습니다. 경제성장률은 원래의 계획이었던 7%를 훨씬 넘어서 11% 달성이 확실하고 1,000억을 목표한 국민저축은 1,500억이 달성되었으며, 수출은 5억 달러를 완수하고, 또 원 계획에 없었던 경부고속도로가 추진되어 우선 경수 간이 완공을 보고 나머지도 내년에는 완공되어 경부 간이 1일 생활권 내로 편성된 것입니다. 금년의 이 괄목할 만한 경제성장은 우리들로 하여금 제2차 5개년계획의 제반 목표가 대개의 부문에 있어서, 그리고 또 총량면에 있어서 새해 1969년 내에 달성할 수 있으리라는 확신을 갖게 하는 것입니다."

대통령은 이어서 1975년에는 25억 달러 내지 30억 달러의 수출목표를 달성함으로써 우리도 선진대열에 들어가야 한다는 점을 강조했다.

"경제성장은 즉 국력신장이며 귀하가 이역만리에서 활동하는 데 이어서 여러 가지로 더 없는 활력소가 되는 것이라고 믿습니다. 그러나 귀하도 아시는 바와 같이, 기회란 항상 있는 것도 아니거니와, 또한 일을 끝맺지 못하고 중단하는 자에게 성공이나 영광은 없는 것입니다. 우리는 우리 민족의 중흥을 이룩하고 우리 조상천대의 한을 풀며 우리 자손만대의 항구적 번영을 위해서도 이 고도성장의 기운을 지속시켜야 할 뿐 아니라, 세계에서 제일가는 경제발전의 나라가 되도록 더욱 분발하고 더욱 노력해야 할 것입니다. 현 시점에 있어서 경제개발은 조국근대화 민족중흥의 길이며 반공통일의 근간이며 국방외교의 기반입니다. 그리고 또 경제개발의 모체이며 기본이 되는 것은 두말할 것 없이 수출의 확대입니다. 수출은 이 몇 년간 해마다 40% 이상의 확대를 보임으로써 우리 경제발전의 핵심이 되어 왔습니다. 앞으로 이 추세는 더욱 견지되어야 하고 더욱 강화되어 하며, 적어도 1975년에는 25억 달러 내지 30억 달러의 수출을 이룩함으로써 우리도 선진대열에 들어가야 하겠습니다. 그러기 위해서 본인은 귀하에게 그간의 노고를 치하하고 새해를 축복하는 인사와 더불어 새해에 귀지역이 담당한 책임량을 완수할 것을 당부함과 동시에 수출의 더욱 큰 확대를 위한 여러 가지 활동에 귀하의 총역량을 다하여 한국해외발전사에 빛나는 기록을 남겨줄 것을 당부합니다."

대통령은 끝으로 주재국에서 대한민국을 대표하고 있는 공관장은 직접 지휘를 받지 않는 정부기관과 업무와 직원에 대해서도 관심을 갖고 잘 통솔할 것을 당부했다.
"또한 귀하는 그 임지에서 우리나라를 각방으로 대표하고 있는만큼, 설령 직접 귀하의 지휘를 받지 않는 기관이나 업무나 인원이라 하더라도 모두 귀하의 관하에 있고 귀하의 관심과 통솔의 대상임을 잊어서는 안 될 것입니다. 1) 정부를 대표해서 나와 있는 공무원으로서 교포와 일심동체가 되어 그들이 한국 해외발전의 첨병으로서 유감이 없도록 유대가 이룩되어 있는지, 2) 본국에서 보내는 각종 간행물이나 책자 등이 비록 현지실정에 맞지 않는 경우가 있다 하더라도, 또 그대로 유효 적절하게 활용되고 있는지, 3) 정부 각 부처에서 파견된 공무원들은 물론이요, 무역관이나 공보관이나 은행이나 무역회사 등 각종 관민기관이 유기적으로 잘 협조하여 업무의 능률적 추진과 국가의 위신을 떨치는 데 소홀한 점은 없는지, 4) 무역확대에 얼마나 노력하고 있는지, 무역확대는 아무리 강조해도 과대한 것이 아닙니다. 특히 세계통화 사정이 투명하지 못하고 각국마다 수출진흥에 안간힘을 다하고 있는 때인만큼, 뒤늦게 무역전쟁에 뛰어든 우리로서는 실로 남의 나라 사람들의 몇 배의 치밀한 계획과 노력이 필요한 것입니다. 통상증대를 위한 외국정부와의 긴밀한 교섭, 그리고 이미 개척한 시장의 유지와 확대는 물론이요, 새로운 시장의 개척, 국산품 고급화를 위한 비교 연구와 대책의 건의에서부터 포장 의장 또는 한국 세일즈 맨에 대한 충분한 사전 교양이나 마케팅에 이르기까지, 해외파견전 공무원은 심혈을 기울여 계획량 이상의 성과를 올리는 데 노력해야 할 것입니다. 오는 69년은 우리에게 역사적인 해입니다. 조국이 비약발전의 계기를 포착한 60년대를 결산하면서 그 유종의 미를 맺는 해요, 민족의 중흥을 기약하는 70년대를 준비하는 해요, 제2차 5개년계획의 제3차년도로서 계획사업을 대부분 완공하려는 해요, 또한 전 국민이 '싸우면서 건설하자'는 기치 아래 정신면에서나, 물량면에서나, 태세면에서나 북괴를 여지없이 압도하고 북괴로 하여금 스스로 자멸하든지, 그렇지 않으면 스스로 대한민국의 품안에 들어오든지, 할 것을 우리가 실천과 업적면에서 판가름하는 해입니다. 다시 한 번 이역만리에서 분투하시는 귀하의 노고를 치하하고 새해에 만복을 빌면서 배전의 노력을 당부하는 바입니다."

## 우리 기업들도 주식공개와 대중화를 통해 기업자금을 조달해야 한다

1968년 12월 16일, 한국투자개발공사 개업식에서 대통령은 이제 우리나라 기업들도 그 주식공개와 대중화를 통해 주식자본 시장에서 기업자금을 조달해야 할 단계에 이르렀다는 점을 역설했다.

"정부의 자본시장 육성책에 따라 오늘 투자개발공사 발족을 보게 된 것을 기쁘게 생각하며, 특히 이 자리에 많은 기업인들이 참석하신 것을 감사드리는 바입니다.

우리나라 경제가 그동안 눈부신 발전을 보게 된 것은 기업인 여러분의 활동에 크게 힘입었었던 것으로 압니다.

그러나 지금까지 많은 기업인들은 자기 자금보다 타인자본에 더 크게 의존하여 왔는데, 앞으로 기업 규모가 더 커지고 국제경쟁에 참가하기 위해서는 타인자본보다도 자기자금이나 주식투자에 의존해야 할 것입니다. 즉 기업의 타인자본 의존비율은 60%를 넘는 것으로 알고 있으며, 이것은 기업인들이 자기 자금이나 주식공개에 의하여 자본을 동원하지 못하고 은행 융자나 외자도입과 같은 것밖에 생각을 하지 않은 데에 원인이 있습니다.

이것은 다시 말씀드리면 그 기업 자체가 대단히 불건실하다는 것을 뜻한다고 생각합니다. 동시에 이러한 자본구성을 가지고서는 기업이 오늘날 국제경제사회에 있어서 외국기업과 실력으로 대결하는 데 있어서 대단히 그 체질이 취약하고 경쟁력이 약하다는 것을 의미한다고 생각합니다.

그러나 이러한 우리나라 대다수 기업체들의 자본구성의 현상이라는 것은 특히 자본주의 경제를 지향하고 있는 초기단계의 우리 한국사회에 있어서는 불가피한 사정도 있고, 또 어떤 면으로 봐서는 민족자본이 빈약한 우리나라 같은 데서는 자기자본이 부족함에도 불구하고 다소 무리를 해서라도 외국 자본을 끌어들인다든지, 또는 남의 자본을 얻어서 이런 기업을 육성했다 하는 것은 반드시 잘못되었다고 하기보다도 어떤 면으로 봐서는 많은 공로를 인정하지 않을 수 없습니다."

대통령은 이어서 우리 기업들이 국제시장에서 외국기업과 경쟁하기 위해서는 타인자본 의존비율을 낮추고 자기 자본비율을 높여서 경쟁력이 강한 상태로 기업체질을 개선해 나가야 한다는 점을 역설했다.

"그러나 현 단계에 와서는 이러한 우리나라 기업들의 체질을 개선할 단계가 왔다고 나는 생각합니다.

특히 우리 한국경제가 오늘날 국제경제사회의 일원으로서 외국기업과 치열한 경쟁과 대결을 해 나가야 될 이러한 단계에 와서는 우리 기업들의 체질을 개선하고, 보다 더 경쟁력이 강한 상태로 점차 개선을 해 나가야 될 단계에 이르렀다고 나는 생각합니다.

그러기 위해서는 현재 대부분을 타인자본에 의존하고 있는 이 비율을 거꾸로 자기 자본비율을 높여야 되겠습니다. 또한 우리나라 기업들이 그 규모에 있어서 국제경제 단위의 기업들이 많이 있는데 이러한 기업들은 빨리 기업을 보다 확장하고 규모를 대단위화해 외국기업과 경쟁을 할 수 있는 수준까지 끌어올려야 하겠습니다. 이렇게 하기 위해서는 여기 부수해서 막대한 자금의 소요가 필요할 것 입니다. 이러한 자금을 우리가 어디서 조달을 하겠느냐, 과거처럼 은행대부에만 전적으로 의존하겠느냐, 그것도 대단히 어려운 것입니다.

이러한 방대한 자금수요를 우리나라 은행융자만 가지고 하려는 것은 거의 불가능한 것입니다.

그렇다고 해서 과거처럼 시중에 있는 고금리사채를 끌어다 써서 기업을 운영해 나갈 수도 없습니다. 이것은 점점 기업체 가치를 약화시키는 결과밖에 되지 않을 것이고, 이러한 높은 금리를 가지고는 기업이 국제경쟁에 도저히 대항해 나갈 수 없다는 것은 당연한 사실입니다. 외국에서 차관을 해 온다는 것도 여러 가지 제한이 많고 문제점이 많은 것입니다. 그렇다면 결국은 우리나라 기업이 앞으로 보다 더 확장하고 발전해 나가고 경쟁력을 강화하기 위해서는 이 자금이라는 것을 우리 국민들의 주머니에 가지고 있는 돈을 어떻게 하든지 긁어모아서 자본시장의 주식투자를 할 수 있게끔 유치해 나가야 되겠다는 것입니다.

그렇게 해서 이 자본을 민족자본화해 다시 기업에다가 투자를 하거나 융자하는 방향으로 점차 유도해 나가는 길밖에 없지 않겠느냐 하는 것입니다. 그러기 위해서는 우리나라 기업들이 이제부터 대담하게 자기기업을 국민대중에게 개방해서 기업인 여러분이 가지고 있는 주식을 공개해야 되겠습니다. 그렇게 해서 국민들이 여기에 흥미를 느끼고 관심을 가지고 주식투자를 할 수 있게끔 해야 되겠습니다. 여러분은 여러분의 기업을 키워 나가는 데 필요한 자금을 주식자본 시장을 통해서 조달해야 되리라고 생각합니다.”

대통령은 끝으로 과거 폐쇄적인 독점자본이나 가족회사제도는 경제개발 초기에는 불가피한 것이었다고 할 수 있으나 이제 우리 기업들은 이러한 형태에서 탈피해야 할 단계에 왔다는 것을 강조했다.

“물론 우리나라에 있어서 주식공개 대중화 문제는 오래 전부터 연구되어 왔고, 또 여기에 대해서 여러 가지 이론이 있는 것도 사실입니다. 또한 우리나라 사회풍토라든지 모든 여건이 주식을 대중화했을 때 소주주들이 여러 가지 횡포를 부려서 기업가가 기업체를 운행해 나가는 데 있어서 애로가 많다는 것도 우리는 잘 알고 있습니다.

그러나 앞으로 우리 기업은 점차 국민대중에게 기업을 개방하고 주식을 공개해서 대중적인 기업으로 점차 전환해 나가야 되겠고, 운영면에 있어서 소주주들의 횡포라든지 잘못된 점, 이런 것은 법을 개정해서라도 점차 시정해 나가야 한다고 나는 생각합니다.

소위 과거에 말하던 이 폐쇄적인 독점자본이라는 것도 또는 가족회사제도, 이런 것도 역시 초기단계에 있어서는 불가피한 사정이 있었다고 하겠지만, 점차 이러한 기업이라는 것은 과거의 그런 형태를 탈피하고 지양해 나가야 할 단계에 이르렀다고 생각합니다. 우리가 소위 말하는 자본주의 경제사회라는 것은 건전한 주식회사가 자꾸 생겨나서 이것이 국민대중에게 널리 보급되고 발전되어 나가는 과정이라고 나는 생각합니다.

그렇다면 우리나라 기업도 지금부터 그런 방향으로 전환해 나가야 되겠습니다. 이러한 목적으로서 정부에서 이번에 이러한 몇 가지 시책을 했고, 또 오늘 여기서 투자개발공사가 새로이 발족을 보게 된 것입니다. 조금 전에도 말씀드린 바와 같이 우리나라의 자본시장을 건전하게 빨리 우리가 육성을 해야 되는데 거기에는 물론 정부도 여러 가지 뒷받침해야 되겠지마는, 우리나라 기업인 여러분들이 앞장서서 이 시장육성에 협력해 주셔야 하겠다는 것을 이 자리를 빌어서 특별히 당부해 마지않습니다.

오늘 발족한 이 투자개발공사는 이러한 목적과 사명을 달성하기 위해서 앞으로 많은 성공이 있기를 바라며, 기업인 여러분들의 협력을 당부해 마지않습니다."

### 수입대체산업들은 수출산업으로서의 저력과 태세를 갖추어 나가야 한다

1969년 7월 4일, 울산알루미늄공장 준공식에서 대통령은 우리나라 수입대체산업 현황과 수출산업으로 전환하는 문제 등에 관해 소상하게 설명했다.

대통령은 먼저 이 공장 준공으로 그 동안 수입해 오던 알루미늄의 국내수요를 충당할 수 있게 되었다는 사실을 지적하고 앞으로는 해외시장까지 수출할 수 있는 저력과 태세를 지금부터 갖추어 나갈 것을 당부했다.

"울산에는 그동안 많은 공장들이 들어섰고 또 앞으로도 많은 공장들이 세워질 예정으로 있습니다.

오늘 준공을 보게 된 한국알루미늄공업주식회사 준공은 국민 여러분들과 더불어 충심으로 축하해 마지않습니다.

우리나라에도 최근에 알루미늄 금속계의 수요가 매년 늘어나고 있습니다. 이런 것은 그동안 우리 국내에서 생산되지 않았기 때문에 외국에서 수입을 해 오다가, 이에 이 공장이 준공됨으로써 앞으로 우리 국내수요를 거의 충당할 수 있게 되고, 외국에서 수입하던 많은 외화를 절약하게 된 데 대해서 우리는 또 한번 기쁘게 생각하는 바입니다.

그러나 이 공장이 현재 가지고 있는 생산능력은 현 시점에서 우리 국내수요를 겨우 충족할 수 있는 정도밖에 되지 않기 때문에, 국내수요가 매년 늘어남에 따라 이 공장은 준공과 더불어 장차 국내수요를 충족하기 위한 시설확장에 대한 문제를 곧 검토하고 추진을 해야 되리라고 생각합니다.

알루미늄공업이란 것은 과거에 2차 세계대전 전까지만 하더라도 주로 군수용으로 많이 사용되어 왔지만, 2차 세계대전 이후에 있어서는 민수용으로 급격히 늘어나게 된 것입니다. 그 민수용 중에서도 초기에는 주로 우리들 가정일용품에 이것이 많이 사용됐다가, 최근에는 주로 건축자재 또는 생산기계로서 급격히 그 수요가 늘어났다는 것이 하나의 특징입니다.

울산공업단지에 있는 한국알루미늄공장 준공식에 참석, 첫 생산된 알루미늄 판에 기념휘호를 적는 박 대통령(1969. 7. 4)

최근 우리나라 도처에서 건설 중에 있는 여러 가지 건물이라든지 또는 공장에 있어서 알루미늄 섀시 또는 파이프 등에 이런 자재를 많이 사용하고 있는 것은 국민 여러분들이 직접 눈으로 보셨을 줄 생각합니다. 이 공장은 이와 같이 과거에 수입하던 물자를 우리 국내에서 완전히 생산해서 작업할 수 있는 그러한 결과를 가져오기는 했습니다만, 내가 원하기에는 이 공장은 우선 일차적으로 국내수요 충족을 위해서 최대한의 노력을 하고, 나아가서 앞으로는 해외까지 해외수출시장에 진출할 수 있는 그런 태세도 지금부터 갖추어 가기를 특별히 부탁하는 바입니다.

이 알루미늄공업에 있어서는 여러 가지 또한 여러분들이 노력해야 할 문제점이 있다고 나는 보고 있습니다. 즉 그것은 이 산업과 유사한 목적에 사용될 수 있는 철강자재라든지 또는 스테인리스라든지 또는 최근에 나오는 경질류라든지 기타 이러한 산업들과 당장 경합을 하게 될 것이며, 따라서 어느 쪽이 품질이 더 좋고 가격이 싸냐 하는 데 따라서 경합에 있어서 우열이 결정되리라고 보는 바입니다.

따라서 본 공장은 사장 이하 중역진, 그리고 종업원 기술자 여러분들이 앞으로 이 분야에 있어서의 기술혁신과 경영관리면에 있어서의 합리화에 대한 각별한 노력을 하셔서, 보다 양질의 물품을 생산하고 보다 싼 저렴한 물건을 생산해야만 된다고 생각합니다. 그렇게 함으로써 우리 국내수요자들에게 양질의 저렴한 가격의 좋은 자재를 많이 공급하는 동시에, 나아가서는 장차 해외시장에까지 많은 수출을 할 수 있는 그러한 저력을 지금부터 키워 나가야 되겠습니다."

대통령은 이어서 우리의 수입대체산업은 귀중한 외화를 들여서 사오던 물건을 만들기 때문에 외화를 절약하게 되는 좋은 측면도 있으나 물건값이 외국산보다 비싸다는 문제점이 있다는 사실을 지적했다.

"최근 수년 동안 우리 국내에서는 소위 수입대체산업이라고 해서 과거에 외국에서 사오던 물건을 우리 국내에다 공장을 세워서 국내에서 생산하는 이런 수입대체산업을 우리 정부는 많이 권장해 왔고 또한 그런 공장들이 지금 많이 서 있습니다.

이것은 귀중한 외화를 써서 외국에서 사 오던 것을 우리 국내에서 만들기 때문에 그만큼 외화를 절약하는 결과가 됐다는 것입니다.

이러한 좋은 면도 있는 반면에 한 가지 우리가 특별히 유의해야 될 문제가 있습니다. 국내에서 생산하는 그 자체는 좋지만 그러나 국내에서 만든 그 물품이 외국에서 사들여 오는 물건보다도 값이 더 비싸서 이것을 사용하는 국민들은 외국에서 사오는 것보다 비싼 가격으로 사와야 되고, 소비자들에게 또는 수요자들에게 더 많은 부담을 주는 그런 결과를 가져와서 대단히 곤란하다 하는 문제가 그것입니다.

지금 완공되어 있는 우리나라 수입대체산업 중에도 몇몇 분야에 있어서는 이러한 문제가 있기 때문에, 모처럼 업자가 노력을 해서 공장을 짓고 정부가 차관이나 기타 면에 있어서 여러 가지 뒷받침을 해서 완성된 공장에서 나온 물건이 그 가격이 외국에서 수입을 해 와서 수송비를 물고 세관에서 관세를 물고 한 그 가격보다도 오히려 국내에서 생산한 것이 더 비싸다, 이렇게 소비자의 불평을 많이 사고 있는 그런 예가 없지도 않은 것입니다.

이 한국알루미늄공업주식회사에서 생산되는 물품에 대한 생산원가를 나는 잘 모르겠습니다만, 여하튼 이러한 문제에 대해서 공장이 움직이기 시작하는 초기서부터 여러분들이 이 점에 대해서 각별한 유의를 하시고 여러 가지 노력을 하셔야 될 줄 압니다.

물론 이 공장의 특수한 사정은 많은 전력을 쓰는 겁니다. 정부로서는 이러한 대량의 전력을 소비하는 공장에 대해서는 가급적이면 전력을 싸게 해주는 그런 특혜도 베풀어 줄 배려를 하고 있는 것입니다.

정부로서 할 수 있는 여러 가지 지원은 아낌 없이 하겠지만, 기업체 자체로서도 조금 전에 말씀드린 바와 같이 기술혁신과 경영합리화, 또 앞으로 좋은 품질의 저렴한 가격의 물건을 많이 생산해서 우리나라 산업 발전에 크게 이바지해 주실 것을 각별히 당부하는 바입니다.

마지막으로 이 공장건설 기간에 있어서 여러 가지 수고를 하신

장영붕 사장 이하 본사 모든 직원들 또는 이 공장건설에 참여한 기술진 종업원 또한 이 회사에 차관과 기술을 제공해 준 일본의 도요멘가, 쇼와덴꼬, 모리다화학 등 여러 일본회사들의 협력에 대해서 심심한 감사와 치하를 드리는 바입니다."

## 수출제일주의로 무역증진에 국력을 총동원해야 한다

1969년 12월 1일, 수출의 날에 대통령은 오늘날 우리의 경제적 현실이나 세계조류는 우리가 이미 이룩한 성과에 만족할 수 있는 여유를 허용하지 않고 있다는 사실을 지적하고, 수출제일주의로 무역증진에 국력을 총동원해야 한다는 점을 역설했다.

"오늘 제6회 '수출의 날'에 즈음하여, 수출증대에 크게 이바지한 공로로 훈장과 표창을 받은 수상자 여러분에게 충심으로 축하를 드리는 바입니다.

여러분들은 그동안 상품개발과 품질향상, 기술혁신과 경영개선, 행정지원과 시장개척 등에 남다른 열의와 노력을 경주하여, 금년도 수출목표 달성에 선도적 역할을 다 하고, 경제건설의 도정에 큰 발자취를 남겼습니다. 나는 이 자리를 빌어 여러분들의 그간의 노고를 높이 치하하는 바입니다.

지난 8, 9년 동안 우리나라의 수출증가율은 매 격년 약 2배라는 괄목할 만한 신장을 거듭하여 왔습니다.

즉, 1960년 수출총액은 3천 2백만 달러 정도에 불과했는데, 68년도에는 5억 달러를 돌파하였고, 금년도에는 7억 달러를 무난히 상회할 것으로 예상되고 있습니다.

이러한 양적 증대와 더불어 더욱 고무적인 일은 수출상품 구조가 1차산품 편중으로부터 공산품 위주로 크게 바뀌었다는 사실입니다. 1960년도 공산품 수출비는 총수출액의 22%에 지나지 않았지만, 68

년도에는 77.3%로 늘어났고, 금년도에는 10월 말 현재 총수출 실적의 80%를 점하고 있는 것입니다.

이것은 이른바 후진국 계열에서는 도저히 상상할 수도 없는 것이며, 우리보다 공업화를 먼저 해 나가고 있는 나라(예 중국)도 이 점에서는 우리에게 뒤떨어지고 있는 것입니다. 중석이나 오징어·김·명주실 등을 주로 수출하던 일은 옛이야기고, 이제 우리는 섬유제품·합판·금속기계·전기제품·잡화 등을 수출하는 공업국가로서 세계무대에 등장하게 된 것입니다.

오늘날 세계은행을 비롯한 여러 국제기구에서는 우리의 급속한 공업발전과 수출증대 실적을 높이 평가하고 있으며, 또 여러 지역의 개발도상국가들도 나날이 향상·강화되고 있는 우리나라의 국제적 입장을 부러워하고 있다는 말을 우리는 듣고 있습니다.

자본·기술·경영·시장 등 여러 면에서 거의 불가능한 것으로 공인되다시피했던 어려운 여건 속에서, 이만한 실적을 거두어 세계의 관심을 모으게 되었다는 이 사실에 대해서 우리는 크게 자부할 수 있다고 믿습니다. 그러나 지나친 자부심이나 자기만족은, 보다 큰 향상·발전의 저해 요건이라는 것을 잊지 말아야 합니다.

우리의 경제적 현실이나 세계 조류는 이미 이룩한 성과를 가지고 자위하거나 만족해 할 수 있는 여유를 우리에게 허용하지 않고 있으며, 오직 수출증대를 위해 전진 또 전진하는 부단한 노력을 요구하고 있다는 것을 올바로 통찰하고, 가일층 분발할 때가 바로 지금이라는 것을 명심해야 할 줄 압니다.

우리 경제의 지속적인 고도성장을 뒷받침하는 자본재 수입에 대한 지변을 위해서, 또는 차관상환, 농공병진 촉진을 위해서, 그리고 국가단위의 치열한 생존경쟁에서 승리하고, 또 다시 낙오하는 일이 없이 선진국 대열에 올라서기 위해서, 우리는 그 어느 때보다도 수출제일주의로 무역증진에 온 국력을 동원해야 하겠습니다."

　대통령은 이어서 우리는 70년도에 10억 달러 수출목표를 달성하고, 제3차 5개년계획이 끝나는 76년도에는 36억 달러 수준을 돌파할 수 있도록 치밀한 계획을 마련하고 있다는 사실을 밝혔다.

　"현대는 무역의 시대입니다. 한 나라의 수출역량은 그 나라 국력의 총화요, 척도가 되고 있으며, 수출을 많이 하는 나라일수록 남보다 먼저 번영과 안정을 이룩하고 발전을 거듭하고 있는 것입니다.

　오늘날 세계와 모든 나라는 대소·선후진을 막론하고 앞다투어 수출증대에 발분하고 있으며, 이러한 경쟁은 날이 갈수록 더욱 치열해지고 있습니다.

　나는 이러한 양상을 '수출전쟁'이라고 말한 바 있습니다만, 우리는 이 전쟁에서 꼭 이겨야 하겠습니다. 나는 우리가 노력만 한다면 어떠한 전쟁에서도 능히 이길 수 있다고 믿습니다.

　물론 수출증대를 위해서는 국제경쟁력 강화와 시설·기술·품질·의장·시장문제 등과 관련해서 개선·해결해야 할 여러 가지 과제가 있겠습니다만, 문제의 관건은 우리의 자세와 노력 여하에 달려 있다고 보는 것입니다.

　생산업자·수출업자·기술자·근로자·공무원·일반국민 할 것 없이 우리 모두가 수출입국의 깃발 아래 한데 뭉쳐 남보다 2배, 3배 노력하기만 한다면, 수출한국의 밝은 전도를 우리는 능히 기약할 수 있다고 믿습니다.

　정부는 내년도에 일대 고비인 10억 달러 수출목표를 기필코 달성하고, 72년도를 새로운 출발점으로 하여, 농어촌개발과 수출증대에 역점을 둔 제3차 5개년계획이 끝나게 될 76년에는 적어도 36억 달러 수준을 돌파할 수 있도록 동 계획을 치밀하게 마련하고 있습니다.

　이러한 목표를 달성하기 위해서 정부로서는 가능한 모든 지원을 아끼지 않겠습니다만, 정부의 계획이나 지원보다 업계나 일반국민의 노력이 더 중요하다는 것을 거듭 강조해 두는 바입니다.

　시설현대화, 기술개발, 품질향상, 의장과 포장개선, 새로운 시장개척 등을 위한 기업인·기술자 그리고 근로자의 착실하고 꾸준한 생산적 활동으로부터, 국산품을 애용하고 수입품 소비를 절제하는 한 가정 주부의 알뜰한 살림에 이르는, 우리 모두의 크고 작은 정성과 노력이 그대로 수출증대에 기여하게 된다는 것을 깊이 명심해야 하겠습니다.

　이제 다사다난했던 60년대를 보내고, 희망찬 70년대의 새 날을 바라보는 전환의 문턱에 서서, 금년도 수출목표 7억 달러 달성을 거듭 강조하고, 수출증대를 위한 거족적인 노력을 온 국민과 더불어 함께 다짐하는 바입니다.”

## 70년대 말 1인당 국민소득은 500달러, 수출은 50억 달러를 넘게 된다

　1970년 1월 9일, 연두 기자회견에서 대통령은 먼저 우리가 제1차, 제2차 5개년계획을 추진해 온 그러한 속도로 제3차, 제4차 5개년계획을 추진한다면 70년대 말에 가서 우리나라는 상위 중진국가가 될 것이라고 예단했다.

　“1970년대, 그러니까 앞으로 10년간을 적어도 현재 우리가 하는 이런 템포로써 노력을 계속해서 잘 해 나간다면, 70년대 말에 가서 우리나라는 완전히 중진국가 중에서도 상위권에 올라간다는 것을 나는 확신하고 있습니다.

　그래서, 연초 담화에도 발표한 바와 같이 적어도 우리 국민 한 사람의 소득이 5백 달러를 훨씬 넘어선다고 보고 있고, 수출도 한 50억 달러 이상은 될 것이라고 보고 있습니다.

그동안 지속적인 고도성장과 안정기조 구축을 통해서 67년부터 시작한 제2차 경제개발 5개년계획은 벌써 목표를 2년 앞당겨서 작년 말로서 거의 대부분 달성하였습니다.

60년대 초에 우리가 조국근대화라는 기치를 들고 그 동안 과업을 추진해 왔는데, 이 과업에 주축이 된 것이 2차 경제개발 5개년계획이었습니다. 다행히도 우리 국민들의 왕성한 개발의욕과 꾸준한 노력에 의해서 이 계획이 둘 다 목표보다도 훨씬 더 초과 달성되었다는 것은, 우리가 자랑할 만한 일이고 또 그 동안 우리 국민의 노고에 대해서 감사와 치하를 드리고자 합니다.

67년부터 시작한 2차 5개년계획은 71년 말에 끝나게 되어 있는데, 우리가 그 목표를 이미 앞당겨 완성했으니, 그러면 지금 남은 2년 동안은 우리는 무엇을 해야 되겠느냐?

나는 이 동안에 3차 5개년계획을 작성하고, 3차 5개년계획에 들어가기 위하여 여러 가지 조정작업을 해야 되겠다고 생각하고 있습니다.

앞으로도 우리 경제가 계속적으로 현재와 같은 추세로써 성장할 수 있는 기반을 이 시기에 다듬어야 하겠고, 또한 제2차 5개년계획 기간 안의 고도성장 과정에 있어서 다소 부작용도 일어났고 여러 가지 과열 상태도 일어났기 때문에, 이러한 것을 우리가 다시 보완을 하고 그동안에 미비했던 농업부문이라든지, 그밖의 필요한 보완작업을 해 나가야 되겠으며, 또한 안정을 저해하는 요인들 하나 하나 시정해 나가야 되겠고, 이렇게 함으로써 국제수지를 개선하는 데 우리 모두가 노력해야 되겠다는 것입니다. 3차 5개년계획이 70년도 중간에 끝나면, 계속해서 70년대 말에 끝날 4차 5개년계획을 수립해서 추진해 나가게 될 것입니다.

이렇게 두 계획이 예정대로 끝난다면, 우리 전 국민들이 염원하고 바라던 완전 자립경제가 비로소 이룩된다는 희망과 꿈을 우리 온 국민이 가지고 70년대를 맞이하고 노력을 해 나가야 될 줄 압니다. 이것을 위해서는 지금부터 두 가지 부문에 특별히 중점을 두고서 밀고 나가려고 생각합니다.

즉, 하나는 수출을 급속히 증대해 나가야 되겠다 하는 것이고, 또 하나는 지금 일반 항간에서 농업부문이 뒤떨어졌다라고들 말하는 데, 이 농업부문에 대해서 중점적으로 개발해 나가야 되겠습니다."

대통령은 이어서 70년대 말에 가면 우리나라 1인당 국민소득은 500달러 이상, 수출은 50억 달러 대를 넘게 된다고 전망했다.

"3차 5개년계획에 있어서도 역시 수출은 우리 경제성장에 하나의 주도적인 역할을 해 나가게 되리라고 생각합니다.

2차 5개년계획 동안에 우리나라 수출이 매년 40%씩 증가를 해 왔습니다. 이것은 다른 나라에서 유례를 볼 수 없는 고도의 증가율 인데, 이것이 결과적으로 우리나라의 공업화를 촉진했고 한국경제 개발에 하나의 주축을 이루었다는 것을 아무도 부인 못할 것입니다.

3차 5개년계획에 있어서는 연평균 경제성장률을 처음에는 10% 니, 11%니 하는 말도 있었습니다마는, 조금 더 확실히 해나가기 위해서 이것을 8.5%로 낮추었고 4차 5개년계획은 아직도 몇 년 후에 있을 계획이기 때문에 구체적인 계획은 없습니다마는, 장기 전망으로서는 4차 5개년계획도 대략 그러한 정도의 추세로 밀고 나간다면 70년대 말에 가서는 처음에 말씀드린 바와 같이, 국민소득 5백 달러 이상, 수출 50억 달러대를 넘는다 하는 것은 그다지 어려운 일은 아니다, 이렇게 보는 것입니다.

그리고, 수출도 그 증가율을 3차 5개년계획에는 종전처럼 40%로 잡지를 않고 매년 20%로 잡고 있습니다. 현재보다 훨씬 낮은 증가율을 잡고 있고 4차 5개년계획에 들어가서는 훨씬 더 적은 13% 내지 15% 정도로 잡고 있습니다.

이렇게 우리가 생각하기에도 절대로 무리가 없는 계획을 하고 있으나, 이러한 낮은 율로서도 현재 추세로 나간다면 70년대 말에 가서 50억 달러대는 그다지 어렵지 않게 달성할 수 있다 하는 전망을 가지고 있습니다.

그러면 지금부터 수출을 급속히 증대시키기 위해서 정부가 역점을 두고 해야 할 일들이 몇 가지 있습니다. 수출산업의 생산능력을 확대해야 되겠다, 또는 지금 하고 있는 공업단지라든지 수출자유지역이라든지 하는 것들을 더 많이 만드는 데 힘을 기울여야 되겠다, 또 기계나 자본재 같은 것을 외상으로 파는 소위 연불수출제도 같은 것을 적극적으로 추진해야 되겠다, 또 해외시장을 보다 더 넓게 더 많이 개척을 해야 되겠다, 또 우리나라의 기술과 경영면을 보다 급속히 향상을 시켜야 하겠다, 또 여기에 수반된 수출항만, 전력 등의 사회간접자본 부문에 대해서도 더 역점을 두어서 추진해 나가야 되겠다 하는 등등의 여러 가지 일을 잘 밀고 나간다면, 이 70년대 말에 가서 우리가 목표로 하는 50억 달러대 수출고라는 것은 충분히 달성할 수 있다고 생각합니다.

인구 3천만에 국민소득이 5백 달러를 넘고 수출이 50억 달러 내지 60억 달러 가는 그런 국가가 지금 세계 어떤 나라 수준에 가느냐 하는 것을 여러분들이 생각해 본다면, 우리나라 국력이 대략 그때 가서는 어느 정도 될 것이다 하는 것은 짐작이 갈 것입니다.

이런 말이 지금부터 한 10년 전 이야기 같으면 잠꼬대 같은, 꿈 같은 소리라고 하여 전연 불가능한 일이라고 하겠으나, 오늘날에 와서는 당장 눈앞에 보이는 현실적인 목표가 되었습니다. 그러나 이것은 우리가 가만히 앉아 있어도 되는 것은 아닙니다.

앞으로 다가오는 10년을 우리가 지난 60년대처럼 노력을 꾸준히 한다면 반드시 달성할 수 있다고 봅니다."

### 10억 달러 수출은 국력신장의 새로운 활로를 여는 열쇠가 된다

1970년 2월 9일, 일본지역, 구주지역, 미·중동지역, 중남미지역 해외공관장과 무역관장, 경제담당관들은 지역별로 수출진흥회의를 개최했다. 대통령은 유시를 통해 금년도 수출목표 10억 달러 달성을 위해 배전의 분발 있기를 당부했다.

대통령은 먼저 70년대는 조국근대화의 마지막 기회이며, 그 완수를 기약하는 사명의 연대라는 점을 강조했다.

"오늘 1970년도 수출진흥회의에 즈음하여, 나는 먼저, 여러 가지 어려운 여건이 많은 임지에서 맡은 바 소임에 충실하고 작년도 수출목표 7억 달러 달성을 위해 헌신적으로 노력해 온 여러분들의 구년의 노고를 높이 치하하는 바입니다.

이제 우리는 다사 다난했던 60년대를 보내고 조국근대화 완수를 기약하는 사명의 70년대에 들어섰습니다.

앞으로 10년, 이 시기는 정녕 근대화의 마지막 기회이며, 우리가 이 기회마저 놓친다면 우리는 영영 낙후와 빈곤의 굴레에서 벗어날 수 없을 것입니다.

우리는 자력개화에 실패했던 백년 전 우리 조상들의 전철을 다시 밟지 말자는 역사적 자각과 우리 후손들에게 자랑스런 유산을 물려주자는 결의를 새로이 하여, 이미 착수한 조국근대화 작업을 기필코 완수해야 하겠습니다.

완전 자립경제를 꼭 성취하고, 1인당 국민소득은 500달러, 수출은 적어도 50억 달러 선을 돌파하여 상위 중진국으로 성장해야 하겠으며, 모든 분야에서 북괴에 비해 절대 우위의 힘을 증강 비축하여, 어떠한 통일 방안에 대해서도 즉각 대처하고 대응할 수 있도록 하고, 특히 북괴 단독의 남침에 대해서는 우리 단독의 힘만으로써도 능히 이를 격멸할 수 있는 자주국방력을 항상 확보하고 있어야 합니다.

그리하여, 이 70년대에는 우리의 숙원인 국토통일에 주도적으로 접근할 수 있는 반석 같은 기반을 구축해 놓아야 하겠습니다.”

대통령은 이어서 금년도 10억 달러 수출목표 달성은 국력신장의 새로운 활로를 여는 열쇠가 된다는 점을 역설했다.

“국력은 경제력이 그 바탕이 되는 것입니다.

자주국방력이나 통일기반 조성에 있어서 가장 기본이 되는 것은 완전 자립경제의 저력인 것이며, 자립경제 완성을 주도하는 요소는 바로 수출진흥인 것입니다. 수출증대 없이 경제성장을 기대할 수 없으며, 경제성장 없이 국력증강을 기약할 수 없는 것입니다. 실로 수출역량이야말로 국력의 총화요 척도인 것입니다. 우리는 금년도 수출목표를 10억 달러로 정했습니다.

이 10억 달러 돌파는 하나의 어려운 고비임에 틀림없지만, 이 목표 달성이야말로 국력신장의 새로운 활로를 여는 열쇠가 된다는 것을 깊이 명심하고 이에 총력을 경주해야 하겠습니다.

지금, 정부와 국내 수출업자, 생산업자 그리고 온 국민은 혼연일체가 되어 이 목표달성을 위하여 박력 있고 창의성 있는 노력을 경주하고 있습니다.

오늘, 내가 여러분들에게 특별히 당부하고자 하는 것은, 날로 경쟁의 규모와 열도가 확대 가열화해지고 있는 무역전쟁의 일선을 담당하고 있는 여러분의 책임과 사명이 국내에서의 범국민적 노력 이상으로 중차대하다는 사실입니다.

여러분들이 주재하고 있는 지역은 우리의 주요 수출시장으로서, 임지에서의 여러분의 활동과 성과는 바로 수출한국의 장래에 직결되어 있는 것입니다.

철저한 시장 조사와 새로운 개척, 신속 정확한 각종 정보제공, 적극적인 선전활동, 직접적인 거래 알선에 이르기까지 여러분들이 수출증대를 위해서 꼭 해야 하고, 또 능히 할 수 있는 일들은 한두 가지가 아닌 줄 압니다.

모든 것은 여러분들의 투철한 사명감과 남다른 열성과 노력에 달려 있다고 믿습니다.

아무쪼록 금년도 수출목표 10억 달러 달성에 있어 여러분의 사명은 실로 막중하다는 것을 거듭 명심하고, 수출입국의 개척자요, 전위라는 커다란 긍지와 책임감을 가지고 배전의 분발이 있기를 당부하는 바입니다. 여러분의 건승을 빕니다."

**수출목표 10억 달러 달성을 좌우하는 열쇠는 우리 근로자들의 꾸준한 노력이다**

1970년 3월 10일, 제12회 근로자의 날에 대통령은 먼저 중단 없는 경제건설과 금년도 수출목표 10억 달러 달성을 좌우하는 열쇠는 우리 근로자들의 꾸준한 노력이라는 점을 강조했다.

"지난 60년대에는 우리 주변에 여러 가지 시련이 있었습니다만, 우리는 이를 모두 극복하고 여러 분야에서 많은 일을 성취했습니다.

이러한 성과를 경제적인 측면에서 본다면, 빈곤과 폐허 위에 자립과 번영의 토대를 세운 개발의 연대라고도 볼 수 있을 것이고, 사회적인 측면에서 본다면, 50년대 혼란에 막을 내리고 낡은 제도에 근본적인 수술을 가한 안정과 개혁의 연대였다고도 볼 수 있겠지만, 이 모든 것을 가능하게 만든 정신적인 측면에서 본다면, 수난과 체념 속에 오랫동안 잠자던 우리 국민이 일대 각성을 해서 크게 분발한 민족자각의 연대였다고 할 수 있습니다.

이제, 우리는 이러한 자각과 분발로 이룩한 10년 성장의 경험과 성과를 보다 큰 약진의 발판으로 삼아 조국근대화 과업을 완수하고, 우리의 숙원인 국토통일의 준비를 완료해야 할 사명의 70년대에 들어섰습니다. 우리는 어떠한 일이 있더라도 이 70년대의 과업을 성취해야 합니다.

이 과업을 성취해야 할 우리 앞에는 국내외로 여러 가지 벅찬 도전과 시련이 가로놓여 있지만, 우리들이 지난 9년 동안 발휘했던 굳센 의지와 인내와 용기와 노력으로 자립경제·자주국방 건설에 계속 박차를 가해 나간다면, 우리는 능히 소기의 목표를 달성할 수 있다고 믿습니다.

문제는 우리 국민들 각자가 맡은 바 자기 직분에 얼마나 충실한가에 달렸지만, 조국근대화의 성패가 수출증대에 크게 좌우되고 있는 우리 현실을 생각한다면, 수출신장의 열쇠를 쥐고 있는 우리 근로자 여러분들의 가일층 분발과 노력이야말로 70년대 국가목표 달성의 관건이라고 아니 할 수 없습니다.

지난 60년대에 우리의 수출실적은 매년 40%씩 증가했는데, 이것은 우리가 다른 나라 상품에 비하여 품질이 좋고 값싼 물건을 생산하여 국제경쟁에서 이길 수 있었기 때문이지만, 그 근본을 좀 더 깊이 생각한다면, 우리 근로자들이 값싸고 품질 좋은 상품을 생산하기 위하여 피땀 흘려 일하여 온 것이 바로 획기적인 수출증대의 원동력이 된 것입니다.

만일, 우리에게 어려운 여건 속에서도 오직 국가의 번영만을 생각하며 부지런하고 성실하게 땀 흘려 일한 300만 근로자가 없었더라면, 우리는 작년도의 7억 달러 수출목표를 달성할 수 없었을 것입니다.

나는 우리 근로자들이 여기에 대해서 커다란 긍지와 자부심을 가져도 좋다고 생각합니다. 아울러, 근로자 여러분의 앞으로의 꾸준한 노력이야말로 중단 없는 경제건설과 금년도 수출목표 10억 달러 달성을 좌우하는 열쇠라는 것을 깊이 명심하고, 인내와 용기로써 계속 분발해 줄 것을 당부하는 바입니다."

대통령은 이어서 경제발전 과정에 있어서 근로자의 임금과 노동생산성의 선순환과 그 악순환의 결과에 대해 설명했다.

"나는 오늘 이 자리를 빌려 여러분의 가장 큰 관심사인 동시에 경제발전 과정에 있어서 부단히 제기될 수 있는 임금문제에 관한 평소의 생각을 밝혀 두고자 합니다.

현 시점에서 우리가 항상 명심해야 할 것은 노동생산성을 넘지 않는 적정수준의 임금이야말로 급속한 경제발전의 첩경인 동시에, 궁극적으로는 근로자 여러분의 생활 향상에 직결될 수 있다는 사실입니다.

만일 노임을 노동생산성을 훨씬 넘게 비싸게 올린다고 생각해 봅시다.

당장은 근로자 여러분들이 환영할 겁니다. 그러나 이렇게 된다면 상품가격이 따라서 올라가게 될 것이고, 상품가격이 오르면 수출증대가 어려워질 것입니다.

수출이 감소되면 우리의 공업발전이 어려워질 것이고, 따라서 우리의 경제성장이 둔화될 것입니다.

이렇게 되면, 자연적으로 실업자가 늘어나고, 실업자가 늘어나면 결국 얼마 안 가서 자연적으로 근로자 여러분의 생활 자체가 위협을 받게 될 것입니다.

이러한 연쇄반응이 반드시 온다는 것을 알아야 합니다.

반대로 임금이 노동생산성을 넘지 않는 적정수준으로 유지된다면 어떻게 되겠느냐, 당장은 근로자들이 불만스럽게 생각할 것입니다.

그러나 이렇게 됨으로써 우리는 값싼 상품을 많이 생산하여 수출 증대에 이바지할 수 있을 것이고, 따라서 공업발전과 경제성장을 촉진할 것이며, 나아가서는 고용증대와 임금향상을 가져옴으로써, 근로자 여러분들의 복지와 생활 향상을 기할 수 있을 것입니다.

우리 근로자들은 오늘을 참고 내일의 열매를 기다리는 현명을 잊어서는 안 됩니다.

오늘을 못 참아서 내일의 고난을 자초하는 어리석은 짓은 우리 서로가 삼가야 할 줄 압니다."

대통령은 이어서 기업인은 기업의 윤리성과 그 사회성을 철저히 인식해야 한다는 점을 역설했다.

"나는 우리 경제를 건설하는 데 근로자 여러분만 희생을 감수하고 참아 달라는 요구는 하지 않습니다.

우리나라 기업가나 경영주들도 반성할 점이 많다는 것을 나는 항시 강조하고 있습니다.

요는 근로자와 사용주, 즉 노사가 서로 협조하고 깊은 이해를 할 줄 알아야만 우리 경제가 급속히 발전할 수 있는 것입니다.

경영주들도 대오각성해서 기업의 경영관리를 개선하고 낭비를 없애고 경비를 절약해서 점진적으로 근로자들의 임금을 향상시키고 처우를 개선하는 데 성심성의를 다해야 합니다.

이러한 정신을 구비한 사람만이 오늘날 진정한 의미에서 기업가 또는 경영주라고 불릴 수 있습니다.

모든 기업인들은 자기가 운영하는 기업체가 단순히 자기 개인의 소유물이라는 관념을 떠나서, 국가와 민족의 기업체를 자기가 맡아서 운영하고 있다는 소위 기업의 윤리성, 기업의 사회성을 철저히 인식해야 할 것입니다.

하나의 기업을 잘 운영함으로써 거기에서 양질의 물품을 많이 생산하고 많은 근로자들에게 일자리를 제공하고, 또한 그들에게 근로의 대가로서 노임을 지불함으로써, 그들의 생활을 보장해 주고, 그렇게 해서 국가경제의 일익을 담당한다는 자부심과 보람을 느껴야 할 것입니다. 이것이 내가 항상 우리 기업인들에게 당부하는 말입니다."

대통령은 이어서 근로자들도 근로자로서의 윤리관이 서 있어야 한다는 점을 강조했다.

"근로자들도 마찬가집니다.

여러분들도 여러분이 근무하는 그 공장이 국가와 민족의 기업체인 동시에 여러분 자신들의 공장이라는 관념을 가져야 합니다.

단순히 노동을 제공하고 대가로 노임만 받으면 된다는 생각을 버려야 합니다.

보다 좋은 물품을 생산하기 위해서 항시 기술 향상에 노력하고, 보다 더 노동생산성을 향상시키는 데 성심성의를 다 해야 합니다.

그렇게 해서 여러분들의 노력으로써 노동생산성이 향상된 만큼의 정당한 임금을 요구할 권리가 여러분에게 있는 것입니다.

공장이야 문을 닫든 말든 우리는 임금만 많이 받으면 그만이다 하는 생각은 버려야 합니다.

기업인은 기업인으로서의 윤리관이 서 있어야 하는 것과 마찬가지로 근로자는 근로자로서의 윤리관이 서 있어야 된다는 것입니다.

회사나 공장이 잘 되어서 근로자도 득을 보고 업주도 득을 보고 또 국가도 득을 봐야 합니다.

누구 하나만 득을 보고 남은 희생이 되어서는 안 된다는 것입니다.

특히, 지금 여러분이 근무하고 있는 기업체의 거의 대부분이 외국에서 차관을 했거나 은행에서 대부를 받아서 건설한 공장들입니다.

따라서, 거의가 빚을 많이 지고 있는 기업체라는 점을 생각해서, 노사가 서로 보다 깊은 이해와 협조로써 기업을 빨리 건실하게 육성하는 데 힘을 합치고, 그래서 기업이 잘 운영돼 나가면 여러분의 임금도 그만큼 향상이 되게끔 노력을 해 주기 바랍니다.

지난 60년대 후반은 발전하는 우리 경제가 근로자의 생활향상에 미치는 점진적인 혜택의 이모저모를 입증하기 시작했습니다.

우리 근로자들은 인내와 예지를 발휘하여 점진적으로 개선향상될 근로활동과 복지생활에 대한 희망과 자신을 가지고 노사가 협조해서 노동생산성 향상에 가일층 노력을 경주하고, 따라서 여러분들의 임금도 향상되고 처우도 개선이 되게끔 해야 합니다.

이것은 오로지 여러분과 기업주 간의 노력과 협조에 달려 있는 것입니다. 덮어놓고 노동쟁의만 벌이면 만사가 해결이 된다는 사고방식은 지양을 해야 합니다. 우리 경제는 나날이 성장하고 있습니다.

지금과 같은 노력을 계속한다면 머지않아 우리도 완전 자립할 수 있는 전망이 뚜렷이 보이기 시작했습니다.

우리는 지금 자립경제, 자주국방이란 벅찬 국가목표와 과업완수를 위해 총진군을 하고 있습니다.

300만 근로자 여러분에게도 밝은 내일이 약속되고 있습니다. 여러분들의 가일층 분발을 당부하는 바입니다."

포항종합제철공장 기공식에서 기공 버튼을 누르는 박 대통령  왼쪽 박태준 사장, 오른쪽 김학렬 경제기획원장관(1970. 4. 1)

## 기계·조선·자동차·건설·군수산업 발전을 위해 철강공업을 우선적으로 개발해야 한다

1970년 4월 1일, 드디어 포항종합제철 공장 기공식이 거행되었다. 대통령은 이 자리에서 우리가 기계·조선·자동차공업과 건설사업, 그리고 군수산업을 발전시키기 위해서는 철강공업을 우선적으로 개발해야 한다는 점을 강조하고, 이 공장이 기공되기까지 겪었던 우여곡절의 과정에 대해 소상하게 설명했다.

"우리는 지금 공업국가 건설을 위해서 전 역량을 집중하고 있습니다. 공업국가를 건설하기 위해서는 여러 가지 요소가 갖추어져야 되겠고, 또 우리들이 해야 할 일들이 많겠지만 특히 선행되어야 될 몇 가지 기간산업이 있는 것입니다. 즉, 오늘 이 자리에서 기공식을 보게 되는 철강공업이라든지 또는 시멘트공업, 석유공업, 전력개발, 석탄, 비료 등 근간이 되는 중요한 산업들을 우선 개발해야만 공업이 발달될 수 있다는 것은 우리가 다 잘 알고 있는 상식입니다. 그중에서도 철강공업은 우리의 공업발전에 있어서 가장 중요한 분야를 차지하는 것입니다.

기계공업, 조선공업, 자동차공업 등을 육성함에 있어서, 또한 모든 건설사업을 촉진함에 있어서, 철강공업은 가장 근간이 되는 산업인 것입니다. 뿐만 아니라 지금 우리가 시도하고 있는 군수산업을 육성발전시키기 위해서는, 철강공업을 우선적으로 개발하지 않으면 안 되는 것입니다. 따라서, 정부는 지난 1962년부터 8~9년 동안 꾸준히 종합제철공장 건설을 추진해 왔습니다.

그러나 철강공업이라는 것은 워낙 자금이 방대하게 드는 것이고 또 기술이 뒤따라야 되며, 이러한 문제가 해결된다 하더라도 이 제철공장에서 나오는 철강재 생산원가가 국제시가와 맞먹을 수 있도록 저렴하게 생산되어야만, 이에 뒤따르는 여러 가지 연관산업의 제품들을 싼값으로 만들 수 있게 되는 것입니다. 이러한 어려운 문제점이 있기 때문에 그간 정부는 미국의 저명한 회사들과 직접 교섭을 해 봤고, 이것이 잘 되지 않아서 독일 '데마그'라든지 기타 큰 업체들과 교섭해 봤으나, 역시 여의치 않았기 때문에 다음에는 대한경제협의체(IECOK)를 구성하고 있는 여러 나라들과 교섭을 해서 상당한 정도까지 추진되어 오다가, 이것 또한 여러 가지 문제점이 있어서 결국은 작년도에 일본 측과의 교섭에서 최종적으로 합의를 보는 등 여러 고비를 넘겨 종합제철공장을 건설하게끔 되었던 것입니다.

이 공장은 앞으로 내외자를 합쳐서 약 2억 2천백만 달러, 우리나라 돈으로 환산하면 약 670억 원 정도 투자를 하게 되고 앞으로 3

년 간 건설 기간을 거쳐 모든 것이 순조롭게 추진되면 73년 여름에 가서는 약 100만 톤 규모 제철공장을 완성할 수 있게 될 것입니다. 그러나 나는 이 공장이 완공된 다음에도 우리는 앞으로 계속해서 2백만 톤, 3백만 톤 규모로 시설을 확장해 나가지 않으면 국내수요를 충족할 수 없을 것으로 내다봅니다.

내가 지금 추측하기로는 우리나라 공업이 발전해 나가는 추세를 보아서, 우리나라에서도 1970년대 후반기쯤 가서는 약 1000만 톤 정도 철강재 생산능력을 가져야 될 것이고, 또 그러한 공장들이 계속 건설돼 나가야 하리라고 생각하는 것입니다.

내가 어느 책에서 본 바로는 2차 대전이 시작되기 전 철강재 생산능력은 불과 300여만 톤밖에 되지 않았다고 합니다.

그런데 오늘날 그들은 9천만 톤 철강재 생산능력을 가지고 있으며, 불원 1억 톤을 돌파 세계 2위 내지 3위 정도의 대철강재 생산국가로 성장할 것입니다.

우리도 지금이라도 늦지 않았으니 서둘러서 이 철강재공업을 육성해야 되겠고, 그렇게 함으로써 기계공업, 조선공업, 자동차공업, 기타 건설산업, 또한 군수산업 등을 발전시켜 나갈 수 있게 되어야 하겠습니다."

대통령은 이어서 이 공장에 대한 지원 시설들이 완공되면 포항은 울산과 맞먹는 공업중심지가 되고, 새로 건설 중인 항만시설은 연간 1000만 톤 이상 하역능력을 가진, 우리나라에서 가장 큰 항구가 될 것이라고 전망했다.

"조금 전에 말씀드린 바와 같이, 이 공장건설을 위한 여러 가지 대외적인 교섭이나 절충을 위해서 오랜 시일을 소요했기 때문에, 최종 확정이 늦어지고 오늘에야 비로소 공장 기공을 보게 되었지만,

정부로서는 67년도부터 여기에 따르는 지원시설 사업을 추진해 왔습니다. 방대한 항만 시설이라든지, 먼 거리에서 이 공장지대까지 공업용수를 끌어오기 위한 댐 건설과 송수시설이라든지, 또 여기로 들어오는 인입선 철도, 기타 300만 평 가까운 공장부지 조성 등 여러 가지 사업을 그 동안 남이 모르는 사이에 추진해서, 오늘 정도의 진전을 보게 된 것입니다.

그 밖에도, 이 본 공장 외에 연관산업 공장들을 건설하기 위해서 약 100여만 평 부지를 조성하고 있는 것으로 압니다.

앞으로, 이런 모든 시설들이 예정대로 순조롭게 진행되면, 이 포항지대는 우리나라 울산과 맞먹을 수 있는 공업의 일대 중심지가 될 것이고, 특히 여기 새로이 건설하고 있는 항만시설은 장차 연간 1000만 톤 이상의 하역능력을 가진 우리나라에서 가장 큰 항구가 되리라고 내다보고 있는 것입니다.

그동안 여러 가지 어려운 문제, 즉 대외적인 교섭뿐만 아니라, 이 지역 토지를 매상하는 문제, 또 이 지역에 거주하던 주민들을 다른 데로 이주시키는 문제, 항만건설을 위한 여러 가지 기술적인 문제 등 일일이 열거할 수 없는 어려운 문제와 애로점이 많았다는 것을 나는 잘 알고 있습니다. 그러나, 사장 이하 회사간부, 기술자, 종업원 여러분들의 꾸준한 노력으로 오늘 벌써 이와 같은 여러 가지 기초지원 시설이 이루어졌습니다.

그동안 여러분들의 노고에 대해서 다시 한번 치하의 말씀을 드립니다. 그러나 이제부터 본격적인 공장건설을 시작하는 여러분들에게는 지금까지 했던 것보다 더 어렵고 더 중요한 일들이 많이 남아 있다고 생각합니다.

사장 이하 전 사원들이 일치단결해서 우리 민족의 역사적 사업이 될 수 있는 이 종합제철공장을 여러분들 손으로 완공한다는 긍지와 보람을 느끼고 이 공장을 훌륭한 공장으로 건설해 주기를 부탁해 마지않습니다.

앞으로도 이 공장이 예정대로 준공이 되자면 이 공사를 담당하고 있는 회사당국은 물론이거니와, 현지주민 또는 기관, 또 여기 주둔하는 해병사단 기타 모든 사람들이 힘을 합쳐서 협력을 해 주어야만 될 줄 압니다.

물론, 정부로서도 이 공장은 가장 관심이 많고 또 우리가 역점을 들인 사업이기 때문에, 최대한 지원을 하겠다는 것을 다짐하는 바입니다."

## 선진국들은 개발도상국가들의 공업제품에 대한 관세장벽을 철폐하고 시장을 개방해야 한다

1970년 4월 9일, 아시아개발은행의 제3차 연차총회가 서울에서 열렸다. 대통령은 이날 행사에 참석하여 먼저 우리 아시아인들의 오랜 숙원이었고, 최근 우리들이 경주하고 있는 자각적 노력의 공동목표는 '공영의 아시아' 건설이라는 점을 강조했다.

"의장, 와타나베 총재, 각국 대표, 그리고 신사 숙녀 여러분!

나는 먼저 오늘의 이 뜻깊은 회의에 참석하기 위해 원로 우리나라를 찾아오신 대표 여러분을 충심으로 환영하는 바입니다.

아시아개발은행은 3년 전 '공영의 아시아' 건설이라는 원대한 목표를 향해 출범했습니다. '공영의 아시아' 는 실로 우리 아시아인들의 오랜 숙원이었고, 최근 우리들이 경주하고 있는 자각적 노력의 공동목표입니다.

아시아개발은행은 바로 이러한 노력의 제도적 표현으로서 발족했던 것으로 알고 있습니다. 지난 25년간 우리 인류는 격동과 시련이 겹친 역경 속에 살면서도 과거 수백년 동안에도 달성하지 못했던 눈부신 발전과 진보를 이룩했습니다.

인류사회가 이러한 발전을 이룩할 수 있었던 역동적인 요인에 관해서는 여러 가지 견해가 있을 수 있겠지만, 2차 대전 후 세계무대 전면에 새로이 등장한 아시아와 아시아인들의 공헌이 컸다는데 대해서는 모두가 의견을 같이 하고 있을 줄 믿습니다.

많은 민족과 언어, 서로 다른 종교와 문명이 시간과 공간의 좌표를 달리하면서도 언제나 하나로 존재해 온 아시아는, 혹은 자신이 하나라는 실체를 의식치 못했거나, 혹은 열강들의 소용돌이 속에 휘말려듦으로써 전란과 불행, 낙후와 빈곤의 멍에를 일찍이 벗지 못한 것이 사실입니다.

그러나 이제 우리 아시아인은 우리가 하나로 뭉쳐 하나로 발전해야 한다는 역사적 자각으로 재기하여 '위대한 전진'을 이룩하였으며, 우리 아시아가 새로운 인류역사 창조의 주인공이 되고 있음을 자랑스럽게 생각하고 있습니다.

인류역사상 위대한 업적은 모두가 험난한 역경에 도전하여 새로운 길을 개척하고, 새로운 것을 창조하려는 줄기찬 인간의지와 분발 위에 이루어졌습니다.

지금 우리 아시아인들은 바로 어두웠던 과거와 현재의 난제들을 약진의 발판으로 삼아, 밝은 미래에 대한 희망과 자신을 가지고 왕성한 의욕과 용기를 발휘하여 힘차게 전진하고 있습니다.

우리 아시아인들의 이 넘치는 자신과 의욕이야말로 새로운 아시아 건설의 저력이며, 세계사의 앞날을 점칠 수 있는 열쇠라고 믿습니다.

시대의 고금을 막론하고 국가 발전은 '발전하려는 의지와 의욕'이 국민 간에 충만할 때에 가능했고, 개발성과는 그 사회의 인적 자원과 물적 자원이 효과적으로 결합된 결실이었다는 것은 역사의 교훈입니다.

오늘날, 활발한 개발의 무드를 조성해 나가고 있는 우리 아시아인들은 그 동안 교육진흥과 사회개발, 지역개발 등으로 인적 자원 문제는 그 해결의 토대를 구축해 놓았다고 믿습니다.

다만 한 가지, 우리가 상대적으로 제한을 느끼는 것이 있다면 그것은 물적 자원의 동원이라는 숙제입니다.

그러나, 이 자리에서 거듭 분명히 해둘 것은, 개발의 궁극적인 원동력은 인간의 의지라는 점입니다. 우리는 이러한 견지에서 아시아의 장래가 매우 밝다고 내다보는 것입니다."

대통령은 이어서 자조적인 노력으로 자립과 번영을 추구하는 아시아 개발도상국가들에 대해 선진 우방국가들은 협력과 지원을 아끼지 말아야 한다는 점을 강조했다.

"존경하는 대표 여러분!

현대는 상호협력 시대이며, 상호의존 시대이며, 상호보완 시대입니다.

그러므로 나는 자조적인 노력으로 자립과 번영을 이룩하려는 의지와 의욕을 가진 아시아 개발도상국가들에 대해서, 선진우방제국은 물론 세계가 모두 힘을 보태어 주는 데 주저해서는 안 된다고 믿습니다.

왜냐 하면, 협력의 정신이야말로 앞으로의 세계가 존속하기 위한 새로운 시대정신이기 때문입니다.

한 가지 이러한 국제협력에 있어서, 각 국가는 저마다 자기의 위치에서 뚜렷한 방향 감각과 책임감을 가지고 있어야 한다는 것은 무엇보다도 앞서 강조되어야 하고 또 올바로 인식되어야 할 문제라고 하겠습니다.

우리는 이미 오래 전부터 국제협력의 양상이 쌍방협력의 차원으로부터 다변협력의 차원으로 발전해 온 사실을 주목하고 있습니다.

그것은 한 선진공업국가와 한 개발국가 사이의 이원협력의 시대가 지나가고, 많은 선진국가와 많은 개발도상국가 사이에, 또는 많은 개발국가 사이의 다원협력의 시대가 왔다는 것을 의미하는 것입니다.

나는 이러한 시대적 사명을 완수하기 위해서 25년 전에 발족한 세계은행 창설자들의 선견지명에 대해서 깊은 경의를 표하고, 아울러 뒤늦게나마 아시아개발은행이 이 아시아 지역에서 이러한 시대적 요청을 수행하기 위해 문을 연지 불과 3, 4년 간에 혁혁한 성과를 거두고 있는 데 대해서 심심한 치하를 드리는 바입니다.

지난 60년대는 제1의 '개발의 연대'였습니다.

지난 10년 동안에 우리 역내의 많은 나라에서는 일찍이 볼 수 없었던 향상의 증거가 뚜렷이 나타났고, 아시아개발은행의 탄생도 이 '개발의 연대'를 상징하는 기념비의 하나라고 생각합니다.

나는 제2의 '개발의 연대'가 시작된 70년대 첫해에, 아시아인의 한결 같은 소망인 중흥과업에 남다른 노력을 기울이고 있는 우리 한국에서 오늘의 이 모임이 열리게 된 것을 참으로 뜻 깊게 생각하는 바입니다."

대통령은 이어서 아시아개발은행이나 세계은행 회원국은 아시아의 풍부한 인적 자원을 개발의 역량으로 전환시킬 수 있는 물적 자원인 자본을 형성하여 제공하고, 선진국들은 개발도상국의 공업제품들에 대해 관세장벽을 철폐하고 시장개방 조치를 취해야 한다는 점을 역설했다.

"존경하는 대표 여러분!

지금, 아시아에서는 비약의 순간을 앞둔 긴장과 희망이 새로운 물결을 이루고 있습니다.

우리의 의지는 확고하고 우리의 인적 자원은 충분합니다.

그러나 나는 지난 60년대 한국개발의 경험에 비추어 볼 때, 아시아의 여러 나라는 또 하나의 '개발의 요인'을 필요로 하고 있음을 이 자리에서 강조하지 않을 수 없습니다.

그것은 위에서 말씀드린 바와 같이 '준비된 개발의 의지'를 밀어줄 수 있는 '물적 지원'입니다.

이 '물적 자원'은 선진회원국이 아시아의 공영을 위해 기여할 수 있는 풍족한 자본을 말하는 것입니다.

저렴하고 장기적인 공공자금을 적기에 공급하는 일은, 실로 우리의 공동목표 달성의 관건이 되고 있다고 해도 과언이 아닐 것이며 그것은 아시아의 풍부한 인적 자원을 '개발의 역량'으로 전환할 수 있는 것입니다. 정녕 아시아의 풍부한 인적 자원을 '개발의 역량'으로 전환할 수 있는 촉매는 바로 '자본'입니다.

나는 서양 사람들의 황금알을 낳는 오리 얘기를 알고 있습니다.

앞으로 얼마든지 황금알을 낳을 수 있는 오리를 우리는 가진 셈입니다. 알을 낳을 수 있도록 모이를 주는 일은 선진 회원 여러분의 일이 아니겠습니까!

이러한 확대된 자금원은 이 지역에 있어서는 아시아개발은행에 집중되어야 하고, 또 세계은행 및 기타 국제기구의 적극적인 협조에서 형성되어야 할 것은 두말 할 나위도 없을 것입니다.

동시에 이 지역개발이 진행됨에 따라 공업생산의 계속적 증가를 위해 절대적으로 필요한 시장개방, 특히 선진국의 개발국제품에 대한 관세장벽 철폐를 포함한 시장개방 조치가 앞서야 할 것입니다.

이러한 모든 문제는 "어른들은 아이들이 성장할 때까지는 어느 정도의 희생을 아끼지 말아야 한다"는 말로 요약될 수 있는 것입니다.

선진공업국가들이 이러한 정신으로 아시아인들의 개발 노력에 적극적으로 협력해 주고, 우리 아시아 국가들이 서로 지혜와 힘을 합쳐 분발해 나간다면 앞으로 30년, 금세기의 막이 내리기 전에 우리 아시아 전역에는 후진국이 하나도 남지 않게 될 것으로 나는 확신합니다. 이것은 결코 허망한 꿈이 아닙니다. 이것은 정녕 눈앞에 다가온 빛나는 아시아의 미래상입니다.

대표 여러분!

우리는 세계사 전환의 이 역사적 시기에 '아시아에 살고 있는 아시아인'임을 커다란 긍지로 생각합니다.

우리 다 함께 우리 후대에게 물려줄 이 사명의 과업 완수를 위해서 '공영을 위한 협력의 새 파도'를 일으킵시다."

## 제철공업은 특혜지원을 해서라도 빨리 키워나가야 한다

1970년 10월 16일, 인천제철 준공식에서 대통령은 이 공장이 두 번 준공되는 우여곡절을 겪은 과정에 대해 설명했다.

"해마다 늘어나는 우리나라의 철강재수요를 충족하기 위해서 정부에서는 연산 100만 톤 규모의 종합제철공장 건설 차관교섭 등 여러 가지 일을 추진해 왔는데, 여의치 않은 일들이 많아 겨우 금년 봄에야 정식으로 포항에서 기공식을 가지게 되고, 지금 공사가 진행 중에 있습니다. 따라서, 정부가 우선 소규모 종합제철공장을 만들자고 해서 민간사업으로 추진한 것이 오늘 준공을 보게 되는 이 인천제철입니다.

이 공장은 약 2년 전에 일단 준공이 되었지만, 그 후에 가동이 잘 되지 않고 고장이 연발하고 여러 가지 기술적인 결함이 많이 나타나 드디어 조업이 중단되고 말았습니다.

공장을 건설해서 조업을 하지 않게 되면 필연적으로 따라오는 것이 운영난입니다.

이 공장도 운영난에 봉착하여 산업은행의 전면 관리를 받게 되었고, 그 뒤에 대단히 불명예스럽게도 부실기업이라는 낙인이 찍혀 경영과 기술면에서 이 공장에 대한 근본적인 재검토를 하지 않을 수 없었습니다.

그후 현 사장이신 송요찬 장군께서 취임한 이래 경영과 기술면에 있어서 일대 혁신을 했던 것입니다. 그 동안 여러 가지 난관을 극복해 가면서 꾸준한 노력을 기울여, 오늘 이 공장이 또다시 준공되고 완전 가동하게 된 것을 다 같이 기뻐하는 동시에, 이 회사 경영진, 기술진, 그리고 종업원 여러분들의 그 동안의 노고를 충심으로 치하하는 바입니다."

대통령은 이어서 제철공업 육성을 위한 새로운 입법조치에 따라 정부는 앞으로도 제철공업에 대해서는 특혜를 주어서라도 빨리 키워 나가겠다는 방침을 천명했다.

"우리나라의 철강재수요가 매년 늘어난다는 것은 어느 모로 보나 대단히 좋은 일이라고 하겠습니다.

이것은 우리나라 경제가 그만큼 매년 규모가 커지고 팽창되어 감을 뜻하는 것이고, 우리나라 산업이 그만큼 확충되어 감을 말하는 것이기 때문입니다.

이렇게 대단히 좋은 일이긴 하지만 이에 필요한 철강재를 공급하기 위한 제철공장 건설에는 방대한 시설투자와 자원이 필요한 것입니다. 지금 건설 중인 종합제철공장만 하더라도 연산100만 톤 규모에, 내외자 합쳐서 약 2억 달러가 넘는 방대한 시설투자가 필요합니다. 이처럼 철강재 자급자족이 대단히 긴요하고 시급한 문제이긴

하지만, 이것을 생산해 내는 제철공장 건설에는 여간 어려움이 많지 않습니다만, 우리나라의 공업발전과 산업개발을 위해서는 어떻게 하든지 철강재를 자급자족할 수 있게끔 노력하여야 되는 것입니다.

그러나 여기에는 방대한 투자가 필요하고, 또 제철산업이라는 것은 다른 산업과 달라서 많은 투자액에 비해 수익률이 낮다는 약점이 있습니다. 따라서, 앞으로 우리나라의 제철산업을 급속히 육성하기 위해서는 부단한 경영개선과 기술개발 노력이 필요한 것은 물론이거니와, 정부에서 이 제철사업에 대해서는 특별히 적극적인 지원을 해야만 됩니다. 그러한 견지에서, 정부에서는 지난번에 제철공업을 육성하기 위한 새로운 입법조치를 했습니다만, 앞으로도 제철공업에 대해서는 정부가 여러 가지 지원을 하고 필요하면 특혜까지 주어서라도 이것을 빨리 키워야 되겠습니다. 이웃에 있는 일본에서도 초기 산업개발 단계에는 이 제철산업에 국가에서 막대한 지원과 특혜를 주어 가면서 육성했던 것입니다.

정부는 앞으로도 제철산업에 대하여 적극적인 지원을 하겠지만, 여러분들은 여러분들대로 앞으로 기술개발이라든지, 경영개선면에 있어서 보다 많은 노력을 기울여, 우리나라 경제개발에 커다란 기여를 해 주실 것을 당부하는 바입니다. 다시 한번 그 동안 노고가 많은 송사장 이하 전 종업원, 그리고 많은 협력을 해주신 외국기술진 여러분들에게 감사드립니다."

### 세계은행은 한국의 연간 40% 수출신장률을 주목하고 있다

1970년 11월 30일, 수출의 날 행사에서 대통령은 지난 7년 동안의 수출실적과 제3차 5개년계획 기간 수출목표에 대해 설명하고, 세계은행은 우리나라의 연간 40% 수출신장률을 주목하고 있다는 사실을 지적했다.

인천제철공장 준공식에 참석, 관계자의 설명을 듣고 있는 박 대통령(1970. 10. 16)

"우리가 해마다 '수출의 날'을 정하여 수출입국의 결의와 노력을 다짐해 온 것도 오늘로써 어언 7년째가 됩니다.

그동안 우리나라의 수출은 양적인 면에서 괄목할 만한 신장을 보였고, 구조적인 면에서 커다란 변화를 가져 왔습니다.

지난 60년에 3,200만 달러에 불과했던 우리의 수출은 64년에 1억 달러 선을 돌파한 후 계속 늘어나, 작년에 7억 달러 선을 넘어 금년에는 10억 달러 목표를 향해 전진하고 있습니다.

수출상품도 60년도에는 불과 100개에도 미달했지만, 69년에는 800개 이상으로 늘어났고, 이것을 구조적인 면에서 보면 지난날 1차산품에 편중되었던 우리 수출은 공산품 위주로 크게 바뀌었습니다.

즉, 60년에는 총수출액의 22퍼센트에 지나지 않았던 우리 공산품은 70년에 와서는 83. 8퍼센트로 늘어나 수출증대와 대중을 이루고 있는 것입니다.

이것은 우리나라가 후진의 굴레를 급속히 벗어나, 신흥공업국가로서 세계무대에 등장하고 있음을 보여주는 고무적인 증좌라고 하겠습니다.

또, 우리의 수출시장도 60년대 초에는 아시아와 구미지역 일부에 국한되어 있었지만, 지금은 5대양 6대주에 걸쳐 백여 나라에 우리의 상품이 뻗어나고 있습니다.

오늘날, 세계은행을 비롯한 여러 국제기구나 우방들은 우리 한국이 고도의 경제성장을 이룩했다고 평가하고 있는데, 그 사람들이 가장 주목하고 있는 것은 바로 연간 40퍼센트 신장률을 지속하고 있는 우리의 수출증대 실적인 것입니다.

우리의 이러한 높은 신장률은 지난 10년간 세계 각국의 수출신장률 8.3퍼센트에 비하면 거의 5배가 되는 것입니다.

한 나라의 수출역량이 곧 그 나라 국력의 총화요 척도가 되고 있는 숨가쁜 무역전쟁 시대에, 우리가 이처럼 커다란 수출실적을 올려 세계의 관심을 모으고 있다는 사실은 하나의 자랑이라고도 할 수 있을 것입니다.

더군다나, 자본과 기술, 그리고 경영과 시장 등 여러 면에서 거의 불가능한 것으로 공인되다시피 했던 어려운 여건 속에서, 이러한 성과를 거두었다는 것은 확실히 흐뭇한 일이 아닐 수 없습니다.

우리는 이러한 수출증대 과정에서, 노력하기만 하면 불가능도 가능하게 만들 수 있다는 자신과 경험을 얻었습니다.

우리는 이러한 자신과 경험을 더욱 살려서 보다 많은 상품을 보다 많은 나라에 수출하기 위해서 더욱더 분발해야 하겠습니다.

현재 추세로 보아 금년도 수출목표인 10억 달러 돌파는 무난할 것으로 보입니다."

대통령은 이어서 우리의 수출증대 여부를 판가름할 고비였던 10억 달러 선을 돌파함으로써 제3차 5개년계획이 끝나게 될 70년 대 중반에는 적어도 30억 달러대 수출고를 올려야겠다는 뜻을 천명했다.

"우리가 수출을 더욱 더 증대시킬 수 있느냐, 없느냐를 판가름하게 될 하나의 고비라고 생각했던 10억 달러선을 넘어서게 됨으로써, 우리는 수출증대에 역점을 둘 제3차 5개년계획이 대충 끝날 70년대 중반에는 적어도 30억 달러대 수출고를 올려야겠다고 생각하고 있습니다.

우리가 이러한 표를 달성하는 데 있어서, 여러 가지 여건은 매양 우리가 바라는 대로 전개되지는 않을 것입니다.

세계의 모든 나라들이 선진국은 선진국대로, 개발도상국가는 그 나름대로 앞다투어 수출증대에 발분하고 있고, 국내 산업보호에 열을 올리고 있기 때문에, 경쟁이 더욱 치열해질 것은 뻔한 일입니다.

이처럼 경쟁이 어렵다, 힘겹다고 해서 손을 든다면, 우리의 수출은 현 수준에서 답보상태에 빠지거나 그렇지 않으면 현 수준 이하로 위축되고 말 것입니다. 그러나, 생산업자와 수출업자, 기술자와 근로자, 공무원과 일반국민 할 것 없이 우리 모두가 수출입국의 일념으로 한데 뭉쳐 남보다 5배, 10배 노력하기만 한다면, 수출의 전도가 아무리 험난하다 하더라도 능히 뚫고 나갈 수 있는 것이며, 앞으로 몇 년간은 계속해서 현재 신장률을 지속시켜 나갈 수 있다고 믿습니다.

이를 위하여 우리는 시설을 현대화하고 새로운 기술을 개발하며, 품질과 의장과 포장을 개량하고 새로운 시장을 개척하는 데 힘써 나가야 하겠습니다.

특히, 71년 하반기부터는 유엔통상개발회의 총회에서 결의된 특혜관세제도가 실시될 것인데, 이것은 우리가 수출을 획기적으로 증대할 수 있는 절호의 기회라고 믿습니다.

무역전쟁에서 누가 승리하느냐 하는 것은 결국 누가 이러한 호기를 먼저 포착해서 앞서 나가느냐 하는 데 좌우되는 것입니다. 우리는 이 기회를 놓치는 일이 없도록 모든 면에서 만반의 사전대비를 서둘러야 되겠습니다.

특혜 대상품목의 생산시설 확충과 현대화를 비롯하여 근로자와 기능공 수급을 원활히 하고, 행정간소화, 외국인 투자가의 활동편의 등 국내 투자환경 개선과 기술향상, 시장개척 등 특혜수용을 위한 자체 준비와 태세를 확립해야 하겠다는 것입니다.

앞으로 우리나라의 수출증대는 이러한 노력에 크게 좌우된다는 것을 명심하고 관계 인사들이 합심 협력해서 힘써 주기 바랍니다.”

대통령은 끝으로 금년도 수출목표 10억 달러 달성에 기여한 공로로 훈장과 표창을 받은 수상자, 수상자들과 고락을 함께 한 기업체 간부, 직원, 기술자, 기능공, 종업원, 정부공무원, 그리고 측면 지원을 다한 국민들의 숨은 노고에 대해 위로하고 치하했다.

“오늘 이 자리에는 그동안 수출증대에 크게 이바지한 뛰어난 공로로 훈장과 표창을 받은 수상자 여러분이 나와 있습니다.

이분들은 새로운 상품개발과 기술혁신, 경영쇄신과 행정지원 등 수출진흥을 위하여 남다른 열의와 노력을 경주하여 금년도 10억 달러 수출목표 달성에 큰 구실을 한 경제건설의 일꾼들입니다.

나는 이 자리를 빌려 수상자 여러분들의 오늘의 영광을 축하하고 그간의 노고를 치하하는 바입니다.

아울러, 수상자 여러분들이 훌륭한 업적을 이룩할 수 있도록 주위에서 함께 고락을 같이 하고 있는 여러 기업체의 간부와 직원, 기술자, 기능공, 종업원을 비롯하여 정부의 관계 공무원과 각계각층에서 측면 지원을 아끼지 않은 국민 여러분들의 숨은 노고에 대해서도 심심한 위로와 치하의 말씀을 드리는 바입니다."

1970년 7월, 무역진흥 확대회의에서 대통령은 쌀을 수입하는 데 들어가는 외화를 줄이기 위해 쌀소비절약운동을 전개할 필요가 있다는 것을 강조하면서, 쌀뿐만 아니라 우리가 국내소비를 줄이고 수출할 수 있는 것은 무엇이든지 절약해서 이것을 수출해서 한 푼이라도 외화를 더 벌어와야 되겠다는 것을 아울러 역설했다.

이에 따라 담배를 절약하여 수출하기 위해 중산층이 즐기는 담배 길이를 줄였고, 일본으로 수출되는 활어 양을 늘리기 위해 국내식당에서 유통되는 활어 양을 줄였다. 또 원당수입을 줄이고, 설탕가공 제품 수출을 늘리기 위해서 설탕소비 절약운동을 전개하기로 했다.

이것은 '수출만이 살 길이다'는 자신의 신념에 따라 대통령이 수출증대와 수출을 통한 외화획득에 얼마나 심혈을 기울였는가를 보여 주는 하나의 실례다. 우리나라가 경쟁국들을 앞질러 수출입국에 성공할 수 있었던 비결은 바로 대통령의 그러한 열정과 집념에 있었던 것이다.

### 35억 달러 이상의 수출을 뒷받침하기 위해서는 중화학공업 시대를 열어야 한다

1971년 1월 11일, 연두기자회견에서 대통령은 지난 70년도는 우리가 개발과 성장의 과정에서 얻은 성과와 경험을 토대로 우리나라가 장기적으로 발전할 수 있는 기틀을 마련했다고 말하고, 작년에 이룩한 여러 가지 일 중에서 중요한 것을 추려서 설명했다.

　대통령은 먼저 10억 달러 수출로 공업화가 촉진되고 경제의 장기 발전 기틀이 마련되었다고 천명했다.

　"한 마디로 말해서 지난 70년도는 60년대에 우리가 이룩한 성장 과정에서 거둔 성과와 거기에서 얻은 경험을 토대로 해서 우리나라가 장기적으로 발전할 수 있는 토대와 기틀을 마련했다고 말할 수 있으리라고 봅니다.

　작년 연말 현재, 우리가 지금 추진하고 있는 2차 경제개발 5개년계획의 성과를 검토해 본 결과, 5개년계획을 목표 연도보다도 1년 앞당겨서 작년말로 농수산부문 일부를 제외하고는 거의가 다 목표를 훨씬 초과달성했습니다. 다만, 농수산부문만이 약간 미달인데, 이것도 역시 금년말까지는 목표보다도 약간 초과달성하리라고 전망하고 있습니다.

　작년에 우리가 이룩한 여러 가지 일 중에 중요한 것만 몇 가지 추려서 말씀드리자면, 첫째는 10억 달러 수출목표를 무난히 달성했다는 것을 말씀드릴 수 있습니다.

　전에도 여러 번 내가 강조한 바 있지만, 우리나라에 있어서 이 수출은 항시 단순한 수출이라는 문제에 국한해 볼 것이 아니라, 이것은 우리 국력의 총화라고 생각하는 것입니다. 즉, 우리 국민들의 경제건설에 대한 의욕과 또 우리 정부의 모든 종합적인 행정능력 및 우리 국민들의 과학과 기술수준의 집약적인 표시가 수출로 나타나는 것입니다. 이러한 관점에서 볼 때 우리나라의 수출이라고 하는 것은 국력의 총화의 표현이라 볼 수 있는 것입니다.

　물론, 선진 여러 나라의 수출액수에 비하면 아직도 요원한 감이 있겠지만, 우리나라 형편이나 우리나라의 현 여건으로 보아서 10억 달러 수출목표를 달성한다고 하는 것은 그리 용이한 일은 아닙니다. 우리나라에서 10억 달러이라는 수출이 이루어질 때, 국내에서 어떠한 경제적인 활동이 이루어졌겠는가 하는 것을 우리가 한번 생각해 볼 필요가 있겠습니다.

국내에 여러 개의 공장이 서야 될 것이고, 이 공장에서 많은 사람들이 일을 해야 될 것이며, 또 여기에서 일하는 사람들은 단순한 종업원들이 아니라, 여러 가지 기술을 가진 기능공이어야 하겠고, 또한 여기에서 생산하는 모든 물건은 그 원료가 어떤 것은 우리 국내에서 조달되는 것도 있을 것이고, 또는 현재 우리 형편으로서는 상당한 부문이 해외에서 도입되고 있는 것입니다.

이렇게 도입된 원료로 공장에서 생산을 해서, 또 생산된 물건을 수송방법에 의해서 항구까지 운반하여 거기에서 또 선박에다가 선적해서 외국시장에까지 가져나간다든지, 경쟁이 치열한 외국시장에 나가서 이러한 물건들이 경쟁을 해서 거기에서 외화를 획득한다는 이러한 여러 가지 과정을 생각할 때에, 우리나라와 같이 자본이라든지 기술이라든지, 또는 원료의 자체 조달 등 여러 가지 여건이 불리한 상황하에서 우리가 지난해에 10억 달러 수출목표를 달성했다 하는 것은 우리 국민들이 얼마만큼 경제건설에 대한 의욕이 왕성했으며, 또 우리 정부가 이 목표 달성을 위해서 얼마만큼 노력을 했는가, 또 우리나라의 과학기술이 다른 선진국에 비해서는 뒤떨어졌다고는 하지만 상당한 수준에 도달하고 있다는 것을 알 수 있을 것입니다."

대통령은 이어서 제3차 5개년계획의 목표연도인 76년에는 35억 달러 수출목표를 달성할 수 있다고 전망했다.

"작년 연초에 정부에서 10억 달러 수출목표를 책정할 때, 나는 이런 이야기를 한 일이 있습니다.

금년에 우리가 10억 달러 수출목표를 달성할 수 있느냐 없느냐 하는 것은, 앞으로 우리나라 수출이 장기적으로 지속적인 성장을 할 수 있느냐 없느냐 하는 하나의 고비가 될 것이고, 하나의 분수령이 될 것입니다. 만약에, 이 목표를 우리가 달성할 수 있다면, 우리나라 수출이 앞으로 계속적으로 고도성장을 이룩할 수 있는 전망이 밝아질 것이고, 만약에 이것을 우리가 달성할 수 없을 때에는 우리나라 수출이 지난 10여년 동안은 고도성장을 해왔지만, 이제부터는 계속적인 성장은 대단히 어려우며, 그 성장 속도가 둔화될 것이라는 전망을 갖지 않을 수 없을 것이라고 이야기한 일이 있습니다.

다행히 우리 모든 국민들과 우리 정부, 우리나라 기업인, 모든 기술자, 근로자들의 노력에 의해서 작년 10억 달러 수출목표를 원만히 달성했다 하는 것은, 앞으로 우리나라 수출이 계속적으로 성장해 나갈 수 있는 전망이 밝다는 것을 뜻한다고 생각합니다.

그러면, 앞으로 우리나라의 수출이 어떻게 되겠느냐, 향후 5년 후에 있어서 우리나라의 수출성장률을 한번 전망을 해 보았습니다. 우리가 매년 지금까지는 약 40%, 작년 같은 해에는 43% 성장을 했는데, 이렇게 고도의 성장을 앞으로 계속 지속한다고 하는 것은 다소 어려운 전망이 있기 때문에, 그것의 절반인 약 20% 정도로 앞으로 5년 동안 성장을 한다면 우리나라 수출이 어떻게 되겠느냐, 매년 20% 성장할 때에는 5년 후에는 약 25억 달러 수출이 될 수 있고, 약 30% 정도씩 매년 성장한다면 5년 후에는 약 37억 달러가 될 수 있고, 또 지금과 같은 성장률로써 43%를 앞으로 5년 동안 그대로 지속할 수 있다면 5년 후에 가서는 약 58억 달러 정도 수출을 할 수 있다, 이렇게 전망이 됩니다.

그러나 우리가 지금 책정하고 있는 3차 5개년계획에 있어서는 매년 수출성장률을 평균 22.8%로 잡고 있습니다.

이렇게 했을 때에는 5년 후에 가서는 우리나라의 수출이 약 35억 달러가 될 수 있습니다. 다만 22.8%라고 하는 것은 다른 나라에 비해서는 대단히 높은 성장률이지만, 우리나라가 지금까지 성장했던 추세로 보아서는 그다지 무리한 숫자는 아니며, 따라서 우리가 3차 5개년계획에 책정하고 있는 목표연도에 가서 35억 달러 수출목표라고 하는 것은 그다지 무리한 숫자는 아니라고 하는 것을 아실 수가 있을 줄 압니다."

대통령은 이어서 71년도 후반기에 실시될 후진국에 대한 선진국의 특혜관세제도를 이용해서 새로운 전략수출산업을 육성하는 데 역점을 두겠다는 방침을 밝혔다.

"우리나라 수출에 있어서 한 가지 밝은 전망은 금년도 하반기부터 실시되는 소위 후진국에 대한 선진국의 특혜관세제도인데, 이것이 금년 후반기부터 실시가 되면 우리는 이 기회를 잘 이용해서 새로운 전략수출산업을 육성하려고 여러 가지 노력을 하고 있습니다. 그중에서 특히 우리나라에 알맞은 산업으로 알고 있는 전자공업 부문에 대해서는 특별히 우리가 역점을 두어야 되겠습니다. 이 전자공업은 외국 사람들이 와서 이야기하는 바에 의할 것 같으면, 우리나라에는 대단히 적합한 산업이라고 합니다.

즉, 한국의 기후가 대단히 좋고, 또 한국 사람들의 시력이 대단히 좋다는 것입니다. 유럽 사람들보다도 한국 사람들의 시력이 대단히 좋다, 또는 한국 사람들의 손재주가 대단히 좋다, 이러한 여러 가지 장점이 우리나라 전자공업을 발전시키는 데에는 대단히 알맞다는 것입니다. 그래서 우리는 이런 장점을 이용해서 앞으로 크게 발전시켜보자는 것입니다.

이런 것을 전부 종합해서 볼 때 작년도 우리가 10억 달러 수출목표를 돌파했다고 하는 것은 우리나라의 공업화가 그만큼 촉진이 되었다, 우리나라 경제가 고도성장을 앞으로도 지속할 수 있다, 또한 우리가 지금 노리고 있는 완전 자립경제 목표달성에 대한 전망이 밝아졌다는 것을 이야기할 수 있을 것으로 봅니다.

이러한 점에서 수출 10억 달러 달성은 처음에도 말씀드린 바와 같이, 우리나라 경제의 장기발전을 위한 기틀이 마련이 되었다, 이렇게 보는 것입니다."

대통령은 이어서 수출산업 생산기반 확충과 새로운 수출품목 개발을 통해 수출목표를 기어코 달성해야 한다는 점을 강조했다.

"수출의 획기적인 증대, 이것을 이룩하기 위해서는 목표연도인 1976년에 적어도 36억 달러 이상의 수출을 일으켜보자 하는 것입니다. 이것은 아까도 설명한 바가 있습니다마는, 지난 10년 간에 우리의 연평균 수출의 증가율은 42%였습니다.

그러나 앞으로 3차 5개년계획에 있어서는 이보다도 약 절반 낮은 연평균 22.8% 증가할 것 같으면 1976년에는 35억 달러를 달성할 수 있다고 봅니다.

그러나 이 목표달성을 위해서는 정부나 모든 기업인, 그리고 온 국민들이 보다 큰 노력을 해야 할 줄 압니다. 특히, 앞으로 수출문제에 있어서는 대외적으로 볼 때에 국제경제면에 있어서 자유화의 조류가 대세를 이루고 있는 것은 사실이지만 일부 국가에서는 보호주의 정책을 쓰는 나라도 있고 해서 국제시장에 있어서 경쟁이 대단히 격화될 것이라는 것을 우리가 예상해야겠고, 또 국내적으로 볼 때에 지금까지는 한국의 가장 장점인 저임금, 즉 임금이 싸다는 것이었는데, 앞으로는 이러한 저임금같은 여건은 점차 해소되어야 하기 때문에 우리나라 기업인들이 한국인의 싼 임금에만 너무 기대해서도 안 될 것입니다.

따라서, 우리나라 기업인들은 앞으로 이와 같이 대외적으로 또는 대내적으로 여러 가지 도전이 있을 것을 예상을 하고, 어떻게 하든지 이를 극복하고 국제적인 경쟁을 강화해 나가는 데 각별한 노력을 해야 되겠고, 정부도 여기에 필요한 여러 가지 정책환경을 만들어 주어야 될 줄 압니다. 따라서, 수출산업의 생산기반을 확충한다든지 또는 심지어 새로운 수출품목 개발을 통해서 수출목표를 기어코 달성해 보자는 것입니다."

대통령은 이어서 35억 달러 이상의 수출을 뒷받침하고 근대공업국가로 발전하기 위해서는 중화학공업 시대를 열어야 한다는 점을 강조했다.

"3차 5개년계획의 중점 목표는 중화학공업 건설입니다. 우리는 1차, 2차 5개년계획을 통해서 공업부문 발전을 수입대체를 위주로 하는 기간산업 건설을 주축으로 이룩하였는데, 앞으로 우리가 35억 달러 또는 그 이상의 수출을 뒷받침하고 근대적인 공업국가로 발전하기 위해서는, 이미 우리가 착수한 종합제철공장을 비롯해서 기계공업 또는 조선공업, 석유화학공업 부문건설을 주축으로 한 중화학공업 시대를 이룩할 수 있도록 노력해야 되겠다는 것입니다.

이 밖에도 경제확대에 따라서 사회간접자본의 계속적인 확충 등 여러 가지 중요한 과제가 있습니다만, 이상 세 가지 중점과업을 3차 계획의 주축으로 해서 이를 성공적으로 수행함으로써, 우리 경제는 점차 자립경제의 궤도에 들어서게 될 것이며, 70년대 후반에 가서는 보다 높은 발전단계로 순조롭게 이행하게 될 것으로 보고 있습니다.

이렇게 될 때에 우리는 70년대 중반에 가면, 개발도상국이니 또는 후진국이니 하는 말을 안 듣고 명실상부한 중진국의 일원이 될 것이라는 전망을 하고 있습니다."

대통령은 끝으로 우리나라 기업들은 이제 그 체질을 개선해 나가는 과정을 꼭 밟아야 될 단계에 왔다고 천명했다.

"일반적으로 말할 때에 우리나라 기업들은 이제 그 체질을 개선해 나가는 과정을 꼭 밟아야 될 단계에 왔다고 나는 보는 것입니다.

60년대 초기에는 정부가 산업을 육성시키기 위해서 특히 공장을 많이 세워서 생산을 많이 하고, 수출을 많이 하고, 또 고용을 증대해서 실업자들에 일자리들을 많이 주어야 하겠다는 취지하에 기업을 많이 육성하는 데 힘을 기울여 여러 가지 지원도 했고 뒷받침도 했습니다. 그러나, 앞으로 어느 단계에 가서는 기업들이 정부의 뒷받침과 지원 없이 제발로 걸어갈 수 있도록 그야말로 자립적인 그런 기업의 체제를 가다듬어야 할 텐데, 아직까지 그것을 못하고 있는 기업들이 상당히 있는 것이 사실입니다.

작년도에 부실기업 정리니 무어니 할 때 걸려든 기업들도 대부분 그런 기업들인데 그런 기업들은 아직도 과거처럼 기업이 부실이 되면 은행관리나 정부에서 어떻게 특정한 배려를 해 가지고 다시 살려 줄 것이다 하는 의뢰심을 가지고 있습니다. 그러나 기업가들의 정부에 대한 의존도나 의뢰도라는 것은 이제 버려야 된다고 생각합니다.

따라서, 앞으로 기업체가 부실해졌고 그 사람 가지고는 도저히 꾸려나갈 능력이 없다고 판단되거나 또 기업의 체질개선을 위해서 노력을 하지 않는 기업은 과거처럼 같은 사람한테 은행관리를 해서 뒷받침을 한다든지, 보조금을 준다든지 하는 이런 시책은 절대로 쓰지 않겠다는 것입니다.

그래서 아주 과감하게 처분을 해서 경영주체를 바꾸어서라도 다시 기업이 건전하게 나갈 수 있게 해 나가야 되겠다는 것입니다. 그러나 그런 몇 개 기업이 체질개선을 할 단계가 왔고, 또 그런 기업은 지금부터 스스로 반성을 해야 되겠지만, 일반 영세한 중소기업과 같은 분야에 대해서는 역시 정부는 별도로 여기에 대해서 특별한 검토와 육성책을 강구하고 있는 것으로 나는 알고 있습니다."

## 은행은 담보만 따지지 말고 신용대부로 기업을 키워야 한다

1971년 1월 13일, 상공부 연두순시에서 대통령은 먼저 은행은 기업에 대출을 할 때 담보만 따지지 말고 신용대부를 해서 기업을 키우겠다는 정신을 가져야 한다는 점을 강조했다.

"은행이 기업에 대출을 해줄 때 담보, 담보, 자꾸 따지는데 나는 그게 바로 돼먹지 않았다는 것입니다. 물론 은행이 돈을 꿔 줄때는 다음에 받을 수 있는 건지 따져 담보가 있어야 한다고 담보를 철저히 요구하는데 지금까지 그렇게 대부해줘 나간 돈이 전부 낭비가 돼서 회수도 못하는 그런 것이 몇 백억 묶여 있지 않느냐 말입니다.

난 그런 담보보단 차라리 그 기업체 내용을 충분히 따져 이건 얼마를 대부해 주면 반드시 공장 시설이 확장되고 앞으로 성장할 수 있다는 그 확신만 있다면 신용대부해 줘도 좋다 생각합니다.

'백만 원을 달라' 그런다고 처음부터 백만 원을 다줄 게 아니라 백만 원을 준다, 그런데 어디다 쓴다 하는 계획서를 내라 그리고 처음에는 십만 원을 주고 은행원들이 회사에 나가서 일일이 사후관리와 지도를 하고 그 다음에 또 이십만 원이 필요하다 그러면 이십만 원이 필요한 시기에 준다, 그렇게 그돈 들어간 그대로 따져 보면 결과적으로 돈이 회수된다는 게 빤한 게 아닙니까? 부동산을 하나 잡아 놓는 것보단 확실한 담보 아니에요, 신용대부를 해서 기업을 키우겠다는 그런 정신이 은행도 있어야지 그저 가만히 앉아서 담보만 따져 가지고 되겠느냐, 담보해 줘도 회수 안 되는 거가 얼마든지 있는 것 아니냐 말입니다. 은행이 그렇게 철저히 담보를 잡고 돈을 내줬는데 왜 전부 부실기업이다 뭐다 그 모양이냐 이겁니다. 우리나라 은행이라는 것이 고식적인 그런 사고방식들을 가지고는 우리나라 기업이 크지 않습니다."

대통령은 이어서 지방 도처에다가 지역출신 국회의원들이 요구한다고 해서 공업단지를 필요없는데도 자꾸 만드는 행정은 하지 말라고 경고했다.

"우리나라 수출의 장기적인 성장을 위해서는 지금 현재 있는 시설, 현재 우리가 가지고 있는 모든 여건을 최대한으로 개선하고 능률을 향상시킨다는 것이 우리의 일차적인 노력의 목표가 되어야 하겠습니다. 그 동안 공업단지를 지방 도처에다가 여기도 하나, 저기도 하나 만들어 놨는데 공장이 안 돌아가고 지금 놀고 있는 공업단지가 얼마든지 있다 이겁니다.

그렇다면 앞으로 공업단지를 더 만들지 말라 이겁니다. 적어도 지금 만들어 놓은 공업단지에 공장들이 들어가서 그 단지를 최대한으로 활용할 수 있고, 더 들어갈 여지가 없다, 그러면 어디다 또 만들어야 되겠다 이겁니다. 괜히 국회의원들이 자꾸 정부에 요구한다고 해서 인천에 하나 해라, 대구에 하나 해라, 광주에 하나 해라, 청주에도 하나 해라, 강원도에도 하나 해라, 이런 식으로 자꾸 늘려 나가는 그런 행정을 이제는 하지 말자 이겁니다.

앞으로 나는 그런 걸 허락하지 않겠습니다. 현재 있는 단지에다가 들어갈 수 있는 공장을 최대한으로 넣고 우리가 지원을 해서 공장을 빨리 많이 짓고 그래도 모자라면 또 만들면 된다 이겁니다. 물론 그 후보지가 정해져 있는 것은 좋다고 생각합니다. 그러나 지금 있는 데도 공장이 안 들어가고 땅이 놀고 있는데 또 여기다 공업단지를 만든다고 건설부에서 몇 억 투자하고 교통부에서 거기에다 철도 인입선을 끌어넣고 공업용수를 끌어온다고 그러면서 뭘 건설하고, 이런 비경제적인 일을 하지 말아야겠습니다."

**76년 수출목표 35억 달러 달성을 위해 유리한 기회를 이용하는 지혜와 노력이 있어야 한다**

1971년 3월 11일, 수출진흥 공관장회의가 서울에서 열렸다. 이 회의에서 대통령은 1970년도에 끝난 중요한 국가사업과 제3차 5개년계획에 있어서 수출목표에 관해 설명했다.

대통령은 먼저 70년도에는 지난 10년 성장의 경험을 살려 경제, 군사, 문화 등 모든 면에서 장기적인 약진의 토대를 마련했다는 사실을 지적했다.

"오늘 수출진흥 공관장회의에 즈음하여, 나는 그동안 여러 가지 어려운 여건에도 지난해 10억 달러 수출목표를 달성하는 데 이바지한 여러분들의 헌신적인 활동과 노고를 높이 치하하는 바입니다.

지난 70년도는 우리가 60년대에 이룩한 10년 성장의 저력과 경험을 발판으로 삼아, 증산·수출·건설면에서 획기적인 성과를 올림으로써, 앞으로 우리나라가 경제적으로나 군사적으로나 문화적으로나 모든 분야에서 장기적으로 발전할 수 있는 약진의 토대를 마련한 역사적인 해였습니다.

자주국방 태세의 기반을 다져 놓았고, 다변외교의 발판을 확장하였으며, 농업개발의 기초작업을 대충 끝내고, 경부간 고속도로를 완공하는 등, 우리는 지난해에 중대한 과업을 많이 성취하였습니다만, 그중에서도 가장 흐뭇하고 자랑스러운 것은 역시 10억 달러 수출목표를 무난히 달성했다는 사실입니다.

수출은 두말할 것도 없이, 경제건설에 대한 국민의 의욕과 정부의 행정능력, 그리고 우리나라의 과학과 기술과 경영수준이 집중적으로 나타나는 국력의 총화라고 할 수 있습니다.

따라서 10억 달러 돌파는 우리의 종합 국력이 그만큼 크게 향상되었다는 것을 의미할 뿐 아니라, 우리가 공업화를 촉진하고 경제의 고도성장을 지속시켜 완전 자주경제를 이룩하는 데 새로운 전기를 마련했음을 말해 주는 것이 아닐 수 없습니다.

하나의 큰 고비로 생각되었던 10억 달러 대를 넘어섬으로써, 이제 우리의 수출은 계속적으로 크게 신장해 나갈 수 있는 전망이 밝아졌습니다."

대통령은 이어서 제3차 5개년계획의 목표연도인 76년의 수출목표 35억 달러를 달성하기 위해 우리에게 유리한 여건과 기회를 최대한 이용하는 지혜와 노력과 분발이 있어야겠다는 점을 강조했다.

"며칠 전에 확정된 제3차 5개년계획에 있어서, 우리는 수출신장률을 연평균 22.8%로 잡고 있는데 이것은 지금까지의 신장률인 40

% 내지 43%에 비해서는 훨씬 낮은 수준입니다.

그러나 여러 가지 여건에 비추어 이 정도의 신장률을 지속시켜 나가는 것이 무난하고 또 합리적이라고 판단하여, 우리는 제3차 5개년계획 목표연도인 76년도 수출고를 35억 달러로 책정하고 있습니다.

3차 5개년계획의 기반을 다지는 하나의 조정 기간이라고 할 수 있는 금년도의 수출목표는 13억 5천만 달러입니다.

이 목표를 달성하는 데 있어서는, 보호무역주의 장벽 등 험난한 난관도 없지 않겠지만, 반면에 금년도 하반기부터 실시되는 이른바 후진국에 대한 선진국의 특혜관세제도 등 좋은 기회와 여건도 있는 것입니다.

따라서, 우리가 수출입국을 이룩할 수 있느냐 없느냐를 가름하는 열쇠는, 우리에게 어떠한 난관도 이를 뚫고 나가려는 굳센 의지와 결의가 있느냐 없느냐, 또는 유리한 여건이나 기회를 최대한으로 이용하는 지혜와 노력과 분발이 있느냐 없느냐에 달려 있다고 하겠습니다.

나는 우리 국민들이나 정부나 기업인이나 기술자나 근로자들이 더욱더 합심협력해서, 예년에 발휘했던 그러한 의욕과 분발과 노력을 경주해 나간다면, 우리의 수출은 계속 늘어날 수 있다고 믿습니다.

지금 국내에서는 수출산업의 시설확충과 제도개선을 비롯하여 수출자유지역 건설 등 여러 가지로 노력하고 있습니다만, 이에 못지않게 해외에 주재하고 있는 공관장 여러분의 노력과 분발도 더욱 새로운 바 있어야겠다는 것을 강조해 두는 바입니다.

시장을 확대하거나 또는 새로이 개척하고 합작투자를 유치하며, 필요한 정보를 신속히 모집하거나 사업을 알선하는 등 여러분들이 우리의 수출시장에서 전개하는 각종 활동과 노력 여하에 따라, 국내

수출산업의 발전과 수출증대가 좌우된다는 것을 명심하고 가일층 분발을 스스로 다짐하는 바 있어야 하겠습니다.

한편, 우리의 줄기찬 해외진출과 높은 수출실적에 당황하고 있는 북괴는 최근 중공을 업고 아프리카·중남미 등 여러 지역에 침투해 보려고 광분하고 있습니다.

여러분들은 이러한 북괴의 진출을 효과적으로 저지할 수 있는 만반의 조치를 취해야 할 뿐 아니라, 그들보다 한걸음 앞질러 중립국이나 경우에 따라서는 비적성 공산국가와도 접촉하여 국가이익을 최대한으로 도모할 수 있도록 다각적으로 노력해 주시기 바랍니다.

아무쪼록, 본국 정부의 관계관과 공관장 여러분들이 지난해의 활동과 실적을 분석 평가하고, 건설적인 의견을 모아 획기적인 수출진흥 방안을 모색하는 이 모임에 많은 성과 있기를 바라면서, 금년도 수출목표도 꼭 달성할 수 있도록 힘써 줄 것을 거듭 당부하는 바입니다.”

### 국제정세와 해외시장 변화가 우리의 수출증대에 어두운 그림자를 드리우고 있다

1971년 11월 30일, 제8회 수출의 날에 대통령은 최근의 국제정세 변화와 해외시장 변화가 우리의 수출증대에 어두운 그림자를 드리우고 있다는 사실을 지적하고 이를 극복하기 위한 노력의 방향에 대해 설명했다.

“우리가 수출의 날을 정하여 수출증대를 위한 분발과 노력을 다짐해 온지도 오늘로서 벌써 8년째가 됩니다.

그동안, 우리는 해마다 이 자리에서 남다른 창의와 노력을 다하여 수출증대에 이바지한 유공자를 표창하고 격려해 왔습니다.

지금 이 자리에는 국내외 어려운 여건 속에서도 금년도 수출목표를 달성하는 데 뛰어난 공적을 남겨, 영예의 훈장과 표창을 받게 된 수상자 여러분이 나와 계십니다.

나는 이 자리를 빌려, 수상자 여러분의 오늘의 영광을 축하하고, 그간의 노고를 높이 치하하는 바이며, 아울러 이분들과 함께 지난 1년 동안 수출전선에서 고락을 같이 해 온 기업인과 기술자, 기능공을 비롯하여 각계각층에서 측면 지원을 다해 온 공무원과 일반 국민들의 숨은 노고에 대해서도 감사의 뜻을 표하는 바입니다.

그동안, 우리의 수출은 양적으로 증대했을 뿐 아니라, 질적으로도 크게 발전하였습니다.

60년대 초에 2, 3천만 달러에 불과하던 우리의 수출고는, 64년 이 날 처음으로 1억 달러를 기록한 이래, 해마다 약 40퍼센트라는 높은 신장을 거듭하여, 작년에는 드디어 10억 달러 고비를 넘어섰고, 금년에도 벌써 지난 10월 말 현재 10억 달러를 돌파함으로써, 목표액 13억 5천만 달러를 무난히 달성할 것으로 기대되고 있습니다.

수출상품 구조도 농산물 위주로부터 공업품 중심으로 바뀌었으며, 품질은 크게 개선되었고, 품목도 다양화되었습니다.

이러한 수출의 고도신장의 결과, 이제 우리나라의 공업은 경공업에서 중화학공업으로 고도화를 지향할 수 있는 바탕 위에 올라섰고, 수출도 강화된 자체 추진력을 저력으로 삼아, 정부주도형 수출체제에서 민간주도형 수출체제로 이행할 단계에 왔다고 믿습니다.

그러나 최근 국제정세와 해외시장의 변화는 우리의 수출전망에 어두운 그림자를 던져주고 있으며, 그 어느 때보다도 우리들의 피땀 어린 분발과 노력을 촉구하고 있습니다.

개발의 연대라고 불렸던 지난 60년대는 '케네디 라운드' 또는 '남북문제의 해결' 등으로, 선진제국이 후진국가들에 대하여 경쟁적으로 추파를 던지던 시대였고, '무역의 자유화', '자본의 자유화'라는 구호 밑에 각종 통제와 제한이 철폐되었기 때문에, 개발도상국에게는 비교적 유리한 수출여건이 조성되었던 때라고 할 수 있습니다.

그러나 67년 이래 태동하기 시작한 미국의 신보호주의적 경향은 지난 8월 10퍼센트 수입과징금의 부과로 발전했고, 섬유류수입 규제조치의 강행은 캐나다, 호주, 덴마크 등에 연쇄반응을 일으켜, 우리의 수출에 적지 않은 타격을 주었으며, 중공의 유엔가입과 인접 일본의 중공 접근, 영국의 구주 공동시장기구 가입과 블럭 경제권의 확장강화, 국제통화의 불안, 그리고 개발도상국들의 성공적인 공업화 등으로, 국제시장의 양상은 나날이 변화하고, 국제경쟁은 더욱더 치열해지고 있습니다.

만일, 우리가 이러한 냉혹한 환경을 극복하지 못하고, 새로운 방향과 활로를 개척하는 데 실패한다면, 우리의 수출은 더 이상 신장될 수 없을 것이며, 우리 경제의 지속적인 성장은 중대한 위협을 받게 될 것입니다."

대통령은 끝으로 기업에 대한 지나친 보호조치 철폐, 기업의 비도덕적인 행위 처벌을 비롯한 수출난관 극복 방책에 관해 설명했다.

"우리는 어떠한 일이 있더라도 이 난관을 극복하고, 치열한 국제경쟁에서 이겨야 합니다.

문제는 우리들의 결의와 자세입니다. 우리는 보다 슬기로운 창의력을 발휘하여, 수출상품의 질을 더욱 고급화하고 국제경쟁력을 크게 강화함으로써 수출시장을 더욱 다변화해 나가야 하겠습니다.

새로운 상품, 새로운 시장을 개척하는 데 있어 즉흥적인 착상에 의존하지 말고, 사전에 그 시장의 수요구조, 기호상태, 나아가서는 정치, 사회제도 등까지도 다각적으로 조사연구하여, 이에 따른 수출전략을 면밀히 수립한 다음에, 수출에 임하도록 해야 할 것입니다.

그러기 위해, 생산업계와 수출업계 그리고, 이를 지원하는 공무원과 일반국민은 모두 심기일전하여 수출입국의 깃발 아래 굳게 뭉쳐 창의적인 노력을 계속해 나가야 하겠습니다. 우리에게는 슬기가 있으며, 능력이 있습니다. 다만, 한 가지 명심해야 할 일은 안일한 사고방식을 버리고, 부지런하고 꾸준히 노력해 나가야 한다는 것입니다.

이러한 노력을 계속해 나갈 때, 그 전도가 아무리 험난하다 하더라도 우리는 능히 계획된 수출목표를 달성할 수 있다고 믿습니다.

앞으로 정부는 제발로 서서 걸어갈 수 있는 기업에게 효과 있는 지원을 계속할 것이며, 모든 무역 절차도 선량한 업자를 대상으로 운영할 것입니다.

그러나 경제성과 채산성을 무시한 지나친 보호적 노력은 결코 되풀이하지 않을 것이며, 정부의 수출장려 정책을 외화도피나 사치풍조의 조장 등으로 악용하려는 비도의적인 행위가 발견된다면, 정부는 이를 단연코 용납하지 않을 것입니다.

국력의 기초는 경제건설이며, 경제건설의 추진력은 바로 수출진흥입니다.

내년부터 우리는 조국통일의 초석이 될 제3차 5개년계획을 시작하게 됩니다.

이 제3차 계획을 성공적으로 완수할 수 있느냐 못하느냐는, 곧 계획기간 중 수출목표를 예정대로 달성할 수 있느냐의 여부에 달려 있는 것입니다.

우리는 온갖 슬기와 노력을 수출목표 달성에 집결시켜, 3차 5개년계획을 성공적으로 완수할 수 있도록 더욱 분발해 나갑시다. 그리하여, 자립경제의 터전 위에, 조국통일을 앞당겨 구현하는 기쁨과 영광을 쟁취합시다."

## 우리 경제는 고도성장과 수출신장을 지속하는 저력을 보였다

1972년 1월 11일, 연두기자회견에서 대통령은 우리 경제는 국내외로부터 많은 충격을 받았으나 큰 동요 없이 고도의 경제성장과 수출신장을 지속하는 저력을 보였다는 점을 강조했다.

(중략) "경제적인 측면에서 볼 때 작년은 이미 말씀드린 바와 같이 우리의 2차 경제개발 5개년계획의 마지막 해였습니다. 우리의 2차 5개년계획은 이를 1년 앞당겨 재작년 1970년 말에 벌써 모든 목표를 달성했습니다. 작년 1년은 하나의 예비기간이라고 할 수 있으며, 3차 5개년계획으로 넘어가기 위한 하나의 준비 기간이라고 할 수 있습니다. 작년 1년은 그 동안 2차 5개년계획기간의 고도성장 과정에서 일어난 여러 가지 부작용 또는 문제점들을 하나하나 우리가 보완을 하는 데 역점을 두었던 것입니다. 작년에 우리 경제는 내외로부터 여러 가지 많은 충격을 받은 바가 있습니다.

아시는 바와 같이, 지난 여름 닉슨 미국대통령이 취한 소위 달러방위조치, 또 여기에 부수해서 미국에 들어가는 모든 수입품에 대한 10% 부가세 부과문제, 이로 인한 국제통화의 혼란, 또 여기에 따르는 각국 정부의 자국통화에 대한 평가절상, 또는 절하 등 조치가 있었습니다. 특히, 작년에 미국정부가 섬유제품 수입에 대한 규제조치를 한 다음 우리의 대미수출은 큰 타격을 받았던 것입니다. 뿐만 아니라, 우리 내부에서도 작년 6월 환율조정을 했습니다.

즉, 우리 통화에 대한 평가절하를 한 바가 있습니다. 이러한 여러 가지 조치는 우리 경제에 직접 간접으로 충격을 준 것이 사실입니다. 이러한 여러 가지 어려운 여건이 있었는데도 불구하고 작년에 우리 경제는 10.2%라는 고도의 성장을 했습니다.

이것은 무엇을 증명하느냐 하면 우리 경제도 이제 그만큼 저력이 생겼다는 것입니다. 밑바탕이 그만큼 튼튼해졌다는 것입니다. 밖으로부터 또는 내부로부터 다소의 영향 또는 충격이 있더라도 큰 동요 없이 지금까지 지속해 오던 성장을 그대로 지속할 수가 있는 저력이 생겼다고 볼 수 있습니다.

이것은 또한 금년부터 우리가 출발시키려고 하는 제3차 경제개발 5개년계획을 출범시킬 수 있는 튼튼한 바탕이 마련되었다고 우리는 보는 것입니다.

작년에 이룩한 몇 가지 성과를 들어본다면 아까 말씀드린 바와 같이 국민총생산에 있어서 10.2%의 고도성장을 가져 왔고, 또한 수출에 있어서는 밖으로부터의 경제적인 충격, 특히 미국의 섬유류제품 수입에 대한 규제조치 등등으로 해서 목표달성이 어렵지 않겠느냐 하는 이야기가 많이 있었습니다마는, 결과적으로는 작년 연말 우리는 목표액 13억 5,000만 달러를 약간 초과달성했던 것입니다.

또한, 중화학공업의 일부문인 종합제철공장의 건설공사도 예정대로 추진이 되어 내년 여름이면 완공될 단계에 와 있습니다. 석유화학공업의 건설도 모든 것이 대부분 예정대로 지금 추진이 되고 있습니다.

또한, 정부가 그 동안 각별히 역점을 두었던 기계공업 육성을 위해서 작년에 우리는 시설의 근대화와 각종 기계의 국산화를 촉진하고 정부가 여러 가지 지원도 했고 업계에서도 많은 노력을 했습니다. 또 하나, 작년 우리 경제계에서 일어난 특색은 우리 기업의 체질개선과 국제경쟁력 강화를 위해서 정부나 업계에서 많은 노력을 했다는 사실입니다. 산업합리화와 경영합리화 운동이 업계에서 지금 활발히 일어나고 있습니다.”

대통령은 이어서 중화학공업 육성계획에 대해 설명했다.

“다음에 중화학공업 육성문제에 대해서 말씀드리겠습니다.

첫째는 종합제철, 지금 포항에 건설하고 있는 103만 톤 규모의 종합제철은 내년 여름 7월에 완공될 수 있도록 모든 공사가 계획대로 추진이 되고 있고, 이 공장이 완성됨으로써 연간 1억 500만 달러 수입 대체가 가능합니다.

그만한 철강제를 외국에서 가져오던 것을 국내에서 생산하게 된다는 것입니다. 석유화학 분야에 있어서는 지금 16개 공장이 추진되고 있는데, 이것도 거의 대부분이 내년까지는 완성될 것으로 봅니다. 이 공장들이 제3차 5개년계획기간 중에 완성되어 약 1억 1,000만 달러 수입 대체가 가능할 것입니다. 조선공업도 3차 5개년계획기간에 크게 힘을 들이고 있습니다.

지금 추진하고 있는 것이 30만 톤급 선박을 만들 수 있는 대규모 조선공장인데 이것이 이루어짐으로써 우리나라의 조선 능력이 종전보다 약 7배가 더 증대되는 것입니다.

이 조선소의 완성으로 우리는 전세계 10대 조선국 중에 들게 되며, 연간 약 2억 달러 정도를 수출할 수 있는 전망을 가지고 있습니다."

### 닥쳐오는 시련을 우리 경제의 체질과 국제경쟁력을 강화하는 계기로 삼아야 한다

1972년 1월 12일, 경제기획원 연두순시에서 대통령은 먼저 국내외적으로 어려운 일이 닥쳐오는 이런 시기일수록 우리는 이 시련을 우리 경제의 체질과 그 국제경쟁력을 강화하는 좋은 기회로 삼자는 자세로 노력해야 된다는 점을 강조했다.

"작년에는 우리 경제가 여러 가지 어려운 역경하에 있었음에도 불구하고 정부나 기업들이나 또 모든 국민들이 일층 분발하여 9.2% 성장을 가져 왔습니다. 그 동안 온 국민이 얼마만큼 경제개발에 총력을 경주했고, 어려운 역경을 극복하는 데 대해 얼마나 힘을 써 왔는가 하는 것을 알 수가 있습니다.

금년도에 우리 경제도, 지금 브리핑 속에 모든 것이 그대로 나타나 있습니다마는, 국내적으로나, 국제적으로나 여러 가지 어려운 일이 많이 닥쳐오리라는 것이 충분히 예측이 됩니다. 그러나 우리는 덮어놓고 앞으로 다가올 어려운 문제에 대해서 두려움만 가진다든지, 공연히 쓸데없이 엄살만 떤다든지, 이럴 필요가 없이 오히려 어려운 여건, 어려운 환경, 이런 것을 우리 경제의 체질을 강화하고 또 국제경쟁력을 더 강화하는 하나의 좋은 계기로 삼자는 자세를 가지고 나갔으면 합니다.

우리가 겪는 여러 가지 국제적으로 오는 영향은 비단 우리 대한민국 경제만이 겪는 것이 아니라 동남아시아에 있는 모든 개발도상국가들은 다 마찬가지고, 더군다나 일본이다, 미국이다 하는 선진국가 역시 정도의 차이는 있습니다만 이 영향을 똑같이 겪는 것입니다. 문제는 누가 이런 것을 잘 겪고, 이것을 이겨나갈 수 있는 그런 체질이 강하고 경쟁이 더 강하냐 하는 데 달려 있는 것입니다. 오늘의 어려운 여건은 우리 경제의 체질과 경쟁력을 강화할 수 있는 그런 자세로 나간다면 그렇게 염려할 이유도 없고 오히려 전화위복이 될 수 있는 좋은 계기가 아니냐, 이렇게 생각이 됩니다.

지금 우리나라에는 비상사태가 선포되어 있고, 모든 국민들이 비상체제 확립과 국가안보를 위한 총력 안보체제를 확립하는 일에 분발하고, 모든 것을 자숙을 하고 긴축을 해 나가고 있는데, 이런 여건하에서 우리 경제도 여기서 발맞추어 나가야 되겠다, 이렇게 생각됩니다. 그것은 결코 어떤 지나친 통제라든지, 무슨 규제를 하자는 그런 뜻이 결코 아니고 우리도 예산을 보다 더 효율적으로 사용하는 데 더 노력을 한다든지, 불요불급한 예산을 과감하게 억제하고 긴축을 해 나간다든지, 그래서 개방된 자유경제 체제하에 있는 우리 경제의 장점을 살리고 더욱 확대해 나가야 하겠다는 것입니다. 특히 국제수지 개선에 각별한 관심과 노력이 있어야 될 줄 압니다."

## 가득액만 따지지 말고 수출액수를 계속 늘려 나가야 한다

1972년 1월 13일, 상공부 연두순시에서 대통령은 먼저 우리의 수출이 현 수준에서 멈춰 버리고 더 이상 성장하지 못한다면 한국경제는 볼장 다 보게 된다고 경고하고 가득액만 따지지 말고 수출액수를 계속 늘려나가야 한다는 것을 강조했다.

"작년에 여러 가지 어려운 여건하에서 상공부 장관 이후 상공부 모든 직원들이 애를 많이 써서 13억 5천만 달러 수출목표 달성하는 데 수고를 한 데 대해서 치하를 드립니다.

어제 경제기획원에 가서도 얘기했지만 우리가 살 길은 솔직히 말하면 수출하는 데 있습니다. 무슨 일이 있더라도 수출을 자꾸 해야 됩니다. 가득액, 가득액 하지만 가득액을 많이 올리면 좋지만 그게 안 되는 한이 있더라도 본전 밑지지 않을 정도면 하여튼 액수를 올려야 된다, 내 주장이 그겁니다. 그렇게 해야 우리 경제가 지속 성장의 활기를 잃지 않고 앞으로 뻗어나갈 수 있는 추진력을 그대로 가져갈 수 있습니다.

수출이 여기서 그만 멈춰 버렸다든지, 위축됐다든지, 더 성장 안된다, 이래 놓으면 한국경제라는 것은 이제 볼장 다 본 것입니다. 솔직히 말해서, 지금 여러 가지 국제경제의 형편을 볼 때는 과거보다 점점 더 어려운 문제가 앞으로 다가옵니다. 이걸 우리가 뚫고 극복을 해 나가야 되겠습니다. 이것은 어려운 고비지만 우리 경제가 한번 비약을 할 수 있는 좋은 찬스가 아니겠느냐 생각됩니다. 왜냐하면 우리가 당하는 이러한 어려움이라는 건 우리 대한민국 경제계만 당하는 게 아니라 다른 나라도 다 당한다, 우리하고 같은 개발도상에 있는 나라가 전부 똑같은 애로에 부딪치는 데 누가 더 이것을 견딜 수 있느냐, 힘이 세냐, 경쟁력이 강하느냐, 여기에서 우열이 결정된다고 봅니다.

일단 이것은 우리 경제가 체질을 바꾸고 경쟁력을 강화할 수 있는 좋은 계기다, 이 고비를 넘기면 지금은 우리하고 비등하게 가는 나라들보다 우리가 훨씬 더 앞서 버리고 그 사람들이 우리보다 뚝 떨어져 버린다, 나는 이렇게 보는 겁니다.

그걸 하기 위해 우리 업계가 요즘 모두 노력을 하고 있는 줄은 압니다. 기업의 체질개선, 경영합리화, 경쟁력강화 등 여러 가지 노력을 많이 하고 있고, 오늘 아침에도 신문에 보니까 어느 기업체에서는 이사진을 줄이고, 기구를 축소하는 등 여러 가지 경영합리화에 대해서 노력을 많이 하고 있는 모습이 나타나고 있는데 좀 더 노력을 해야 되겠습니다. 오전에 농림부에 가서도 우리 농촌이 빨리 일어서자면 농민들이 정신

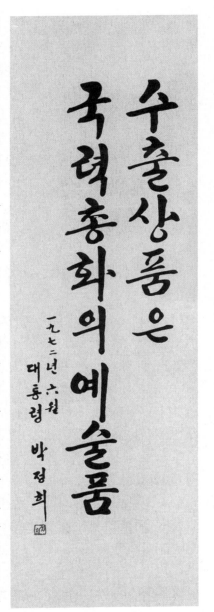

수출상품은 국력총화의 예술품

一九七二년 六월
대통령 박정희

차리고 자조, 자립정신이 농민들 가슴속에서 스스로 우러나야 되겠다. 그걸 하기 위해서는 역시 농촌지도에 임하는 공무원 기타 모든 농촌지도자들이 먼저 그런 정신자세가 되어 농민들을 지도해야 되겠다는 것을 얘기했습니다.

상공분야에 있어서도 우리 기업가들이 모두 그런 정신자세를 갖춰 여러 가지 노력을 하게끔 만들기 위해서는 역시 우리 정부나 또 상공부 모든 직원들부터 먼저 모두 그런 자세가 되어 앞장을 서서 기업가들을 지도를 해야 되리라고 생각합니다."

대통령은 이어서 앞으로 수출을 위해서는 전략수출산업을 발전시켜야 한다는 점을 강조했다.

"앞으로 수출을 위해서 우리가 지금 생각하고 있는 전략수출산업은 조선공업이다, 전자공업이다 하는 것 등이다, 특히 전자공업 부문에 대해서는 내가 상당히 기대를 걸고 있는데, 그것이 이렇게 지지부진하고 성장속도가 늦다는 것은 그 원인이 뭔지 잘 모르겠다, 특별히 좀 더 연구를 해가지고 빨리 육성해야 됩니다. 작년에만 해도 자유중국이 전자공업 부문에서 2억 5천만 달러 수출했다는 거 아닙니까? 작년에 우리는 전자 부문에서 자유중국의 6분의 1 정도도 안 된다 이겁니다. 그리고 지금 우리가 추진하고 있는 조선공업 같은 것도 나는 상당히 큰 기대를 가지고 있는데, 물론 현대건설에서 하고 있는 것도 있지만, 현재 있는 조선공사는 오전에 어떤 일본 사람을 만나서 물어보니까 문제점이 많다는 겁니다. 구체적으로 어떤 점을 지적하는지 모르겠는데 이런 문제점도 빨리 해결해야 되겠다 이겁니다."

대통령은 이어서 상공부 공무원의 고식적으로 행정을 하는 자세에 대해 쓴 소리를 했다.

"그 동안에 상공부 장관 이하 직원들이 밤잠을 안 자고 애쓴 걸 누구보다도 내가 잘 아는데 금년도 우리가 중점적으로 힘을 들여야 되겠다고 생각하는 그런 부문은 장관도 주말에 공장도 가보고 밑에 직원들도 가보고 급한 문제는 급한 대로 빨리 결론을 내야 상당히 급한 문젠데 그저 부처 간에 얘기만 빙빙 돌고 결론도 안 나고 몇 달씩 그냥 보낸 예가 많은데 금년에는 중점 분야는 빨리 결정을 해야 되겠습니다. 필요하면 나도 회의에 나오라면 나갈 테니까, 안 그러면 나한테 와서 회의를 해도 좋으니까, 빨리 결론을 내 지원을 빨리 하잔 말입니다. 그래야 성과가 나지요.

그리고 작년에도 얘기했지만, 수출도 국제시장의 사정이 전반기에는 수요가 적어서 적게 나가고 후반기에는 많이 나간다고 그러는데 작년엔 비교적 그것이 그전보다는 좋아졌다고 봅니다. 그 전에 보면 연초에는 소걸음으로 나가다가 연말에 가면 바빠서 막 뛰기 시작하는데 연초부터 월별 목표량을 책정해 어떻게 하든지 매달매달 목표달성을 한번 해나가 보란 말입니다. 연말 가서는 장관 이하 전 직원들이 붙어 앉아서 오늘 배가 떠났느냐, 안 떠났느냐, 이런 식으로 하지 말고 연초부터 나누어서 하면 훨씬 더 여유 있게 할 수 있지 않겠느냐 이겁니다."

## 우리 경제는 중화학공업 시대에 접어들어가고 있다

1972년 3월 23일, 울산 미포만 백사장에는 5천 여명의 울산시민과 주한외교 사절단들이 참석한 가운데 현대건설 울산조선소 기공식이 거행되었다.

조선산업은 해운업, 수산업, 군수산업 등에 사용되는 각종 선박을 건조하는 종합조립산업이며, 산업구조상으로는 중화학공업으로서

관련산업에 대한 파급효과가 대단히 큰 산업이다. 즉, 조선산업은 해운, 수산, 방위, 레저산업 등의 전방산업 발전의 기초가 되며, 또한 철강, 기계, 전기, 전자, 화학 등의 후방산업에 지대한 파급효과를 가져온다. 조선산업은 기술집약적이고 장치산업의 특징을 가지고 있으면서 실제 집행측면에서는 노동집약적인 산업이다. 세계 조선시장은 1950년대 중반까지는 영국을 중심으로 하는 유럽조선의 독무대였다. 그러나 1956년부터는 새로운 생산기법을 도입해 선박을 건조하기 시작한 일본이 영국을 누르고 세계정상을 유지해 왔다.

우리나라는 1960년대 초까지 조선공업이 침체의 늪에서 벗어나지 못하고 있었다. 그러나 1, 2차 경제개발 5개년계획이 성공적으로 추진되면서 수출입 해상물동량이 크게 늘어나고, 또 해상방위용 선박의 필요성도 증대했다. 제3차 5개년계획의 중점사업은 중화학 공업 건설과 농어촌근대화 그리고 수출의 획기적인 증대였다.

대통령은 철강, 석유화학, 기계, 전자, 비철금속과 함께 조선을 중화학공업의 6개 전략사업으로 정하고 이를 중점적으로 육성하기로 했다.

대통령의 이러한 방침에 따라 정부는 1970년에 조선공업 진흥계획을 수립하여 조선공업을 수출산업으로 성장시키기로 하였다.

그 후 대통령은 몇몇 대기업 대표들에게 조선공업 건설을 권유했다. 그러나 그들은 불가능한 일이라고 생각하고 주저했다. 현대건설 정주영도 그중의 한 사람이었다.

69년 연말의 어느 날 대통령은 정주영을 청와대로 불러 앞으로 세계경제가 크게 확장되고 우리나라의 수출이 증대하면 물건을 수송할 선박수요가 늘어날 것이라고 말하면서 조선공장을 하나 건설해 보라고 권유하고, 우선 세계적인 조선강국을 둘러보고 계획안을 만들어서 정부가 도와줘야 할 일이 무엇인지 보고하라고 당부했다.

울산 현대조선소에 들러 정주영 회장으로부터 설명을 듣고 있는 박 대통령 (1973. 7. 3)

정주영은 여러 나라의 조선소를 찾아다니며 조선소 건설에 필요한 자금과 장비와 기술의 도입문제에 관해 외국 관계기관과 은행을 상대로 교섭하였다. 그러나 그들이 한결같이 한국에서는 조선소건설이 성공할 수 없다고 등을 돌렸다.

정주영은 귀국해서 대통령에게 보고했다. 조선소건설은 불가능하며 자기는 자신이 없어서 못하겠다는 것이다.

그러나 대통령은 포기하지 않았다.

'현대와 같은 큰 기업은 조선소와 같은 큰 사업을 성공적으로 추진하여 국가에 기여하고 국민에게 봉사할 줄 알아야지, 이런 큰 사업을 어렵다고 쉽게 포기해 버린다면 현대라는 기업의 장래는 물론이고 우리 경제의 앞날에 무슨 희망이 있겠는가? 경부고속도로 건설도 처음부터 가능하다고 생각해서 뛰어든 것이 아니지 않은가?

모두가 불가능하다, 안 된다고 하는 것을 현대건설이 해낸 것 아닌가? 경부고속도로를 완공한 현대건설이라면 현대적인 조선소 하나는 능히 건조할 수 있다고 믿고 권유한 것인데 안 되겠다고 하니 정말 뜻밖이다.'

정주영은 대통령의 간곡한 권유와 자기에 대한 기대를 저버려 대통령을 뵙기가 부끄럽고 송구스럽고 죄송하다는 말을 되풀이하며 고개를 떨구고 있었다.

대통령은 한 동안 아무 말 없이 정주영을 쳐다보다가 차분한 목소리로 정주영을 설득하기 시작했다. '큰 사업에 한번 도전해 보겠다는 모험정신 없이 그렇게 심약한 소리 해 가지고 우리나라 기업이 어떻게 세계적인 기업으로 성장하겠느냐, 오늘의 조선강국이 된 나라들이 처음부터 그렇게 된 것이 아니지 않느냐. 그 사람들도 아무 것도 없는 상태에서 시행착오를 겪으면서 성사시킨 것 아니냐, 황무지에서 시작하려면 두렵기도 하고 또 현실적으로 많은 어려움에 직면할 것이다. 무슨 일이든 처음에는 불안하고 어려운 것이다, 어려워서 못하겠다고 주저하지 말고 큰 마음 먹고 한번 해보시오. 뒤는 내가 책임지고 도와주고 밀어줄 터이니 나를 믿고 대한민국 조선공업의 개척자가 되겠다는 꿈을 가지고 도전해 보란 말입니다.

정 사장이 정말 못하겠다면 할 수 없이 다른 기업인을 찾아봐야겠지만 정 사장만큼 도전정신과 추진력 있는 사람을 얻기는 힘들 것 같다. 한번 더 용기를 내서 도전해 봐요. 정 사장이면 능히 할 수 있어요. 나는 그렇게 믿고 있다'고 정주영의 역량을 높이 평가하고 용기와 자신감을 북돋워 주었다.

대통령은 어떻게 해서든지 세계 최대의 조선소를 건설하고야 말겠다는 확고한 신념을 거듭 밝히고, 정부의 관계기관과 해외공관장에게 가능한 모든 지원을 해주도록 할 터이니 한번 더 힘써 보라고 권유했다.

　현대건설이 안 맡으면 다른 기업을 지원해서라도 조선소를 건설하겠다는 대통령의 결의가 너무나 확고하다는 것을 확인한 정주영은 생각을 바꾸었다. 정주영은 모든 것을 지원해 주겠다는 대통령의 언약에 용기를 내어 대통령 말씀대로 다시 한번 뛰어보겠다고 다짐하고 청와대를 나섰다. 그로부터 불과 몇 년 후 정주영은 대통령의 파격적인 지원을 얻어 한반도 남단의 해변가에 그야말로 세계적인 조선소를 건설하는 데 성공했다.

　정주영은 해외자금과 기술을 도입하여 1972년 3월 23일 울산조선소를 기공했고, 74년 6월 28일에 1단계 공사를 완료하게 된다. 그리고 그리스로부터 주문 받은 어틀랜틱 배런호와 어틀랜틱 배러니스호를 1단계 공사를 하면서 동시에 건조하여 이를 인도한다. 1960년대 말에 조선소건설을 위해 외국에 차관을 얻으러 갔다가 '한국에서 만든 배가 바다에 뜨겠느냐'는 조롱을 받으며 차관을 거절당했던 우리나라가 바로 그 나라들에 최신형 대형선박을 수출하는 세계 최대의 조선국가로 발돋움하는 첫 출발의 뱃고동이 울산 앞바다에서 5대양 6대주를 향해 울려퍼진 것이다.

　그리하여 1973년 현대중공업은 당시에는 생각조차 못했던 26만 톤급 초대형 유조선을 건조하여 세계조선시장에 한국조선의 등장을 알렸다. 세계조선계가 깜짝 놀란 쾌거였다. 그 후 10년도 안 된 1981년에 우리나라는 양적인 면에서 세계 제2위의 조선국이 되었다. 1990년대에 우리 조선산업은 성숙산업의 면모를 갖추기 시작했고, 96년 조선수주량은 7백만 톤(G/T)으로 세계조선시장의 30%를 점유하여 일본 다음으로 2위를 유지하였으며, 금액으로는 70억 달러에 이르렀다. 이에 따라 조선산업은 자동차, 반도체와 함께 우리나라 경제성장의 견인차 역할을 했다.

2천년대에 있어서 우리의 조선산업은 기술, 생산능력, 품질수준 등에 있어서 세계정상에 우뚝 서게 된 유일한 분야로 우리나라의 효자산업으로 성장했다.

특히, 조선산업은 설계는 물론 기자재 등의 조달에 있어서 90% 이상으로 국내 중화학공업 중에서는 가장 높은 수준의 국산화율을 보이고 있다. 우리의 조선기술 수준은 세계적인 수준에 있으며, 세계조선 시장에 기술과 조선기자재를 공급하고 있다.

그리고 일반상선의 건조비중을 낮추고, 상대적으로 부가가치가 높은 LNG선, 여객선, 고속선, 중대형 함정, 잠수함 등 사업분야로 확대하고 있다.

1960년대 초소형 목선을 건조하는 수준에 머물러 있던 우리의 조선공업이 반세기도 안 되어 세계에서 1, 2위를 다투는 선진조선공업으로 비약한 것이다. 특히, 현대중공업은 세계조선 역사 위에 두 개의 신화를 창조했다. 그 하나는 조선소를 건설하면서 동시에 두 척의 대형선박을 건조하기 시작하여 74년 6월 조선소의 1차 준공과 함께 두 척의 선박을 수출한 것이다. 이것은 세계에서 유례가 없는 일이다. 또 하나는 2004년 도크 없이 땅 위에서 대형선박을 건조하는 이른바 육상건조법이다. 이것도 세계에서 초유의 일이었다.

대통령은 현대조선소 준공과 2척의 대형선박 진수식을 보면서 누구보다 기뻐했다. 그것은 말할 것도 없이 지난 2년여 동안 각별한 관심을 가지고 모든 지원을 아끼지 않았던 이 조선소건설이 마침내 완공되었다는 데 대한 기쁨이었다. 그러나 대통령이 이 조선소 완공을 기쁘게 생각한 데에는 또 다른 이유가 있었다. 대통령은 우리가 추진하고 있는 6대 중화학공업 사업의 하나인 조선공업의 첫 사업이 석유파동으로 인한 국제경제의 불황과 국내경제 여건의 악화에도 불구하고 성공했다는 사실은 우리나라 중화학공업 발전에 대한 확신을 갖게 하는 경사라고 생각했기 때문이다.

재3차 5개년계획과 제4차 5개년계획기간에 철강, 비금속, 조선, 기계, 화학, 전자 등 중화학공업 건설사업에는 많은 중소기업들이 참여했고, 이들 기업은 동종사업 분야에서는 국제사회에서 선진공업국가의 기업들과 대등하게 경쟁할 수 있는 대기업으로 성장했다. 중소기업들이 그렇게 대기업으로 성장할 수 있었던 것은 중화학공업 국가건설을 위해서 이들 기업에 대해 '특혜'를 주고 '특단의 조치'를 해주었기 때문이다. 한 마디로 이들은 제1차 5개년계획 때부터 대통령이 직접 권유하고 설득하면서 특혜적인 특단의 지원을 해주어 키워낸 기업이고 기업인들이다. 정주영도 그러한 기업인의 한 사람이었고, 현대건설과 현대조선도 그러한 기업이었다.

대통령은 이날 기공식에서 먼저 우리 경제는 중화학공업 시대에 접어들어가고 있다는 사실을 설명했다.

"친애하는 국민 여러분!

오늘 이 자리에 우리나라에서 처음으로 50만 톤급 대형조선소의 기공식을 보게 된 것을 여러분들과 더불어 충심으로 기뻐해 마지않는 바입니다.

지금 우리나라 경제는 바야흐로 중화학공업 시대에 접어들어 가고 있습니다. 우리나라에 중화학공업이 일어날 수 있는 여러 가지 기반이 마련되었고, 여건이 조성되었습니다.

지난 10년 동안 1차, 2차 경제개발 5개년계획이 순조롭게 진행이 되고 성공적으로 이루어진 결과 우리 경제가 이제는 중화학공업이라는 단계에 접어들게끔 모든 여건이 갖추어진 것입니다.

그러나, 이것은 주로 기간산업에 속한 부분이고 본격적인 중공업 분야에 대해서는 우리가 중점을 둘 수 없는 그런 여건에 있었던 것입니다.

그러면 이제부터 우리 경제가 무엇을 해야 되느냐? 우리 경제가 지금부터 해야 될 가장 중요한 분야가 세 가지가 있습니다. 하나는 1·2차 5개년계획에서 우리가 고도성장을 이룩하였는데 여기에서 축적된 우리의 저력을 가지고 앞으로 우리나라 농촌에다가 중점적으로 투자를 해서 농촌근대화를 촉진해야 합니다.

또 하나는, 중화학공업을 우리가 빨리 일으켜야 합니다.

세 번째는, 그 동안 매년 고도성장을 이룩해 온 우리나라의 수출을 앞으로도 지속적으로, 획기적으로 증대하여야 합니다.

농촌을 빨리 건설하여야 되겠고, 중화학공업을 일으켜야 되겠고, 또 수출을 많이 해야 되겠다, 이러한 세 가지 분야가 앞으로 우리 경제가 해야 될 중요한 목표입니다.”

대통령은 끝으로 오늘 기공되는 울산 대형조선소는 우리나라 중화학공업 분야에서 가장 중요한 사업의 하나라고 설명했다.

“또한 정부는 지금 중공업, 중화학공업 분야도 계획적으로 의욕적으로 추진하고 있습니다. 이 위에 있는 포항종합제철공장이 지금 매우 활발히 계획대로 추진되고 있고 내년 6월이면 완공이 되리라고 우리는 보고 있습니다.

또한, 이 울산에 있는 석유화학공업단지에 건설 중에 있는 석유화학연관 공장도 금년 중으로 대부분 완공하고 한두 개 공장이 앞으로 1974년경까지 완공할 단계에 있고, 또한 오늘 이 자리에서 기공을 하게 된 이 울산 대형조선소도 우리나라 중공업 분야에 가장 중요한 사업의 하나인 것입니다.

이러한 여러 가지 사업들이 계획대로 추진되고 있을 뿐만 아니라 이외에도 앞으로 종합중기계공장이라든지, 특수강공장이라든지 등

등 중공업 분야에 대한 건설은 모든 것이 순조롭게 진행되리라고 우리는 전망하고 있는 것입니다.

특히, 오늘 우리 현대건설에서 추진하고 있는 이 울산조선소는 아까 현대건설 정주영 회장께서 여러분들에게 설명한 바와 같이 약 50만 톤급의 대형선박을 건조하게 됩니다.

내년 6월이면 이 공장이 완공되어 앞으로 이것이 완전히 가동할 경우 연간 여기서 건조한 선박을 전량 외국에다 수출을 해서 약 2억 5천만 달러 정도의 수출을 하리라고 내다보고 있는 것입니다.

우리나라 경제의 3대 목표 중에 수출의 획기적 증대라는 것을 이야기 하였습니다만 앞으로 우리가 수출을 많이 하는 데 있어서도 종전에 우리가 해 오던 여러 가지 공업제품도 보다 더 개발을 하고 새로운 품종도 개발을 하여야 되겠지만, 우리나라의 수출을 획기적으로 증대하기 위하여서는 이런 조선공업과 같은 단일사업으로 수출액이 많은 전략적인 부문을 빨리 개발을 하는 것입니다. 따라서, 이 중공업 분야란 것은 우리의 수출과도 직결되는 것입니다.

연 50만 톤급 선박을 건조할 수 있는 조선소라고 하는 것은 아시아 지역에 있어서는 일본을 제외하면 다른 나라에는 없는 것으로 알고 있습니다.

동남아시아, 중동, 구라파 지역에 가더라도 아마 스페인이라든지, 프랑스, 영국 등 몇 개 나라를 제외하고는 이런 대형조선소는 가지고 있지 않는 것도 알고 있습니다.

우리나라에 이렇게 큰 조선소가 생기게 된 것을 다시 한번 기뻐해 마지않을 뿐만 아니라 정부는 이 조선소가 계획대로 모든 것이 순조롭게 진행되게끔 모든 지원을 다 할 작정입니다.

이 지방의 주민 여러분들도 앞으로 이 공장 건설에 많이 협력을 하여 주실 것을 당부합니다.

특히, 오늘 이 자리를 빌어서 이 울산조선소 건설을 추진하는 데 있어서 차관과 기술지원 등 여러 가지로 협력해 주신 영국, 프랑스, 독일, 스페인, 일본의 관계관들과 또 여기에 종사하는 모든 기술자, 기업가 여러분들의 협조에 대하여 감사를 드리고 이 공장이 내년 6월에 예정대로 완공이 되게끔 정부나 국민이나 다 같이 협조하고 지원할 것을 다시 한번 다짐하는 바입니다."

## 이제 우리나라는 완전한 석유화학계열 공장시설을 갖추게 되었다

1972년 10월 31일, 울산에서는 중화학공업 6대 전략사업의 하나인 석유화학공업의 9개 석유화학계열 공장 준공식이 거행되었다. 대통령은 이날 준공식에서 이제 우리나라가 수에즈 운하 이동지역에서 있어서 일본과 더불어 완전한 석유화학계열 공장시설을 갖추게 된 것을 충심으로 경하했다.

"우리들의 오랜 숙원인 석유화학계열 공장 아홉 개 공장의 합동 준공식을 오늘 이 자리에서 올리게 된 것을 나는 여러분들과 더불어 충심으로 기뻐해 마지않습니다.

이 공장들이 준공됨으로써, 우리 한국은 우리 아시아 지역에 있어서 뿐만 아니라 수에즈 운하 이동 지역에 있어서는 우리 이웃에 있는 일본과 더불어 원료에서부터 제품까지를 계열적으로 생산하는 완전한 석유화학계열 공장시설을 갖추게 된 두 번째 나라가 되었습니다.

정부는 2차 5개년계획을 수립할 때, 이 계획의 중점 사업으로서 우리나라의 석유화학공업을 일으켜야 되겠다 하는 것을 결정하고 지난 68년 3월 바로 이 자리에서 기공식을 올린 바 있습니다. 그간 약 4년 반 동안 우리나라 돈으로 2,000억 원 가까운 돈을 투자하여 오늘 이러한 공장들이 전부 준공을 보게 되었습니다.

왜 정부가 이렇게 막대한 돈을 들여가지고 이러한 공장들을 만드느냐, 이러한 공장들이 준공됨으로써 앞으로 우리 경제와 우리들에게 어떠한 혜택이 오느냐 하는 것을 우리 모두 알아 두어야 할 필요가 있다고 나는 생각합니다.

석유화학공업이라는 것은 문자 그대로 석유를 화학 처리하여 일으키는 공업의 한 가지입니다.

이 석유화학공업은 20세기 과학의 총아로 새로 등장한 공업인데, 원료는 원유에서부터 시작합니다. 우리가 중동지방에서 생산되는 원유를 수입하여 정유공장에서 정유를 하게 되면 거기서 여러 가지 물건이 나옵니다.

우리가 많이 쓰는 휘발유, 경유, 중유 등이 나온다는 것은 여러분들도 잘 알겠지만, 여기서 또 한 가지 납사라는 것이 나옵니다. 납사는 휘발유와 같은 액체로 된 것인데, 이것이 석유화학공업의 기초 원료가 되는 것입니다. 이 납사를 납사분해공장에서 화학처리하여 분해하고, 그 후 또 몇 단계 화학처리를 하면 여러 가지 중간 제품이 나옵니다.

그 중간 제품을 만드는 공장이 오늘 여기에 서 있는 공장들입니다. 이 중간 제품은 우리나라 도처에 있는 석유화학 최종제품을 만드는 공장의 원료가 되어 여기서 여러 가지 물건이 생산돼 나옵니다.

지금 여기에 서 있는 이 공장들에서는 아까 여러분이 설명하신 바와 같이 폴리에틸렌, V.C.M., 아크릴로니트릴, 알킬벤젠 등을 만들게 됩니다.

1968년 6월 기공식 때 내가 이 자리에서 여러분들께 이런 이름들을 말하니까 저게 무슨 소리냐, 어디 아프리카에 있는 땅 이름인가, 무슨 동물 이름인가 하고 이상하다는 표정으로 듣고 있었습니다.

이러한 이상한 이름을 가진 물건들이 석유화학제품을 만드는 원료가 되는 것입니다. 이것을 전국 각 공장에서 원료로 해 최종제품으로써 나오는 것이 우리 생활에 많은 혜택을 주는 물건인 것입니다.

우리들 일상생활에 직접 관계가 있는 몇가지 예를 들어 본다면 여러분들 가정의 온돌방의 비닐장판 같은 것이 여기서 나오는 것입니다.

여러분들 가정에서 쓰고 있는 여러 가지 가재도구, 어린이들이 가지고 노는 완구 등을 만들고, 또 이 원료에서 섬유를 뽑아서 여러 가지 종류의 의복을 만듭니다.

우리가 신는 신발, 먹는 조미료, 알코올, 그리고 건설자재로서는 지하에 묻는 상하수도 수도파이프, 기타 열거하기 어려울 정도로 우리 일상생활에 필요한 많은 물건들을 이 석유화학 공장에서 생산하게 됩니다.

그러면, 이 공장에서 우리가 앞으로 얼마만한 중간제품, 즉 원료를 생산하느냐, 현재 여기에 서 있는 공장에서는 1년에 약 7,500만 달러어치, 외국에서 사들여오는 7,500만 달러 정도에 해당되는 원료를 생산하게 됩니다.

이것을 전국에 있는 각 공장에 가져가서 물건을 만들어서 수출을 한다면 약 6억 달러어치를 수출할 수 있게 될 것으로 보고 있는 것입니다.

그리고, 조금 전 백선엽 사장께서도 여러 가지 설명이 있었습니다마는, 앞으로 정부는 여기다 몇 개 공장을 더 증설할 예정입니다.

스티렌모노머라든지 D.M.T라든지 기타 여러 가지 중간제품 공장들을 증설하게 되고, 또 현재 서 있는 이 공장들도 앞으로 3차 5개년계획이 끝나는 76년까지 대부분 시설을 배가할 계획을 추진하고 있습니다.

그밖에 정부는 지금 울산석유화학공업단지 외에 제2석유화학공업단지를 조성할 계획을 추진하고 있습니다."

대통령은 이어서 제3차 5개년계획이 끝나는 76년에 석유화학공업과 종합제철공장이 완공되면 우리나라는 중화학공업국가로서 그 공업구조를 일단 완성하게 된다고 천명했다.

"3차 5개년계획에는 세 가지 큰 목표가 있습니다. 그중 한 가지가 중화학공업에 우리의 모든 노력을 집중하겠다 하는 것입니다.

중화학공업이라는 것은 석유화학공업과 중공업 두 가지를 말하는 것입니다.

석유화학공업은 일단계로 여기에 이와 같은 공장들이 준공되었고, 앞으로 증설 또는 시설을 확장해서 3차 5개년계획이 끝날 무렵에는 현재보다도 생산능력이 약 배가 될 수 있도록 확장할 것입니다.

중공업은 지금 포항에서 건설 중에 있는 103만 톤 규모의 종합제철공장이 내년 여름에 준공될 것이고, 계속 시설을 확장해서 3차 5개년계획이 끝날 즈음에는 약 300만 톤 규모의 공장을 완성하겠다 하는 것이 정부의 계획입니다.

석유화학공업과 종합제철 두 가지가 완성되면 중화학공업국가로서 그 공업구조가 일단 완성이 되는 것입니다.

1976년에 가면 우리나라도 그러한 중화학공업국가로서의 구조를 완성하게 되며, 우리 경제는 그야말로 공업국가로서의 자립경제 체제를 확립하게 될 것으로 우리는 내다보고 있는 것입니다. 지금 말씀드린 이런 것이 즉 나라의 힘입니다! 국력입니다!

지금 우리는 국력을 배양하자고 부르짖고 있습니다. 국력 중에는 국방도 있고 여러 가지 다른 것도 있겠지만, 그중에서 가장 중요한 것이 경제건설을 통한 국력배양입니다. 이것은 우리가 가장 시급히 서둘러야 하겠습니다.

우리의 국력을 보다 더 빨리 배양하고, 또 배양된 국력을 유사시에 집중 발휘할 수 있도록 이 힘을 조직화하는 과업들이 오늘날 이 시점에 있어서 우리에게 부과된 가장 중요한 과업이라는 것을 국민 여러분들이 다시 한번 생각해 주시기 바랍니다.

오늘 석유화학공장들이 4년 유여의 시간을 거쳐서 이와 같이 훌륭하게 준공을 보게 된 것이 우리 국력의 커다란 플러스가 된다는 점에서 다시 한번 여러분들과 더불어 축하해 마지않습니다.

끝으로, 그동안 이 공사에 수고하신 여러분들에게 다시 한번 감사와 치하의 말씀을 드리는 바입니다."


1966년 초 제2차 경제개발 5개년계획의 중점사업으로 포항종합제철공장 건설사업과 함께 석유화학공업을 선정할 당시에 우리의 생활용품인 의류, 완구, 타이어, 비료, 농약, 페인트, 건축자재 등 석유화학공업 제품의 원료는 모두 일본에서 수입하고 있었다.

이것은 일본의 기계류 수입과 함께 대일무역 적자의 상당부분을 차지하고 있었다. 따라서 수입대체산업을 일으켜 외화를 절약하고 수입대체산업을 수출산업으로 육성하여 수출지향 공업화를 추진하여 경제자립을 이룩하려는 우리나라로서는 석유화학공업을 육성하는 것이 가장 시급하고 가장 중요한 과제였다. 문제는 자금이었다. 석유화학공업은 12개 석유화학공업의 계열공장을 동시에 건설해야 하고, 이 때문에 막대한 자금이 필요했다. 그러나 국내자금은 부족했다. 외자를 유치할 수밖에 없었다. 우선 1968년 3월 22일에 12개 석유화학계열 공장을 기공했다. 그리고 우리나라와 합작할 미국회사를 물색했다. 다행히 미국 굴지의 회사인 다우케미컬과 걸프오일이 호응하여 합작이 성사되었다. 68년 초반은 북괴의 한국과 미국에 대한 무력도발로 한반도에 긴장이 고조되고 있는 때였다. 대통령은 이러한 상황에서 다우케미컬과 같은 미국의 큰 회사가 우리나라 기간산업에 투자한다는 것은 국가안보면에서 미군 1개 사단이 주둔하는 것과 같은 효과가 있는 것이라고 대단히 만족스럽게 생각했다. 12개 계열공장이 기공된 지 4년 후 그중 9개 공장이 드디어 완공된 것이다.

석유화학산업은 석유, 천연가스 등을 원료로 하여 합성수지, 합성섬유원료, 합성고무 등을 생산하는 공업을 총칭하는 것이며, 자동차·전자·섬유·정밀화학·플라스틱 등 다양한 연관산업에 기초원료를 제공하는 소재산업(素材産業)이다.

1962년 경제개발 5개년계획을 추진하면서 혁명정부는 석유화학산업을 동 계획의 중점사업의 하나로 육성하기로 했으며, 1966년에 PVC가 최초로 생산되면서 우리나라의 석유화학산업은 시작되었다.

1970년에 정부는 석유화학공업육성법을 제정하였고 72년에 울산에 석유화학공업단지를 준공하였으며, 79년에는 여천에 석유화학공업단지를 건설했다. 울산단지는 에틸렌 기준 연간 생산능력이 10만 톤 규모였고, 여천단지는 에틸렌 기준 연간 생산능력이 35만 톤 규모였다.

정부가 그 동안 제2차 경제개발 5개년계획의 핵심사업으로 추진하여 왔던 석유화학공업은 제1단계로 에틸렌 기준 연산 10만 톤 규모의 석유화학단지 건설을 완공함으로써 수출산업의 대종인 섬유공업 등에 원료를 공급하여 원료의 해외 의존을 탈피해 가고 있었다. 또한 정부는 여수·광양을 종합화학기지로 지정하여 대단위 석유화학공업 건설을 추진함으로써 1981년에는 에틸렌 기준 100만 톤의 화학공업국가로 비약할 수 있게 되었다.

1980년대 초 석유파동으로 인한 경기침체로 우리나라의 석유화학 산업은 구조조정기를 맞았으나 80년대 중반 이후 국내경제가 고도 성장기로 진입하여 석유화학산업도 호황을 누리게 되었다. 그래서 나프타분해공장을 중심으로 투자가 활성화되어 기초유분(油分)에서 합성수지, 합성원료 등 다양한 제품을 단일공장에서 생산하는 일관 생산 체제를 갖추게 되었다.

그 후, 석유화학 제품에 대한 수요가 증가하자 정부는 자급도를 높이기 위해 1990년부터는 석유화학 투자를 자유화했다. 그러자 삼 성과 현대가 석유화학에 새로 진입함에 따라 대산에 제3의 석유화 학단지가 완공되었다. 그리하여 1992년 말에 우리나라는 미국·일 본·소련·독일에 이어 세계 5위의 석유화학공업국으로 부상했다. 1994년 하반기부터는 상류, 하류 부문간 수직계열화를 위한 보완투 자가 지속적으로 이루어져 96년말 현재 에틸렌 생산능력은 연산 430만 톤 수준으로 확대되었고, 관련 계열공장도 1백여 개로 증가 했다. 그리하여 우리나라 석유화학 산업의 생산규모는 1996년에는 1천만 톤을 넘어 72년에 비해 100배 이상 증가했으며 수출은 200배 이상 신장되었다.

수출은 합성수지를 중심으로 국내수요를 충당하고도 남는 물량을 중국 등 새로운 시장에 수출함으로써 명실상부한 수출산업이 되었 다. 뿐만 아니라 우리 석유화학산업은 세계석유화학 수출의 10% 이상을 차지함으로써 세계시장을 주도하는 수출국으로 성장했다.

### 우리는 80년대 초 100억 달러 수출목표를 달성해야 한다

1972년 11월 30일, 제9회 수출의 날 대통령은 1980년대까지 100

억 달러를 수출하겠다는 새로운 목표를 설정하고, 이 목표를 달성하기 위한 여러 가지 방책을 천명했다.

대통령은 연초 연두기자회견에서 제3차 5개년계획의 목표연도의 수출목표를 35억 달러로 잡고, 수출신장률을 지금까지의 연평균 41.4%보다 훨씬 낮은 24.4%씩 증대시켜 나가도 76년도에는 이를 달성할 수 있다고 밝힌 바 있다. 그런데 1년도 안 되어 5년 후 수출목표를 또 다시 크게 높이 잡았다. 그렇지 않아도 이 무렵에는 국내외 일각에서는 한국의 수출은 과거처럼 신장하기 어렵다느니 한계에 왔다느니 하는 비관적인 전망을 내비치고 있었다. 그래서 대통령도 3차 5개년계획에서는 수출신장률을 과거보다는 크게 낮추었던 것이다. 그러면 왜 새로운 수출목표를 설정했는가? 과연 1980년대 초에 100억 달러 수출을 달성할 수 있는가? 달성할 수 있다면 그 근거는 무엇인가? 등등 여러 가지 의문이 제기되었다. 일반상식으로는 도저히 달성될 수 없는 목표라는 것이다. 그러나 대통령은 경제건설에 있어서 어떤 목표를 정할 때는 항상 일반상식으로 가능하다고 생각되는 수준보다는 오히려 불가능하다고 생각되는 수준에 가까운 목표를 설정했고, 여기에 집중적인 노력을 기울임으로써 그 목표를 달성했다. 70년 7월 7일에 완공된 경부고속도로는 그 대표적인 사례의 하나다.

100억 달러 수출목표도 그런 의도에서 설정된 것이 아니겠느냐 하는 것이 수출관련 경제부처 공무원들의 지배적인 시각이었다. 그러나 100억 달러 수출목표는 그러한 차원에서 설정된 것이 아니다. 그것은 한 마디로 말하면 혁명적인 차원에서 이루어진 것이다.

대통령은 한달 전인 10월 17일 10월유신을 단행했다. 그리고 10월유신은 '제2의 5·16'이라고 천명했다. 말하자면 새 역사를 창조하려는 혁명이라는 것이다. 수출목표 100억 달러는 바로 10월유신이

라는 혁명의 새로운 출발을 장식하는 대담한 계획의 하나였다. 10
월유신의 목적은 국력증강이었다. 즉, 우리의 모든 제도와 사고방식
과 생활자세 등을 보다 능률적이고 생산적인 것으로 개혁하여 민족
이 번영과 조국의 통일을 성취할 수 있는 국력을 증강, 축적하자는
것이었고, 그러한 국력증강을 통해 우리도 하루 속히 선진국 대열에
합류하자는 것이었다. 대통령은 이러한 국력 증강이야말로 후일에
역사가들이 10월유신의 정당성 문제를 평가할 수 있는 하나의 시금
석이 될 것이라고 믿고 있었다.

대통령은 국력증강의 길은 지속적인 경제성장에 있고, 지속적인
경제성장은 획기적 수출증대가 그 추진동력이 되고 있으며, 따라서
수출증대는 바로 국력증강의 관건이라고 생각하고 있었다. 그래서
국력증강을 목표로 하고 있는 10월유신의 성패는 수출증대에 달려
있다고 보고 있었다. 10월유신 직후 수출목표가 100억 달러로 설정
된 연유는 바로 여기에 있었던 것이다. 문제는 72년도 수출목표가
17억 5천만 달러인데 앞으로 8, 9년 내에 100억 달러를 과연 달성할
수 있겠는가 하는 데 있었다.

대통령은 이것은 반드시 달성해야 하고 또 충분히 달성할 수 있
는 목표라는 확신을 가지고 있었다. 대통령의 이러한 확신은 여러
가지 사실에 그 바탕을 두고 있었다.

첫째, 우리는 지난 10년 동안 여야의 극한투쟁과 정치불안, 그리
고 낭비와 비능률을 조장한 비생산적인 체제하에서도 자본과 기술
부족 등 어려운 여건을 극복하고 매년 40% 수출신장을 이룩하여
60년대 초에 비해 거의 10배에 달하는 수출고를 올렸고, 그 과정에
서 우리 국민은 귀중한 경험과 자신을 얻었고, 의욕과 투지도 왕성
해졌으며, 우수한 자질과 역량이 향상되었다는 사실이다.

둘째, 제1차·제2차 5개년 기간 동안 우리의 주력수출상품은 부가

가치가 낮은 경공업 제품이었고, 수출대상지역도 북미지역에서 편중되어 있었으나, 제3차·제4차 5개년계획기간 10년 동안 우리의 수출상품은 중화학공업 제품과 자본재 등 부가가치가 높은 상품이 주종을 이루게 되고 수출대상 지역도 전세계 각 지역으로 다변화하게 된다는 사실이다. 다시 말해서 수출상품 구조가 고도화되고 수출지역이 크게 확대된다는 것이다.

셋째, 과거의 끊임없는 당쟁과 이로 인한 정치불안, 또 자원낭비와 비능률을 최소화하고, 정치안정과 능률과 생산의 극대화를 뒷받침할 수 있는 유신체제가 확립되었다는 사실이다. 대통령은 앞으로 이 유신체제는 우리나라가 지속적인 경제성장과 획기적인 수출증대를 가능케 함으로써 국력증강을 가져올 수 있는 비결이 될 수 있다고 믿고 있었다.

60년대에 한일회담, 국군월남파병, 예비군창설, 경부고속도로 건설 등 중요한 국가정책을 추진할 때마다 야당의 극렬한 반대와 정권투쟁으로 인해 이 사업들의 추진이 지연되거나 중단되는 등 차질이 생기는 사태를 지켜보면서 대통령은 안타까운 생각을 금치 못했다. 이러한 방만한 정치체제나 비생산적인 정치인들의 행태를 그냥 두고 앞으로 우리의 경제건설과 국방력강화 계획을 성공적으로 추진할 수 있겠는가?

비능률적인 정치제도와 비생산적인 정치행태를 혁파한다면 근대화 작업과 자주국방 건설은 그 완성의 시기를 크게 앞당길 수 있지 않겠는가? 등 여러 가지 생각을 했고 고민도 했다.

드디어 10월유신을 통해 대통령은 국력증강을 보다 능률적으로 추진하는 데 필요하다고 생각해 온 제도개혁을 단행했다. 안정과 능률과 생산의 극대화를 보장할 유신체제하에서 우리 국민들이 지난 10년 동안에 쌓아온 경험과 역량을 바탕으로 삼아 수출증대에 총력을 기울인다면 8, 9년 후인 80년대 초에 100억 달러 수출은 가능하다는 것이 대통령의 확고한 신념이었다.

대통령은 제9회 수출의 날인 이날 이러한 신념과 새로운 의욕이 넘치는 연설을 했다.

대통령은 먼저 10월유신의 목적은 국력배양에 있으며 국력배양의 가속화는 수출증대에 달려 있다는 사실을 강조했다.

"국민 여러분!

지난 21일 실시된 국민투표에서 유신헌법안은 국민 여러분의 절대적인 지지와 찬성을 받고 통과 확정되었습니다.

국민 여러분이 보여 준 이 전폭적인 지지는 10월유신의 이념에 공감하고 찬성했기 때문일뿐 아니라, 우리 국민 모두가 유신과업에 적극적으로 참여하겠다는 굳은 결의를 표시한 것으로 나는 믿고 있습니다.

우리가 지금 유신과업에 착수한 것은 우리의 국력을 튼튼히 길러서 조국의 평화통일과 민족의 영원한 번영을 하루라도 앞당기려는 데 그 목적이 있는 것입니다.

따라서, 우리는 모든 역량을 낭비 없이 능률적으로 활용하여 국력 증강에 투입하여야 하며, 그렇게 함으로써 통일과 번영을 바라는 국민적 열망과 의지를 기필코 관철시켜야 하겠습니다.

한 나라의 국력은 그 나라의 경제력에 달려 있습니다. 그러나 나는 그 나라의 경제력이 반드시 그 나라의 자연자원에만 의해서 좌우된다고는 보지 않습니다.

나는 오히려 한 나라의 경제력은 그 나라 국민의 의지와 자질에 달려 있다고 믿습니다.

오늘날 세계에는 풍부한 자연자원의 혜택 때문에 별다른 노력을 하지 않더라도 잘사는 나라가 몇 나라 있습니다.

그러나 나는 우리 국민 모두가 그와 같은 안이한 경제발전의 유형을 부러워하지는 않을 것으로 믿고 있습니다. 왜냐 하면, 쉽게 이룩된 것은 또한 쉽게 잃어버려지기 때문입니다.

나는 우리나라가 자연자원의 혜택을 풍부히 받지 못했다 해서 결코 실망하지는 않습니다. 우리에게는 명석한 두뇌가 풍부히 있으며, 부지런하고 재치 있는 일손이 무진장하기 때문입니다.

나는 우리 국민 각자가 이 세상에 태어날 때부터 물려받은 이 두뇌, 이 일손의 귀중함을 한결같이 고맙게 느끼고 있을 줄 믿습니다. 그렇기 때문에, 우리처럼 자연자원이 풍부하지 못한 나라는 그 머리와 그 일손을 부지런히 활용해서 수출을 증대시키는 길만이 국력을 증강하고 번영을 이룩하는 첩경이라고 믿는 것입니다. 다시 말해서, 우리 경제의 기반은 수출에 있으며, 우리가 수출을 증대시킬 수 있느냐 없느냐는 곧 우리의 국력 배양이 가속화되느냐 못되느냐와 직결되는 것입니다."

대통령은 이어서 수출 100억 달러와 국민소득 1000달러를 80년대 초에 우리가 달성해야 할 새로운 목표로 설정했다고 천명하고 그것이 실현 가능하다는 확신을 피력했다.

"우리가 조국의 번영과 민족의 중흥을 이룩하기 위해서는 수출증대는 불가결한 정책목표인 것입니다.

이제 우리는 중흥의 기반을 더욱 굳게 다지기 위해 또다시 새로운 목표를 설정했습니다. 그것은 80년대 초까지 100억 달러를 수출하겠다는 것입니다.

100억 달러 수출과 국민소득 1,000달러, 이것은 그리 쉽게 달성할 수 있는 목표는 아닙니다. 그러나 불가능한 것도 결코 아닙니다. 우리에게는 지금까지 쌓아올린 실적과 경험과 자신이 있으며 강인한 투지와 용기가 있습니다.

또한, 슬기롭고 현명하며 근면하고 성실한 국민의 자질이 우리의 발전을 굳게 뒷받침하고 있습니다.

뿐만 아니라, 수출산업이 구조상의 기반을 더욱 튼튼히 다져 나가고 있습니다.

그렇기 때문에, 우리의 수출은 가속적으로 신장될 수 있는 무한한 가능성을 지니고 있는 것입니다.

이제 남은 문제는 도시의 공장은 물론이려니와 농촌의 새마을공장까지도 모든 산업이 수출산업화되어 수출전선에 참여하는 일입니다.

지금까지 우리는 1차산품과 반제품, 그리고 경공업제품 등 소비재 중심의 수출을 해 왔습니다.

그러나 앞으로는 완제품과 중화학제품 및 자본재 수출을 대폭 늘려 수출의 구조를 바꾸어 나가야 할 것입니다.

또한, 수출시장도 특정국에의 편중에서부터 세계의 모든 나라를 대상으로 삼아야 하겠으며, 자본과 기술을 수출할 수 있는 획기적인 전환점을 이룩해야 하겠습니다."

대통령은 이어서 80년대초 100억 달러 수출목표를 달성하기 위해서 정부는 가능한 모든 지원을 다하고, 기업은 자조적인 노력을 해야 한다는 점을 역설했다.

"수출은 곧 국력의 총화입니다.

우리는 수출증대를 위해 우리의 총력을 경주해 나아갑시다.

정부는 앞으로 80년대 초에 100억 달러 수출목표를 달성하기 위해 가능한 모든 지원과 협조를 아끼지 않을 것입니다.

우리의 수출지원 체제는 지금까지의 10억 달러대 구각에서 벗어나 100억 달러대를 지향하는 탄력성 있는 지원체제로 과감히 전환되어야 할 것입니다.

그렇게 하기 위해서는 수출업자들의 성실성을 신뢰하고 지금까지의 단속 위주의 각종 법규와 이의 운영을 보다 더 수출 조장적인 것으로 전환해야 할 것입니다.

그리고 자유로운 무역활동을 적극 보장하고 해외진출을 적극 권장할 것이며, 치열한 국제경쟁에서 이겨 나갈 수 있도록 무역상사의 대형화 육성에도 필요한 조치를 취해 나갈 것입니다.

또한, 수출에 종사하는 여러분들도 정부의 지원에만 의존하지 말고, 수출은 여러분이 주도적으로 하는 것임을 더욱 뚜렷하게 자각하고 자조적인 노력을 기울여야 할 것입니다.

수출산업의 기술혁신과 상품의 품질향상, 그리고 수출산업의 자립도를 높이고 체질을 강화하기 위해 가일층 분발해야 할 것입니다. 그리하여 어떤 역경도 극복해 나갈 수 있도록 보다 창의성 있는 노력을 기울여 줄 것을 당부하는 바입니다."

대통령은 끝으로 80년대 초 100억 달러 수출목표 달성을 다짐하는 오늘은 새로운 역사의 창조를 위한 새로운 출발점이라고 천명했다.

"친애하는 국민 여러분!

오늘의 이 모임은 진실로 새 역사의 창조를 위한 새 출발이라는 점에 보다 큰 의의가 있는 것입니다.

그것은 80년대 초까지 100억 달러 수출목표의 달성을 다짐하는 민족적 총력행진의 청신호인 것입니다.

이 목표의 달성은 바로 국민소득 1,000불의 달성과 직결되는 것이며, 국민 각자의 노력이 응분의 보답을 받는 복지사회의 터전을 굳게 다지는 것입니다.

그리고 나아가서는 우리의 경제가 선진국경제 수준으로 비약하는 보람찬 계기를 마련하는 것입니다.

나는 우리 민족사의 앞날을 멀리 내다볼 때 100억 달러 수출목표 달성은 민족의 생존과 번영을 위해 우리 경제가 한시 바삐 넘어야만 할 보람찬 관문이라고 믿으면서, 이 목표달성을 70년대 행정의 확고한 시책목표로 설정하는 바입니다.

우리는 앞으로 어떠한 시련과 난관이 닥쳐오더라도 이를 용감하게 극복하고 민족웅비의 터전이 될 100억 달러의 수출목표를 기필코 달성합시다.

나는 이 목표달성을 추호도 의심치 않으며, 이를 통해 국력이 비약적으로 증강되어 이 땅에 번영의 꽃이 만개할 그날이 머지않았음을 확신합니다. 우리 모두 굳은 의지와 신념을 가지고 이 수출목표를 달성하기 위해 힘차게 전진을 계속합시다."

# 제4장 중화학공업제품이 한국수출상품 대종을 이루다

## 1980년대 수출목표를 100억 달러까지 계획하고 있다

1973년 1월 12일, 연두기자회견에서 대통령은 먼저 우리가 추진하고 있는 경제개발 5개년계획은 우리가 불리한 여건에서 남보다 더 열심히, 더 부지런히 일해서 잘사는 나라를 만들어 보자는 목표를 제시한 것이라고 설명했다.

"어느 시대고 어느 민족이고 간에 장기적으로 그 민족이 나아갈 어떤 방향과 목표, 그리고 미래상을 내세우고, 국민들이 단결해서 줄기찬 의지로써 꾸준히 밀고 나갈 때에는 그 민족은 희망이 있고, 반드시 번영하는 민족이 되는 것입니다.

만약에, 장래에 대한 어떤 방향, 미래상, 그런 것도 없고 단결도 안 되고, 기어코 달성해 보고자 하는 줄기찬 의지, 이것마저 없는 민족이 있다면, 결국 그 민족은 장래가 없는, 희망이 없는 낙오하고 마는 그런 민족이 된다는 것을 동서고금의 역사에서 우리는 배워 알고 있습니다.

오늘날 우리나라의 현실을 우리가 볼 때에 어떠냐? 우리나라는 여러 가지 불리한 여건하에서 우리가 살고 있다. 또 국토도 좁은 데다가 그나마 남북으로 양단이 되었다. 또 그 국토에는 다른 나라처럼 자연자원이 풍부히 있는 것도 아니다, 거의 자원이 없다, 인구도 많다, 여러 가지 불리한 조건하에 있습니다. 이런 조건하에 있으면서도 우리가 남같이 잘살아야 되겠다, 같이 살 정도가 아니라, 남보다 더 앞질러서 더 잘살아야 하겠다, 그러자면 어떻게 해야 하느냐. 방법은 하나밖에 없습니다. 남보다 우리가 더 땀흘려서 일하고, 노력하고, 남이 놀 때에 우리는 일하고, 남이 한 시간 일하면 우리는 두 시간, 세 시간 일하고, 남이 걸어가면 우리는 뛰어가고, 이렇게 남보다 노력을 몇 배 더 해야만 남과 같이 따라가거나, 그렇지 않으면 더 앞지를 수 있습니다. 남이 쉴 때 우리도 같이 쉬고, 남이 잘 먹는다고 우리도 잘 먹고, 남이 잘 입는다고 우리도 잘 입고, 그러면서도 우리는 잘살아야 되겠다, 그래 가지고 잘살 도리는 없는 것입니다. 부지런히 일하고 열심히 일해서 검소한 생활을 하고, 절약을 해서 저축만 하면 반드시 부자가 되게 마련입니다. 자고로 한 나라가 부강해지자면 근검, 저축을 해야 한다는 것은 하나의 동서고금의 진리입니다. 개인도 그렇고 국가도 그렇습니다. 근면하고, 검소한 생활을 하고 절약을 해서 저축하면 부자가 되게 마련이고, 나라도 부강한 나라가 되게 마련인데, 그것을 하느냐 안 하느냐, 여기에 문제가 있는 것입니다.

우리가 지금 추진하고 있는 '경제개발 5개년계획'이라는 것도 여건은 불리하지만, 그 대신, 우리가 남보다 더 열심히, 부지런히 일해서 잘사는 나라를 만들어 보자 하는 목표의 제시가 5개년계획입니다."

대통령은 이어서 80년대의 수출목표를 1백억 달러까지 올려놓을 계획을 하고 있다고 천명했다.

"제3차 5개년계획의 지표는 우리 농어촌에 대해서 중점적인 개발을 하자는 것과, 중공업을 빨리 육성하자는 것과, 이렇게 해서 수출의 획기적인 증대를 기하자는 세 가지 점에 중점을 두고 있는 것입

全産業의 輸出化

一九七三年 二月十二日

大統領 朴正熙

니다. 그중에서 가장 중요한 지표가 되는 것은 역시 '수출의 획기적인 증대'라고 할 수 있습니다.

물론, 우리가 농어촌에도 중점개발을 해야 되겠고 딴 일도 해야되겠지만, 결국 농어촌을 중점 개발하자면 수출을 해서 외화를 많이벌어 정부가 그만큼 부자가 되어야만 농촌에 많은 투자를 할 수 있습니다. 그래서 우리는 80년대의 수출목표를 약 100억 달러까지 올려 보자. 그래서 1인당 GNP를 한 1,000달러 수준까지 끌어올려 보자 하는 목표를 지금 제시하고 있는 것입니다.

이것은 요전에도 어떤 기회에 내가 얘기를 했습니다마는, 결코 쉬운 일이 아닙니다. 그러나 그렇다고 해서, 이것이 우리들 노력 여하에 따라서는 절대 불가능한 일도 아닙니다. 되고 안 되고는 우리들노력 여하에 달려 있습니다. 이것은 우리가 아무리 노력을 하더라도우리의 여건으로서는 도저히 달성할 수 없는 무리한 목표는 결코아닌 것입니다. 노력만 하면 충분히 달성할 수 있는 그런 목표입니다. 그렇기 때문에, 우리는 지금부터 우리의 가용한 인적·물적 자원을 최대한도로 활용하고, 특히 기술개발에 힘을 써야 되겠습니다.

앞으로 우리는 이 기술개발이라는 데 대해서 정부·기업·국민 할 것 없이 총력을 경주해야 됩니다. 그렇게 해서, 경영을 개선하고, 생산성을 높이는 데 그야말로 전력투구를 해야 되겠습니다. 그러면서, 한쪽으로는 우리 국민들이 보다 검소한 생활을 하고, 절약을 하고, 소비를 억제하고, 저축을 많이 해서, 앞으로 정부가 추진하고자 하는 이 거창한 건설 사업에 가장 필요한 내자를 만들어 내야 하겠습니다. 우리가 외자는 많이 꾸어올 수 있으나, 내자는 우리가 우리 돈으로 마련해야 됩니다. 이것은 결국 국민 여러분들이 정부에 내는 세금, 또 여러분들이 열심히 일해서 번 돈을 절약해 가지고 저금을 해 주는 것으로 이루어지는 것입니다.

이것을 많이 해 주어야 되겠습니다. 그래야 건설이 빨리 됩니다.

요즈음 흔히 새로운 역사를 창조하자는 얘기를 많이 합니다. 새로운 역사라는 것은 어떻게 이루어지느냐? 우리의 땀과 노력만이 새로운 역사를 창조할 수 있는 것이라고 나는 믿습니다."

## 80년 초 100억 달러 수출을 위해서는 물가안정, 과학기술 개발, 내자동원에 주력해야 한다

1973년 1월 15일, 경제기획원 연두순시에서 대통령은 먼저 10월 유신 과업을 추진해 나가는 데 있어서 우리 경제질서의 기본방향은 자유경제 체제를 견지하고, 안정기조 위에서 고도성장을 지속해 나가며, 비능률, 부조리를 과감히 시정해 나가는 것이라고 말하고, 80년대 초 100억 달러 수출이라는 우리의 정책목표를 달성하기 위해서는 물가안정과 과학기술 개발과 내자동원에 총력을 기울여야 한다는 점을 강조했다.

"연초 기자회견에서 10월유신 과업을 추진해 나가는 데 있어서 우리 경제질서의 기본방향을 내가 이야기했습니다. 그것은 자유경제체제를 견지해 나간다, 동시에 안정기조 위에 고도성장을 지속해 나간다, 이것을 하기 위해서 여기에 역행하는 여러 가지 행위, 비능률 또는 부조리를 과감하게 시정해 나간다, 이것이 유신경제질서의 기본방향이다, 이렇게 이야기를 했습니다. 우리가 이러한 목표를 달성하기 위해서는 세 가지 점에 총력을 경주해야 되겠습니다.

그 하나는, 물가의 안정입니다. 경제시책이라는 것은 역시 물가안정에서부터 시작해서 물가안정으로 귀일되는 것입니다. 이것이 이루어져서 안정기조가 그대로 유지됨으로써 고도성장이라든지, 중화학공업의 육성이라든지, 80년대 초의 100억 달러 수출목표 달성이 이루어질 수 있는 것입니다.

또 한 가지는, 과학기술의 획기적인 개발입니다. 우리가 늘 강조하고 있지마는 앞으로 국제경쟁 사회에서 우리가 남을 이기고 남보다 앞서자면 역시 과학기술을 급속히 개발해야 되겠습니다.

또 한 가지는 내자동원의 극대화입니다.

물가안정, 과학기술 개발, 내자동원의 극대화, 이 세 가지 노력이 계속 이루어져야만 우리의 정책목표를 달성할 수 있습니다. 이러한 노력은 80년대 초에 가서는 100억 달러 수출이라는 결과로 나타날 것입니다.”

대통령은 이어서 물가안정 문제와 관련하여 네 가지 방안을 강조했다.

첫째, 물가를 3% 이하의 수준으로 유지해야 되겠다는 것이다.

“물가안정에 대해서도 경제기획원에서 여러 가지 구체적인 계획과 방안이 서 있었습니다마는, 나는 이 자리에서 몇 가지 강조하고 싶습니다.

첫째, 지금 국제적으로 여러 가지 원자재값이 오르고 있는 것이 사실입니다. 쌀, 소맥(小麥) 등 우리가 먹는 식량과 대두(大豆),

양모(羊毛), 생고무, 목재, 고철(古鐵) 등 이 모두 오르고 있는데, 우리가 이러한 원자재를 주로 도입하는 곳은 일본 또는 미국입니다. 그런데 미국과 일본에서는 금년도의 도매물가 상승률을 각각 2.5% 와 2%에서 억제하겠다는 정책을 쓰고 있습니다. 따라서 우리도 우리 나름대로 국제가격이 올라서 만부득이 어느 정도 물가를 올려주지 않으면 안 될 그런 품목은 정부가 도리 없이 올려줘야 되겠지만 우리 기업들이 노력을 해서 일부 물가를 내릴 수 있는 그런 품목에 대해서는 우리가 보다 더 노력해서 낮추자 이것입니다. 국제적인 영향을 받은 품목의 물가가 3% 오른다면, 이것은 도리 없이 올려야 되겠는데, 그 반면에 다른 품목에 있어서 3% 정도 낮추는 노력을 해서, 3% 올리고, 3% 내려서 우리가 3% 이하의 수준을 끌고 나가야 되겠습니다. 정부에서 여기에 대해서 비상한 노력을 하고 있고 업계에서 상당한 분발을 하고 있는 줄 압니다.

우리나라의 일부 기업인들 중에는 아직도 국제가격이 올랐다 하면 무조건 정부보고 이 상품을 이만큼 올려주어야 된다는 소리를 하는데 그렇게 간단히 물가를 올려줄 것이 아니라 기업은 기업대로 최대한의 노력을 해서 국제가격은 올랐더라도 기업 자체가 경영을 합리화한다든지 기술혁신을 한다든지 해서 상품가격을 올리지 않고도 견딜 수 있도록 노력해야 하며, 기업이 할 수 있는 최대한의 노력을 해도 인상하지 않을 수 없는 어떤 부분에 대해서는 정부가 올려주자 이겁니다.

그렇지 않고 기업은 아무런 노력을 하지 않고 국제가격이 올랐으니까 무조건 그만큼 올려주어야 한다고 정부에 와서 들이대는 것은 앞으로 받아주어서는 안 된다 이 말입니다.

정부는 일부 품목의 가격은 내릴 수 있다는 판단을 하고 있습니다. 8·3조치로 말미암아 우리 기업들이 상당한 혜택을 받았습니다.

그래서 기업의 재무부담이 연간 한 1천억 정도 경감되리라고 정부에서는 보고 있습니다. 벌써 한 반년 정도 지났으니까 한 5백억 정도가 기업에 혜택으로 돌아갔다고 보는데, 그 범위 내에서 가격을 낮출 수 있는 우리나라의 공산품에 대해서는 가격인하를 위해서 최대한의 노력을 해라, 그런 것도 우리가 같이 병행해서 물가안정 문제를 해결해 나가야 되겠다는 것입니다."

둘째, 기업의 주식공개를 과감하게 밀고 나가야 되겠다는 것이다.

"또 한 가지, 우리 기업들이 해야 될 것은 지금 경제기획원이나 재무부에서 강력히 밀고 있는 기업의 주식공개, 이것을 앞으로 과감히 해야 되겠다는 것입니다. 이것을 함으로써 기업의 재무구조가 개선된다면 생산비를 낮추는 데에도 크게 기여할 수 있을 것입니다. 앞으로 정부가 이것을 소신껏 강력히 밀고 나감으로써 국내공업 제품에 대한 원가절하에 이바지할 수 있다고 봅니다."

셋째, 기업의 시설투자에 대한 지원방식을 바꿔야 되겠다는 것이다.

"또 한 가지는 지금 정부에서는 시설투자를 적극 권장하고 또 지원할 방침을 가지고 밀고 있는데, 앞으로 기업의 시설투자에 있어서는, 특히 규모를 확장하는 경우에 있어서는 종전과 같은 방식은 지양해야 하겠습니다. 종전에는 어떤 기업이 하나 생겨서 숨돌릴 만하면 소위 독과점을 방지한다는 명분하에 다른 기업을 또 허가해 주어가지고 서로 경쟁을 시켰습니다. 그런 것도 경제시책면에서 고려를 해야 되겠지만, 그 보다는 어떤 기업이 하나 새로 설립되어서 커나가고, 어느 정도 기초가 닦아지면 똑같은 기업을 또 만들어 경쟁시킬 것이 아니라 기존 기업의 규모를 확장시키자, 시설 확대를 해가지고 국제단위까지 끌어올리자, 그래서 생산비를 낮추자, 국제단위까지 올라가고 난 뒤에 필요하다면 다른 업자를 하나 더 허가를 해주어서 가격면에서 경쟁도 시킨다. 그러한 국제단위의 수준까지 올라서지 못한 것을 국내에서의 독과점을 방지하기 위해서 억제한 다는 것은 재고돼야 하겠습니다. 독과점이라는 것은 지금 우리 체제를 가지고 정부가 충분히 억제할 수 있다고 봅니다.

따라서 건전한 기업의 시설확장을 빨리해서 그 규모를 국제단위로 끌어올린다, 그래서 생산비를 낮춘다, 여기에 대해서 우리는 중점을 두어야 되겠습니다. 그렇게 하는 것이 전반적으로 봤을 때는 국내물가 안정에 기여할 수 있다는 그런 측면도 우리가 아울러 생각을 해야 되겠습니다. 일본이 도매물가를 계속 안정시켜 온 가장 중요한 비결이 여기에 있었다는 것을 나는 듣고 있습니다. 그래서 국제 경쟁력을 강화하고 물가를 낮춘다는 것입니다."

넷째, 정부가 추진하고 있는 각종 건설공사의 공사기간을 단축시키는데 정부와 업자가 공동노력을 해야 되겠다는 것이다.

"또 한 가지는 정부에서는 지금 여러 가지 건설공사를 추진하고 있는데, 공사를 하는 데 있어서 가급적이면 정부와 업자가 공사기간을 단축시키는 데 함께 노력해야 되겠다는 것입니다. 그렇게 함으로써 이것도 물가 안정에 상당한 기여를 하게 된다고 봅니다.

무슨 이야기냐 하면, 공사기간이 짧으면 짧을수록 건설업자가 부담하는 금리부담이 그만큼 적어지고 또 공장을 짓는 데 건설기간을 단축하면 생산이 빨라지고, 물건이 빨리 생산되어 판매되기 때문에 수익성이 높아져서 이것도 역시 비용절하에 기여할 수 있다는 것입니다. 그 좋은 예가 포항의 종합제철이라든지, 현대건설이 하고 있는 울산의 대단위 조선소 건설공사입니다. 이것을 지금 밤낮으로 밀고 있는데 잘한 일이라고 생각합니다. 건설기간이 짧아짐으로써 업자가 부담하는 금리가 낮아지고, 배가 빨리 건설됨으로써 빨리 팔리면 그만큼 이익이 나와서 역시 생산원가를 낮출 수 있습니다. 공장 건설을 시작해 놓고 질질 끌고, 정부가 거기에 대한 방침을 결정 안

한다든지, 국회에 동의 요청을 해 놓았는데 그것이 아직 안 나와서 몇 달씩 끈다든지, 자금사정이 어떻다고 해서 끈다든지, 이래가지고 공사기간이 길면 길수록 그 공장에서 나오는 물건의 생산비는 그만큼 높아집니다. 따라서 공사기간도 물가안정이라는 측면에서 단축하는 데 노력을 해야 되겠습니다.

작년 가을의 수해 때 충주에 갔다가 충주비료 공장에 가보니까 거기에 들어가야 될 시설자재 중에 영국에서 수입하는 물건들이 영국의 부두노조들이 파업해서 몇 달 늦어져서 공사에 들어가는 건설비가 약 3백몇십만 달러가 더 들게 되었다는 이야기를 들었습니다. 그 뒤에 그런 것을 우리 정부가 부담할 것이 아니라 영국에 배상시킬 수 없느냐 하는 것을 연구해 보라고 했는데 이것이 잘 안 된 모양입니다.

공장을 짓는데 어디서 물건이 제때 와야 할 것이 늦게 도착하면 그만큼 건설단가가 높아지는데 이런 것은 검토해야 될 문제가 아닌가 생각됩니다.”

대통령은 이어서 이제 대한민국 국민은 모두 기술을 습득해야 하며, 입만 살아가지고 떠드는 사람은 대한민국에 필요없다고 천명했다.

“요전에 전 국민의 과학화운동을 해 나가자는 것을 선언한 바 있습니다.

최근 국제시장에서 관세장벽이라든지, 자국상품에 대한 보호무역정책이라든지, 여러 가지 어려운 점이 많습니다. 경제전문가들은 이것을 걱정하고 있는데, 큰 문제는 아니라고 봅니다. 중요한 것은 우리가 자체의 기술혁신을 이룩하여 품질 좋고 값싼 제품을 만드는데 보다 더 노력하는 일입니다. 우리가 기술개발을 해서 좋은 제품을 값싸게 만들어서 국제시장에 들고 나가면 아직도 100억 달러 내지

120억 달러 정도의 수출고를 올릴 수 있다고 생각합니다.

이를 위해서 경제기획원, 과학기술처, 문교부, 상공부 등 모든 관계부처가 협력해서 공동 노력을 해야 하겠습니다. 그리고 우리 군에서도 장병들에게 앞으로의 국내산업 개발과 기술혁신을 위해서 과학기술교육을 시켜야 하겠습니다.

이제 대한민국 국민은 모두가 기술을 습득해야 합니다. 아무런 기술도 없이 입만 살아 가지고 떠드는 사람은 대한민국에 필요 없다, 나는 이렇게 생각합니다.

입만 살아 있는 사람 가지고는 선진국가로 발전할 수 없습니다. 말도 잘 해야 되겠지만 기술이 있어야 합니다. 앞으로 세계를 지배하는 민족은 땅덩어리가 큰 민족도 아니요, 인구가 많은 민족도 아닙니다. 과학기술이 더 앞서고 빨리 발달한 민족이 금세기 말부터 다음세기에 세계를 지배하리라 봅니다.

따라서 우리는 땅이 작다, 지하자원이 없다 하고 한탄할 것이 아니라 이를 극복하고, 과학기술을 빨리 발전시켜 여건 좋은 다른 민족보다도 우리가 더 비약해서 앞설 수 있도록 남다른 노력을 해야 합니다.

우리나라가 잘사는 선진국가가 되려면 정치도 필요하고 철학도 필요하고, 문학도 필요하고, 예술도 필요하고, 다 잘해야 하겠지만, 그것도 하면서 기술 한 가지씩 습득해서 국가건설에 무엇인가 이바지 할 수 있어야 하겠다는 것입니다.

따라서 과학기술은 전 국민이 모두 필요한 것이며 초등학교 아동, 농민, 심지어는 정치인이나 문화예술인도 기술 하나씩은 가지고 있어야 할 것이다.

100억 달러 수출은 몇몇 기업가나 기술자들만이 하는 것이 아닙니다. 전 국민이 100억 달러 수출에 무엇인가 일부분 직접적으로 또는 간접적으로 기여해야 한다, 이것이 총화체제입니다."

대통령은 이어서 내자조달의 필요성과 이에 대한 각별한 노력이 있어야 되겠다는 점을 강조했다.

"우리는 내자조달에도 각별한 노력을 기울여야 하겠습니다. 우리가 경제건설을 해나가는 데는 막대한 돈이 듭니다. 정부는 인플레를 일으키지 않고 비인플레적인 방법으로 자원을 조달할 방침입니다. 우리는 지금 현재 한 20억 달러 정도 수출을 했는데, 이것을 하는데 외자를 한 20억 달러 가까이 투자했다고 봅니다. 앞으로 우리가 100억 달러 수출을 하자면 외자를 한 80억 달러를 더 투자해야 되지 않느냐고 보는 사람도 있습니다. 이 숫자가 과거의 경험수치로 보아서는 대략 비슷한 숫자인 것 같습니다. 외자 80억 달러는 큰 문제가 없다고 봅니다. 금년도에 우리가 들여온 외자가 벌써 10억 달러니까 앞으로 8년이면 자동적으로 80억 달러가 되고 앞으로 해가 가면 액수가 더 늘어날지 모릅니다.

그러나 외자만 가지고는 경제건설이 안 된다 이것입니다. 그것과 거의 비등한 내자가 있어야 합니다. 80억 달러 상당의 내자라면 우리 돈으로 한 3조 몇천억, 그것의 절반이라 하더라고 1조 6천억 정도 이르는 내자가 있어야 하는데 이것을 우리가 어떻게 조달하느냐, 이것이 앞으로 우리가 경제건설 과업을 수행해 나가는 데 있어서 그 성패를 좌우할 하나의 관건입니다. 따라서 이점에 대해서는 우리가 앞으로 특별히 노력을 해야 되지 않겠느냐 하는 생각을 합니다."

대통령은 이어서 외국인들이 우리나라에 공장을 건설할 때 100% 전액을 투자하는 경우 그 주식소유를 제한하라고 지시했다.

"우리나라에 지금 외국인들이 들어와서 공장을 많이 짓는데 그

중에는 외국인이 100% 전액투자한 공장들이 상당히 있는 것으로 알고 있습니다. 우리가 공장을 많이 유치해서 고용을 증대시킨다는 취지에서 외국인 투자를 권장했는데, 앞으로 외국인이 100% 전액투자하는 것은 재고해 볼 필요가 있다고 생각합니다.

100%를 외국인이 투자하는 것도 좋지만 그런 경우에는 가령 5년이든지 10년이든지 일정한 기간이 지나면 그 공장의 주식을 몇 %는 한국 사람한테 넘긴다는 조건을 붙여야 할 것입니다. 몇 년 후에는 외국인 공장의 주식을 우리 한국 사람한테다 절반을 넘긴다든지 몇 %를 넘긴다든지 하는 조건부라면 모르지만, 그런 조건이 없는 100% 외국인 투자는 재고해야 한다고 생각합니다.

이란에서도 외국인 투자를 많이 장려하고 있다고 하는데, 그 나라에서 하고 있는 것이 대단히 잘 하고 있는 일이라고 봅니다. 처음에는 외국인이 100% 투자해도 좋지만, 몇 년이 지난 후에는 주식 얼마를 이란인에게 또 몇 년 후에는 주식 얼마를 더 넘기고 몇 년 후에는 그 공장을 완전히 이란 사람한테 넘겨야 된다는 것을 법으로 만들어 실시하고 있다는 얘기를 들었습니다. 우리도 업종에 따라서 그런 식으로 하는 것이 바람직하다고 생각합니다."

**법규제정의 목적은 업자들이 수출을 많이 할 수 있게 지원해 주는 데 있는 것이다**

1973년 1월 16일, 상공부 연두순시에서 대통령은 100억 달러 수출문제, 법규운용 문제 등에 대해서 몇 가지 지시를 했다.

대통령은 먼저 100억 달러 수출목표 달성을 위해서 생산원가 낮추기 운동을 전개할 것을 강조했다.

"18억 달러 수출목표 달성을 위해서 상공부 장관 이하 상공부 산하 전 공무원들이 여러 가지 어려운 여건 하에서 비상한 노력을 해서 목표를 초과달성한 데 대해서 나는 대단히 만족스럽게 생각하고 여러분들 노고에 대해서 치하를 합니다.

금년도 수출목표를 23억 5천만 달러라고 책정한 것 같은데 그 액수는 내가 더 늘리라는 소린 안 할 테니까 그 대신 금년에는 12월 25일 크리스마스 날 저녁까지 목표액 23억 5천만 달러를 달성하도록 노력하세요.

불과 한 닷새 앞당기는 것인데, 매년 12월 31일 밤 12시에 목표 달성했다고 하지 말고 여유 있게 하면 결국은 한 24억 될 겁니다. 1967년 일본이 백억 달러 수출 당시 일본의 여러 가지 여건과 우리를 비교해 보면 우리가 지금 상당히 불리한 여건에 있다는 것이 느껴집니다.

그러나 여건이 우리가 좀 불리하다고 해서 우리의 목표달성이 불가능하다 나는 그렇게 보지 않습니다. 그런 것을 우리의 노력을 가지고 기어코 해 보자고 하는데 10월유신 정신이 있고, 우리의 목표가 있는 것입니다.

우리한테도 일본보다도 오히려 유리한 여건도 있다고 나는 생각합니다. 불리한 건 이를 잘 보완하고 유리한 건 잘 살려서 밀고 나가면 남이 안 된 것을 우리가 해낼 수 있다고 생각합니다.

남보다 앞선 민족이 되고 위대한 민족이란 소릴 듣자면 남이 못한 것을, 남보다 뛰어난 것을 해야 되는 거지 언제나 남의 뒷전을 따라 가는 그런 민족은 위대하다는 말을 들을 수가 없는 겁니다.

어제 경제기획원에 가서도 그런 얘길 했지만 우리가 이러한 목표를 달성하는 데 있어서 중요한 지표가 세 가지입니다. 하나는 우리 경제가 물가안정이 돼서 안정기조를 유지해 나가야 되겠고, 과학기술을 개발하고, 기술혁신을 해야 되겠다. 그리고 내자조달을 많이 해서 내자축적을 해야 되겠는데, 내자조달의 극대화는 가능한 문제라고 봅니다.

요는 우리가 기술을 개발하고, 우리 기업들이 경영합리화를 하고, 정부가 최대한 뒤에서 자금면이나 정책면에서 여러 가지 뒷받침을 해서 결국 우리 상품의 질을 높이고 값을 낮춘다. 수출증대 노력을 간단히 표시한다면 그 길밖에 없다고 생각합니다.

그래서 우선 정부의 이런 지원을 금년에 다 하겠습니다. 틀림없이 할 테니까 우리 기업계에 대해서도 우리나라의 모든 산업들이 금년에는 생산원가를 5% 낮추는 운동을 하도록 모든 기업가들한테다가 강조하시오. 그 대신 정부는 도매물가 3%는 기어코 지켜 나가겠다는 약속을 하고, 동시에 모든 산업들이 생산원가를 최소한 5% 낮추도록 지도한다. 단 그러한 기업들이 쓰고 있는 물건 중에 원자재의 국제시세가 아주 이례적으로 폭등했다면 그런 문제에 대해서는 정부가 고려하겠지만 그렇지 않은 산업들은 최소한 생산원가를 5%까지 낮춘다, 더 낮추면 더 좋지만, 그런 노력을 해야 여러 가지 우리의 불리한 여건을 하나하나 극복해 나가면서 80년대 우리의 목표 달성이 가능할 겁니다.

정부산하에 있는 국영기업체부터 앞장을 서서 5% 원가인하운동을 적극적으로 추진해서 정부관리기업체도 5%를 낮췄다, 그러니 민간기업은 그 보다 더 낮추는 데 노력을 해라, 이렇게 우리가 이끌어 나가야 될 겁니다."

대통령은 이어서 법규를 만드는 근본목적은 우리 업자들이 일을 쉽게, 빨리, 보다 능률적으로 할 수 있도록 지원해 주는 데 있는 것이지 처벌하는 데 있는 것이 아니라는 점을 강조했다.

"요전에 어느 인터뷰하는 것을 내가 저녁에 잠깐 봤는데 우리나라의 어느 수출업자가 우리 정부는 업자에 대해 여러 가지 지원을 잘해 준다. 이만하면 더해 달라고 할 수 없을 정도로 잘해주는 데 하나 불만이 있다면 수속절차를 밟는 것이 복잡하다. 그걸 좀 간소화해줬으면 좋겠다는 얘기를 하는데 이런 것이 업계의 소리인 것 같습니다. 그 점을 앞으로 상공행정을 다루는 여러분들이 좀 더 유의해야 되겠습니다. 물론 정부에는 법도 있고 규정도 있고 따질 건 따져야 되겠지만, 법이다, 규정이다 하는 것은 나쁜 짓하는 부정하는 자들을 막는 데 주목적이 있는 게 아니라 그 근본목적은 우리나라의 업자들이 어떻게 하면 일을 쉽게 빨리 보다 더 능률적으로 잘할 수 있느냐, 이걸 지원해 주고 뒷받침해 주는 데 목적이 있는 거다 이겁니다. 일을 하다가 보면 나쁜 짓을 하는 사람이 있으니까 그걸 어떻게 처벌을 하기 위해서 규정을 만드는 데, 그렇게 본말이 전도가 되어서는 안 되겠다는 것입니다.

원래 규정이다 서류업무다 하는 것은 전부 다 업자들을 도와 주고 지원해 주기 위해 있는 건데 그걸 붙잡아 옴짝달싹 못하도록 부정하는 자가 한 사람도 없도록 규정을 자꾸 만들면 걸리는 사람이 하나도 없을지 모르지만 그러면 산업이 크지도 않고 수출도 안 된다, 그건 오히려 우리가 시도하는 본연의 목적하고는 역행되는 겁니다. 물론 법이나 규정은 그것을 악용하는 지각 없는 기업인들의 행동을 막는 데에도 큰 뜻이 있겠지만 어디까지나 그 근본목적은 업자들을 우리가 적극적으로 뒷받침해 주고 지원해 주고 일을 잘해서 수출을 많이 할 수 있도록 해 주는 데 목적이 있다, 그런 방향으로 법이라든지 규정이라는 걸 우리가 잘 활용해야 되겠다 하는데 착안을 해주기 바랍니다."

대통령은 이어서 상공부의 기구개편과 세 명의 차관보 증원이 보다 능률적이고 신속한 상공행정에 기여할 수 있도록 유의하라고 지시했다.

"그 다음, 이번에 상공부는 앞으로 어려운 일을 강력히 추진해 나가기 위해서 기구를 대폭적으로 고쳤고, 차관보를 세 사람이나 더 증원해서 다른 부처에서는 종전의 관례로써는 볼 수 없을 정도로 기구를 대폭 확장했는데, 이것은 어디까지나 상공행정을 보다 더 능률적으로, 보다 더 신속히 밀고 나가기 위해서 하는 겁니다. 기구가 늘어서 오히려 일이 더 번잡해지고 업자들이 일을 추진하는 데 오히려 과거보다도 찾아다니는 데가 더 많고 결재받는 데가 더 많아서 어려워졌다는 그러한 말이 나오면 기구를 고친 의의가 전혀 없을 뿐 아니라 오히려 역행되는 거다 그 점을 특별히 유의해 여러분들이 일을 잘해 주기 바랍니다."

**80년대 초에 수출 100억 달러, 국민소득 1,000달러를 달성해야 한다**

1973년 4월 17일, 제1회 전국경제인대회에서 대통령은 기업은 국력배양과 국민복지를 구현하는 사회적 도구요, 공기라는 사실을 설명했다.

"나는 이 같은 민족적 대과업을 수행하는 데 있어서 경제인 여러분들의 역할과 책임은 그 누구보다도 중차대하다는 것을 강조하지 않을 수 없습니다.

여러분들은 그동안 맡은 바 사회적 분야에서 온갖 역경을 무릅쓰고 땀 흘려 노력하고 정진해 왔다는 것을 우리는 잘 알고 있습니다.

그렇기 때문에 우리 국민은 항상 성실한 경제인들에 대해서 뜨거운 격려를 보내고 있는 것입니다.

그러나 한편으로는 일부 기업인에 대하여 반성과 자숙을 촉구하는 소리가 국민들 속에서 들려오고 있다는 사실 또한 잊어서는 안 될 것입니다.

언제부터인지는 모르지만 우리 주변에서는 '기업은 죽어도 기업인은 산다'라는 말이 나돌고 있다고 들었습니다.

나는 이것이 결코 우리나라 기업인 전체를 두고 하는 말이라고는 보지 않습니다.

이러한 말은 기업윤리를 망각한 반사회적이고 반민족적인 일부 기업인이라든가, 또는 모든 것을 정부가 도와 주겠지 하는 안이한 사고방식으로 무책임한 경영을 일삼아 온 일부 몰지각한 기업인들 때문에 생겨난 것으로 알고 있습니다.

또한 우리 주변에는 아직도 정부 지원이나 외부의 자본에 지나치게 의존하려는 무기력한 기업인이라든가, 또는 기업의 공익성과 근로자의 복지문제를 외면하려는 독선적인 기업인이 상존하고 있다는 것을 지적하지 않을 수 없습니다.

그러나 오늘 '10월유신' 제1차년도 새 봄을 장식하는 이 뜻깊은 대회를 계기로 해서 이러한 불건실, 무책임, 방만한 경영태도가 우리 기업풍토와 우리 사회에서 깨끗이 그 자취를 감추게 될 것으로 나는 확신하면서, 국가 발전을 위한 정부의 당면시책과 기업인의 도(道)에 관해서 몇 마디 말해 두고자 합니다.

지금 우리가 전 심혈을 기울여서 노력하고 있는 국력배양도 그 실은 지속적인 경제성장 없이는 불가능한 것입니다.

이 경제성장은 끊임없는 생산의 확장을 의미하는 것이고, 또 이것은 견실한 기업의 성장과 국력의 축적에 직결되는 것입니다.

그러므로 기업이 개인의 이익만을 추구하는 수단에 그칠 것이 아니라, 국력을 배양하고 국민복지를 향상 구현하는 사회적 도구요, 공기라는 것을 명심해야 할 것입니다.

기업이라는 사회적 공기를 위임받은 경제인은 모름지기 창의와 검소와 근면으로써 사리보다는 공익을 앞세우고, 개인적 권익보다는 사회적 책임을 더 존중하는 봉사자로서의 겸손과 지도계층으로서의 긍지를 잃지 말아야 할 것입니다.

특히 낙후한 기술과 빈약한 여건 속에서도 이를 극복하고 개척해 온 한국의 기업인들에게는 개척자로서의 용기와 지혜, 그리고 사명감이 있어야 할 줄 믿습니다.

이런 것이야말로 한국의 기업인을 상징하는 자랑스럽고도 바람직한 기업가 정신인 것입니다.

또한 이 정신은 근면·자조·협동으로 집약되는 새마을정신이며 유신 이념인 것입니다."

대통령은 이어서 80년대 초에 수출 100억 달러, 국민소득 1,000달러 달성을 위해 우리 경제인들이 수행해야 할 당면과제를 제시했다.

"우리는 이 새마을정신과 유신이념을 정신적 지주로 삼고, 오늘의 내외적 도전을 이겨내기 위해서 지금 국력배양의 삼대지표를 중화학공업의 중점적 육성과 수출의 대폭신장, 그리고 농촌의 획기적 발전에 두고 또다시 힘찬 전진을 시작했습니다.

이 목표를 달성하기 위하여 정부는 전 국토의 산업권화, 전 산업의 수출산업화, 그리고 전 국력의 생산력화를 강력히 추진하고 있습니다.

그 우렁찬 새 고동이 이미 구미공업단지를 비롯한 창원 등 6개 공업 단지에서 메아리치기 시작했습니다.

또한 국토종합개발 계획에 따라 4대강유역에는 개발과 건설의 맥박이 세차게 메아리치고 있으며, 국토의 구석구석마다 개발의 손길이 닿지 않은 곳이 없습니다.

나는 정부의 이 같은 시책이 머지않아 우리의 농촌을 가난의 대

貿易立國

大韓貿易振興公社 創立十五周年紀念

一九七七年十月十七日

大統領 朴正熙

 명사에서부터 '풍요한 농촌'으로 그 면모를 일신하게 될 것으로 굳게 믿습니다. 또한 이 모든 시책은 우리나라를 세계로 뻗어 나가는 공업수출국가로 발전시킬 것으로 믿어 의심치 않습니다.

 그러나 가장 중요한 것은 국민 각자가 이러한 발전과 번영의 청사진을 대할 때, 과연 그 속에서 '내가 할 일이 무엇이냐?' 하는 것을 분명히 자각하고 실천해 나가는 것이라고 믿습니다.

 특히 경제인들의 자각과 사명의식, 그리고 실천력과 봉사협동정신은 가장 중요한 것이라고 확신합니다.

 따라서 나는 이 기회에 80년대 초에 우리가 이룩할 수출 100억 달러와 국민 소득 1,000달러라는 중간목표 달성을 위한 정부시책과 병행해서 경제인 여러분들이 수행해야 할 당면 과제를 몇 가지 제시해 두고자 합니다.

 그 첫째는, 산업의 합리화와 기술혁신을 촉진해서 생산성을 높이고 물가안정에 적극 협조해야 한다는 것입니다. 그러기 위해서는 각

기업이 자체 내에 기술훈련을 위한 기구와 시설을 갖추어 놓는 것이 급선무라고 봅니다.

둘째로, 모든 기업은 하루 속히 대단위화되고 국제수준화되어서 국제경쟁력을 강화하여 수출증대에 적극 기여해야 할 것입니다.

셋째로, 모든 기업은 되도록 빠른 시일 내에 공개되어서 국민 누구나가 참여할 수 있는 건전한 기업풍토를 조성하는 데 노력해야 할 것입니다. 그래야만 민족기업으로의 공익성을 구현하는 데도 크게 도움이 될 것으로 믿습니다.

넷째로, 모든 기업인은 노동조건의 개선과 노동자의 복지향상에 최선을 다하고 국리민복에 기여한다는 투철한 사명의식을 길러야 되겠습니다. 그리고 기업의 이윤은 사회에 되돌린다는 대의에 투철한 기업이 되어야겠다는 것입니다.

정부가 지난해 막대한 재정부담을 무릅쓰고 '경제의 안정과 성장에 관한 8·3 긴급조치'를 취했던 것도 기업의 이윤만을 보장해 주기 위해서가 아니라, 기업의 건전한 성장 없이는 경제의 발전과 국민생활의 향상을 기대할 수 없다는 기업의 공익성 때문에 취하게 되었던 것입니다.

이것은 정부와 경제인, 그리고 국민대중의 3자가 국력배양과 국민복지 향상을 위해 합심 노력하는 하나의 훌륭한 실증이라고 말할 수 있을 것입니다.

나는 앞으로도 국가이익에 부응하여 기업을 성실히 경영하는 유능한 기업인에 대해서는 계속 지원의 손길을 아끼지 않을 것입니다. 그리하여 우리의 기업이 세계적인 기업으로 발전하고, 오늘의 중소기업이 내일의 대기업으로 성장할 수 있도록 할 것입니다.

이와 같이 정부와 국민, 그리고 기업이 서로 손을 맞잡고, 밀고 끌어주는 노력을 계속할 때, 우리의 앞에는 안정과 번영의 희망찬 내일이 기약될 것이며, 민족중흥의 대도는 찬란히 전개될 것입니다."

## 100억 달러 수출할 때 60억 달러 이상은 중화학 분야의 제품이 나가야 한다

1973년 7월 3일, 포항종합제철 준공식에서 대통령은 과거에 꿈으로만 생각했던 것이 꿈이 아니라 현실로 실현되고 있다는 그 사실을 직접 목격하면서 감개무량함을 금할 수 없다는 말로 그 벅찬 감회를 표현했다.

"지금으로부터 3년 전 1970년 봄에 여러분들이 보통 '롬멜 하우스'라고 부르는 저 앞에서 지금은 고인이 되었습니다마는 김학렬 전 부총리와 박태준 사장, 그리고 나 세 사람이 포항종합제철 기공식의 버튼을 눌렀습니다.

그 후 만 3년 3개월 만에 허허벌판이었던 이곳에 이와 같은 초현대적인 훌륭한 종합제철공장이 준공된 데 대해서 감개무량함을 금할 수 없으며, 그동안 박태준 사장 이하 여러분들의 노고에 대해서 심심한 치하를 드리는 바입니다.

금년 봄 연초 기자회견에서 나는 중화학공업 정책선언을 한 바가 있습니다. 이것은 우리나라의 공업이 지금 어느 단계까지 와 있느냐, 또한 앞으로 우리 공업이 어느 방향으로 지향하고 있느냐 하는 것을 국민들에게 알리는 동시에 정부는 지금으로부터 중화학공업 분야에 모든 정책의 중점을 두겠다는 것을 내외에 선언한 것이었습니다.

요즘 흔히 우리나라 공업이 중화학공업 시대의 문턱에 도달했다 하는 이야기를 합니다. 그러나 내가 보기에는 우리 공업이 중화학공업 시대의 문턱에 도달한 것이 아니라, 벌써 문턱을 훨씬 지나 상당히 깊은 분야에까지 진행하고 있다고 평가하는 것이 정당하다고 생각합니다.

　현재 정부가 중화학공업을 위해서 추진하고 있는 여러 가지 계획이 순조롭게 진행된다면 80년대 초에 가서는 우리나라는 명실공히 선진공업국가 대열에 당당히 올라설 수 있다고 확신하고 있고 또한 그러한 기대를 가지고 있습니다.

　이러한 의미에서 오늘 이 자리에서 포항종합제철의 준공식을 보게 된 것은 매우 의의가 크다고 생각합니다.

　중화학공업을 지향하고 있는 우리 경제의 상징적인 사업이 오늘 이 자리에서 준공됨으로써 과거에 우리가 꿈으로만 생각했던 것이, 꿈이 아니라 현실로서 하나하나 실현되어 가고 있다는 그 사실을 우리들 눈으로 직접 목격할 수 있게 되었습니다.

　오늘 준공을 보는 이 포항종합제철은 생산규모에 있어서 1차적으로 조강 103만 톤 규모가 됩니다. 선진 여러 나라에는 지금 현재 연산 1천만 톤을 넘는 대규모의 공장이 있다는 것을 생각할 때 우리의 이 공장은 이제 시작입니다.

　이제 우리는 남을 따라가기 위한 출발에 있어서 첫 개가를 여기서 올렸다고 나는 생각합니다."

　대통령은 이어서 이 공장의 확장계획과 제2종합제철 공장건설 계획을 천명하고, 이들 공장이 가져오게 될 수출증대 효과에 대해 설명했다.

　"이 공장은 금년부터 계속해서 260만 톤으로 확장공사를 하고, 또 계속해서 79년 말까지는 700만 톤 규모까지 확장할 계획을 지금 추진하고 있습니다.

　또한 정부는 1980년대에 가면 우리나라의 철강수요가 약 1,200만 톤 내지 1,300만 톤을 넘을 것이라는 추정하에 포항종합제철의 1차,

포항제철공장 준공식에 참석한 뒤 박태준 사장과 함께 공장시찰을 하는 박 대통령
(1973. 7. 3)

2차 확장공사와는 별도로 이와 병행하여 연산 약 1천만 톤 규모의 제2종합제철공장 건설을 지금 예의 추진 중에 있습니다.

이러한 공장들이 전부 계획대로 순조롭게 추진되어서 80년대 초에 가면 우리가 지금 지향하고 있는 100억 달러 수출이라는 것도 그다지 어려운 문제가 아니라고 나는 보는 것입니다.

100억 달러 수출을 할 때가 되면 총수출량에 있어서 중화학 분야의 제품이 차지하는 비율이 전체의 약 60%를 넘게 될 것입니다. 100억 달러 수출에서 약 60억 달러 이상은 중화학 분야의 제품이 나가야 된다 하는 뜻입니다.

이러한 것을 생각을 할 때 오늘 준공을 보게 된 이 종합제철은 앞으로 우리나라의 중화학공업의 근간이 되고 가장 핵심체가 된다는 것을 다시 한 번 느끼게 됩니다.

이 공장은 내외자 합쳐서 우리나라 돈으로 약 1천 2백억 원이라는 돈이 들어갔습니다. 경부고속도로 건설에 428억 원이 들어갔으니까 경부고속도로 3개 몫의 자금이 이 공장에 들어갔다는 결과가 됩니다.

이와 같이 우리나라 역사 이래 단일사업체로서는 가장 규모가 큰 이 공장이 지난 3년 3개월 동안 여러 가지 어려움과 애로를 극복하고, 오늘 예정보다도 약 1개월이나 앞당겨서 훌륭하게 준공을 보게 된 데 대해서 다시 한 번 박 사장 이하 포항제철의 모든 직원들과 이 사업에 참여한 국내외의 기술자, 건설업자 기타 관계 공무원 여러분들에게 심심한 치하의 말씀을 드립니다.

동시에 오늘 이 자리를 빌려서 이 공장이 건설될 때까지 적극적으로 협력해 주신 일본정부 당국과 일본의 관계업계 여러분들의 협조에 대해서 감사의 뜻을 표합니다.

그리고 이 지방주민 여러분들과 유관기간 여러분들이 그동안 모든 면에서 적극적인 협조와 도움을 주신 데 대해서 또한 감사를 드리고, 이 포항종합제철이 앞으로 우리나라 중화학공업 발전에 명실공히 핵심적이고 근간적인 역할을 훌륭하게 수행해 줄 것을 당부하면서 다시 한 번 여러분들의 그 동안의 노고에 대해서 치하의 말씀을 드립니다."

대통령은 정치인이 경제건설에 생산적으로 이바지할 수 있는 기여도에 대해서는 매우 비관적이었다. 특히 정치인들의 인격과 자질에 대해서는 상당히 비관적이었다. 대통령이 정치인을 불신하게 된 가장 큰 원인은 정치인들의 인사청탁과 이권개입 그리고 선동과 부패였다.

정치인들의 각 행정부처에 대한 인사청탁과 각종 이권개입 그리고 여론선동은 행정의 안정과 능률을 저해하고, 정책의 우선순위를

鐵鋼은國力

浦項製鐵創立十周年記念
一九七八年四月一日
大統領 朴正熙圖

왜곡시키며, 국가정책의 효율적인 추진을 어렵게 한다.

따라서 대통령은 경제개발을 효율적으로 추진하기 위해서는 행정 관료에 대한 정치인의 영향을 차단하는 것이 불가결한 일이라고 생각했다.

대통령은 그의 통치기간 중에 경제정책이 정치적 영향에 종속되는 일을 단호히 배격했다. 그는 행정의 안정과 능률을 파괴하는 정치인의 압력이나 청탁을 단호하게 응징했다. 경제부처의 장관이나 고위관리들이 국가경영의 전문지식과 경험을 축적하고 정책의 일관성을 유지할 수 있도록 그들의 재임기관을 오랫동안 보장하고 소신껏 일할 수 있도록 정치적 영향으로부터 그들을 보호해 주었다.

대통령이 경제개발을 주도하는 과정에서 주요사업을 추진할 기업을 선정할 때, 가장 중요시한 기준은 경제적 효율성이었다.

박 대통령의 시대와 그 전후의 시대를 분명하게 구별할 수 있는 가장 본질적인 차이는 바로 이 경제적 효율성이라고 할 수 있다.

자유당 정부나 민주당 정부 때는 개발사업의 선정과 추진에 있어서 정치인과 정당의 영향력이 컸다. 정치인과 정당들은 정치자금을 많이 제공하는 기업인에게 그 대가로 주요사업을 맡겼으며, 따라서 경제적 효율성이 무시되고 정치적 유대나 친소관계가 중요시되었다. 대통령은 바로 이러한 잘못된 악폐를 광정했다.

개발사업을 추진할 기업을 선정하고 지원하는 데 있어서 정치인이나 정당의 영향력을 차단하는 것이 그 사업 성공의 관건이라는 것에 대통령의 확고한 신념이었다. 이러한 그의 신념은 집정 18년 동안 일관성 있게 관철되었다.

정치인들은 이 때문에 정당의 무력화니, 의회의 시녀화니, 행정독주니, 개발독재니 하고 비판하였다. 그러나 대통령은 정치인들의 그러한 비난에는 전혀 개의치 않았다. 경제개발사업에 대한 정당정치인의 정치적 영향력의 차단, 그것은 바로 1960년대와 1970년대의 18여 년 동안 한국경제가 고도성장을 지속할 수 있었던 중요한 초석의 하나였다.

공장건설에 정치세력이 개입하지 못한 대표적인 예는 포항종합제철이다. 포항제철의 건설자금은 유상 및 무상차관으로 이루어져서 관리창구가 이원화되어 있었다.

포항제철이 설비를 구입할 때, 창구일원화가 필요하다고 생각한 박태준 사장은 대통령을 찾아와 경제성 있는 제철소를 건설하려면 조달청이 아닌 포항제철회사가 직접 설비구입을 맡아야 하며, 창구가 일원화되지 않으면 정치인들이 개입하거나 압력을 가할 소지가 커진다고 진언했다. 대통령은 이를 쾌히 승낙했다.

그 후 오래지 않아 공화당의 중진 재정분과위원장 김성곤 의원이 박 사장에게 설비구입처를 바꾸라고 압력을 가하자 박 사장은 입찰원칙을 보여 주며 거절했으나, 계속 압력을 가하고 심한 말까지 했다. 그러나 그 정치인은 끝내 뜻을 이루지 못했다. 입찰원칙을 지키겠다는 박 사장은 바로 대통령의 강력한 지원과 보호를 받고 있었기 때문이다. 그 후 포항제철의 설비구입에는 정치인의 압력이나 개입이 통하지 않는다는 전통이 확립되었다.

## 81년 200억 달러의 수출입물자를 수송할 대형조선소를 건설해야 한다

1973년 10월 11일, 거제도에서 옥포조선소의 기공식이 거행되었다.

대통령은 이날의 기공식에서 먼저 중화학공업의 6대 중점사업에 대해서 설명했다.

"오늘 옥포조선소의 기공식을 하게 된 저 옥포 앞바다는 지금부터 약 380년 전 선조대왕 25년 임진년 5월 달에 충무공 이순신 장군이 지휘하는 우리 조선함대가 침략자 일본함대를 전멸시켜 대승리를 거둔 유서 깊은 장소입니다.

바로 이곳에서 세계적인 규모인 초대형조선소의 기공식을 가지게 된 것을 여러분과 더불어 대단히 뜻깊게 생각합니다.

금년 정초 연두기자회견 때 나는 국민 여러분들에게 새로운 중화학공업 정책선언을 한 바가 있습니다. 이것은 80년대에 가서 우리나라를 선진공업국가 수준으로 끌어올리기 위해서 지금부터 중화학부문에 가장 역점을 두고 모든 시책을 밀고 나가겠다는 정책의 목표와 방향을 제시한 것입니다.

그 후 정부 내에서는 국무총리를 수반으로 하는 중화학공업추진위원회가 생겼고, 또 실무진으로 중화학공업건설단이 발족해서 지난 9개월 동안 꾸준히 모든 계획을 추진해 왔습니다. 지금 이러한 계획들은 모든 것이 순조롭게 진행되고 있는 것입니다.

앞으로 81년까지 정부가 추진하고자 하는 중화학 분야의 건설에는 여러 가지 할 일이 많습니다마는 그중에서 정부는 여섯 가지 큼직큼직한 사업을 중점적으로 밀고 나가려고 합니다.

그중의 하나는 종합제철, 지금 포항에 있는 종합제철공장을 확장하는 것과 앞으로 제2종합제철공장을 건설하는 일들입니다.

그리고 다음은 비철금속공업, 이것은 동이라든지 아연이라든지 기타 알루미늄 등등의 비철금속에 속하는 공업을 발전시켜야 되겠다는 것입니다.

셋째가 오늘 여기서 기공식을 하게 되는 조선 분야에 속하는 조선공업이고, 또 한 가지는 제2석유화학단지를 새로 건설해서 화학공업을 국제규모로 대폭 확장을 하겠다는 것입니다.

그 다음 다섯째가 종합기계공업의 육성이고, 여섯째가 전자공업입니다.

이상의 여섯 가지 분야를 지금부터 중점적으로 건설해 나아갈 예정인데, 그중에서 조선공업이라는 것은 대단히 중요한 공업으로 오늘 여기에서 우리가 기공식을 하게 된 이 대한 조선공사의 옥포조선소도 이러한 중화학공업 6대 중요사업 중에 한 부분에 속하는 것입니다."

대통령은 이어서 81년 2백억 달러어치의 수출입물자를 수송할 대형조선소를 건설해야 한다는 점을 강조했다.

"조선공업이라는 것은 여러분들도 아시는 바와 같이 노동집약적인 산업이고 또한 종합기계공업에 속하는 산업으로 최근 국제적으로 선박에 대한 수요가 급격히 늘어나고 있습니다.

또한 우리나라는 조선공업을 발전시키는 데 있어서는 대단히 유리한 여건을 갖추고 있습니다.

따라서 정부는 앞으로 이 조선 분야에 있어서 81년까지 2단계로 구분해서 조선공업을 발전시켜 나가려고 합니다.

제1단계는 지금부터 76년까지 향후 3년 동안에 대형조선소, 약

100만 톤급에 속하는 조선소를 3개 정도 건설을 하겠다는 것입니다.

그리고 약 5만 톤에서부터 10만 톤급에 속하는 배를 만드는 중형조선소를 하나 내지 두 개 만들고, 또한 2만 톤 내지 3만 톤급의 배를 만드는 소형조선소를 하나쯤 더 만들겠다는 것입니다. 이것은 전부 76년까지는 완공이 됩니다.

이와 같이 건설해 가면서, 국제적인 선박수요의 전망을 봐가면서 앞으로 우리나라에 조선소를 더 건설하거나 확장할 필요가 있다고 판단이 난다면, 70년대 후반에 가서 정부는 대형조선소를 2개 정도 더 건설할 계획이며, 동시에 중형조선소를 하나 내지 두 개 더 건설할 계획을 가지고 있습니다.

이것은 앞으로 1단계계획이 추진되어 나가는 것을 보아 가면서, 국제적인 선박수요를 전망해 가면서 결정할 예정입니다. 이 모든 조선소는 국제적인 규모와 단위를 갖추고 초현대적인 기술을 갖춘 조선공장이 될 것입니다.

이러한 계획이 예정대로 추진되면 80년대 초에 가서는 우리나라의 조선능력은 약 500만 톤 내지 600만 톤까지 올릴 수 있다고 봅니다.

참고로 작년도의 우리나라 조선능력을 보면 약 20만 톤 정도밖에 되지 않았습니다. 이러한 계획이 예정대로 추진이 된다면 이들 조선소에서 건조되는 선박수출로 우리는 약 11억 달러 정도의 외화를 벌어들일 수 있게 됩니다. 여러분들이 아시는 바와 마찬가지로 우리는 1981년에 가서 우리나라의 수출고를 100억 달러대까지 끌어올리려고 지금 안간힘을 다하고 있습니다.

그 100억 달러 중에 이 조선 분야에서 차지하는 것이 약 11억, 즉 1/10을 조선공업에서 기대해 보자는 것입니다.

물론, 그 동안에 조선소가 더 증설된다든지 확장된다면 이 액수가 더 올라갈 수 있다고 봅니다.

뿐만 아니라 또 한편으로는 100억 달러 수출을 하게 된다면 결국은 우리나라에서 생산된 여러 가지 물품이 1년에 100억 달러어치 정도 해외로 수송되어 나가야 될 것이며, 100억 달러에 가까운 외국의 원료라든지 원자재 기타 필요한 기계 등이 우리나라에 들어와야 되는 것입니다.

그렇다면 100억 달러어치의 물자가 나가고 100억 달러어치의 물자가 들어오기 때문에 1년에 약 200억 달러어치에 달하는 물자가 우리나라 여러 항구를 통해서 선박을 이용해서 해외에 나가고 들어와야 됩니다. 따라서 막대한 물자의 수송이 예상되는 것입니다.

금년도 정부의 수출목표는 원래 23억 5천만 달러였습니다마는 지금 현재 전망으로서는 약 30억 달러가 약간 넘으리라 이렇게 봅니다. 따라서 81년도에 가면 금년도 물자수송량의 3배 이상의 물자가 나가고 들어오게 되는 것입니다.

그러므로 우리가 선박을 건조하는 것은 수출을 해서 외화를 획득하기 위한 목적도 있겠지만, 이러한 방대한 물자를 수송하는 데 쓰기 위해서도 앞으로 많은 배를 만들어야 되겠다는 것입니다.

이러한 의미에 있어서 우리가 지금 추진하고 있는 대형조선소 및 중형조선소의 건설이라는 것은 대단히 중요한 것이라고 봅니다.

지금 1단계사업의 대형조선소 3개 중 울산의 현대조선소에서 71년에 착공한 100만 톤급 조선소는 거의 준공단계에 가까워가고 있습니다. 아마 금년 말에는 25만 톤급의 첫배가 진수식을 하리라고 내다보고 있는 것입니다. 두 번째 조선소가 오늘 여기서 기공식을 합니다.

이 옥포조선소는 대략 75년 말 내지 76년 초에 가면 준공을 하게 되리라고 봅니다.

또 하나의 대형조선소가 지금 우리 민간업자들에 의해서 추진되고 있는데, 대략 이달 내로는 결론이 나와서 제3대형조선소도 내년 초에는 착공을 하게 될 것으로 보고 있습니다.

또한 5만 톤 내지 10만 톤급의 중형조선소도, 어제 신문에 보도된 바와 같이 우리나라의 유수한 몇몇 기업가들의 합작으로 건설에 대한 모든 계획이 추진되어 내년 초에는 착공을 할 수 있을 것이고, 또 하나 2만 톤 내지 3만 톤급 소형조선소도 금년 연말 아니면 내년 초에 착공할 단계에 놓여 있다는 것을 말씀드립니다.”

## 비료는 자급자족하고 수출을 할 수 있게 된다

1973년 10월 26일, 한국종합화학주식회사의 주관으로 건설된 제6비료공장의 준공식이 거행되었다.

대통령은 이날의 준공식에서 오늘 제6비료공장이 가동되고 75년에 제7비료공장이 완공되면 우리나라는 비료를 완전 자급자족하고 상당량의 비료를 수출할 수 있게 된다고 전망했다.

“우리나라는 이제 여섯 개의 비료공장을 가지게 되었습니다. 그 중에서도 오늘 준공을 보게 되는 이 제6비료공장은 가장 규모가 크고 최신기술과 시설을 갖춘 가장 훌륭한 비료공장입니다.

이러한 훌륭한 비료공장을 또 하나 가지게 된 데 대해서 우선 우리 농민 여러분들과 함께 충심으로 기뻐해 마지않는 바입니다.

동시에 이 공장건설을 위해서 지난 2년 3개월 동안 여러 가지 수고를 많이 하신 한국종합화학주식회사의 백선엽 사장을 위시해서 회사직원, 기술자, 관계건설업자, 기타 관련기관의 여러분들의 노고에 대해서 충심으로 치하를 드리는 바입니다.

우리나라는 최근 매년 비료의 수급이 급격히 늘어나고 있습니다. 이것은 식량증산을 위해서 우리 농민들이 모두 비료를 많이 쓰게 되었고, 특용작물이나 축산을 위한 사료작물의 재배와 초지개발 그리고 최근의 조림, 산림사업 등등에 비료를 사용하게 되어 비료의 수요가 그만큼 많이 늘어났기 때문이라고 생각합니다.

이제 우리나라에서 가지고 있는 여섯 개 공장에서 1년간에 생산되는 비료는 중량으로 따져서 약 151만 톤에 달하게 되었습니다.

이것은 현재 우리가 쓰기에 겨우 자급할 수 있는 정도의 비료입니다.

그러나 비료수요가 해마다 늘어나기 때문에 앞으로 1년, 2년 후에는 또 비료가 부족하게 될 것을 예상해서 정부에서는 지난 10월 13일 전라남도 여수 부근에 역시 한국종합화학의 주관으로 제7비료공장의 기공식을 올린 바가 있습니다.

앞으로 이 제7비료공장이 2년 후에 완공되면 우리나라의 비료는 완전자급자족 되고도 상당한 양의 비료를 수출할 여유까지 가질 수 있으리라고 봅니다.

오늘날 비료는 국제적으로 볼 때 전반적으로 수요가 늘어나고 있어서 대단히 부족하게 되었습니다.

따라서 외국에서는 우리나라의 비료를 사려고 많은 주문을 해 오고 있지마는 우리나라에서도 여력이 없기 때문에 수출을 못하고 있고, 정부에서 수출을 중지시키고 있는 형편에 있습니다.

따라서 비료가격이 매년 많이 상승되고 있는 것도 또한 사실입니다. 작년 봄만 하더라도 비료의 국제시세가 톤당 약 50달러, 우리 돈으로 해서 약 2만 원 정도였던 것이 최근에는 약 110달러 이상으로 상승하고 있는 것입니다.

그러니까 과거에 톤당 2만원 하던 것이 지금은 약 4만 5천원 이상으로 오르고 있다는 이야기입니다.

그러나 정부에서는 우리 농민들에게 국제시세보다는 훨씬 싼 75

달러, 즉 우리 돈으로 톤당 약 3만 원으로 농민들에게 공급하고 있는 것입니다.

다시 말하자면 우리가 수출을 하면 톤당 4만 5천 원을 받을 수 있는데 약 1만 5천 원을 손해 보고 농민들에게 공급하고 있다는 것입니다.

이것은 역시 우리 정부가 우리 농민들에게 식량증산에 보다 더 많이 힘을 써달라는 뜻이 되는 것입니다.

따라서 우리 농민 여러분들도 정부의 이러한 취지와 방침을 잘 이해하시고 앞으로 식량증산에 보다 많은 노력과 분발이 있기를 당부해 마지않습니다.

오늘 준공을 보게 된 이 제6비료공장—충주암모니아센터라고도 합니다—은 아까 경과보고에도 있었습니다마는 일산 암모니아 1,000톤, 연간 30만 톤, 요소로 해서 23만 1,000톤이라는 많은 비료를 생산하는 가장 훌륭한 현대적 시설의 비료공장입니다.

앞으로 제7비가 여수 부근에서 75년 말에 완공되면 현재 이 충주암모니아센터의 약 3배에 가까운 능력을 가진 거대한 국제적으로도 가장 큰 비료공장이 또 하나 생기리라 봅니다.

이 공장이 완공되었을 때에는 우리나라에서는 비료 문제는 완전히 해결되고 아까도 말씀드린 바와 같이 상당한 양을 수출도 할 수 있게 되는 것입니다.

그동안 한국종합화학주식회사는 제6비료공장의 건설과 함께 제7비료공장의 건설을 위해 많은 노력을 아끼지 않아 이제 착공을 보았고, 또한 종합화학주식회사 안에 석유화학 추진본부가 설치되어 호남종합화학기지에 생기게 된 수십 개의 석유화학 계열공장의 건설계획을 추진하고 있습니다.

따라서 한국종합화학은 그동안 비료공장의 건설은 물론이요, 앞으로의 우리나라의 중화학공업 발전에 커다란 역할을 담당하고 있습니다.

이러한 모든 계획들을 예정대로 순조롭게 추진시켜 우리나라 중화학공업 육성에 커다란 기여를 해 줄 것을 당부해 마지않습니다.

동시에 국민 여러분들도 정부가 추진하고 있는 이러한 중화학육성사업에 보다 많이 참여를 하시고 또 보다 많은 협조를 해주실 것을 당부해 마지않습니다.

다시 한 번 그동안 이 공장의 건설을 위해 수고를 하신 백선엽 사장 이하 한국종합화학의 직원 여러분과 이 공장건설에 차관을 공여해 준 외국의 관계회사, 국내 여러 관계기관의 노고에 대해서 감사를 드리고 또한 이 지방주민 여러분들이 그동안 여러 가지 많은 협조를 해주신 데 대해서 감사를 드리는 바입니다."

**수출주도형 개발정책은 우리나라의 특수한 여건이 그 배경을 이루고 있다**

1973년 11월 30일, 제10회 수출의 날에 대통령은 10년 동안의 수출실적, 국력의 철학, 한국의 특수여건, 수출주도형 개발정책, 외자도입의 필요성, 100억 달러 수출을 위한 중화학공업 육성, 유류절약 문제, 공장새마을 문제 등 여러 가지 사안에 대해 소상하게 설명했다.

대통령은 먼저 지난 10년 동안 피눈물나는 노력으로 비약적인 수출신장을 가져오는 데 기여한 모든 관계인사들의 노고를 치하했다.

"오늘 우리는 1964년 11월 30일을 수출의 날로 제정한 이래 열번째 수출의 날을 맞이하였습니다.

상공부 장관의 보고와 마찬가지로 1964년 11월 30일 우리는 그해 수출실적이 1억 달러를 돌파하여 우리 모두가 대단히 기뻐하고 또 흐뭇해하였던 것입니다. 왜냐하면, 60년대 초에는 연간수출고가 겨우 3천 2백만 달러 정도밖에 되지 않았던 것이 64년 11월 말에 1억 달러를 돌파하였기 때문입니다.

이것은 우리나라의 수출이 앞으로 크게 신장할 수 있는 좋은 하나의 징조이며 또 하나의 계기가 될 수 있다고 믿고 우리 정부와 업계, 그리고 모든 국민들이 부푼 희망을 걸었던 것입니다.

그러나 금년에 있어서는 지난 10월 중 한 달 동안에 우리나라의 수출실적이 3억 5천만 달러를 돌파했습니다.

또한 오늘 이 자리에서는 조금 전에 김한수 사장이 경영하는 한일합섬이 1개 기업체로서 연간수출 1억 달러를 돌파하여 처음으로 '1억 달러탑'을 받았습니다.

60년대 초의 우리나라의 수출과 오늘을 비교해 볼 때 실로 격세지감을 금할 수가 없습니다.

그러나 1981년에 가면 우리나라에서는 한 기업체가 연간수출실적 5억 달러 또는 그 이상을 올릴 수 있는 업체가 여러 개 나오리라고 생각을 합니다.

앞으로 몇 년 후에 가면 '1억 달러탑'이 아니라 '5억 달러탑'을 받는 명예스러운 기업체들이 속출될 것을 우리는 기대해 마지않습니다.

나는 그동안 우리나라의 모든 상공인, 기업인, 근로인, 금융인 그리고 우리 '코트라' 직원 기타 수출업무에 관계하는 공무원 여러분들이 여러 가지 어려운 여건 속에서도 기술개발과 품질향상 또는 경영개선, 외자도입, 수출시장의 개척 등 그야말로 불철주야 피눈물나는 노력을 꾸준히 계속해 온 그 결과가 오늘날 우리나라의 수출실적을 이만큼 올렸다고 생각을 합니다.

따라서 나는 오늘 이 자리를 빌려 그동안 우리나라 수출신장에 공헌이 많은 여러분들에게 대하여 충심으로 감사를 드리고, 또한 우리 모든 국민과 더불어 치하를 보내고자 합니다."

대통령은 이어서 오늘날 국가안전보장에 있어서 가장 중요한 요소의 하나는 그 나라의 경제력이라는 점을 강조했다.

"지난 10년 동안 정부와 우리 국민들이 일치단결하여 범국민적으로 꾸준히 추구해 온 하나의 노력의 목표가 있습니다.

그것은 우리가 보다 더 안정되고 번영된 부강한 조국을 건설해 보자 하는 것이었습니다. 보다 더 평화스럽고 자유롭고 살기 좋은 나라를 만들어 보자, 이것이 우리의 목표였던 것입니다.

이것을 우리는 그동안 조국근대화라고 부르기도 했고 또는 민족중흥이라고 부르기도 했습니다.

이것이 곧 우리 민족의 염원인 조국의 평화적 통일을 보다 더 빨리 촉진할 수 있는 유일한 길이라고 우리는 믿어 왔던 것입니다.

우리가 부강하고 살기 좋은 나라를 건설하기 위해서는 여러 가지 해야 할 일이 많습니다. 그러나 그중에서도 특히 우리가 중점을 두고 해야 할 일이 두 가지가 있습니다.

그 하나는 국방이요, 또 하나는 경제건설입니다. '일면 국방, 일면 건설' '싸우면서 일하고 일하면서 싸우자' 우리는 이렇게 다짐해 왔습니다.

여러분도 아시는 바와 같이 현대전에 있어서 국방이라는 것은 그 나라의 경제적인 뒷받침이 없이는 실질적으로 불가능한 것입니다.

얼마 전에 있었던 중동전쟁의 양상을 보더라도 이것은 우리가 잘 알 수 있는 것입니다.

따라서 나는 경제건설도 광의의 국방이다, 이렇게 규정을 하고 싶습니다. 오늘날 국가안전보장에 있어서 가장 중요한 요소의 하나는 바로 그 나라의 경제력입니다. 그렇기 때문에 그동안 우리는 전민족의 '에너지'를 총동원하여 경제건설에 집중을 해 왔습니다.

일부에서는 우리 정부가 경제건설에만 너무 치중을 하고 있지 않느냐 하는 그러한 비판의 소리가 있다는 것도 나는 알고 있습니다.

물론 국가 건설에 있어서 경제 하나만이 전부가 될 수는 없는 것입니다. 경제는 어디까지나 그 일부분입니다.

그러나 오늘날 우리가 말하는 국가란 것은 소위 하나의 국가가 국가로서의 제구실을 하자면 어떻게 해야 하느냐―외형적인 모든 것만 갖추고 있다고 해서 국가가 제 구실을 할 수는 없는 것입니다.

여기에는 반드시 힘이 있어야 하고 국력이 있어야 하는 것입니다. 그 나라의 독립과 주권을 수호하는 데도 힘이 있어야 하고, 우리와 같은 처지에서 자유와 민주주의를 수호하는 데에도 힘이 있어야 한다―국력이 강해야 한다―공산주의와 싸워서 이기는 데도 힘이 있어야 하고 공산주의의 침략을 우리가 미연에 막기 위해서도 막강한 국력이 있어야 합니다.

그런데 국력배양에 있어서는 여러 가지가 기여를 해야 하겠지만 역시 경제건설에 최우선 순위를 두지 않을 수 없는 것입니다."

대통령은 이어서 오늘날 우리나라가 처해 있는 특수한 사정, 특수한 여건, 남과 다른 처지에 대해서 설명했다.

"우리가 한 나라의 정치, 경제 그리고 외교를 볼 때에 그 나라가 처해 있는 여러 가지 특수한 사정과 특수한 여건을 기초로 하여 우리는 이것을 평가해야 하는 것입니다.

우리나라가 지금 처해 있는 특수한 사정 또는 특수한 여건, 그리고 남과 다른 처지를 한 번 생각해 봅시다.

여러분들이 아시는 바와 같이 우리나라는 원래 인구에 비하여 국토가 대단히 협소합니다. 그나마 이 협소한 국토마저 남북으로 분단되어 있습니다. 또한 우리 남한의 인구는 그 인구밀도에 있어서 전 세계에서 둘째 내지 세 번째 갈 만큼 조밀합니다.

그렇다고 해서 우리나라의 천연자원이 풍부하게 있느냐, 지하자원이 풍부하게 있느냐 하면 그것도 지적할 만한 것이 거의 없습니다.

굳이 들 수 있다면 '시멘트'를 만드는 석회석이 비교적 많은 매장량을 가지고 있을 뿐 그 이외에 우리나라 지하자원이라고 내놓을 만한 것은 거의 없습니다.

과거에 우리 조상 때부터 물려받은 또는 그동안에 축적된 민족자본이 있었느냐 하면 그것도 없습니다. 그밖에 우리가 과거부터 배우고 가지고 있던 특수한 기술이라도 있었느냐—그것조차도 없습니다.

이러한 바탕 위에서 우리는 경제건설을 해야 하는 것입니다. 이러한 여러 가지 특수한 여건 외에도 우리는 또 한 가지 우리 경제건설에 또는 국가건설에 크게 영향을 주는 문제가 있습니다.

그것은 북으로부터의 공산주의의 위협이 아직도 사라지지 않고 여전히 남아 있다는 사실입니다.

이러한 여러 가지 불리한 여건하에 있으면서도 우리는 해야 할 것은 다 해야 하는 것입니다. 국방도 해야 하고 경제건설도 해야 하고 민주주의도 해야 합니다.

국방도 다른 나라 정도의 국방이 아니라, 우리 국력에 과중할 정도의 국방비를 지출하고 있는 것입니다.

내년 1974년도 우리 예산을 보더라도 국가 전 예산의 약 4분의 1~26% 이상을 국방비에 지출해야 합니다. 이러한 여러 가지 특수한 여건하에 있는 것이 우리의 처지인 것입니다.

이러한 우리의 특수한 사정과 절박한 현실을 충분히 이해를 못한다면 오늘날 한국에 관한 문제를 논할 자격이 없다—나는 이렇게 생각을 합니다.

우리가 처해 있는 이와 같은 특수한 사정, 특수한 여건, 특수한 처지를 충분히 이해하지 못하고 오늘날 한국의 정치·외교·경제정책을 평가한다는 것은 정확한 평가라고 볼 수 없는 것입니다."

대통령은 이어서 우리가 경제정책을 수립할 때 수출제일주의를 내세우고 수출주도형 개발정책을 추구해야 되겠다는 결론에 도달한 것은 바로 우리나라가 처한 특수한 여건이 그 배경을 이루고 있다고 설명했다.

"이러한 특수한 여건 위에서 우리가 경제정책을 수립하자면 어디에 역점을 두어야 하느냐 하는 문제가 나옵니다. 따라서 우리는 수출에 가장 큰 역점을 두어야 하겠다, 수출제일주의를 내세우고 밀고 나가야 하겠다, 즉 수출주도형 개발정책을 추구해야 하겠다는 결론이 나오게 된 것입니다.

이미 말한 바와 같이 우리에게는 민족자본도, 천연자원도 특수한 기술도 없습니다. 그러나 다행히도 우리는 훌륭한 자원을 가지고 있습니다. 그것은 인구가 많다는 것입니다.

인구가 많다는 것은 여러 가지 불리한 조건에도 속하지만 우리의 경우는 이것이 좋은 자산입니다.

특히 우리나라는 교육을 받고 훈련된 우수한 노동력을 풍부히 가지고 있습니다. 또 우리나라 사람들은 대단한 재주가 있고 근면한 국민입니다.

한국 사람이 게으르다고 하는 사람들이 있는데 그것은 부지런하지 않은 사람이 하는 이야기입니다. 한국 사람이 게으르다고 보는 것은 부분적으로 그런 사람이 있을지 모르지만 본질적으로 한국 사람은 대단히 근면한 국민이라고 봅니다.

또 하나 남보다 자랑할 것이 있다면 강인한 체력을 가지고 있다는 것입니다. 이것이 우리의 자본이고 우리가 가지고 있는 유일한 재산인 것입니다.

이것을 가지고 우리는 앞으로 건설해 나가자는 것입니다. 우리에게 없는 자원을 아무리 한탄해 보아야 소용이 없는 것입니다.

오직 하느님이 우리에게 주신 이 여건을 어떻게 우리가 최대한으로 활용할 수 있느냐 하는 문제를 연구해 나가는 길이 있을 뿐입니다.

그렇기 때문에 우리는 외국으로부터 기술과 외자를 도입하고 원자재를 수입하여 상품생산과 수출을 함으로써 외화를 가득해야 하는 것입니다. 그래서 우리는 상품을 만들어 외국에 수출을 해 보았습니다.

60년대 초에 우리나라 제품이 해외에 나갔을 때에 이미 모든 시장은 선진공업국가들에 의하여 전부 점령되어 우리가 뚫고 나갈 시장은 거의 없었습니다.

그뿐만 아니라 겨우 시장을 뚫고 들어갔다 해도 기술이 뒤떨어진 우리나라 상품을 잘 사려고 하지도 않았고, 또 사더라도 아주 싼값밖에는 주지 않겠다는 것이었습니다.

이러한 여러 가지 어려운 여건과 난관을 극복하면서 오늘날 우리 수출은 지난 10년간 꾸준히 성장해 왔습니다.

지난 10년 동안 우리 수출이 연간 약 40%의 놀라운 신장을 해 온 것은 결코 우연한 일이 아니라 우리나라의 모든 기업인과 상공인들, 그리고 근로자, 관계공무원 여러분들이 노력의 결과인 것입니다.”

대통령은 이어서 외자도입의 필요성을 강조했다.

“일부 이해하지 못하는 인사들 가운데에는 과거 우리나라 경제정책이 지나치게 외국자본에 의존을 한다, 외자도입을 너무 많이 한다 하여 많은 비난했던 것도 사실입니다.

한때는 차관망국 운운하는 극단적 비판을 하는 사람까지 있었습니다. 물론 될 수만 있으면 남의 나라의 돈을 많이 빌리지 않는 것이 좋을 것입니다.

그러나 차관을 하더라도 우리가 이것을 어떻게 효과 있게 사용하느냐, 앞으로 이것을 갚을 능력이 있느냐 없느냐 하는 문제를 충분히 검토하여 외자를 잘 활용만 하면 외자라고 해서 꺼릴 필요는 조금도 없다고 생각합니다.

더욱이 우리나라처럼 과거부터 축적된 자본이 없는 나라에서는 남의 나라 돈을 빌려오고 남의 나라 기술을 빌려 와서 우리가 개발해 나가는 그 길밖에는 없는 것입니다.

60년대 초 우리가 처음으로 수출진흥을 위해 노력하고 있을 때 외국에 가서 우리나라 업자들이 100만 달러 정도를 차관하려고 해도 대단히 힘이 들었습니다. 잘 꾸어 주려고 하지 않았습니다.

그것은 우리나라의 국제적인 신용이나 여러 여건이 외국 사람이 믿고 돈을 꾸어줄 수 있는 형편이 되어 있지 못했기 때문입니다.

그러나 지금은 우리가 충실한 계획서만 가지고 간다면 100만 달러가 아니라 몇억 달러의 외국차관도 그다지 어렵지 않게 되었습니다.

이것은 그동안 업계 여러분들이 해외에 나가서 애써 노력하고 개척한 우리나라 상공인들에 대한 신용, 우리 기술에 대한 믿음, 우리 국력에 대한 신뢰가 오늘날 이런 결과를 가져왔다고 생각합니다."

대통령은 이어서 우리는 81년에 100억 달러 수출을 한다는 목표를 세우고 중화학공업 건설에 박차를 가해 나가고 있다는 사실을 밝혔다.

"지난 10년 동안 우리 수출은 매년 40% 이상 신장해 왔습니다. 이것은 세계에서 유례를 볼 수 없는 고도의 신장인 것입니다.

더욱이 금년에는 작년에 비하여 약 78%의 성장을 보이고 있습니다. 금년 연초 우리가 수출목표를 23억 5천만 달러로 책정했는데, 지금 현재 전망으로는 연말까지 약 33억 달러를 무난히 넘을 것으로 보는 것입니다.

이것은 작년 18억 달러에 비하여 약 78%가 성장한 것으로써 세계에서도 전례가 없는 가장 높은 신장률이라고 할 수 있습니다.

이미 다 아는 바와 같이 제3차 5개년계획이 끝나는 1976년의 우리 수출목표는 35억 달러로 되어 있습니다.

그렇다면 수출 분야에 있어서는 제3차 5개년계획을 약 3년 앞당겨 달성할 수 있다는 결과가 되리라고 봅니다.

1981년에 우리는 100억 달러 수출을 목표로 세우고 있습니다. 이것은 대단히 벅찬 일이 아닐 수 없습니다. 그러나 이것도 우리의 노력 여하에 따라서는 충분히 가능한 목표라고 나는 보는 것입니다.

그렇기 때문에 우리는 수출산업의 구조를 지금부터 점차 개편해 나가고 있습니다.

우리는 지금 중화학공업 육성에 눈을 돌려 더욱 박차를 가해 나가고 있습니다.

앞으로 100억 달러 수출이 달성되는 시기에는 중화학 제품이 우리나라 수출상품의 대종을 점하게 될 것입니다.

머지않아 석유화학 제품을 비롯하여 전자 제품, 각종 기계류, 선박, 철강 제품 등 중화학 제품들이 우리 수출의 대종을 이룰 시기가 옵니다.

따라서 중화학공업 건설은 우리가 기필코 이룩해야 할 과업입니다. 지금까지의 모든 중화학공업 건설은 대단히 순조롭게 진행되고 있습니다. 내년 하반기부터는 거창한 중화학공장들이 하나둘씩 완공되기 시작할 것입니다.

울산에 건설 중인 현대조선은 벌써 착공 2년만인 내년 초에는 우리나라에서 처음으로 26만 톤 대형선박의 진수식을 가질 수 있는 정도까지 되었습니다."

대통령은 이어서 우리는 앞으로 국제시장에서 수출전쟁이 더욱 더 치열해질 것이라는 것을 명심하고 닥쳐올 큰 시련에 대해 만반의 대비를 해야 되겠다는 것을 강조하고, 유류파동을 극복하기 위한 유류절약 문제를 예로 들어 설명했다.

"앞으로 국제시장에 있어서의 수출전쟁은 더욱 더 치열해질 것이라는 것을 여러분들은 명심해야 하겠습니다.

여러 가지 예를 들지 않더라도 작년에 있었던 국제통화위기라든가, 또는 최근에 우리가 겪고 있는 유류파동이라든가, 자원 문제라든가, 선진국가에서 점차 수입을 제한하는 경향 등은 앞으로 우리나라의 수출신장에 있어서 하나의 커다란 시련을 가져다 주는 문제입니다. 우리는 여기에 대하여 만반의 대비를 해야 하겠습니다.

지금까지의 우리나라 수출이 순조롭게 추진되어 왔다고 해서 앞으로의 전망을 결코 낙관만 해서는 안 되겠다, 그렇다고 해서 결코 비관할 필요도 없다, 나는 이렇게 생각합니다.

나는 우리 국민들의 슬기와 예지와 단결력, 그리고 우리 모두의 노력으로서 이러한 어려움은 능히 극복할 수 있다고 보는 것입니다.

한 가지 예를 들더라도 지금 우리나라에서도 유류파동을 겪고 있습니다. 우리 업계에서나 각 가정에서는 상당한 불편이 있으리라고 봅니다. 이것은 우리의 국내적인 문제가 아니라 중동전쟁 때문에 일어난 전세계적인 여파입니다.

즉 우리 한국만 겪고 있는 것이 아니라, 미국, 일본, 유럽 기타 기름을 직접 생산하는 나라를 제외하고는 거의 전세계 각국이 겪고 있는 파동인 것입니다.

지금까지 들여오던 기름의 절대량이 줄었으므로 국민들이 쓰는 양도 그만큼 줄여야 할 것입니다. 우리가 감량에 적응해 나갈 수 있는 태세를 아직까지 완전히 갖추고 있지 않은 과도기이기 때문에 여러 가지 애로가 있다는 것을 알고 있습니다.

그러나 지금 우리가 겪고 있는 이 유류파동은 정부와 국민이 잘 협조하여 유류를 보다 더 아껴 쓰고 절약해 나간다면 앞으로 큰 지장 없이 극복해 나갈 수 있다고 나는 보고 있습니다.

문제는 이러한 파동을 당했을 때 우리 국민들이 어떠한 자세와 마음가짐을 가지고 이것을 극복하느냐 하는 데 달려 있는 것입니다.

최근 유류파동이 일어난 뒤에 우리나라의 일부 신문이나 방송은 매일 큰 야단이나 난 것처럼 대대적으로 보도함으로써 일반 국민들에게 대단히 불안감을 주고 있는 듯한데 이러한 보도 태도는 옳지 않다고 생각합니다.

기름이 줄었다 하여 야단났다고 떠들어 보았자 기름이 더 생기는 것은 아닙니다.

우리가 감량된 기름을 어떻게 가장 효율적으로 잘 쓰느냐, 이것은 모든 사람이 기름을 절약하고 아끼는 데 노력해 나가는 것뿐입니다.

유류를 가장 많이 쓰는 산업계를 비롯하여 학교, 병원, 호텔 또는 일반가정에서 우리가 과거 쓰던 것보다 기름을 절약해야 하는 것입니다.

우리 모두가 이러한 자세로 나간다면 기름문제는 큰 어려움 없이 극복할 수 있다고 생각합니다.

여기에서 우리 정부와 국민은 다 같이 반성을 해야 하겠습니다. 우리나라에는 지금 기름이 한 방울도 나지 않습니다. 그럼에도 불구하고 우리가 그동안 과연 얼마만큼 기름을 아껴 썼느냐 하는 것입니다.

솔직히 말하자면 우리는 유류절약에 대하여 대단히 등한히 했고 무관심하였습니다. 이것은 우리 정부와 국민이 다 같이 반성을 해야 할 줄 압니다.

앞으로 우리가 유류파동을 극복하고, 기름을 종전처럼 들여올 수 있다고 하더라고 이제부터는 기름을 아껴 쓰는 습성을 기르고 절약해 나가야 할 줄 압니다.

설사 어느 시기에 우리나라 대륙붕에서 기름이 났다고 하더라도 우리가 함부로 기름을 낭비해서는 안 되는 것입니다.

기름이 많이 나면 아껴 쓰고 남는 것은 외국에 수출하면 되는 것입니다. 하물며 지금과 같이 한 방울의 기름도 나지 않는 상태에서 우리가 기름을 아껴 쓰는 관념이 부족했다는 데 대하여 다 같이 반성하고, 앞으로 더욱 절약하는 데 협조해 나가야 되겠다는 것을 강조해 두는 바입니다.

전국의 상공인, 그리고 근로인 여러분!

그동안 어려운 난관을 극복하고 오늘과 같은 '수출 한국'의 토대를 마련한 데 대하여 여러분들은 높은 긍지를 가져야 할 것입니다.

그러나 우리가 결코 만족을 해서는 안 되겠습니다. 앞으로도 국제경쟁에 있어서 이길 수 있도록 가일층의 노력과 분발을 해 주실 것을 당부합니다."

대통령은 끝으로 상공인과 기업인들에게 업계에서 새마을운동을 적극적으로 전개해 줄 것을 당부했다.

"끝으로 나는 우리 전체 상공인과 업계 여러분들에게, 업계에서도 새마을운동을 보다 더 적극적으로 전개해 줄 것을 당부하는 바입니다. 그렇다면 업계에서 새마을운동을 어떻게 하느냐 회사나 공장에서 하는 새마을운동도 별다른 것은 아닙니다. 근본정신에 있어서는 역시 근면·자조·협동입니다.

회사는 사장 이하 전 종업원이 일치단결하여 낭비를 없애고 능률을 올리며 생산성을 향상시키는 데 전력을 다 해야 하는 것입니다.

그리고 노사가 서로 협동하여 사장은 사원들과 종업원들의 처우개선과 복지향상에 최대의 성의를 다 해야 하는 동시에, 또한 종업원들은 자기들이 맡은 일에 대하여 책임과 열성을 가지고 공장일을 자기 일처럼, 공장을 자기공장처럼 아끼면서 열심히 일해야 하는 것입니다.

이러한 회사는 하나의 가족적인 분위기 속에서 능률도 오르고 근로자들의 복지도 향상될 수 있는 이상적인 회사가 될 수 있다고 나는 생각합니다.

이것이 곧 내가 말하는 회사와 공장, 그리고 우리 업계에 있어서의 새마을운동인 것입니다.

이와 같이 여러분들이 성실하고 능률적으로 운영하는 기업에 대하여는 정부도 앞으로 최대한의 지원과 협조를 아끼지 않겠다는 것을 이 자리를 빌려 약속하는 바입니다.

여러분들의 그 동안의 노고와 업적을 다시 한 번 치하하면서 가일층 분발이 있기를 당부하는 바입니다."

### 세계적인 경제적 시련을 극복하는 데 머리를 쓰고 노력해야 한다

1973년 12월 6일, 경제기획원의 월간 경제동향보고 회의에서 대통령은 내년에는 여러 가지 국제적인 요인에 의해서 우리 경제가 어려운 시련을 겪게 될 것이라고 예상하고 정부와 업계와 국민이 용기와 슬기를 발휘해서 우리 경제의 고도성장 추세가 위축되지 않게 노력해야 되겠다는 것을 강조했다.

"금년도의 마지막 경제통계는 내달 초에 나올 줄 압니다. 오늘 여기 나온 통계숫자를 보더라도 지금 현재까지 금년에 수출 89%, 산업생산이 35%, GNP 성장이 3/4분기가 22%로 모두 다 유례없는 높은 성장률을 보여 주고 있습니다. 금년에 국내외적으로 여러 가지 어려운 일도 많고, 특히 외부로부터 여러 가지 성장에 대한 저해요소가 되는 압력이 많았지만 국민들이 모두 노력을 하고 정부가 국민들과 같이 힘쓴 결과 이만큼 좋은 성장을 가져왔다는 것은 대단히 기쁜 일이라고 생각합니다.

그러나 앞으로 우리 경제는 여러 가지 국제적인 요인에 의해서 어려운 시련을 겪어야 한다는 것을 새삼 느끼게 됩니다.

최근에 우리가 겪고 있는 이 유류파동이라든지, 소위 원료와 원자재확보 문제, 식량, 목재, 고철, 기름 문제들이 우리 앞에 놓여 있습니다. 우리는 내년에 이러한 어려운 고비를 겪고 또 이것을 극복해 나가야 합니다. 대단히 어려운 일들이 많이 있지만은 우리가 지금까지 노력해 온 그러한 용기와 의욕을 가지고, 또 우리 국민들이 단합을 해서 밀고 나가면 이러한 어려움도 충분히 극복할 수 있다고 봅니다. 이러한 어려움은 비단 대한민국만이 겪고 있는 것이 아니라 모든 나라들이 겪고 있습니다. 전세계에서 가장 부강한 미국이라든지 구라파와 일본이라든지 이런 나라들도 우리보다도 더 심각한 여러 가지 어려움을 겪고 있는 것입니다. 개발도상국가라든지 후진국가들도 기름이 생산된다든지, 원자재가 생산되는 나라를 제외하고는 전부 다 어려움을 겪고 있는 실정입니다.

여기서 어느 민족이 이런 어려움을 슬기롭게 극복하고 성장을 지속해 나가느냐는 그 문제가 남아 있는 것입니다. 우리 농촌에서 일어나고 있는 새마을운동, 또 우리 공업 분야에 있어서 우리 업계의 의욕에 넘친 여러 가지 활동이라든지 또 급속히 성장되어 나가는 수출의 성장추세, 이런 데 대해서 우리가 보다 더 머리를 쓰고 노력을 하고 그야말로 근면하고 협동해 나가면 이런 모든 문제는 충분히 극복해 나갈 수 있다고 생각합니다.

앞으로 어려운 문제는 정부가 앞장서서 해결하는 데 노력하고 또 뒷받침해 주어야 되겠습니다.

오늘의 어려움은 전세계가 겪고 있는 것이기 때문에 연말경에 우리에게 조금 더 큰 불경기가 올 것이라는 것도 예상되고 있고, 또 기름 때문에 우리나라의 산업이 위축되어 성장이 둔화될 그런 요인이 전혀 없는 것이 아닙니다.

따라서 우리는 이것을 예견하되 어떻게 하면 이것을 극복해 나갈 수 있느냐 하는 데 대해서 노력하고 머리를 써야지, 앉아서 비관적인 소리만 하고 있다면 그것은 아무 소용이 없다는 것입니다. 내년에도 정부나 우리 업계나 우리 국민들이 보다 더 용기와 슬기를 발휘해서 현재 성장해 나가는 이 고도성장의 추세가 조금도 위축이 되지 않게끔 노력해 주시기를 당부합니다."

**세계에너지 파동에 대비해 원유의존도를 줄이고 국내자원을 개발해야 한다**

1974년 1월 18일, 연두기자회견에서 대통령은 세계적인 에너지 파동과 자원부족 현상이 지금 전세계를 인플레의 소용돌이 속으로 몰아넣고 있다는 사실을 설명했다.

"최근의 석유파동, 그리고 자원난은 전세계적으로 각국에 큰 충격과 파문을 던졌다고 봅니다.

아마도 세계경제가 일찍이 겪지 못했던 일대 난국에 지금 봉착하고 있지 않는가 이렇게 생각됩니다.

자원부족 현상으로 인한 각국의 자원쟁탈전은 점차 세계적인 차원에서 정치적인 차원으로 번져 가서 지금은 흡사 경제전쟁을 방불케 하는 양상을 시현하고 있습니다.

따라서 지금 세계경제는 새로운 질서를 모색하기 위해서 진통을 겪고 있다, 세계경제는 새로운 질서를 위한 재편성이 불가피하다, 이렇게 보는 사람이 많은 것 같습니다.

영국이라든지 구라파 여러 선진국가 또는 일본 같은 나라나 기타 개발도상에 있는 모든 나라들도 이 에너지대책을 위해서 지금 비상한 조치를 취하고 있는 형편에 있습니다.

이런 사태가 왜 일어났겠느냐 하는 문제에 대해서, 그동안 여러분들이 매스컴을 통해서 잘 알고 계신 줄 압니다마는 여기에는 그럴 만한 이유가 많이 있다고 봅니다.

이것은 경제적인 문제뿐만 아니라 정치적인 여러 가지 이유도 많이 개재되어 있는데, 내가 보기에는 그중에서도 가장 근본원인은 역시 자원이 부족한 데에서 일어났다고 봅니다.

과거에 우리들은 자원이라는 것은 이 지구상에 무진장으로 있다, 우리 인류가 아무리 많이 쓰더라도 얼마든지 무진장으로 있는 것이라고 생각했는데 요즘 와서 보니까 그것이 아니라는 것입니다. 지구상에 있는 자원은 어떤 한정된 지역에, 그것도 무진장으로 있는 것이 아니라 유한한 양밖에 없다, 그런데 수요는 매년 급격히 늘어나고 자원은 한정이 되어 있고, 자원을 가지고 있는 나라들이 이것을 과거처럼 무제한으로 개발을 한다면 앞으로 머지않아서 이 자원이 고갈될 것이다, 이렇게 보아서 자원을 가지고 있는 나라들이 자원개발을 제한하기 시작했습니다. 요즘에 자원민족주의라는 말이 자주 나옵니다마는…… 그 결과 자원부족 현상이 나타나고 자원이 부족해지니까 값이 뛰고, 값이 뛰니까 인플레가 일어나고 이것이 전세계를 지금 인플레의 소용돌이 속으로 몰아넣고 있다 이렇게 보고 있습니다."

대통령은 이어서 지난해에 세계각국이 경제적인 진통을 겪으면서 성장과 물자면에서 많은 차질을 가져왔으나 유독 한국경제만은 이 례적으로 고도성장을 했다는 사실을 지적했다.

"이러한 영향이 자원을 가지고 있는 나라를 제외하고는 전세계 모든 나라가 똑같이 영향을 받고 있다, 그중에서도 가장 이 영향을 많이 받는 나라가 어떤 나라냐 하면 소위 상위 개발도상국가, 즉 우리 한국과 같은 나라가 가장 큰 타격을 받는다 이렇게 보고 있는 것 같습니다.

왜냐하면 최근 어떤 외신에서 들어온 기사를 본 일이 있습니다마는, 이 개발도상국가라는 것은 특히 상위권, 좀 더 앞서 있는 개발도상국가는 그 동안 외부로부터 외자를 도입하고 원료와 원자재를 들여와서 기술을 개발하여 이것을 수출함으로써 지금 막 고도성장의 사닥다리를 걸어 놓고 한참 오르고 있기 때문에 중간에 흔들려 버린다면 상위 개발도상에 있는 나라가 가장 타격이 크다, 오히려 선진국가는 사다리에 다 올라가 버렸으니까 큰 피해가 없고 아주 떨어진 저개발국가는 아직까지 사닥다리에 오르지 않았으니까 크게 영향이 없고 한참 올라가고 있는 나라가 가장 타격이 크다, 이렇게 비유한 것을 보았습니다마는 확실히 일리가 있는 말이라고 생각합니다.

우리 경제는 과거 10년 동안 여러 가지 어려운 일도 많았고 기복도 많이 있었습니다마는, 요즈음 자원난이라든지, 여러 가지 어려운 문제를 당하고 보니, 그래도 지난 10년간은 비교적 순탄한 길을 걸어왔다고 느껴집니다. 작년만 하더라도 세계각국이 경제적인 진통을 겪으면서 성장면에 있어서나 물자면에 있어서도 많은 차질을 가져왔습니다.

그럼에도 유독 우리 한국경제만은 이례적으로 높은 고도성장을 했던 것입니다.

아까도 잠깐 언급을 했습니다마는 작년에 우리 경제성장이 16.5%, 이것은 우리나라뿐만 아니라 다른 나라에서도 과거에 이런 전례가 없는 고도성장률입니다.

수출에 있어서도 80%로 수출이 늘어났습니다. 그 동안 우리나라 수출이 가장 빨리 신장한다고 했을 때에도 연평균 약 40% 정도의 신장을 보였는데, 작년에는 그것의 배가 넘는 80%의 성장을 했습니다. 여러분들이 아시다시피 1961년, 지금부터 12년 전의 우리나라의 총수출고가 3,200만 달러었습니다. 작년 말 우리나라의 연간 수출고가 32억 5,000만 달러가 되었으니까 꼭 100배가 늘어났습니다. 이처럼 작년의 여러 가지 어려운 국제경제 속에서도 우리나라 수출은 이만큼 늘어났고, 또 물가도 당초 계획했던 것보다는 많이 올랐습니다마는 다른 나라에 비해서는 상대적으로 안정추세를 유지했습니다.

다른 나라의 물가와 비교해 볼 것 같으면 미국이라든지, 일본이라든지, 또 우리와 함께 지금 주목할 만한 개발도상에 있는 대만이라든지, 이러한 나라하고 비교해 볼 것 같으면 작년에 미국의 도매물가 상승률이 연말 현재 나타난 것은 18.2%로 나타났습니다. 이웃의 일본이 29%, 대만이 37.6% 등 작년에는 모든 나라에 전부 이례적인 물가고 현상이 나타났습니다.

그런데 우리나라는 작년에 15% 물가가 올랐습니다. 이 15%라는 것이 굉장히 높은 상승입니다마는, 그러나 다른 나라와 비교해 볼 때에는 상대적인 안정 추세를 유지했습니다."

대통령은 이어서 기름 한 방울도 안 나는 우리나라에서 기름을 절약하지 않고 소중하게 생각하지 않는 데 대해 반성해야 한다는 점을 강조했다.

"작년 중동전쟁으로 원유파동이 일어났고 이로 인해 전세계적인 경제파동의 파문이 일고 있다 하는 것은 이미 말씀을 드렸습니다.

솔직히 말해서 원유 때문에 지금 전세계가 야단입니다. 일본이라든지 서구라파의 여러 나라는 물론이고, 미국과 같이 천연자원을 풍부하게 가지고 있는 나라에서도 지금 큰 소동을 벌이고 있습니다.

미국은 지금 개발을 안 해서 그렇지, 우리가 알기로는 지하에 매장된 원유, 또 원유를 품고 있는 광석 등을 개발하면 앞으로 수백 년 쓸 수 있는 풍부한 자원을 가지고 있다고 합니다.

그런 나라에서도 지금 '절유운동'이 고조되고 있는데, 하물며 우리와 같이 기름 한 방울도 나지 않는 형편에서는 앞으로 이 에너지 문제, 특히 유류 문제에 대해서는 우리가 심각하게 생각을 하고 이에 대한 대책을 세워 나가야 되리라고 생각합니다.

원유파동을 겪으면서 우리가 여러 가지 고통을 겪고 국민 여러분들도 여러 가지 괴로움을 겪었습니다마는, 동시에 우리는 교훈도 많이 얻었다고 생각합니다.

우리나라는 문자 그대로 기름 한 방울 나지 않는 나라입니다.

그런데도 과거에 우리가 이 유류를 쓰는 데 얼마만큼 이것을 소중히 했고 또한 절약을 했는 가에 대하여 우리 다 같이 한 번 반성을 해 볼 시기가 아닌가 생각합니다.

거리에 달리는 모든 자동차, 기차, 발전소, 회사, 공장, 학교, 병원, 호텔, 관공서, 바다 위에 떠다니는 배, 비행기, 군대에서 쓰는 것, 여러분 가정에서 쓰는 것 등이 모두 기름인데 우리나라에서는 한 방울도 나지 않는 것입니다.

어떻게 가져오느냐, 전부 귀중한 외화를 지불하고 사오는데, 왜 우리가 그동안에 이것을 좀 더 절약하고 아끼지 않았는가…… 한때는 우리가 필요로 하는 양 자체도 확보할 수 있을까 하는 염려를 했는데 다행히 정부의 외교교섭으로 인해서 우리가 필요한 양만큼은 공급을 받게 되었습니다.

그러나 문제는 값이 엄청나게 비싸졌습니다. 작년 봄만 하더라도 원유 1배럴은 약 2달러 80센트, 3달러 미만이었습니다.

그런데 지금은 어떻게 되었느냐 하면 6달러에서 8달러~9달러, 곧 10달러, 앞으로는 그 이상 더 올라갈 것이라는 얘기가 나옵니다. 지금 우리가 사들여 오는 것도 아마 8달러 이상의 값으로 사 오는 것으로 알고 있습니다.

작년 1년 동안 우리나라에서 쓴 원유는 1억 2,000만 배럴이라고 합니다. 1배럴은 우리가 말하는 1드럼보다 조금 적습니다. 0.8드럼이 1배럴입니다. 그러니까 1억 배럴이라는 것은 1억 드럼 정도라고 보면 되겠지요. 우리는 이 정도의 양을 가져와서 모든 분야에서 쓰고 있습니다. 1배럴당 3달러 정도 하던 것이 10달러 정도까지 올랐으니까 금년에 우리는 원유도입을 위해서만도 약 10억 달러의 외화를 지불해야 할 형편에 놓여 있습니다.

따라서 우리는 외화부담이 얼마만큼 더 늘어났다 하는 것을 잘 알아야 하겠습니다. 값이 아무리 비싸다 하더라도 우리에게 꼭 필요한 양은 수입하지 않을 도리가 없습니다.

그리고 우리 경제가 해마다 커 나가고 경제규모가 확대되어 나가기 때문에 한쪽에서 아무리 절약을 한다 하더라도 전체적인 수요가 어느 정도 증대되지 않을 수 없는 것입니다."

대통령은 이어서 세 가지의 원칙적인 원유대책에 대해 설명했다.

"우리는 앞으로도 이 원유를 상당량 외부로부터 들여와야 되겠는데, 이러한 자원을 가지고 있지 않은 우리나라로서는 어떻게 대책을 세워 나가야 되겠느냐 하는 문제가 되겠습니다. 가장 원칙적인 얘기만 몇 가지 하겠습니다. 여기에 대해서는 이미 정부 관계기관에서 여러 가지 세부검토와 연구를 하고 있습니다.

첫째는, 기름에 대한 의존도를 최대한으로 줄이자는 것입니다. 기름이 아니고 다른 것으로 쓸 수 있는 방법, 또 기름을 쓰더라도 적게 쓰는 방법을 지금 연구하고 있는 것입니다.

산업 중에도 종합제철이라든지 시멘트라든지 알루미늄이라든지 판초자 같은 것은 에너지, 즉 기름을 굉장히 많이 쓰는 데 비해 전자공업, 조선공업, 기계공업 등은 비교적 적게 듭니다. 우리나라 산업 중에서 이와 같은 것을 중점적으로 해 나가야 하겠습니다. 그러면 에너지가 많이 드는 산업은 모두 포기하느냐, 버리느냐 하면 그럴 수는 없습니다. 종합제철을 만들어야 하겠지만 앞으로 에너지를 많이 쓰는 산업에 대해서는 열 관리를 보다 철저히 하도록 협조해야 하겠고 의무화시켜야 되겠다는 것입니다.

그 다음에는 국내자원을 최대한으로 빨리 개발해야 되겠습니다. 석탄이다, 수력발전이다, 원자력발전을 빨리 앞당겨서 개발 건설해야 하겠습니다. 수력발전은 흘러내리는 물에 터빈을 돌려서 발전을 하는 것인데, 요즈음에는 한 번 발전을 하고 나서 흘러내려가는 물을 양수하여 다시 내려오도록 하는 양수시설이 기술적으로 가능하다고 합니다. 앞으로 이런 것을 시설하여 수력발전의 양을 증대한다든지, 저질석탄을 활용한 발전시설을 확장하는 문제를 지금 연구 중에 있습니다.

우리나라 동해안에 가면 저질석탄이 있는데 과거에는 이 저질탄으로는 발전을 할 수가 없었으나 요즈음에는 이를 써서 발전할 수 있는 기술이 개발되어서 우리나라 동해발전소에 그 시설을 확장할 것을 연구 중에 있습니다.

그 다음에 농촌연료 문제는 앞으로 연료림조성을 적극적으로 권장해서 가급적 자급책을 강구해 나가겠습니다.

그 다음에 해외석유자원의 확보를 위한 정부의 외교적인 노력 또는 경제협력을 위한 적극적인 노력 등을 강력히 추진해야겠다는 것입니다.

마지막 한 가지, 이것이 가장 중요합니다. 기업, 공장, 호텔, 병원, 학교 할 것 없이 우리 모두가 에너지절약운동에 총궐기하여 기름을 아껴 써야 하겠습니다. 작년 연말 기름파동이 나서 정부 관계부처와 산하기관에 대하여 기름을 아껴 쓸 것을 강력히 지시하였습니다.

내가 있는 청와대에서도 지난 12월 한 달 동안에 철저히 절약을 하니까 약 30%가 절약이 되었습니다. 숫자상으로 기름 100드럼을 썼다면 약 70드럼만 쓰고 30드럼은 아낄 수도 있다는 것입니다. 정부청사 같은 데에서는 약 30% 이상 절약되었다는 보고를 들은 기억이 있습니다.

그래서 앞으로는 모든 사람들이 전부 이 기름과 전력의 절약에 협력을 해야 하겠습니다. 그래서 정부에서는 모든 분야에 있어서 에너지를 최소한 10% 이상 절약하는 운동을 전개하자는 얘기를 하고 있습니다.

기름의 경우 10% 절약을 한다면 1억 2천만 배럴을 들여올 것을 1,200만 배럴을 안 들여와도 되고, 들여왔다 하더라도 남겨 놓고 비축하여 쓸 수 있는 것입니다. 돈으로 따지면 막대한 양입니다. 그

외에 전력이다, 석탄이다, 모든 분야에 있어서 우리가 절약을 해 나가야 하겠습니다. 필요한 것은 도리 없이 들여오되, 들여온 것을 절약하고 아껴쓴다 하는 것이 여러 가지 대책 중에서도 가장 으뜸가는 대책이라고 나는 여러분들에게 강조하는 바입니다.

작년 초겨울에는 기름 문제, 연탄파동이 있었습니다마는 다행히 유류는 지금 값이 올라서 그렇지 양은 충분히 확보하고 있습니다.

석탄은 한때 수송관계로 약간 애로가 있었습니다마는 이것도 해결이 되어 금년 겨울을 넘길 양은 충분히 확보하고 있습니다.

농촌연료 문제도 산림청과 도지사들이 월동에 큰 지장이 없도록 임산물 벌채기간을 연기하여 우선 금년 월동문제는 무난히 넘어가리라고 봅니다.

우리는 앞으로의 여러 가지 문제를 감안하여 우리나라의 연료 및 에너지에 대한 장기적인 대책을 지금부터 근본적으로 하나하나 검토하고 해결해 나가야 하겠다는 것을 말씀드립니다.”

대통령은 이어서 현 단계에서는 80년대를 내다보는 장기경제개발계획의 기본목표는 변경하지 않을 것이며, 중화학공업은 약간의 부분적인 조정을 해나가겠다는 방침을 천명했다.

“다음에 이런 문제와 겹쳐서 앞으로 80년대를 내다보는 우리나라의 장기경제개발 계획에 대하여 어떤 사람들은 이처럼 여러 가지 어려운 문제점이 있으니까 과거에 정부가 책정한 계획에 근본적으로 수정을 가해야 되지 않겠느냐 하는 여론도 없지 않아 있는 것으로 알고 있습니다.

그러나 정부로서는 현 단계로서는 수정할 필요가 없다, 이렇게 보고 그 기본목표도 변경하지를 않겠습니다.

물론, 앞으로 이러한 파동이 계속 겹쳐서 도저히 우리가 지금 세위 놓은 계획을 예정대로 밀고 나갈 수 없다는 판단을 내리게 되면 여기에 대한 수정은 검토를 하겠습니다마는, 현 단계로서는 그럴 필요가 없기 때문에 80년대를 내다보는 우리의 장기개발계획에도 근본적인 수정을 가할 필요가 없습니다. 또 중화학공업은 어떻게 하겠느냐 하는 문제도 나오리라고 생각합니다.

이것도 어떤 사람들은 근본적으로 뜯어 고치라는 얘기도 있는데 물론 오늘과 같은 여건에 처하여 약간의 조정은 불가피하다고 보고 있습니다.

즉, 당장 급하지 않은 사업은 설령 금년계획에 들어 있는 사업이라 하더라도 이것을 연말로 연기를 한다든지 또는 내년으로 미룬다든지 하는 부분적인 조정은 있겠지만 기본목표에 대해서는 변경이 없다는 것을 확실히 말씀드립니다.

에너지소비가 비교적 적은 부문, 아까 부분적인 조정이라고 그랬습니다마는 에너지문제가 가장 큰 문제가 되고 있기 때문에 에너지소비가 비교적 적은 부문을 우선적으로 추진해 나가자, 예를 들면 조선이라든지, 전자공업이라든지, 기계공업과 같은 것은 비교적 에너지가 적게 소비됩니다. 이런 것을 우선적으로 밀고 나가자, 또 지금 건설 중에 있습니다마는, 7비 같은 것은 앞으로 식량증산을 위해서 계속 계획대로 추진을 해야 되겠으며, 석유화학 계열공장도 지금 석유화학에 대한 원자재의 태반을 우리는 외국에서 수입을 하고 있기 때문에 이 자재의 자급을 위해서 계속 계획대로 추진을 해야 되겠습니다. 그밖에 다른 사업에 대해서는 약간의 시간적인 지연, 연기 등 부분적인 조정이 있겠습니다마는 전반적인 기본계획은 수정을 하지 않겠다는 것을 확실히 말씀드립니다.”

대통령은 끝으로 우리 국민들이 한 번 더 허리띠를 졸라매고 국제경제 위기에서 오는 우리 경제의 동요를 우리 힘으로 극복해 나가는 데 협조해 줄 것을 간곡히 당부했다.

"지금까지 여러 가지 설명한 바와 같이 금년도 우리 경제는 많은 어려운 고비를 넘겨야 한다는 것을 정부나, 우리 기업이나, 우리 모든 국민들이 잘 이해를 해주시고 또한 인식해 주셔야 되겠습니다. 이것은 결코 정부가 엄살을 떨거나, 또 어떤 딴 목적이 있어서 그런 것이 아니라 사실 그대로를 국민들에게 호소하고 있는 것입니다. 이것을 똑똑히 인식을 한다는 그 자체가 대단히 나는 중요하다고 생각합니다.

물론, 우리가 절대로 금년 우리 경제에 대하여 낙관을 해서는 안 되겠습니다마는 그렇다고 또 비관할 필요도 절대로 없다는 것을 나는 이 자리에서 여러분에게 말씀드리고자 합니다.

우리가 모두 일치단결해서 힘을 합치고 지혜를 짜내어 노력을 한다면, 이것은 우리들의 지혜로써 충분히 극복할 수 있는 문제라고 나는 확실히 믿고 있습니다.

정부나 국민이나 우리 기업들이나, 모든 사람들이 보다 더 검소하고 절약하는 생활을 하며 어려움을 서로 참고 같이 협조해 나간다면 우리가 이것을 충분히 극복해 나갈 수 있는 문제라고 확신합니다.

우리는 과거에 이것보다 더 어려운 난관을 여러 번 극복해 왔습니다. 또 이것은 우리 한국만이 당하는 문제가 아닌 것입니다.

모든 나라가 전부 똑같이 겪는 것이기 때문에 서로 같은 고통을 당할 때는 누가 이기느냐, 마지막 이기는 사람이라는 것은 결국은 어려운 고통을 잘 참고 잘 견디는 사람이 이긴다고 나는 보는 것입니다. 이것이 하나의 노력이요 슬기라고도 할 수 있습니다.

다른 나라 국민들이 다 견디고 이기는데 우리만 견디지 못할 이유가 없습니다. 나는 우리가 다른 국민보다 훨씬 더 슬기롭게 이 문

울산현대조선소에서 열린 대형유조선 어틀랜틱 배런호와 어틀랜틱 배러니스호 명명식에 참석한 박 대통령 내외  치사를 통해 제2종합제철소 착공을 서두르라고 지시하였다 (1974. 6. 28).

제를 극복해 나갈 수 있다고 확신하고 있습니다.

따라서 나는 금년에는 우리 모든 국민들이 한 번 더 허리띠를 졸라매고 이 국제경제 위기에서 오는 우리 경제의 동요를 우리가 힘을 합쳐서 잘 극복해 나가는 데 협조해 주시기를 당부합니다.

물론 여기에는 정부가 앞장을 서겠습니다. 우리가 이 고비를 잘 넘기기만 하면 나는 전화위복이 될 수 있다고 봅니다. 만약, 이 고비만 우리가 남보다도 더 슬기롭게 빨리 잘만 넘긴다면 우리 경제는 체질이 지금보다도 더 강해질 것이고, 또 국제경쟁력도 더 강화될 것이며 앞으로는 성장의 속도도 더 빨라질 것이라고 나는 보고 있습니다."

## 우리의 조선능력이 600만 톤이 되면 우리나라는 세계 10대 조선 국가가 된다

1974년 6월 28일, 현대건설은 72년 3월 23일에 기공한 울산조선소를 착공 2년 3개월 만에 가장 빠른 시일 내에, 또 가장 경제적으로 완공하고, 조선소건설과 동시에 건조한 1호, 2호 선박에 대한 명명식을 거행했다.

대통령은 이 식전에서 먼저 중화학공업 발전문제에 대해 설명했다.

"착공한 지 불과 2년 3개월 만에 이와 같은 거창한 공사가 가장 빠른 시일 안에, 또한 가장 경제적으로 완성되어 1차 준공과 1, 2호선의 명명식을 가지게 된 이 경사를 여러분들과 더불어 축하해 마지않습니다.

나는 작년 정초 청와대 연두기자회견 당시에 중화학공업 정책을 선언한 바 있습니다. 또한 그날 그 자리에서 전 국민의 과학화운동을 제창한 바 있습니다.

여러분들이 아시는 바와 같이 중화학공업 정책선언이란 것은 이제부터 우리나라의 공업은 주로 중화학공업 분야에 모든 시책의 역점을 경주해 나가겠다고 하는 선언입니다.

또한, 이러한 정책을 우리가 밀고 나가기 위해서는 이제부터 우리 모든 국민들이 과학과 기술 분야에 보다 더 많은 연구를 하고, 배우고, 습득하여야 되겠다는 뜻에서 과학화운동을 제창했던 것입니다.

국민 여러분들이 잘 아시는 바와 같이, 지난 60년대의 우리 공업은 주로 경공업 분야에 치중해 왔습니다.

어느 나라를 막론하고 공업화의 초기단계에 있어서는, 우선 경공업 분야부터 점차로 육성해 나가는 것이 상례로 되어 있는 것입니다.

울산 현대조선소

　물론, 예외적으로 일부 공산주의 국가에 있어서는 초기부터 중공업에 치중하는 예도 있습니다만, 엄밀한 의미에서 그들의 중공업 정책이란 남을 침략하기 위한 무기생산에 치중하는 것을 표면적으로 중공업 정책이라고 표방하는 것으로 우리는 알고 있습니다.

　지난 60년대의 우리 공업은 거의 아무것도 없는 황무지에서 출발

하여 우리 국민 여러분들의 피땀 어린 노력과 분발로써 그동안 빠른 속도의 성장을 가져왔습니다.

그동안 축적된 우리의 공업력을 토대로 해서 70년대 들어서면서부터 우리나라의 공업은 점차 중화학공업으로 전화하기 시작했습니다.

따라서 지금 우리나라는 중화학공업 시대에 들어서 있습니다.

거제 삼성조선소

이러한 계획들이 앞으로 순조롭게 추진되어 80년에 가서 제1단계 계획이 완성되면, 우리나라는 당당한 중화학공업국가로서 등장하게 되리라고 우리는 확신합니다.

그때 가면 우리나라의 100억 달러 수출 중에서 약 50억 달러 내지 60억 달러를 중화학공업 제품이 차지하게 될 것입니다.

정부가 지금 추진하고 있는 중화학공업은 여러 가지 분야가 있습니다만, 그중에서 가장 정부가 역점을 두고 있는 핵심적인 분야는 대략 6개 분야로 나눌 수가 있습니다.

아시는 바와 같이, 철강공업, 비철금속공업, 화학공업, 각종 기계공업, 조선공업과 전자공업 분야가 그것입니다.

옥포 대우조선소

　이들 6개 분야에 대해서 정부는 가장 중점적으로 육성해 나가려 하는 것입니다.

　이러한 계속사업들을 계획적으로 81년까지 추진하려면 140억 달러라는 자금이 필요한 것으로 우리는 판단하고 있습니다.

　이를 우리나라 화폐로 환산하면 5조 6천억 원이 됩니다.

　이러한 의욕적인 중화학공업 계획은 작년 전세계적으로 격동을 겪었던 석유파동과 국제인플레 영향으로 한때 시련을 겪었습니다.

　일부에서는 우리나라의 중화학공업 계획은 이러한 여러 가지 여건 변동으로 말미암아 그 계획을 대폭 수정해야 한다는 주장이 많이 나오기도 했습니다.

그러나 정부는 이 계획의 기본계획은 변경하지 않기로 방침을 세우고 그 동안 꾸준히 추진해 왔고, 또 현재는 이 모든 계획이 순조롭게 진행되고 있는 것입니다.

앞으로 작년과 같은 석유파동이나 국제인플레와 같은 예기치 못한 격변이 없는 한, 이 계획은 81년까지 예정대로 추진되리라고 우리는 확신하고 있습니다."

대통령은 이어서 이 조선소의 건설과 선박건조 작업이 동시에 2년 반 만에 완성된 것은 선진국가에서도 그 예가 없는 가장 능률적이고, 가장 빠른 건설이었다고 높이 평가했다.

"오늘 이 자리에서 1단계 준공식과 1, 2호선에 대한 명명식을 하게 되는 이 현대조선소는 정부의 이와 같은 중화학공업 계획 중의 일부분이 되는 것입니다.

이 조선소는 조금 전에 정주영 회장의 경과보고와 마찬가지로, 착공한 지 불과 2년 3개월 만에 공장시설, 항만부두시설 또는 선거시설을 거의 완성하고, 또 이러한 공사와 병행하여 26만 톤급 대형선박 2척을 진수하고 오늘 명명하게 되었습니다.

그리고 또 다른 선박들이 현재 건조 중에 있는 것입니다. 이처럼 조선소의 건설과 동시에 일반 건설공사와 선박건조 작업이 불과 2년 반 만에 빠르게 진행된 것은, 다른 선진국가에서도 그 예를 볼 수 없는 가장 능률적이고 빠른 건설이었다고 우리는 봅니다.

다른 나라에서는 이 정도의 조선소를 만들자면 조선소건설 자체만 하더라도 보통 2, 3년은 걸린다고 합니다.

그러한 조선소건설 후 그때부터 선박건조에 착수하게 되는데, 우리는 조선소건설과 병행해서 이미 2년 반 만에 2척의 배를 건조한 것입니다.

이 조선소는 앞으로 연간 30만 톤급의 배 10척 이상을 건조할 수 있는 능력을 가질 것입니다.

또, 현재 확장 중인 공사가 금년 말쯤 완공되면 이 능력은 훨씬 더 증대되리라고 우리는 보고 있습니다.

이 조선소를 시작할 초기에 정주영 회장이 구라파에 가서 그 지역의 기업가들과 만나 앞으로 우리 대한민국에서 30만 톤급 이상의 대형선박을 건조하겠다고 했던 바, 구라파 사람들이 한국에서 만든 그 30만 톤급 배가 과연 물 위에 뜨겠냐고 농담을 했다는 이야기가 있습니다.

지금 이 자리에서 여러분들이 직접 목격하신 바와 같이, 그 배가 물 위에 뜨는 것뿐 아니라 세계에서 가장 수준 높은 훌륭한 배가 건조되고 진수되어 모든 것이 성공적으로 이루어진 것입니다.

우리는 앞으로 이 현대조선소 외에 제2, 제3대형조선소를 추진 중에 있습니다.

제2대형조선소는 작년 10월에 이미 거제도 옥포에서 착공하여 지금 모든 공사가 순조롭게 진행되고 있으며, 내년 연말에는 완공될 예정입니다.

또한 제3의 100만 톤급 대형조선소는 경남 통영군 안정에서 금년 10월에 착공하여 76년 12월에 완공할 계획으로 추진 중에 있습니다.

그 밖에 5만 톤, 10만 톤급에 속하는 중형조선소를 거제도 죽도 부근에 건설하기 위해서 금년 중에 착공할 예정입니다.

이러한 조선소들이 대략 76년 말까지 완공되면 77년에 우리나라의 조선능력은 연간 약 600만 톤이 넘을 것으로 우리는 내다보는 것입니다.

여러분이 아시는 바와 같이, 72년 말까지 우리나라의 전체 조선능력은 25만 톤에 불과했습니다.

이것이 불과 4년 만에 약 24배에 달하는 조선능력을 가지게 됨으로써 우리나라는 세계 10대 조선국가의 하나로 등장하게 되리라고 봅니다.

중화학공업 분야에 있어서 이 조선부문만은 81년도의 목표연도에 비해서 약 4년 앞당기게 된 것입니다.

또, 이들 조선소가 완공되면 여기에서 건조되는 선박만으로 연간 10억 달러 이상의 수출을 하게 되어 100억 달러 수출목표 중 10분의 1을 우리나라 조선 분야에서 담당하게 되는 것입니다.”

대통령은 이어서 우리는 남보다 100년 뒤떨어진 조국근대화 작업을 20, 30년의 짧은 기간에 이룩할 수 있다는 자신을 가지게 되었다고 천명했다.

“국민 여러분이 잘 아시는 바와 같이, 조선공업은 그 파급효과가 대단히 큽니다. 흔히 조선공업을 종합기계공업이라고도 합니다.

왜냐하면 선박을 건조하는 데 있어서는 철강재를 위시하여 각종 기계제품, 전기제품, 전자제품, 통신기기, 화학제품 등 1,000여 가지 종류의 자재를 사용하게 됩니다.

따라서 이 조선공업의 발전을 여타의 다른 산업들을 육성할 수 있는 연관성이 가장 큰 산업이라고 알려져 있습니다.

오늘 이 세계적 규모의 현대조선소 제1차 준공을 국민 여러분과 같이 지켜보면서, 우리는 우리나라의 공업기술의 수준이 그동안 얼마만큼 성장되었는가 하는 것을 우리의 눈으로 직접 보고, 또 피부로 느낄 수가 있습니다. 이것이 곧 우리의 국력인 것입니다.

우리나라가 근대화하는 데 있어서 지금부터 약 1세기 전에 우리의 근대화를 서두른 선배들이 있었습니다만, 불행히도 그때는 기회를 놓치고 남보다 약 100년 뒤떨어진 조국근대화 작업을 이제 불과 2, 30년의 짧은 기간에 완성하기 위하여 정부와 국민이 불철주야 노력하고 있는 것입니다.

그러나 이 과업은 우리의 노력과 분발만 있으면 반드시 이룩할 수 있다는 자신을 우리 국민 여러분들이 가져 주시기 바랍니다.

끝으로, 다시 한 번 이 거창한 공사를 오늘과 같이 이렇게 훌륭하게 완공하는 데 수고를 하신 정주영 회장 이하 현대조선소 임직원 여러분들과 건설역군, 기술진 여러분의 노고에 대하여 다시 한 번 치하의 말씀을 드리며, 또 이 조선소건설에 적극적으로 협조를 하여 주신 영국, 프랑스, 일본 기타 여러 나라의 국제기관에 심심한 사의를 표하는 바입니다.

또한, 오늘 이 자리에서 명명하게 된 '어틀랜틱 배런호'와 '어틀랜틱 배러니스호'의 앞날에 신의 가호가 있기를 충심으로 축원합니다."

## 세계적 경제난국은 수출을 통한 국력배양으로 극복해 나가야 한다

1974년 11월 30일, 제11회 수출의 날 기념식에서 대통령은 먼저 우리는 오늘의 세계적인 경제난국을 수출을 통한 국력배양에 의해 극복해 나가야 한다는 점을 역설했다.

"친애하는 전국의 상공인, 그리고 근로자 여러분!

오늘로써 우리는 열한 번째 '수출의 날'을 맞이하게 되었습니다.

나는 먼저 이 날을 맞이하여 전국의 상공인과 근로인, 그리고 모든 경제인 여러분들의 그간의 노고를 충심으로 치하하면서 따뜻한 위로와 격려를 보내는 바입니다.

특히 오늘 이 자리에서 '1억 달러탑'을 수상한 4개 기업체를 비롯하여, 수상의 영예를 차지한 수출 유공자 여러분에 대하여 다시 한

번 축하의 인사를 보내는 바입니다.

우리는 지금부터 10년 전 오늘 역사상 처음으로 1억 달러 수출목표달성을 기념하고 또한 앞으로도 계속 수출을 신장해 나가야겠다는 결의를 다짐하기 위해서 이날을 '수출의 날'로 제정한 것으로 알고 있습니다.

그로부터 10년이 지난 오늘, 우리는 금년 수출목표 45억 달러를 무난히 초과 달성할 수 있게 됨으로써 세계경제의 역경 속에서도 경이적인 수출신장을 지속할 수 있었습니다.

나는 일찍이 수출은 국력의 총화라고 말한 바 있습니다. 이렇게 볼 때 우리는 우리의 손과 머리와 땀과 그리고 정열로써 우리 국력을 비약적으로 발전시켜 왔음을 오늘 이 자리를 통해서 뚜렷이 실증한 것이라고 하겠습니다.

나는 이것이 결코 우연한 일이 아니라, 각계각층의 모든 국민이 혼연일체가 되어 맡은 바 직분에서 묵묵히 땀 흘려 일해 온 값진 노력의 대가라고 확신하는 바입니다.

국민 여러분!

오늘의 세계경제는 일찍이 우리가 보지 못했던 어려운 시련에 직면하고 있습니다. 이 시련은 비단 우리에게만 주어진 것이 아니라, 세계의 모든 나라들이 다 같이 겪어야 하고 또한 극복해 나가야 할 시련인 것입니다.

지금 이 시각에도 남의 나라에서는 수백만 명의 실업자가 발생하고 있으며, 수만의 아사자가 속출하고 있다 해도 결코 과언은 아닌 것입니다.

우리는 이들 나라에 비하여 지금까지 훨씬 더 슬기롭게 이 난관을 극복해 왔습니다.

그러나 시련은 앞으로도 계속될 것으로 보아야 할 것입니다. 더 많은 어려움이 우리의 앞길을 가로막을지도 모릅니다.

그러나 우리는 결코 여기서 실망해서는 안 됩니다.

한층 더 용기를 내고 분발해야 합니다. 온갖 어려움을 극복해 나가야만 합니다.

그러기 위해서는, 지금까지 우리가 발휘해 온 근면·자조·협동의 정신으로 하나라도 더 많이 증산하고 하나라도 더 많이 절약해서 국력을 착실히 배양해야만 하는 것입니다.

우리가 국력을 알차게 배양해 나가는 것 이외에는 이 세계적 경제난국을 극복해 나갈 길이 따로 있을 수 없습니다.

그리고 국력배양에 있어서 가장 중요한 역할을 하는 것은 수출의 신장입니다.

우리나라는 다 아는 바와 같이 부존자원이 부족한 나라입니다. 그러나 우리 국민들의 뛰어난 자질과 우수한 머리, 그리고 근검협동하는 국민성은 위대한 자산이요 저력입니다.

우리는 이 민족의 위대한 저력을 한시바삐 계발하고 이것을 수출신장으로 결집시켜 국력배양으로 승화시킬 때 오늘의 경제난국은 슬기롭게 극복될 수 있다고 나는 확신합니다.

지금 세계의 모든 나라는 이 시련을 누가 먼저 극복해 나가느냐 하는 치열한 경쟁을 벌이고 있습니다.

이 경쟁은 다시 말해서 수출전쟁이라 해도 과언은 아닙니다.

우리는 이 수출전쟁에서 결코 패배자가 되어서는 안 됩니다. 지금까지 과시해 온 그 정열과 그 노력으로 계속 우리는 성장과 발전의 선두를 달려야 합니다.

이것만이 우리가 번영하고 행복하게 살 수 있는 길입니다."

대통령은 이어서 수출신장과 국력배양에 있어서 가장 중요한 것은 국가안보와 정치, 경제, 사회 등 모든 분야에서의 안정기조를 확고히 유지해 나가는 것이라는 점을 강조했다.

"그러면 이처럼 우리가 수출을 신장하고 국력을 배양하는 데 있어서 중요한 일은 무엇인가?

그것은 두말 할 나위도 없이 국가의 안전보장을 확고히 하고 정치·경제·사회 모든 면에서 안정기조를 공고히 유지해 나가는 것입니다.

안정이 유지되지 못하는 곳에 경제발전이란 있을 수 없으며, 경제발전과 국력배양이 없는 곳에 자유와 평화와 번영도 있을 수 없습니다. 따라서 국가의 안전보장은 모든 것의 대전제입니다.

정부는 국민생활의 대전제인 국가의 안전보장을 계속 확고히 다져 나갈 것입니다.

우리의 우방도 이 같은 우리의 노력을 확고히 지지하고 있습니다.

우리를 침략하려는 어떠한 기도도 즉각적으로 단호히 격퇴 분쇄될 것입니다.

또한, 정부는 우리 사회의 모든 면에서 안정기조를 확고히 유지해 나가는 데 최선의 노력을 다할 것입니다.

그리하여 상공인과 근로인 여러분들이 마음 놓고 수출신장에 이바지하고 국력배양에 기여할 수 있도록 여러분들을 적극 지원하고 보호하고 협조해 나갈 것입니다.

나는 지금 우리 사회의 각계각층이 그야말로 일찍이 볼 수 없었던 커다란 세계적 경제위기에 직면해서, 이것을 극복하는 길은 오직 근검절약하는 생활규범을 실천하면서 묵묵히 국력배양에 기여하는 것이라고 믿고 자기의 직분에 최선을 다하고 있음을 볼 때 지극히 흐뭇한 마음 금할 길 없습니다. 이것이 바로 우리 사회의 참된 모습입니다.

그러나 사회의 일부 인사들은 이 같은 우리 국민 다대수의 여망과는 아랑곳없이 법의 테두리를 벗어나 헌법개정을 획책하면서 사회의 안정기조를 파괴하려 들고 있음을 볼 때, 지극히 통탄스럽게 여기지 않을 수 없습니다.

우리가 진정으로 이 난국을 극복하고 우리 각자의 생활안정을 이룩하는 길은, 오직 국민의 일치단결하여 각자의 직분에 최선을 다함으로써 국력배양을 가속화해 나가는 것뿐입니다.

우리의 국력이 막강해질 때 한반도의 전쟁재발도 미연에 방지되고, 북한 공산주의자들은 성실한 태도로 남북대화에 임해 올 것이며, 또한 민족적 숙원인 평화통일의 길도 열리게 되는 것입니다.

이렇게 볼 때, 수출신장의 역군으로 국력배양에 기여하고 있는 여러분들이야말로 평화통일의 기수요 유신과업 수행의 전위라 찬양하지 않을 수 없습니다.

나는 다시 한 번 여러분들의 노고에 대하여 진심으로 치하를 보내며, 여러분들의 노고는 결코 헛되지 않을 것임을 확언해 두는 바입니다.

여러분들이 흘린 땀과 노력은 앞으로 머지않아 민족중흥의 자랑스러운 금자탑을 한층 더 찬연히 빛내게 될 것입니다.

국민 여러분!

우리 모두 그 날을 위하여 땀 흘려 일하고 서로 도우면서 국력배양을 위해 이 보람찬 전진을 계속 힘차게 이끌어 나아갑시다.”

## 유류, 양곡, 원당, 원목 등 수입물자에 대한 절약운동을 강력히 추진해야 한다

1974년 12월 27일, 무역진흥 확대회의에서는 수출관련 정부부처들이 내년도 수출진흥에 관해 보고를 했다.

대통령은 이에 대한 강평에서 먼저 우리는 아무리 어려운 여건하에서도 수출주도형 경제개발을 밀고 나가야 한다는 점을 강조했다.

"금년 연초에 금년도 우리나라의 경제전망 특히 수출문제에 있어서는 여러 가지 어려운 문제들이 예견이 됐고 금년도 목표달성이 대단히 어렵지 않겠느냐 하는 것을 모두가 걱정을 한 것이 사실입니다. 실제 금년엔 우리가 여러 가지 어려운 고비를 하나하나 넘어왔습니다만 결과적으로 연말에 목표를 초과달성할 수 있었고 작년도와 같은 이례적인 수출신장년도에 비해서도 40여 %의 신장을 가져왔다 하는 것은 대단히 고무적인 일이라 생각합니다.

내년도 경기전망도 매우 불투명하고 전문가들 애기를 듣더라도 아무리 모든 것을 우리가 좋게 보더라도 내년 전반기까지는 현재와 같은 상태가 지속되지 않겠느냐, 잘하면 내년 후반기부터는 상당히 경기가 펴나갈 그런 전망이 보인다는 이런 애기 같습니다.

상공부와 외무부에서 발표한 내년도 수출진흥을 위한 여러 가지 시책, 정부의 방침 또 업계에 있는 여러분들의 요망사항, 이런 것이 유기적으로 총화적인 노력의 결실을 가져와야만 내년도 목표달성이 가능하리라고 생각합니다. 여하튼 내년도 어려운 한해다, 이러한 전제를 두고 내년도 수출문제를 추진해 나가야 되리라고 생각합니다. 정부가 할 수 있는 것은 할 수 있는 데까지는 최대한으로 하되 나머지 안 되는 문제, 이것은 업계에 있는 여러분들의 노력이 있어야 된다고 생각합니다.

우리나라의 경제개발은 수출주도형으로 나가는 도리밖에 없다, 이건 우리나라의 모든 전문가들의 공통된 견해라고 봅니다. 나도 그 생각에 대해서는 과거나 지금이나 똑같은 견해를 가지고 있는데 아무리 어려운 여건하에서도 어떻게 하든지 우리가 수출을 많이 신장을 시켜야 되겠다. 그것만이 우리나라 경제를 발전시키는 길이라고 생각합니다. 정부도 수출을 위해서 여러 가지 시책면에서 집중적으로 노력해야 되겠고 업체에서도, 물론 내수도 필요하겠지만, 가급적이면 수출하는 방향으로 노력해 줘야 되겠습니다. 그리고 우리가 수출다변화, 자원외교의 일환으로 중동지역, 동남아지역 등에 진출을 기도하고 있는데, 과거의 전례로 봐서 이런 지역에 처음으로 진출할 때는 잡음이 많았고 여러 가지 부작용이 많았습니다. 새로 진출하는 그런 지역에 대해서 초기에는 정부에서 상당한 통제를 가해야 하겠습니다. 가급적이면 창구를 일원화한다든지 나가는 업체들도 엄선을 해서 거기에 나가서 하는 행동에 대해서도 초기에는 정부의 통제와 조정이 있지 않으면 지나친 경쟁을 해서 한국 사람들에 대한 좋지 못한 인상을 준다든지 신용을 떨어뜨린다든지 해서 장차 진출의 길이 막히고, 한번 그런 인상을 주고난 뒤에는 다시 회복하는 데 상당한 시간이 걸리고 노력이 든다는 것을 생각해서 여기에 대해서 상당히 신중을 기해야 되겠다는 것을 강조합니다.

아까 외무부에서 보고한 파푸아뉴기니, 전에도 내가 몇 번 여기에 대한 보고를 들었는데, 내가 듣고 있는 정보만 하더라도 천연자원이 상당히 풍부한 곳이라고 들었는데 여기엔 가급적이면 빨리 외무부에서 영사관 같은 것이라도 설치를 해서 그 뒤에 독립되고 나면 대사관으로 승격시킨다든지 빨리 발판을 잡는 것이 좋지 않겠느냐 생각합니다.”

대통령은 이어서 유류, 양곡, 원당, 원목 등 수입물자에 대한 절약운동을 강력히 추진해야 한다는 점을 강조했다.

“금년에 수출도 많이 늘었지만 수입도 엄청나게 늘었습니다. 물론 거기에는 기름값이 올라간다든지 원자재값이 올랐다든지 우리가 식량을 많이 들여왔다든지 또 그런 가격들이 모두 앙등을 하고 구하기 힘들고 또 일부는 앞으로 돈을 주고도 살 수 없을까 해서 비축의 목적으로 많이 사들여 온 요인도 있습니다만, 그러나 잘 검토해 볼 때 수입을 어떻게 하든지 억제를 해야 되겠고 들여온 물자도 많이 절약을 해야 되겠습니다.

아까 상공부에서는 10%씩 아끼고 값을 더 받는 운동을 하자고 10% 합리화정책을 내걸었는데, 이 시책은 정부와 모든 업계나 일반국민들까지도 적극적으로 협력해 줘야 되리라 생각합니다.

우리보다 더 잘사는 선진국가에서도 에너지 10% 절감운동을 대대적으로 전개를 하고 있는 줄로 압니다.

우리나라에서도 하고 있는데 이것을 일시적인 구호에 그칠 것이 아니라 모든 사람들이 전부 여기에 대해서 비상한 관심을 가지고 노력해 줘야 되겠습니다.

우리가 노력만 하면 반드시 10%~20% 정도는 충분히 절감할 수 있다는 것은 지난 1년 동안 우리의 경험으로서 입증하는 겁니다. 조그마한 예지만 청와대에서 쓰고 있는 유류를 절약하라고 강조했더니만 얼마 전에 담당비서관이 나한테 와서 보고를 하는 것을 보니까 금년도에 청와대에서 쓴 기름이 작년도에 비해서 약 30%를 절약했다는 것입니다. 일반기업체에서 관공서와 똑같이 절약이 되는지 어떤지 기술적으로 난 잘 모르겠습니다만 결국은 한 10%~15% 정도는 회사의 책임자나 일반종업원들의 관심과 노력을 가지고 충분히 가중하다고 봅니다."

둘째, 내년에 양곡을 7, 8억 달러어치를 수입해야 한다고 하는데, 쌀도 대대적인 절약운동을 해야 한다.

"뿐만 아니라, 양곡도 문제인데 내년도에는 양곡을 약 7억 달러, 8억 달러어치를 들어와야 된다하는 얘기도 있습니다만 이것도 우리가 앞으로 대대적으로 절약운동을 전개해야 될 줄 압니다. 정부가 최근에 혼식을 장려하고, 쌀도 너무 하얗게 깎아서 먹지 말고 과거 9부도정하던 걸 한 7부도정으로 낮추자고 하는데, 일반국민들이 여기에 대해서 잘 협조를 하지 않는 데 대해서는 대단히 안타깝게 생각하는데 9부도정과 7부도정은 차이가 없는 것입니다.

청와대에서는 1년 전부터 현미를 먹고 있습니다. 여러분을 혹 청와대에 초대할 그런 경우가 있으면 현미를 대접하겠습니다. 그것이 건강에도 좋다는 것이 확실히 입증이 돼 있고, 또 그렇게 하는 것이 식량절감도 될 수 있습니다.

그런데 7부도정미가 나온다고 그러니까 9부도정미가 없어지기 전에 더 사야 되겠다고 가정주부들이 아우성치고 달려드는 이런 상태로는 식량절감이 되지 않는다 이겁니다.

최근에 청와대 비서관들을 시켜 서울 시내에 있는 학교 점심시간에 보내 학생들이 어떤 밥을 싸 오는지를 조사를 해 봤는데 한 75% 정도는 혼식이 되고 있는데 나머지는 혼식을 하지 않는다는 겁니다. 혹시 혼식을 해서 건강이 나쁘다든지 영양실조가 온다든지 이걸 먹음으로써 병이 생긴다든지 한다면 정부가 권장할 리가 없습니다. 그러나 혼식은 오히려 몸에도 좋고 건강에도 좋고 또 식량을 그만큼 절감할 수도 있고, 따라서 외화를 아낄 수도 있고 이래저래 좋다 이겁니다. 특히 학교 학생들의 식사관계를 보더라도 상당한 지위에 있고 그만한 것을 이해할 만한 그런 가정에 있는 아이들이 이를 이행하지 않는다, 결국을 그 아이들이 나쁜 게 아니고 부모들이 나쁘다 이겁니다."

셋째, 원당도 작년에 수입한 것이 몇억 달러어치나 된다는데 이것도 절약해야 한다.

"또 원당도 보니까 작년에 들어온 것이 몇 억 달러라고요? 3억이요? 1억이요? 원당값 아까 여기에 나왔어, 아까 상공부 브리핑한 사람 기억 못하고 있나? 그것보다 더 많았어, 이런 것도 좀 더 절약을 해야 되겠다고 생각합니다.

여기도 커피가 나와서 타 먹었는데 예를 들면 여기에 들어 있는 설탕의 양이 얼마인지 모르겠습니다만 미풍이란 회사에서 만들었는데 커피 한 잔에 다 타면 설탕이 많습니다. 설탕을 좋아하는 사람도 있고 전혀 타 먹지 않는 사람도 있는데, 설탕도 많이 먹는 건 결코 사람 몸에 좋지 않다는 거예요. 의사들의 얘기를 들어봐도 많이 먹으면 나이 먹어서는 동맥경화증에 걸리기 쉽고, 어떤 전문가들 얘기를 들으면 사람의 체질이 산성화된다, 산성화가 된다는 건 병에 대한 저항력이 약하다는 것입니다.

과거에 우리가 일제강점기에 설탕 귀할 때는 설탕이 있으면 아주 밥 먹듯이 먹은 적도 있었지만, 만드는 것도 이렇게 큰 봉지로 만들지를 말고 절반 정도로 만들어 타 먹고 설탕을 아주 좋아하는 사람은 한 봉지 더 받아서 먹도록 해야지 큰 봉지로 하면 공연히 한 봉지 다 쏟아버리지 않느냐는 겁니다.

앞으로 우리가 외화절약을 하고 물자를 아끼는 면에 있어서는 모든 사람들이 관심을 가져야 되겠습니다. 사소한 문제 같지만 그까짓 거 몇 푼 되겠느냐, 그런 생각을 하면 절약될 게 하나도 없습니다.

또 나 혼자 절약한다고 해서 큰 효과가 있겠느냐? 이런 생각을 하면 아무 소용이 없을 거예요. 삼천만이 전부 조금씩 협력함으로써 그게 뭉쳐서 전체적인 효과가 나타나는 겁니다."

넷째, 원목도 3억 몇천만 달러어치가 수입되고 있고, 펄프도 상당히 들어오고 있는데, 이런 것도 절감운동을 해야 한다.

"그리고 원목도 3억 몇천만 달러어치가 들어오는데 원목이 건축뿐만 아니라 다른 공업제품에도 상당히 많이 들어가겠지만는 그런 것도 우리가 어떻게 하든지 절감을 하고 특히 펄프, 이것도 상당히 많이 들어오고 있는데 이런 것도 절감하는 운동을 해야 하겠습니다.

모두들 경제가 어떻게 되면 뭐가 어떻다, 어떻다고 불평하고 비난하고 잘못한 건 모두 정부가 잘못한 것처럼 생각하는데, 정부를 비판하는 사람들이 자기 자신은 국책에 대해서 어느 정도 협조를 했느냐 이겁니다. 종이 한 장이라도 아낄 줄 알고 설탕이라도 아낄 줄 알고 기름이라도 아낄 줄 알고 밥도 혼식을 해 먹으면서 비판을 해라 이겁니다. 그건 하지 않는 사람들이 괜히 무슨 결과만 보고나서 딴 사람이 잘못한 것처럼 얘기하는데 결국은 자신이 잘못한 그런 모든 것이 누적이 되어서 그런 결과가 나타난다 이겁니다. 내년에는 이런 운동을 범국민적으로 전개해야 되겠습니다."

## 해외건설 수출은 실력 있는 업자를 엄선해서 지원해야 된다

1975년 1월 25일, 건설부 연두순시에서 대통령은 해외건설 수출에 있어서는 실력 있는 업체를 엄선해서 적극 지원하라고 지시했다.

"해외건설 수출에 대해서 구체적인 설명이 있었지만, 앞으로 이것을 적극적으로 지원하고 또 추진하는 것이 좋다고 생각합니다. 단, 실력이 있는 업자를 엄선을 해서 내보내야 되겠고, 그것을 위해서 정부에서 상당히 강력한 통제와 창구일원화를 기해야 하겠다는 것을 특별히 강조를 합니다.

건설부에서 얘기한 중동의 사우디아라비아라든지 이란이라든지 앞으로 우리 건설업체가 나가서 활동할 수 있는 여지가 많은 그런 지역에, 처음에 실력 없는 업자들이 나가서 신용을 떨어뜨린다든가 어떤 실수를 하면 앞으로 나갈 길이 막히게 되기 때문에 상당한 통제가 가해져야 되겠고, 실력 있고 모든 자격을 갖춘 업체들이 나가는 데 대해서는 외무부라든지 경제기획원이라든지, 재무부라든지 정부의 다른 부처에서 여러 가지 지원정책을 마련해서 강력히 뒷받침해 줘야겠습니다."

## 석유화학계열 공장들의 건설이 세계 석유파동 속에서도 완공을 앞두고 있다

1975년 8월 1일의 일기에서 대통령은 여천공업단지를 방문한 소감을 피력했다.

'여천공업단지 방문, 남해고속도로를 따라 여천단지 방문, 호남정유에서 오찬, 메탄올공장, 7비(七肥), 삼일만 부두 공장 시찰. 조국근대화의 상징적 공사의 하나인 중화학공업단지, 여천단지의 공사가 그동안 여러 가지 난관이 많았고 특히 석유파동 이후에는 설상가상격으로 애로가 겹쳤으나 그래도 예정 공정대로 착착 추진이 되고 있는 것을 보고 기쁘기 한량없다. 관계책임자들의 노고를 치하하다.

메탄올공장이 금년 말에 완공되고, "7비"가 1977년 3월에 준공되고, 삼일만 항만시설이 또 완공되고, 석유화학공장들이 78년경에 완공이 되었을 때를 예상해 보면서 부푼 희망과 자신감을 가득 간직하고 저도(猪島)로 돌아왔다.'

## 수출신장에 필요한 기술개발과 품질개량에 계속 힘써야 한다

1975년 11월 26일, 무역진흥 확대회의에서 대통령은 우리 수출업체들은 금년에 우리가 얻은 여러 가지 경험과 교훈을 토대로 수출신장에 필요한 기술개발과 우리 상품의 품질개량을 위해 계속 노력해야 되겠다는 점을 강조했다.

"금년도 앞으로 1개월밖에 남지 않았습니다. 그런데 오늘 보고를 들어보니까 금년에 모든 업계와 정부가 있는 힘을 다해서 최선을 다했습니다만 금년도에 책정한 수출목표 달성에는 약간 미달하지 않겠느냐 이렇게 봅니다. 금년에 여러 가지 국제경제 여건이 불리했다는 건 주지의 사실인데 여기서 우리는 여러 가지 얻는 것도 있었다는 생각을 합니다.

지난 십여 년 동안 우리나라의 수출이 그야말로 승승장구 세계에서 가장 높은 신장률을 치달리고 왔습니다만, 이런 어려운 국제정세에 부닥쳐 봄으로써 우리경제에 어떤 취약점이 있는가, 또 우리 경제의 체질면에서 우리가 한 번 반성을 하고 다져 나가야 할 점이 무언가, 그런데에 대한 우리의 반성 재검토, 이런 것을 해 볼 수 있는 기회를 가졌다는 것은 전화위복이었다고도 생각합니다.

내년도에 가서 국제경제가 어떻게 될지 여러 가지 구구한 억측과 전망이 있습니다만 서서히 풀려나갈 것이라는 게 일반적인 견해 같습니다.

따라서 우리 경제, 특히 우리 수출업체들은 금년에 우리가 얻은 여러 가지 귀중한 경험과 교훈을 토대로 해서 우리의 수출을 늘려나가는 데 필요한 기술을 꾸준히 개발하고, 우리나라 상품의 품질개량을 해나가고 보다 더 좋은 값을 받을 수 있는 노력이 계속되어야 된다고 생각합니다. 다른 방법이 없지 않느냐, 그런 면에 있어서 그동안 많은 노력을 했지만 보다 더 분발해야 할 그런 점이 많다고 봅니다. 국제적인 불황이 있다, 수출이 안 된다 하면 금년에는 안 되는 해니까 체념을 하고 안 된다 안 된다 하는 얘기만 해서는 점점 더 안 될 겁니다.

내가 늘 이야기하지만 우리는 어려운 고비에 부닥쳤을 때에는 어렵다고 그냥 거기서 주저앉거나 후퇴를 할 것이 아니라 어려운 상황 속에서도 뚫고 나갈 구멍이 없는가, 활로가 없는가, 그걸 찾아내는 것이 비단 경제뿐 아니라 모든 문제에 있어서 우리가 살아가는 데 필요하리라고 생각합니다.

이건 국가의 안보문제라든지, 외교문제라든지, 정치문제라든지, 경제문제라든지 사회문제에 있어서도 마찬가지입니다.

또 개인도 그렇고 국가도 그렇습니다. 여러 가지 국제적인 어려운 여건에서 우리 경제가 뚫고 나가고 개척해 나갈 것이 무언가? 그걸 우리가 찾아내고 밀고 나가는 것이 우리의 슬기가 아니겠는가 생각합니다. 어려운 것은 다 같이 마찬가지로 어렵습니다. 어렵다고 체념을 하고 주저앉는 사람들은 전진이 없는 거고, 거기서도 굴하지 않고 활로를 개척해 나가려고 노력하는 민족이 언제든지 앞섭니다. 금년의 어려운 해를 보내면서 여기서도 우리는 다시 한 번 교훈과 여러 가지 경험을 되살리고 새로운 활로를 찾아 앞으로 더 발전할 수 있는 기회를 모색해야 되겠습니다.

그런 점에 있어서는 금년에 우리가 수출목표 몇억 달러 미달했다 해서 크게 실망할 필요는 없고, 모든 힘을 갖춰서 내년도에 다시 더 분발해 나가자, 이런 마음가짐을 가져야 되겠다고 생각합니다. 특히 앞으로 남은 한 달 남짓한 기간 내에 그래도 가능한 모든 노력을 다 해서 좋은 성과를 올려보기 위해서 상공부가 주동이 되어 수출진흥을 위한 비상대책 기구에서 일하는 우리 공무원, 은행에 있는 여러분들, 관세청 산하의 공무원들 업계에 있는 여러분들 또 수출조합, 검사소, 휴일도 없이 고생하는 여러분들의 노고에 대해서 다시 한 번 위로의 말씀을 드리고 좋은 성과를 올리길 기대해 마지않습니다."

**중화학공업 제품이 한국수출상품의 대종을 이루도록 노력해야 한다**

1975년 11월 29일, 제12회 수출의 날에 대통령은 먼저 우리는 금년에 60억 달러의 수출목표를 설정하기에 이르렀고, 일개 기업체가 2억 달러 수출목표를 달성하리만큼 커다란 신장률을 기록했다는 사실을 지적했다.

"친애하는 국민 여러분!

그리고 전국의 기업인과 근로자 여러분!

오늘은 우리가 증산과 수출을 위해 땀 흘려 일해 온 한 해를 되돌아보면서 내일의 더 큰 발전을 다짐하는 열두 번째 '수출의 날'입니다.

지난 1964년 우리는 수출실적 1억 달러 돌파를 기념해서 처음으로 '수출의 날'을 제정한 바 있습니다.

그로부터 11년이 지나는 동안 우리나라의 수출은 실로 비약적인 신장을 거듭하여 올해에는 60억 달러의 수출목표를 설정하기에까지 이르렀을 뿐 아니라, 세계에 유례없이 짧은 기간 안에 일개 사업체가 2억 달러 수출을 달성하리만큼 커다란 신장률을 기록했습니다.

나는 이 같은 성과야말로 '수출한국'의 비약적인 발전을 위하여 불철주야 헌신해 온 기업인과 근로자, 그리고 유관기관 종사원과 공무원 여러분의 땀 흘려 일해 온 노력이 집대성한 것이라 믿으면서 그간의 노고를 충심으로 치하하는 바입니다.

특히, 오늘 이 자리에서 우리나라 수출사상 처음으로 '2억 달러탑'을 수상한 기업체와 그밖에 수상의 영예를 차지한 수출유공자와 우수기술자, 기능공 여러분에 대해서도 따뜻한 축하의 인사를 보내는 바입니다.

지난 2년 동안 국민 여러분이 직접 목격하고 또 그 어려움을 몸소 겪고 있는 바와 같이, 오늘의 세계정세는 석유파동과 식량난에서 유발된 심각한 경제불황을 겪고 있습니다.

이 같은 경제불황은 선진국이나 후진국을 막론하고 세계의 많은 나라들에게 막심한 무역적자와 물가상승의 고통을 강요하고 있으며, 또한 수십 수백만의 실업자와 아사자마저도 속출시키고 있는 실정입니다.

따라서 자원을 가진 자와 못 가진 자, 국력이 강한 자와 약한 자의 구별 없이 세계 모든 나라들은 이 경제적 시련을 극복하고자 필사적인 노력을 기울이고 있습니다.

이 노력의 하나가 바꾸어 말하면 바로 수출전쟁인 것입니다.

그리고 또한 수출전쟁은 모든 나라 국민들의 두뇌와 근면성과 인내심의 전쟁이라 해도 과언은 아닙니다.

특히 금년은 국제경제의 불황이 극심했던 한 해였으며, 또한 필연적으로 과거 어느 때보다도 수출경쟁이 치열했던 한 해였습니다.

우리가 이 같은 세계적인 불황의 소용돌이 속에서 큰 탈 없이 한 해를 넘길 수 있었을 뿐 아니라, 다른 나라들이 수출면에서 마이너스 성장의 역경에 허덕이고 있는 데 반하여 우리만은 착실한 성장을 이룩할 수 있었던 것은 실로 자랑스러운 일이 아닐 수 없습니다.

나는 이것이야말로 우리 모두가 지난 한 해 동안 근검협동하면서 불철주야 총력수출에 헌신했던 땀의 결정이요, 노력의 대가라 확신합니다."

대통령은 이어서 우리는 중화학공업을 한국산업구조의 근간으로 삼고 중화학공업 제품이 한국수출상품의 대종을 이루도록 노력해야 한다는 점을 강조했다.

"국민 여러분도 기억하는 바와 같이, 제1차 경제개발 5개년계획이 시작되었던 60년대 초만 하더라도 우리나라의 수출은 그 규모에 있어서도 그러했거니와 품목에 있어서도 천연자원 등 1차산품에 불과한 미미한 것이었습니다.

그러나 그 후 10여 년이 지난 오늘 우리의 수출상품 가운데는 공산품이 압도적인 비중을 차지하게 되었을 뿐 아니라, 그중에서도 중화학공업 제품이 해마다 늘어나고 있습니다.

앞으로도 우리는 중화학공업을 우리나라 산업구조의 근간으로 삼고 또 그 제품들이 우리나라 수출상품의 대종을 이루도록 부단한 노력을 기울여 나가야만 되겠습니다.

이처럼 우리가 중화학공업을 알차게 육성 발전시켜서 수출증대에 박차를 가해 나간다면 우리의 경제발전은 가속화되며, 막강한 국력의 성장도 기할 수 있는 것입니다.

나는 우리가 이렇게 하는 것이야말로 유신이념을 구현해 나가는 구체적이고도 실질적인 길이라 확신합니다.

왜냐하면, 우리가 비약적인 경제발전을 발판으로 해서 막강한 국력을 구축하게 될 때 비로소 북한 공산주의자들의 무력도발을 단호히 저지하고 남침망상을 분쇄할 수 있게 될 것이며, 동시에 안정되고 행복한 국민생활을 보장하고 조국의 번영과 평화통일을 앞당길 수도 있게 되기 때문입니다.

따라서 우리는 안으로는 온 국민이 총화단결하여 한 방울의 기름이라도 더 아껴서 자원절약에 솔선하고, 하나라도 더 많이 우수한 상품을 생산하는 데 총력을 기울여 나가야 하겠습니다.

그리고 밖으로는 오늘의 세계적 불경기를 전화위복의 교훈으로 삼아 우리나라 수출체제를 정비보강하고, 국제경쟁력을 더욱 강화해서 수출을 계속 신장시켜 나가야 하겠습니다.

우리는 용기와 인내로써 이를 극복하고 활로를 개척해 나가야만 합니다. 그래야만 발전과 전진을 기할 수 있는 것입니다.

이것은 비단 국가적 차원에서만이 아니라 우리 모두의 개인생활에 있어서도 극히 중요한 일이라 하지 않을 수 없습니다.

이렇게 볼 때, 오늘도 각기 직장에서 묵묵히 땀 흘려 일하는 모든 산업전사와 기업인, 그리고 총력수출의 일선에서 온갖 고난과 역경을 헤치며 헌신하고 있는 관계기관 종사원 여러분이야말로 겨레의 영광된 내일을 개척해 나가는 새 역사 창조의 자랑스러운 역군이라 아니할 수 없습니다.

나는 여러분들이 흘리는 오늘의 땀 한 방울은 내일의 번영을 꽃
피게 하는 귀중한 밑거름이라고 확신하고, 여러분의 가일층 분발 있
기를 촉구하는 바입니다.

국민 여러분!

우리 모두 총화단결로써 수출신장에 가일층 분발하여 국력을 알
차게 배양하고, 그 막강한 국력의 바탕 위에서 평화통일과 민족중흥
의 찬란한 새 역사를 창조해 나아갑시다."

## 공장새마을운동을 활발하게 전개하는 것이 수출증대에 큰 도움이 될 수 있다

1976년 1월 28일, 무역진흥 확대회의에서 대통령은 먼저 수출목
표를 좀 더 높이 잡고 연초부터 수출을 서둘러야 되겠다는 점을 강
조했다.

"작년에 너무 수출에 애를 먹어서 금년에는 정부가 수출목표를
책정한 것도 대단히 영향이 많은 것 같은데 내가 보기엔 65억 달러
목표라는 것은 너무 소극적이고 너무 보수적이라고 봅니다.

지금 당장 이 숫자를 고치자는 얘기는 아니고 앞으로 1/4분기 말
쯤 가서 국제경기 동향을 봐서 필요하면 다시 재조정할 수 있지도
않겠는가 봅니다. 작년같이 그렇게 어려운 때 15%의 성장을 해 왔
는데 금년에 겨우, 한 19%, 정부에서 일하는 사람들은 목표를 낮게
책정해 놓고 뒤에 가서 초과했다 하면 기분이 좋고 국민들이 보기
도 좋지만, 높이 책정했다가 미달하면 정부가 큰 실수나 한 것 같
은, 성적이 불량한 것 같은 그런 인상을 주지 않을까 염려해서 그러
는지 모르지만, 물론 불가능한 목표를 만들어 놓고 무리하는 건 안
되지만, 우리가 어느 정도까지 달성 가능하냐, 우리 자신의 실력을

잘 검토하고 우리가 할 수 있는 데까지 최대한도로 해본다 하는 그런 자세로 나가야 되겠습니다.

수출도 금년 연초에는 L/C도 잘 오고 작년보다는 훨씬 좋다고 합니다만 매년 보면 정부나 업체도 연초에는 수출에 대한 노력이 부진한 것 같아요. 경기가 어떠냐 하는 것을 어느 정도 관망하는 시기가 되기는 하겠지만 나는 연초부터 서두르고 뛰자 이겁니다. 작년에도 보니까 연말에 가서 미달하니 정부와 업계가 속도를 내고 있던데, 연초부터 그런 자세로 나가면 훨씬 더 성과를 올릴 수 있지 않겠느냐 생각합니다."

대통령은 이어서 수출증대를 위해서는 기업인과 근로자들이 노사문제를 원만히 해결해 나가야 한다는 것을 강조했다.

"우리가 앞으로 수출을 증대시켜 나가는 데는 전반적인 국제경기가 회복되어야 되겠고, 여러 가지의 대외적인 여건이 호전되어야 하겠습니다만, 내가 볼 때는 상품의 품질을 향상시키는 것이 가장 중요하다고 생각합니다.

그래서 국제경쟁력을 향상시키는 데 꾸준히 노력하는 것이 무엇보다도 중요하다, 또 그중에서도 기업주들이 종업원들을 자기의 한 가족같이 생각하고 그들의 처우개선과 복지향상을 향상시키기 위해서 성심성의껏 노력을 해주는 것, 이것이 상품의 품질을 향상시키고 생산성을 높이는 데 가장 중요한 요인이다, 나는 그렇게 생각합니다. 물론 기업인들이 그런 정신을 가지고 노력을 하고 있을 줄 압니다만 종업원들의 처우개선을 해주는 것은 절대로 기업의 손해가 아닙니다. 그렇게 해줌으로써 종업원들의 사기를 앙양시키고 그들이 그 회사를 자기 회사처럼 생각하고 물건 하나하나 만드는 데 정성을 들인다는 것, 그것이 결국은 품질을 향상시키고 생산성을 향상시키는 가장 중요한 요인입니다. 물건은 기계가 만드는 것처럼 보이지만 결국은 사람이 만드는 것입니다. 근로자 한 사람 한 사람이 물건 하나하나에 대해서 얼마만큼 내 물건처럼 생각하고 정성을 들이느냐 안 들이느냐에 따라서 결과는 큰 차이가 납니다. 그때그때 당장 눈앞에는 안 나타날지 모르지만 길게 볼 때는 근로자들의 그러한 자세가 절대적인 것입니다.

금년 연초 기자회견 때 우리 경제의 안정을 회복시켜 나가는 데 있어서 기업가들이나 근로자들이 협조정신을 가지고 노사문제를 원만히 해결해 나가야 되겠다는 것을 강조했습니다만, 그 취지는 종업원들의 노동쟁의를 일체 못하게 꽉 눌러놓고 불평이 있더라도 아무 소리 못하도록 하라는 얘기가 절대 아닙니다. 기업주들이 최대한의 성의를 베풀어서 종업원들의 처우개선에 노력하고 종업원들은 회사의 여러 가지 사정을 봐가지고 무리한 요구를 해서는 안 되겠다, 노동쟁의가 벌어지고 시끄러워지면 기업주도 손해를 보고 근로자들도 손해를 보고 국가적으로도 손해다. 더군다나 이런 어려운 시기에 우리가 서로 원만하게 문제를 해결해 나가자, 이런 얘기지 모든 것을 금지한다 하는 뜻은 아닙니다. 따라서 모든 기업가들은 회사에서 일하고 있는 종업원들에 대한 처우개선과 복지향상, 여기에 대해서 자진해서 최대의 성의를 베푼다, 이것은 결국 품질을 향상시키는 데 가장 큰 요인이 될 수 있다, 이렇게 생각합니다."

대통령은 이어서 공장새마을운동을 보다 더 활발하게 전개하는 것이 수출증대에 큰 도움이 될 수 있다는 점을 강조했다.

"전부터 해오고 있습니다만, 공장새마을운동, 이것을 보다 더 활발히 전개해 나가는 것이 좋겠다고 생각합니다. 이것도 역시 수출증대에 큰 도움이 될 수 있습니다. 물론 잘하고 있는 모범적인 그런 기업체가 많이 있습니다만 어떤 기업체는 그것에 대해서 무관심한 그런데도 있는 것 같습니다. 요전에 도시새마을운동에 대해서 이런 이야기를 한 일이 있습니다. 즉, 도시라고 해서 새마을운동이 안 될 리 없다, 도시도 할 일이 얼마든지 있다, 그것도 어렵고 돈이 많이 드는 일부터 하라는 것이 아니라 우리 생활주변에 뭔가 고치고 시정해야 할 일들이 얼마든지 깔려 있는데, 이에 대해서 착안을 못하거나, 이웃주민끼리 서로 합심이 안 돼서 못하고 있는 일 중에 쉬운 것부터 하나하나 해나가는 것이 도시새마을운동이다, 이런 얘기였습니다. 공장새마을운동도 마찬가지입니다.

공장새마을운동도 요란스럽게 깃발을 올리고 떠들썩하게 하는 게 아니라 쉬운 것부터 하자 이겁니다. 기업주의 착안에 따라서 방법이 다르겠지만 나의 생각으로는 우선 근로 환경부터 개선해 주자, 물론 이것은 기업주가 앞장을 서야 합니다.

공장새마을운동에 근로자들이 처음에는 따라 오고 마지막에 가서 그런 분위기가 돌면 기업주가 시키지 않아도 근로자들이 스스로 자발적으로 그런 운동에 참여하고 뛰어들 수 있도록 그런 분위기를 만들면 그것은 성공적이라고 생각합니다. 해마다 지방공장을 가보면 공장 노동환경도 많이 좋아지고 있는데, 기업주들이 조금만 더 머리를 써서 종업원들이 보다 더 명랑하고 좋은 기분으로 일할 수 있는 그런 환경을 만들어 주면 훨씬 더 능률이 올라가지 않을까 생각합니다. 그거 크게 돈 들어가는 일도 아닙니다.

그런데 대해서 착안 못하는 데가 있는 것 같은데, 노동환경을 개선해서 아침에 출근하면 좋은 기분으로 이게 우리 회사다, 내 직장이다, 이렇게 생각하고 아침부터 일할 기분이 나도록 만들어 주는 거, 늘 고된 일을 하더라도 기분만은 명랑한 환경을 만들어 주는 거, 여기에 좀 더 관심과 성의를 기업주들이 먼저 보여 줘야 합니다.

그리고 공장에서는 사람들이 일하는 것이기 때문에 거기에는 인간적인 관계와 인정이 넘쳐흘러야 합니다. 이웃돕기운동으로 종업원들 중에 어려운 동료들을 정성을 가지고 힘이 닿는 데까지 도와주고 기업주도 거기에 협력한다, 이렇게 해서 직장의 분위기를 부드럽고 따뜻하게 하는 것 그것도 새마을운동이다. 새마을운동 중에서도 가장 중요한 새마을운동입니다.

또 한 가지 공장에서는 물자를 많이 취급하고 있으니까, 모든 물자를 아끼고 절약하는 운동을 전개한다. 거기서 남는 게 있으면 그것을 불우한 이웃 동료를 돕는 데도 쓰는 것이 좋을 것입니다.

그 다음엔 생산기술을 향상시키고 보다 더 정성이든 물품을 만들어서 생산성을 올리는 데 기업주나 전 종업원들이 한 마음이 되어 노력하고, 생산성 향상의 결과로 얻은 이익은 종업원들의 처우개선이나 임금인상으로 되돌아 가게 해준다. 이렇게 하면 공장새마을운동은 성공했다고 봅니다. 종업원들한테도 크게 혜택이 가고, 기업주를 위해서도 크게 혜택이 가고, 국가적으로도 이건 대단히 좋은 일입니다.

물품을 만들고 기술을 개발하는 데 있어서도 정신운동이 같이 뒤따라야만 보다 더 능률을 올릴 수 있고, 품질을 향상시킬 수 있지 않겠느냐, 그래서 공장새마을운동을 보다 더 적극적으로 전개를 했으면 좋지 않은가 생각합니다.”

### 해외 물자수송을 위한 국산 외항선박을 많이 확보해야 되겠다

1976년 2월 3일, 교통부 연두순시에서 대통령은 먼저 해외 물자수송을 위한 외항선박을 많이 확보하여 자국선 적취율을 높이는 데 좀 더 박차를 가하라고 지시했다.

“우리나라 물동량이 매년 급격히 늘어나고 특히 수출이 늘어가고, 따라서 해외 물자수송에 있어서 외항선의 선박을 빨리 늘려야겠는데 다른 분야보다도 이 분야가 조금 늦어지고 있지 않느냐 생각됩니다.

전에도 몇 번 이 문제에 대해서 회의도 했고 지침도 내려간 줄로 알고 있는데 금년에는 이 문제에 대해서 조금 더 진지하게 검토를 해서 우리나라에도 지금 조선소가 여러 개 생겨 있고 어떻게 하든지 외항선을 많이 확보를 해서 자국선 적취율을 높이는 문제를 지금부터 조금 속력을 내지 않으면, 물동량은 급격히 늘어나는 데 거의 대부분 외국선박에 의존해야 되며, 그에 대한 막대한 운임을 외국에 지불해야 된다는 결론을 얻게 됩니다.

지금 현재 우리나라 해운업을 하고 있는 사람들을 좀 더 독려해서 좀 더 이에 대해서 힘을 쓰도록 교통부에서 좀 강력히 권유하고 정부도 그에 대해서 지원을 한다든지 정책적인 뒷받침을 해주고 이것이 같이 병행되어야 될 줄 압니다."

## 80년대 초에는 중화학공업 건설사업의 모든 목표가 달성될 것이다

1976년 5월 31일, 포항종합제철 제2기 확장공사 준공식에서 대통령은 이 공장의 제2기 확장공사가 완공됨으로써 1980년대 초에는 우리가 노리는 중화학공업 건설사업의 모든 목표가 무난히 달성되리라는 기대를 갖게 되었다고 천명했다.

"내외 귀빈 여러분!

그리고 이 건설공사에 불철주야 노고가 많았던 박태준 사장 이하 포항종합제철의 임직원과 기술자 여러분!

그동안 여러분들이 밤낮을 가리지 않고 땀 흘려 노력한 결과가 오늘 결실을 맺어서 '공업한국'을 상징하는 거창한 작품을 우리 국민들 앞에 선보이게 되었습니다.

여러분들의 그간의 노고에 대해서 이 자리를 빌려 충심으로 치하와 위로의 말씀을 드리는 바입니다.

오늘 포항종합제철 제2기 확장공사 준공을 보게 된 이 자리에서 특히 내가 가장 흐뭇하고도 자랑스럽게 생각하는 것은, 이 공사가 거의 대부분 우리 기술진에 의해서 이루어졌다는 점과, 또 여러 가지 어려운 여건이 한두 가지가 아니었지만 공사를 계획보다도 1개월이나 앞당겨서 준공했다는 데 대해서 다시 한 번 여러분들의 노고를 치하하고 또한 위로를 드리는 바입니다.

이 제2기 확장공사는 착공한지 2년 반 동안에 약 2,600억 원이라는 많은 자금이 투입되었으며, 앞으로 연간 260만 톤의 조강생산능력을 가짐으로써 우리 국내수요의 거의 절반 이상을 충당하게 되었습니다.

또, 이 제2고로가 새로 준공됨으로써 포항종합제철은 그 기능면에서 과거보다 훨씬 더 안정성을 갖게 되었습니다.

사람으로 말할 것 같으면 폐가 둘이 있어야 되는데 과거에는 하나만 가졌던 공장이었다고 볼 수 있겠습니다.

이번에 제2고로가 완성됨으로써 만약에 한쪽 고로에 무슨 고장이 난다 하더라도 조업을 중단하지 않고 남은 또 하나의 고로로써 모든 조업이 계속될 수 있다는 것입니다.

또, 이 공사기간에 코크스공장이라든지 소결공장 또는 냉간압연공장 등 이러한 공장시설이 새로 준공됨으로써 포항종합제철은 명실공히 종합제철로서의 모든 기능을 완비하게 되었습니다.

지난 1973년 1월에 나는 우리나라의 중화학공업 정책선언을 발표한 바 있습니다.

그리고 지난 3년 반 동안 이 사업을 추진하는 과정에 있어서 우리의 중화학공업 건설은 여러 가지 어려운 문제에 봉착했었습니다.

포항제철 제2고로 화입식에 참석하여 태양열로 잡은 원화로 불을 지피는 박 대통령
(1976. 5. 31)

  가장 두드러진 것이 석유파동이었고, 또 국제적으로 아주 극심한
불황을 우리는 겪었습니다.

  그럼에도 불구하고, 우리의 중화학공업 건설계획은 아무런 차질
없이 계획대로 지금 추진되어 가고 있습니다.

  더구나, 오늘 이 포항종합제철의 제2기 확장공사가 준공됨으로써
우리나라의 중화학공업 건설사업은 보다 더 박차를 가해서 1980년
대 초에 우리가 노리는 모든 목표가 무난히 달성되리라는 부풀은
기대를 우리는 가지고 있는 것입니다.”

  대통령은 이어서 포항제철공장은 벌써 제3기 확장공사에 착수했
고 2년 반 후인 79년 초에는 550만 톤 규모의 공장으로 그 시설이
확장된다고 밝혔다.

"흔히 개발도상국가에 있어서 이처럼 투자가 많이 소요되는 종합제철공장을 건설할 필요가 있느냐 없느냐 하는 문제는, 우리나라뿐 아니라 다른 나라에 있어서도 찬반양론이 많이 있는 것으로 압니다.

우리나라에 있어서는 1970년 봄에 이 공장을 착수할 때까지는 국내외의 전문가나 기술자들 사이에서 이 같은 투자가 많이 소요되는 공장을 우리나라 형편에서 건설한다는 것은 아직 시기상조다, 경제성이 희박하다 하는 주장이 상당히 많았던 것입니다.

그래서 우리가 이 포항종합제철을 착공할 때까지 그 정책을 결정하는 과정에서만도 약 5개월이라는 시간이 소요되었다는 것을 우리는 기억하고 있습니다.

그러나 이 공장이 1970년 4월 착공되어서 불과 3년 6개월 만에 1단계 공사가 끝나고 73년 여름에 103만 톤의 조강생산 능력을 갖게 되었습니다.

건설공정이 짧았다는 것과 또 성능면에 있어서도 다른 나라에서 그 유례를 볼 수 없는 일이었지만, 특히 공장이 처음으로 가동되고 나서 불과 1년 만에 약 250억 원이라는 흑자를 냈다는 사실은 전세계적으로 전례가 없는 것으로 나는 알고 있습니다.

특히 작년과 같은 세계적인 철강업계의 불황과 타격 속에서도 우리 포항종합제철은 악전고투하면서 결과적으로 약 100억 원이라는 흑자를 냈습니다.

이것도 내가 아는 범위에 있어서는, 전세계적으로 그런 예가 한둘 밖에 없는 것으로 알고 있으며, 이런 좋은 성과를 가져온 것은 그동안 박태준 사장 이하 포항종합제철의 모든 직원과 특히 우리 젊은 기술자 여러분들이 조국의 공업건설을 위해서 투철한 사명감과 기어코 이를 건설하겠다는 의욕과 집념과 헌신적인 노력으로 이 같은 훌륭한 성과를 가져왔다고 생각하고, 다시 한 번 이 자리를 빌려서 그 노고를 치하하는 바입니다.

이 공장은 벌써 제3기 확장공사에 착수를 했습니다.

이것이 순조롭게 이루어지면 앞으로 2년 반 후인 79년 초에 가서는 약 550만 톤 규모의 공장시설로 확장이 되리라고 봅니다.

앞으로 제3기 확장공사에 있어서도 모든 것이 순조롭게 계획대로 추진되기를 기대하고 그동안 여러분들의 분발과 정진을 또한 기대해 마지않습니다.

마지막으로 다시 한 번 박 사장 이하 포항종합제철 모든 종업원 여러분들의 그 동안의 피눈물나는 노력과 훌륭한 성과에 대해서 치하를 보내고, 또 이 공장건설 과정에 있어서 여러 가지 지원을 해주신 관계기관의 여러분과 우리나라의 건설업자 여러분, 그리고 이 공장건설의 자본기술면에서 직접, 간접으로 협조해 주신 외국의 관계기업체와 기술진 여러분들의 노고에 대해서도 아울러 감사를 드립니다."

### 81년도 수출목표 100억 달러를 4년 앞당겨 달성할 수 있을 것이다

1976년 11월 30일, 제13회 수출의 날에 대통령은 먼저 지난 10여 년 동안 우리가 이룩한 수출입국의 실적에 대해 설명했다.

"친애하는 전국의 상공인과 근로자 여러분!

그리고 국민 여러분!

산업을 근대화하고 수출을 진흥하여 자립경제를 확립하는 것은, 우리의 당면과제이며 민족중흥의 중간목표입니다.

우리가 지난 10여 년 동안 '수출입국'의 기치를 높이 들고 한 덩어리로 뭉쳐 증산과 수출에 총력을 기울여 온 것도 바로 이 때문입니다.

그 결과, 우리의 수출은 해마다 경이적인 신장을 거듭하여 지난

10월 말에 이미 금년도 목표인 65억 달러선을 돌파하였고, 이 같은 추세로 미루어 보아 연말에 가면 80억 달러 수준에 이를 것으로 전망됩니다.

더욱이, 오늘 자랑스럽게 생각하는 것은 작년에는 2억 달러탑 수상자가 1개 업체였으나 불과 1년 만에 3억 달러탑을 받은 업체만도 셋이나 되고, 1억 달러 이상 2억 달러대를 넘어선 기업체가 아홉 개로 늘어났다는 사실입니다.

이것은 우리나라 기업이 그만큼 착실하게 성장해 왔고, 우리의 기술과 산업구조가 그만큼 높은 수준으로 발전하고 있다는 단적인 증거로서 그동안 우리가 함께 흘린 땀과 성과에 대해 커다란 보람과 자부를 느끼는 바입니다.

60년대 초만 하더라고 우리의 국력과 기술은 보잘 것이 없어서 우리들 힘만으로는 나라 살림을 꾸려 가기 어려운 형편이었고, 조그만 공장 하나 짓는 데에도 외국기술자의 도움을 받아야 했던 기억이 지금도 새롭습니다.

또한 불과 12년 전, 처음 1억 달러 수출을 달성하고 다 같이 기뻐했던 것이 바로 엊그제 같은데, 지금은 대망의 100억 달러 수출을 눈앞에 바라보게 되었으니 실로 금석지감을 금할 수 없습니다.

나는 오늘의 눈부신 성과를 가져오기까지, 그동안 증산과 수출전선에서 땀 흘려 일해 온 수출유공자를 비롯하여 모든 기업인과 근로자, 그리고 유관기관과 공무원 여러분 노고에 대해 충심으로 치하를 보내는 바입니다."

대통령은 이어서 우리는 100억 달러 수출목표 연도인 1981년을 4년 앞당겨 내년 말까지는 100억 달러 수출이 가능할 것으로 전망했다.

"상공인 여러분!

다 아는 바와 같이, 우리는 제4차 경제개발 5개년계획이 끝나는 1981년을 100억 달러 수출목표 연도로 설정했던 것입니다.

그러나 금년에 80억 달러를 달성하게 되고 현재와 같은 신장추세가 지속되면, 4년을 앞당겨서 내년 말까지는 100억 달러 수출이 가능할 것으로 내다보입니다.

우리나라와 같이 자원도 부족하고 뒤늦게 근대화에 들어선 이른바 개발도상국가에서, 그것도 불과 10여 년이라는 짧은 기간 동안에 100억 달러 수출을 바라보게 되었다는 것은 세계에서도 유례없는 기록이라고 해도 과언이 아닙니다.

100억 달러 수출은 물량의 크기로 보아서도 그러하거니와 앞으로 더욱 산업고도화를 촉진하고 수출증대를 가속화하는 새로운 계기가 되며, 명실상부한 경제자립의 전망과 시기를 판가름하는 결정적 고비가 된다는 점에서 그 의의는 참으로 큰 것입니다.

일본의 경우를 보더라도, 그들의 수출이 100억 달러대를 넘어선 것은 지금부터 9년 전인 1967년이었고, 이것을 도약의 발판으로 삼아 오늘날 세계적인 수출대국으로 상장했다는 것은 하나의 좋은 실례라 하겠습니다.

그들은 우리보다도 100년이나 앞서 근대화에 착수했고 국내 사정이나 주변정세면에서도 우리보다 유리한 여건에서 경제건설을 추진할 수가 있었습니다.

그러나 우리는 국가안보상의 위협은 더 말할 것도 없고 모든 부문에서 근대화작업을 하나하나 새로 추진해 나가야 했고, 또 한편 세계적인 자원파동과 경제불황, 그리고 무역장벽 등 이중삼중의 시련을 극복해야 하는 힘겨운 처지에서 이만큼 자란 것입니다.

오늘날 자원문제를 둘러싼 국가 간의 대립과 분쟁은 여전하고 선진국은 보호무역주의와 수입제한 조치를 강화함으로써 세계경제의 여건은 각박해지고 있습니다.

그뿐만 아니라, 우리나라는 그동안 모범적인 개발도상국가로서 선진국의 찬사와 격려를 받는 위치에 있었으나, 이제는 서로 어깨를 겨루는 만만치 않은 경쟁자로서 오히려 외부의 도전을 받는 입장으로 바뀌어 가고 있습니다.

그러나 우리는 기어코 우리의 힘으로 부강한 나라를 만들기 위하여, 어떤 시련과 난관이 있더라도 이를 슬기롭게 극복하고 증산과 수출에 더욱 박차를 가해 나가야 합니다.

나는 우리 민족의 우수한 자질과 기술로 보나 오늘의 성과를 이룩한 강인한 저력으로 보아, 우리 모두가 더욱 분발하고 노력만 한다면 내년도 100억 달러 수출은 충분히 가능하다고 보고 있습니다.

요는 우리의 의지력과 자세 여하에 달렸습니다.

새삼 강조할 것도 없이, 국제경쟁력을 강화하여 지속적인 수출증대를 실현하기 위해서는 우리가 남보다도 더 일하고 품질이 우수한 상품을 더 많이 생산해야 하며, 앞으로 중화학공업 제품의 수출을 계속 늘리고 독창성 있는 제품을 새로 개발해 나가는 것이 매우 중요합니다.

이제 우리나라 기계공업은 그동안 국산화가 크게 촉진되어 웬만한 공장 설비는 우리 손으로 생산할 수 있는 단계와 와 있습니다.

플랜트수출은 기술집약적인 산업 분야이기 때문에 부가가치가 높을 뿐만 아니라 그 대상국이 주로 개발도상에 있는 자원보유국이 될 것이므로, 시장개척과 우리가 필요한 자원을 장기적으로 확보할 수 있게 되는 등 일거양득의 효과가 있는 것입니다.

따라서 앞으로는 플랜트 수출에 눈을 돌려 본격적인 시장개척에 나서야 하겠습니다.

정부는 수출의 지속적인 증대를 위해 중화학공업 건설에 더욱 박차를 가해 나가는 한편, 수출산업의 고도화를 위한 시설확충과 기술혁신 등 다각적인 시책을 꾸준히 밀고 나갈 것이며, 유능하고 성실한 기업에 대해서는 적극적인 지원과 협조를 아끼지 않을 것입니다."

대통령은 끝으로 기업인들은 앞으로도 계속 근로자의 복지향상에 더욱 힘써 줄 것을 당부했다.

"지속적인 수출증대의 요체는 무엇보다도 상품의 질을 높이고 생산성을 제고하여 국제경쟁력을 강화하는 데 있습니다.

이를 위해서는 근로자들이 기업체에 대해 '우리 공장', '내 살림'이라는 애착을 가지고 물자를 하나라도 아껴쓰고 창의를 발휘하여 비용 절감에 기여하며, 정성과 기쁨으로 생산활동에 몰두할 수 있도록 기업인들이 근로자의 처우개선과 복지 향상에 최선을 다하는 것이 무엇보다도 중요한 일입니다.

근로자의 복지향상에는 여러 가지 방법이 있겠으나, 한창 성장기에 있어 배우고자 애쓰는 종업원들에게 교육의 기회를 마련해 주는 것도 매우 뜻있는 일이라고 나는 생각합니다.

정부가 지금 근로자교육 문제에 특별한 관심을 가지고 교육법 등 관계법의 개정을 서두르고 있는 것도, 교육은 비단 개인의 장래를 위해서만이 아니라 기술혁신의 바탕이며 국가발전의 추진력이 되기 때문입니다.

나는 근래 많은 직장과 공장에서 새마을운동이 활발하게 전개되어 기업풍토가 점차 개선되고 근로자와 기업인 간에 인정어린 협조가 원만하게 이루어지고 있는 데 대해 마음 든든하게 생각하면서, 앞으로도 계속 기업인 여러분이 근로자의 복지향상에 더욱 힘써 줄 것을 당부하는 바입니다.

국민 여러분!

오늘 열세 번째 '수출의 날'을 맞이하여, 우리 모두 자립경제와 민족중흥의 결의와 자신을 다시 한 번 새로이 다지고 더욱 힘을 합하여 증산과 수출과 건설에 일로 매진합시다.

그리하여 내년에 맞이할 제14회 '수출의 날'은 백억 달러 수출 달성의 보람과 기쁨을 다 함께 누릴 수 있는 수출한국의 일대 축제가 되도록 합시다.

끝으로, 오늘 포상을 받은 영예의 수출유공자들을 비롯한 전국의 상공인과 근로자 여러분의 노고를 다시 한 번 치하하면서 가일층의 분발을 당부하는 바입니다."

## 100억 달러 수출을 위해 기술개발과 근로자 처우향상에 힘써야 한다

1976년 12월 29일, 무역진흥 확대회의에서 대통령은 앞으로 100억 달러 수출목표 달성을 위해서 우리는 기술개발과 근로자들의 처우개선에 중점적인 노력을 기울여야 되겠다는 점을 강조했다.

"1973년도 소위 석유파동 이후에 그 여파로서 우리나라 경제가 극심한 불황에 빠져서 허덕인 적이 있습니다. 74년, 75년 2년 동안은 매우 어려운 불황 속에서 우리 경제가 고전해 왔습니다. 다행히도 금년도에 들어와서 서서히 불황에서 탈피가 되고 경기가 회복하고 우리나라의 경제성장 추세가 다시 회복돼서 전반적인 경제 성장이라든지 수출도 예상보다도 훨씬 더 많은 신장을 했습니다.

내년도에는 100억 달러대를 우리 모두의 힘으로 돌파해 보자는 그런 목표를 가지고 나아가고 있습니다.

우리나라 경제가 그동안 이만큼 성장을 해서, 특히 수출면에 있어서 기반이 다져지고, 저력이 생겼다 하는 것은 우리나라 수출이 앞으로 보다 더 성장해 나가는 데 있어서 좋은 조건이 되기는 합니다만 반면에 우리 경제가 수출이 이 만큼 늘어나면 늘어날수록 여기에 대한 경쟁자가 더 많아지고 앞으로 거기에 따르는 어려운 문제들이 많이 생긴다는 것도 여러분도 잘 알 줄 압니다.

우리의 힘이 약할 때는 동정하는 사람들이 많은데 힘이 강해지면 적이 자꾸 늘어난다, 경쟁자가 나온다, 도리가 없습니다.

그러나 우리는 그런 걸 미리 예측하고 지금부터 하나하나 대비를 해서 현재 우리나라 수출신장 추세를 그대로 지속해 나갈 수 있겠끔 정부도 여기에 대해서 최대한의 지원을 하겠습니다. 방금도 선박 문제 등등 여러 가지 어려운 문제가 있다는 얘기가 나왔는데 이런 문제는 정부와 업계가 하나하나 지금부터 좀 더 구체적으로 여러 가지 방안을 모색해서, 어려운 곤경을 뚫고 나갈 수 있는 길을 모색해 나가야 하겠습니다. 전에도 늘 강조를 했습니다만 수출이라는 것을 해보면 몇몇 사람의 노력만 가지고 되는 것도 아니고 결국은 국력의 총화다, 국력의 총화적인 표현이라는 것을 시간이 갈수록 실감하게 됩니다.

정부만 애를 써도 안 되는 것이고, 업계만 뛰어도 안 되는 것이고, 몇몇 사람의 노력만 가지고도 안 되는 겁니다. 정부, 업계, 근로자, 일반국민 모든 사람이 모두 한마음이 돼서, 총화적인 노력을 해야만 수출이 늘어날 수 있는 것입니다.

우리가 원래는 81년에 100억 달러 목표를 달성해 보자고 했는데, 그 동안에 석유파동이니 여러 가지 어려운 난관을 겪으면서도 원래 목표보다 한 4년 앞당겨서 100억 달러대를 돌파하자는 목표를 세웠습니다. 그만큼 우리나라의 수출이 빨리 성장했습니다. 또 우리 국민들이 그만큼 더 땀 흘려서 일하고 노력을 했습니다. 그러나 앞으로도 여러 가지 어려운 문제들은 많습니다. 이것을 과거와 같은 그런 노력으로서 극복해 나가자는 것입니다. 그러한 노력에 있어서 이제부터는 기술개발에 우리가 총력을 경주해야 될 것 같습니다. 어느 나라가 기술이 더 앞서느냐, 기술을 배운 기술인력을 많이 가지고 있느냐, 많이 가지고 있을 뿐만 아니라 그 인력의 질이 어느 나라의 것이 가장 높으냐, 이것이 국제시장에 있어서 경제의 성패를 결정하는 것입니다.

내년부터 정부도 이점에 있어서 여러 가지 면으로 중점적인 시책을 써 나갑니다만 업계에 계신 여러분들도 여러분들이 직접 해외시장에 나가서 싸워 봐서 피부로 느낄 정도로 경험을 하고 있을 줄 압니다만 결국은 어느 나라의 기술이 앞서가고 있느냐, 이것이 국제경쟁에서 이길 수 있는 관건입니다.

또 한 가지 내가 강조하고 싶은 것은 기업가 여러분들이 여러분들 밑에서 일하는 종업원, 근로자의 사기앙양을 항시 잊지 말아달라는 것입니다. 결국은 기업가가 머리로 전반적인 연구를 해내고, 지시를 하고 하겠지만, 실제 손을 움직이고 하나하나 머리를 써서 물건을 만들어 내는 것은 근로자들입니다. 그 사람들의 사기가 높아야만 좋은 상품이 나올 수 있다는 점을 다시 한 번 강조하고자 합니다."

# 제5장 세계석유위기 광풍 속에서 100억 달러 수출을 해 내다

## 중화학공업 중심의 두뇌산업 시대에 대비해야 한다

1977년 1월 19일, 경제기획원 연두순시에서 우리 경제가 중화학공업을 중심으로 하는 기술주도형 또는 두뇌산업의 시대로 옮겨가고 있으며, 여기에 대비한 여러 가지 정책에 집중적인 노력을 해야 되겠다는 점을 강조했다.

"지난 1973년 석유파동이 일어난 이후 우리 경제가 심한 타격을 받고 불황에 빠져 있었는데, 이것이 언제쯤 회복될 것인가 하는 데 대해서 정부에서는 상당히 염려하고 있었습니다. 다행히도 작년 중에 우리 경제는 불황에서 완전히 탈피하고 활력소를 되찾아 고도성장의 궤도에 다시 오르게 되었습니다.

그러나 국제경제를 전망해 볼 때 앞으로 우리 경제가 성장하는 데에는 여러 가지 제약요인들이 나타날 것으로 예상됩니다. 우리는 우리의 지혜와 슬기를 발휘해서 이러한 어려움을 우리 경제가 견디어 나갈 수 있고, 극복해 나갈 수 있는 국제경쟁력을 지금부터 꾸준히 육성해 나가야 되겠습니다. 이 국제 경쟁도 지금까지는 우리가 주로 개발도상국가들을 상대로 해 왔는데 이제부터는 점차 선진공업국가들이 우리의 경쟁대상이 됩니다. 그리고 우리 경제도 이제부터는 중화학공업을 중심으로 하는 기술주도형, 또는 두뇌를 위주로 하는 두뇌산업 시대로 점차 옮겨가고 있습니다. 여기에 대비한 여러 가지 우리의 정책에 집중적인 노력을 정부와 민간기업이 일체가 되어 꾸준히 밀고 나가야 되겠습니다. 그것이 잘 되어 나가면 우리 앞에 가로 놓여 있는 여러 가지 어려운 여건을 충분히 극복해 나갈 수 있다고 생각합니다.

또 이러한 어려움이란 것은 비단 우리 대한민국에만 가해지는 제약이 아니고, 우리와 비슷한 여건하에 있는 모든 개발도상국가들에 대해 똑같이 적용되고 있는 것입니다.

문제는 누가 그러한 어려움과 제약에 대해서 더 잘 견디느냐, 그것을 뚫고 나갈 수 있는 힘이 있느냐, 경쟁력이 있느냐 하는 데 있습니다. 이것은 한국경제가 남보다 더 앞설 수 있는 기회가 될 수 있다고 생각을 합니다.

따라서 이제부터는 기술 분야에 있어서도 국제수준화, 생산단위 규모에 있어서도 국제수준화를 이룩하여 선진공업국가를 따라가고 그들을 앞지르겠다는 목표를 가지고 노력해 나가야 하겠습니다.

이를 위해서는 앞으로 산업시설을 보다 더 확장해 나가고 수출도 과거처럼 현금 받고 파는 방식만이 아니라, 외상으로 파는 연불수출 방식도 적극적으로 힘써 나가야겠고, 특히 기술인력 개발에 주력해야 되겠습니다. 그리고 우리나라의 과학기술 분야의 수준을 급속히 성장시켜 나가야 되겠고, 시장도 여러 지역으로 다변화해 나가야 되겠습니다. 이것이 앞으로 우리 경제가 계속 성장해 나가고 발전해 나갈 수 있는 중요한 방향이 아니겠느냐, 이렇게 생각합니다.”

## 금년에 100억 달러 수출목표를 반드시 달성해야 한다

1977년 1월 20일, 상공부 연두순시에서 대통령은 먼저 수출 100억 달러 달성은 우리나라의 공업화 과정에서 큰 의의가 있는 분수령이므로 금년에 가일층 분발해서 반드시 이 목표를 달성해야 한다는 점을 강조했다.

"작년에는 여러 가지 어려운 여건하에서 81억 달러 수출을 했습니다. 해놓고 나면 그렇게 되는구나 하고 생각할지 모르지만, 그 정도의 목표를 끌고 올라가는 데까지는 상공부와 그 산하의 모든 직원들, 우리 기업가들 거기서 일하는 근로자 등 여러 사람들의 숨은 노력과 고생의 결과로서 이루어졌다고 생각합니다. 금년에는 우리가 처음으로 백억 달러 목표를 세워 놓고 밀고 나가는 데 요전에도 얘기했지만 여러 가지 우리의 경제규모가 커지고 수출액수가 늘어날수록 여기에 대한 여러 가지 도전이라든지 모든 나라에서 우리한테 대한 제약이라든지 이런 것이 많이 오는데 우리가 전부 총화 노력을 해서 슬기롭게 이러한 난관을 뚫고 수출목표를 기어코 달성해야 될 줄 압니다.

100억 달러와 99억 달러, 이게 무슨 차이가 있느냐, 1억 달러 차이라고 하겠지만, 역시 100억 달러라는 것은 우리 경제가 공업화해가는 과정에서 하나의 큰 의의를 가지는 분수령이라고 나는 생각하기 때문에 금년에 상공부에서 일하는 여러분들은 가일층 분발해서 작년처럼 좋은 성과를 올려주시기 바랍니다."

대통령은 이어서 보다 많은 기업들이 공장새마을운동에 적극적으로 참여하도록 지도해야 되겠다는 점을 강조했다.

"그 다음에 저 공장새마을운동, 이것도 내 기자회견에 강조를 했습니다만 이것도 지금 잘하고 있는 기업체들이 많은데 전 기업체가 여기에 적극적으로 참여하게끔 금년에 상공부에서 좀 지도를 하고 청와대에서 특별히 관심을 가지고 보고 있겠습니다.

그중에는 잘 하는 데도 있고, 관심이 적은 데도 있고, 또 잘 안 되는 데도 있고 여러 가지가 있는데, 잘하는 데는 표창을 한다든지 해서 다른 기업체들이 일 년에 몇 번씩 그 공장에 가서 견학하게 하고 안 그러면 기업가들이 거기 가서 모여서 세미나를 한다든지 서로 같이 연구를 하고 그러면 상당히 이 운동이 많이 보급이 되어가지 않겠느냐 생각합니다.

결국은 기업이라는 것은 기업주도 잘해야 되겠지만 거기에서 일하는 근로자들이 모두 자기 일처럼 생각하고 열심히 성의를 가지고 일을 잘해 줘야 공장도 잘 되고 물건도 좋은 게 나오는 것이고 공장 이익도 올라가고 생산성도 올라가고 하는 건데, 그렇게 하자면 결국 기업주는 거기서 일하는 근로자들한테 대해서 정성껏 성의를 베풀어 줘야 된다, 사기를 올려줘야 된다, 그건 당연한 이치인데 그런 것이 잘 되도록 하자는 것이 우리가 강조하는 공장새마을운동입니다. 그것이 잘 되면, 우리나라에는 다른 나라에서 보기 드문 노사협조의 새로운 윤리관이 정립되리라고 믿고 있습니다.

기업주는 종업원들의 복지를 위해서 최선을 다하는 것이 자기의 최대 의무처럼 생각하고 종업원들은 사주가 이만큼 자기들에 대해 애를 쓰고 성의를 다 베풀어 주고 자기들은 거기서 또 보수를 받고 생활을 유지해 가고 있기 때문에 정성껏 일을 열심히 해서 공장을 위해서 봉사를 해야 되겠다, 이러한 마음이 아래위가 맞으면 그런 기업체는 잘 되간다, 우리나라에서는 이것이 실제 성공한 예가 많으니까, 그 점을 잘 보급하고 권장을 하기 바랍니다.”

## 우리나라의 자동차 수출도 유망하다

1977년 5월 13일, 무역진흥 확대회의에서 대통령은 우리나라의 자동차 수출도 유망하다고 전망하고 우선 개발도상국가에 진출할 수 있도록 노력해야 되겠다는 점을 강조했다.

"외무부에서 설명한 이 자동차 수출에 대한 것도 지금 들으니까 내가 볼 때 자동차 수출도 상당히 유망합니다. 자동차 업계에서 좀 더 분발하면 앞으로 일본을 따라갈 수 있는 단계가 왔다고 보는데 정부에서도 우리나라 자동차 수출에 문제점이 있다는 거 다 알고 있으므로 애로를 타개해 주고 조금만 더 밀어줘서 이것이 국제시장에 나가서 일본 등 선진국가

**첫 고유 모델 포니 자동차 시판**
1976년 2월 29일, 현대자동차는 한국 최초의 고유 모델 자동차 포니를 시판하기 시작했다.

와 같이 뛸 수 있는 토대만 마련해 주면 우리나라의 자동차공업은 승승장구 쭉쭉 올라가지 않겠는가, 이런 느낌을 즉각 갖게 됩니다.

오랜 역사를 가진 선진국보다는 기술 등 여러 가지면에서 어려운 점이 많은데도 불구하고 우리가 이만큼 빨리 따라 왔으니 앞으로 업계와 정부가 조금만 더 노력을 해서 우리나라 자동차 수출을 크게 발전시켜 나가야 하겠습니다.

현재로서는 선진국가가 아니라 주로 개발도상국에 많이 수출되는 것 같은데 어디를 가면 어떻습니까, 문제는 많이 팔면 되는 거지.

아마 선진국가보다 개발도상국가에 뚫고 들어가는 것이 훨씬 쉽지 않겠는가 생각됩니다.

미국과 일본의 자동차는 우리보다도 훨씬 앞서 있고 역사가 길기 때문에 우리 자동차보다 나은 점이 많겠지만 습기가 많은 지대나 고지에 가면 어떤 결함이 있다고 하는데 그런 분야를 잘 연구해서 조금만 머리를 써서 자동차의 내부장치 같은 것도 그 나라 국민들의 기호나 취미에 맞게끔 고안하여 조금만 더 특색을 나타내서 한국 자동차가 좋다는 평판을 얻게 되면 결국은 팔리는 거 아닙니까?

그리고 개발국가 같은 곳은 우리끼리 앉아서 하는 소리인데, 그런 나라는 다른 나라와 좀 달라서 그 나라 정부의 그런 분야에서 권력이 있는 사람한테 자동차 한 대쯤 선사를 하면 그 사람들이 많이 들여올 수 있는 길도 열릴 것입니다. 일부 국가에서는 그것을 뇌물이라고 시끄러워서 안 되겠지만, 개발도상국가 같은 나라는 그런 것도 할 수 있는 나라다, 그것은 크게 죄악이나 잘못이라고 생각지 않습니다. 우리나라 수출을 위해서는 그 분야에 앞으로 더 노력해 줬으면 합니다."

**제7비료공장 완공으로 연간 50만 톤 이상의 비료를 수출로 돌릴 수 있게 되었다**

1977년 8월 4일, 제7비료공장 준공식에서 대통령은 이 공장은 공업 한국의 빛나는 이정표라고 평가했다.

"오늘 우리는 식량증산과 중화학공업 발전의 또 하나의 기틀이 될 제7비료공장의 준공식을 가지게 되었습니다.

지금 우리가 바라보는 이 웅장한 공장시설은 그동안 이원엽 사장을 비롯한 임직원과 기술진, 그리고 건설역군들이 혼연일체가 되어 밤낮을 가리지 않고 일해 온 땀의 결정이라 믿고, 여러분의 노고에

남해화학 여수공장(7비) 준공, 7비에서 생산된 비료를 살펴보고 있는 박 대통령(1977. 8. 4)

대하여 충심으로 치하를 보내는 바입니다.

단일공장으로서는 세계 최대급의 규모와 세계 최신의 공정을 자랑하는 이 7비료공장은, 우리가 지난 3년 4개월 동안 약 2천억 원이라는 막대한 자금을 투입하고 고도의 기술을 총동원하여, 마침내 이룩한 공업한국의 빛나는 이정표라 해도 과언이 아닐 것입니다.

이제 제7비료공장은 연간 100만 톤의 비료와 50만 톤의 무기산을 생산하게 될 것입니다.

100만 톤이라는 물량은 북한의 연간 전체 비료생산량을 훨씬 넘는다는 사실만으로도 얼마나 많은 양인가를 짐작할 수 있습니다.

7비의 가동과 더불어 우리나라는 연간 300만 톤의 비료를 생산하게 되어, 이제는 국내수요를 충족시키고도 1년에 50만 톤 이상을 수출로 돌릴 수 있게 되었습니다.

그동안 우리가 겪어 본 세계적 자원난은 앞으로 그 어려움이 더욱 가중될 것으로 예상되고 있으며, 그중에서도 식량문제는 해가 갈수록 심각해져 가고 있는 실정입니다.

이와 같은 시점에서 우리가 만들어 낸 이 대규모 비료공장은 식량증산을 위한 비료자급체제 확립뿐 아니라, 특용작물이나 축산을 위한 사료작물의 재배와 초지개발, 산림녹화 등을 위하여도 크게 기여하게 될 것입니다.

그밖에도, 여기서 비료와 더불어 생산하게 될 암모니아 등 각종 무기산은 석유화학공업의 귀중한 기초 원자재로서, 이 지역 일대에 건설되고 있는 호남종합화학 기지의 관련산업 육성에 크게 도움을 줄 것이며, 더욱이 이 공장은 화약의 원료를 생산공급하는 국방기간 산업으로서도 중요한 역할을 하게 될 것입니다."

대통령은 이어서 이제 우리의 중화학공업은 모든 부문에서 세계 수준으로 대형화되고, 국제경쟁력을 증대하면서 괄목한 만한 고도 성장을 거듭하고 있다고 천명했다.

"돌이켜보면, 우리는 1973년 초의 중화학공업 정책선언 이후 예기치 않았던 도전과 시련을 겪어 왔습니다.

세계적인 석유파동과 국제경제의 극심한 불황 등이 바로 그것입니다.

설상가상으로 한국의 중화학공업 건설은 무모한 시도다, 시기상조다, 중단되어야 한다 등 비관적인 내외 여론도 있었습니다.

그러나 우리는 이 모든 시련과 고통을 피나는 노력과 끈질긴 인내로써 극복했을 뿐 아니라, 공업입국의 목표와 집념을 끝내 굽히지 않고 일보일보 착실한 전진을 거듭해 왔습니다.

우리는 그동안 포항종합제철의 제2기 확장공사와 현대조선소를 비롯한 수많은 중화학공업 공장을 건설했을 뿐 아니라, 여천석유화학단지와 대·중형조선소, 온산기지, 창원기지, 구미기지 등을 활기차게 건설해 가고 있습니다.

이곳 여천·광양만 일대만 하더라도 천혜의 지리 조건을 갖추고 있고, 우리는 이 일대에 세계 제일의 공업단지를 건설할 청사진을 바탕으로 작년에 이미 대단위 메탄올공장을 건설했고, 이어서 7비의 준공을 보게 된 것입니다.

이처럼, 우리 모두가 땀 흘려 노력한 보람으로 우리의 중화학공업은 모든 부문에서 세계수준으로 대형화되고, 국제경쟁력을 증대하면서 괄목한 만한 고도성장을 거듭하고 있습니다.

더욱이 지난달 네덜란드에서 열린 '국제기능올림픽 대회'에서 우리나라 젊은이들이 당당 종합 1위를 획득하여, 세계를 제패했다는 사실은 고도산업국가 건설을 위한 우리의 집념과 끈질긴 노력이 알차게 결실하고 선진국수준에 육박해 가고 있다는 것을 실증하는 것이라 확신하면서, 국민 여러분과 더불어 기쁘게 생각하는 바입니다.

앞으로 이곳에서 일하게 될 종사원 여러분은 우리나라 중화학공업의 개척자요, 공업입국의 기수라는 긍지와 자부심을 가지고, 맡은 바 직무에 더욱 분발해 주기 바랍니다.

끝으로, 이 거창한 기지조성공사와 건설공사를 목표기간 내에 성공적으로 마무리한 산업기지개발공사와 남해화학의 관계요원 및 건설역군 여러분의 노고를 다시 한 번 치하하면서, 아울러 한국종합화학과 미국 아그리코 케미컬회사, 그리고 관계공무원과 전남 도민의 노고와 협조에 대해서 감사하는 바입니다."

## 앞으로 우리 수출의 활로는 중화학공업 제품 수출에 있다

1977년 8월 25일, 무역진흥 확대회의에서 대통령은 먼저 앞으로 우리나라 수출의 활로는 중화학공업 제품, 특히 기계류 등에 치중해서 수출하는 데 있으며, 이를 위해서는 공장새마을운동을 적극 추진해야 한다는 점을 강조했다.

"최근 우리나라 수출상품에 대한 선진국가들의 수입제한 조치가 강화되고 있습니다. 이를 뚫고 나가기 위해서는 결국 품질향상과 품질관리를 잘해서 우리나라의 물건이 과거보다는 훨씬 더 품질이 향상되고 고가품이 되도록 노력하는 길밖에 없다고 생각합니다.

아울러 지금부터는 경공업 분야에서는 현재 수준에서 최대한의 노력으로 계속 밀고 나가되 중화학공업 분야에 더 많은 힘을 기울여 나가는 것이 중요합니다. 중화학제품 특히 기계류 등에 치중해서 수출을 더욱 신장시켜 나가는 가운데 활로가 보이지 않겠는가 생각됩니다.

문제는 이것을 누가 하는가 하는 것입니다. 물건을 만들어 내는 데 기계가 만들어 내느냐, 사람이 만들어 내느냐, 얼핏 외양으로만 보면 기계가 만들어 내는 것 같이 보이지만, 근본은 사람이 만들어 내는 것임을 알아야 할 것입니다.

따라서 일하는 사람들에 대한 처우를 개선하고 사기를 높여주지 않으면 좋은 물건이 나올 수 없는 것입니다.

기계는 낡으면 선진국에 최신의 우수한 기계를 사오면 되지만, 사람은 외국에서 사올 수도 없고 하루아침에 이것을 고칠 수도 없는 것입니다.

일하는 종업원들 한 사람 한 사람마다 모두 마음속에서 진정으로 우러나는 성의와 열성을 불러일으키는 것이야말로 가장 중요한 것입니다. 이를 위해서는 일하는 사람들에 대한 처우를 잘해 주고 사기를 높여 주는 길밖에 없는 것입니다. 처우라고 해서 당장 월급이나 임금을 올리는 것만이 전부는 아닙니다.

종업원들의 처우를 더 개선하고 향상시켜 줄 수 있는 여러 가지 여건들을 만든다는 것이 중요합니다. 이것이 바로 지금 우리가 추진하고 있는 공장새마을운동입니다. 이 운동을 통해 생산성을 높이고 품질관리도 잘 함으로써 공장이 잘되고 이익도 나게 되어 종업원들에 대한 처우가 그만큼 자동적으로 향상이 될 수 있도록 해야 할 것입니다.

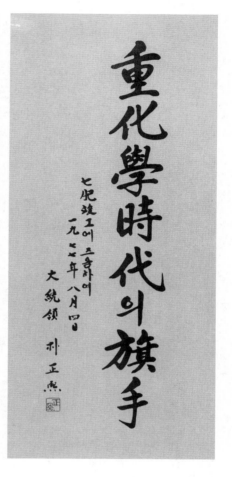

나도 직접 몇 번 나가 보았지만 지난번 서울·안양지구 수해 공장에 대하여 정부 공무원들이 지도도 하고 도와 준 것도 사실이지만 그보다는 각 공장의 기업주들과 종업원들 간에 인간관계가 평소에 잘되어 있었기 때문에 그렇게 빨리 복구된 것이라고 믿어집니다. 그 어려운 가운데서도 공장을 우선 살려야겠다, 기계를 빨리 보수하고 손질해서 공장이 가동되도록 해야겠다는 데 한마음이 되어 노력을 했다는 것은 공장새마을운동의 정신이 잘 침투된 결과라고 생각되는 것입니다. 다시 말하거니와 정부가 아무리 돈을 지원해 주어도 그런 인간관계가 있지 않으면 이렇게 빨리 복구될 수가 없었을 것

입니다."

## 100억 달러 수출은 자립경제 달성을 위한 또 하나의 출발점이다

1977년 12월 22일, 100억 달러 수출의 날에 대통령은 먼저 우리
가 이룩한 100억 달러 수출은 물량의 크기에서뿐만 아니라 우리 민
족의 무한한 저력과 가능성을 과시했다는 점에서 더 큰 의의와 보
람이 있다는 점을 강조했다.

"친애하는 국민 여러분!

전국의 기업인과 근로자 여러분!

드디어 우리는 수출 100억 달러를 돌파했습니다.

오늘 우리는 그 기쁨을 함께 나누고자 이 자리에 모였습니다.

민족중흥의 창업도정에 획기적 이정표가 될 자랑스러운 이 금자
탑을 쌓아올리기 위하여, 그동안 우리는 한 덩어리가 되어 일하고
또 일해 왔습니다.

자주·자립을 향한 우리 겨레의 집념은 그 어떤 시련도, 도전도
물리친 것입니다.

그동안 불철주야 헌신해 온 전국의 기업인과 산업역군, 그리고 수
출 유관기관 임직원과 특히 오늘 수상의 영예를 차지한 기업체와
수출유공자 여러분의 노고에 대하여, 나는 충심으로 치하와 격려를
보내는 바입니다.

국민 여러분!

돌이켜보면 제1차 경제개발 5개년계획이 시작되었던 1962년만 하
더라도 우리나라의 수출실적은 겨우 5천여만 달러의 미미한 것이었으
며, 그나마도 대부분이 농수산물과 광산물 등 1차산품이었습니다.

그로부터 불과 15년이 지난 오늘, 이제는 단일업체가 6억 달러
수출을 하게 되었는가 하면, 1억 달러 이상을 수출한 업체만도 17개사

수출 100억 달러 돌파, 1억 달러 달성한 지 13년 만에 1977년도 최다액 수출업체 현대조선중공업의 정희영 사장에게 60억 달러 수출탑을 수여하고 있는 박 대통령(1977. 12. 22)

가 넘는 등, 엄청난 기록들을 세웠습니다.

그리하여 우리는 당초 목표를 4년이나 앞당겨 100억 달러 수출을 무난히 실현하였습니다.

이는 우리가 일찍이 '수출입국'의 목표 아래 굳게 뭉쳐서 국력배양에 노력해 온 성과입니다.

세계경제대국의 하나로 불리고 있는 서독이 수출 10억 달러에서 100억 달러에 이르는 데 11년이 걸렸으며, 일본도 1951년에 10억 달러였던 그들의 수출고를 100억 달러로 끌어올리는 데 16년이란 세월이 걸린 데 비하여 우리나라는 1970년부터 7년이 걸렸을 뿐입니다.

이웃나라 일본은 국토의 면적과 인구가 우리보다 클 뿐 아니라,

세계경제의 호경기 등 유리한 여건 속에서 100억 달러를 이룩했던 것입니다.

우리는 분단된 국토에서 호전적 침략주의자들과 대치하면서, 세계적 자원난과 경제불황 등 갖가지 역경을 극복하고 이와 같은 성과를 올린 것입니다.

그렇기 때문에, 우리가 이룩한 이 100억 달러 수출은 비단 물량의 크기에서뿐 아니라, 겨레의 무한한 저력과 가능성을 과시했다는 점에서 더 큰 의의와 보람이 있다고 믿습니다.

지금까지 네 차례의 경제개발 5개년계획을 성공적으로 추진해 오는 과정에서, 이제 우리의 중화학공업은 선진국 수준으로 착실히 확충되어 가고 있으며, 우리가 만든 상품들은 5대양 6대주로 뻗어나가 세계 도처에서 국위를 떨치고 있습니다.

중동지역을 비롯하여 동남아와 아프리카 등 세계 여러 나라에 진출한 우리 건설역군과 원양어업 종사원들은, 현지의 익숙하지 못한 기후조건 속에서도 구슬땀을 흘리며 우리 겨레의 기상을 세계 속에 심고 있습니다.

전국 고속도로망의 건설과 치산치수에 역점을 둔 국토개발계획의 진척 등으로, 이제 해마다 대풍의 수확을 거두고 있으며, 도시와 농촌은 1일 생활권을 형성하면서 고루 살기 좋은 나라로 하루가 다르게 변모해 가고 있습니다.

근면·자조·협동의 새마을정신은 우리 국민생활 속에 뿌리를 내렸으며, 온 국민의 가슴 속에 넘치는 '하면 된다'는 자신감이야말로 새 역사 창조의 막강한 추진력이 되고 있습니다.

지난 10여 년 동안 우리 온 국민이 힘 모아 키워 온 국력은 이처럼 물질면에 있어서나 정신면에 있어서나 커다란 변화로 나타나고 있습니다."

장충체육관에서 열린 100억 달러 수출기념식에서 환호에 답하는 박 대통령(1977. 12. 22)

대통령은 이어서 오늘의 100억 달러 수출은 자립경제 달성을 위한 '수출한국'의 또 하나의 출발점이라는 것을 우리 모두가 명심해야 한다는 점을 강조했다.

"그러나 민족중흥을 이룩하려는 우리 앞에는 아직도 많은 과제와 시련이 가로놓여 있습니다.

비록, 지금 우리가 100억 달러 수출의 자랑스러운 고비를 넘어섰다 할지라도, 오늘의 이 시점은 자립경제를 달성하기 위한 '수출한국'의 또 하나의 출발점이라는 것을 우리 모두가 명심해야 하겠습니다.

이렇다 할 부존자원이 없는 우리 형편으로 볼 때, 여전히 계속되고 있는 세계적 자원난이라든가, 과거와는 달리 우리나라를 새로운 수출경쟁국으로 의식하면서 보호무역의 장벽을 쌓고 있는 세계경제의 현황 등에 비추어 볼 때 우리는 새로운 결의와 분발을 다짐하지 않을 수 없습니다.

우리는 전진의 발걸음을 잠시도 늦추지 말고 남보다 더 머리를 쓰고 더 부지런하게 노력해 나가야만 합니다.

우리는 어떤 일이 있더라도 80년대에는 고도산업사회를 건설함으로써 조국의 평화적 통일과 민족중흥의 발판을 반석같이 다져 놓아야 합니다.

이 목표를 차질 없이 달성하기 위해서는 무엇보다도 우리 산업의 국제경쟁력을 더욱 강화하는 일이 급선무이며, 그러기 위해서는 우리나라 산업구조를 중화학공업 위주로 과감히 개편하고 기술혁신을 촉진해야만 합니다.

이제 우리는 기술의 대외의존도를 차차 줄여 나가면서, 독자적 기술개발에 주력하여 수출상품의 다양화와 품질의 고급화, 그리고 기술집약적인 두뇌 산업 육성에 총력을 기울여 나가야 합니다.

또, 이에 못지않게 중요한 것은, 생산과 건설에 종사하는 모든 사람들이 국가발전의 제일선에서 헌신하고 있다는 드높은 긍지와 자부심을 견지하고 맡은 바 직분에서 더욱 창의를 발휘하고 최선을 다하는 일입니다.

기업인은 국가와 사회의 발전에 이바지하는 공기가 바로 기업임을 명심하고, 기업활동에서 얻은 이윤은 다시 국가사회 발전에 되돌린다는 투철한 기업윤리를 생활신조로 삼아야 하며, 종업원의 처우 개선과 복지향상에 더 많은 관심과 노력을 기울여 나가야 할 것입니다.

모든 기업인과 종업원이 서로 돕고 아끼며 가족과 같은 따뜻한 분위기 속에서 일체감을 북돋아 나가는 일이야말로 우리나라 공장 새마을운동의 정신이며, 또한 우리의 수출산업이 난관을 뚫고 국제무대로 끝없이 뻗어나갈 수 있는 힘의 원천이라고 확신합니다.

국민 여러분도 생활에 다소 여유가 생겼다 해서 행여 무절제하고 낭비하는 생활, 안일하고 나태한 생활에 흐르는 일이 있어서는 안 될 것입니다.

근면, 성실하고 검소, 절약하는 강건한 기풍을 국민생활의 미덕으로 삼아 나가는 데 변함이 없어야 하겠습니다.

친애하는 국민여러분!

오늘 이 국민적 경축식전에서 나는 그동안 우리 국민 여러분이 허리띠를 졸라매고 오직 부강한 조국을 건설하겠다는 일념으로, 묵묵히 땀 흘리며 매진해 온 지난 일들을 회상하면서 가슴 벅찬 감회를 누를 길이 없습니다.

이 기쁨과 보람은 결코 기적이 아니요, 모두가 국민 여러분의 고귀한 땀과 불굴의 집념이 낳은 값진 소산입니다.

기나긴 민족사의 소중한 한 시대를 일하고, 또 일하면서 살아 온 우리 세대의 땀에 젖은 발자취는 자손만대에 길이 빛날 것입니다.

끝으로, 그동안 일신의 안락을 돌보지 않고 증산에 힘써 온 모든 근로역군, 기술인, 기업인들과 중동지역을 비롯하여 멀리 해외에서 활약하고 있는 건설역군, 의료진, 원양어업 종사원, 그리고 수출 일선에서 일해 온 모든 기업체 및 관계기관 임직원과 공무원 여러분의 헌신적 노고를 나는 다시 한 번 위로하며 높이 치하하는 바입니다.

우리 모두 오늘의 이 기쁨과 보람을 민족웅비의 도약대로 삼아 줄기찬 전진을 계속합시다."

## 100억 달러 수출을 새로운 출발점으로 삼아 힘차게 전진해 나가야 한다

대통령은 12월 22일에 쓴 일기에서 100억 달러 수출을 새로운 출발점으로 삼아 새로운 각오와 의욕과 자신을 가지고 힘차게 전진해 나갈 것을 다짐했다.

'음력 11월 12일 동지, 백억 달러 수출의 날. 100억 달러 수출목표 달성 기념행사 거행. 오전 10시 장충체육관에서 각계인사 7천여 명이 참석, 성대한 행사를 거행하였다.

1962년 제1차 경제개발 계획을 출범하던 해 연간수출액이 5천여만 달러이었다. 그 후 64년 11월 말에 1억 달러가 달성되었다고 거국적인 축제가 있었고 11월 30일을 수출의 날로 정했다. 1970년에는 10억 달러, 7년 후인 금년에 드디어 100억 달러 목표를 달성했다. 그동안 정부와 우리 국민들의 피땀어린 노력과 의지의 결정이요 승리다. 서독은 1961년에, 일본과 프랑스는 1967년에, 네덜란드는 1970년에 100억 달러를 돌파했다고 한다. 그러나 10억 달러에서 100억 달러가 되는데 서독은 11년, 일본은 16년(1961∼1967)이 걸렸다.

우리 한국은 불과 7년이 걸렸다. 모든 여건이 우리가 더 불리한 여건 속에 이룩한 성과라는 데서 우리는 크게 자부를 느낀다.

1981년에 가면 200억 달러를 훨씬 넘을 것이다. 1986년경에 가면 500억∼600억 달러가 될 것이다. 우리 민족의 무서운 저력이 이제야 폭발적으로 발산될 때가 왔다. 더욱 허리띠를 졸라매고 분발해야 한다. 오늘 이날은 우리 한국경제 사상 길이 기록될 역사적인 날이 될 것이다. 뿐만 아니라 민족중흥의 역사적 과업수행에 있어서도 길이 부각될 이정표가 될 것이 틀림없을 것이다.

自立意志의 勝利

輸出百億弗達成을 記念하여

一九七七年 十二月 日

大統領 朴正熙

　100억 달러, 이것을 이제 우리의 새로운 출발점으로 삼아, 새로운 각오와 의욕과 자신을 가지고 힘차게 새 전진을 굳게 다짐하자.'

## 세계 석유위기의 광풍 속에서 100억 달러 수출을 해냈다

　1973년 이른바 중동전쟁 때 아랍의 석유산유국들이 석유금수 조치를 취하자 산유국을 제외한 전세계의 모든 국가들은 미증유의 경제적, 정치적, 사회적 위기에 빠져들었다.

　73년 10월 16일, 중동의 6개 석유수출국가들은 석유소비국가들과는 아무런 협의도 없이 일방적으로 석유가격을 70%나 인상하였다. 즉, 배럴당 3.01달러 하던 것을 5.12달러로 유례 없는 인상조치를 취했다.

　다음날인 10월 17일 석유수출기구(OPEC)의 아랍국가들은 쿠웨이트에서 만나 그들의 석유생산량을 50%나 감산하고, 이스라엘이 아랍점령 지역에서 철수할 때까지 매월 추가로 5% 감산하기로 합의하였다.

　10월 18일, 사우디아라비아는 아랍국가들의 요구가 관철될 때까지 석유생산을 10% 감산하겠다고 선언했다.

12월 22일과 23일 양일 간 이란의 수도 테헤란에서 회동한 석유수출국기구 국가 각료들은 석유가격을 배럴당 5.12달러에서 11.65달러로 인상했다. 그리하여 석유가격은 두 달 사이에 387%나 급등했다.

석유가격 급등의 영향은 참으로 충격적인 것이었다.

미국, 캐나다, 유럽 국가와 일본의 석유수입 지출액은 1년에 400억 달러나 늘어났으며, 그 결과 이들 국가들의 국제수지, 경제성장, 고용, 물가안정 등은 치명적인 타격을 입게 되었다.

달러가 폭락하고 선진산업 국가들은 금융긴축 정책과 무역보호주의 정책을 채택했다. 경제성장을 지탱하는 저축의 주요 담당자였고, 또 정치적 안정의 기반을 이루고 있던 중산층들이 몰락했다.

국가마다 사회적 갈등과 혼란이 일어나고, 국가들 간에도 긴장이 고조되었다. 대학을 나온 젊은 청년들이 경제적 위기 때문에 직장을 얻지 못하고 수십만 명의 근로자들이 직장을 잃어 실업군중이 길거리를 방황했다.

70년대 중반과 후반기에 영국, 이탈리아, 스페인, 포르투갈, 프랑스, 서독 등 대부분의 유럽국가들에서 사회적 갈등으로 인한 폭력이 증대했고 정치상황은 병적 증상을 보였다.

관용과 예절의 나라라는 평판을 듣는 영국에 있어서 퇴역 장군들이 질서를 잡기 위해 개인 군대를 결성하기 시작하고, 파시즘의 부활인 극우단체 '국민전선(The National Front)'은 대략 90개의 선거구에서 국회의원 후보자를 내세웠다. 파시스트와 좌익이 런던 가두에서 하마터면 대난투를 벌일 뻔하였다. 이탈리아의 좌익계 파시스트 '붉은 여단(The Red Brigade)'은 처음에는 다리 사격 전술만 전개하다가 이윽고 유괴, 암살로 고조시켜 갔다. 폴란드에서는 정부가 인플레이션에 맞추어 식료품 가격을 인상하려다가 하마터면 혁명이 일어날 뻔했다. 서독에서는 테러리스트에 의한 잇단 살인에 신경이

날카로워진 당국이 반대파를 억누르기 위해 일련의 매카시적인 법안을 통과시켰다.

남미대륙의 민주정권들은 군사쿠데타에 의해 차례로 전복되어 갔고, 소련, 쿠바, 베트남에서 사우디아라비아, 이란, 남아프리카에 이르기까지 비민주적 정권이 들어섰다.

산유국들의 석유가격 인상은 개발도상국가들에게도 엄청난 부담을 안겨 주었으며, 그 부담은 개발도상국가들이 선진국가들로부터 받아온 경제원조 총액보다 훨씬 큰 것이었기 때문에, 선진국의 원조로 절망적인 상황을 극복해 보려던 개발도상국가들의 상황은 더욱더 절망적인 것으로 악화되었다. 그 당시 대부분의 개발도상국가들은 산업발전과 농업개발을 위해서 수입석유에 전적으로 의존하고 있었고, 세계무역과 투자확대와 개발자금 원조에 의존하고 있었다. 따라서 개발도상국가들의 경제발전에 대한 희망은 석유가격의 폭등 속에 매몰되고 말았다.

그들은 외채가 크게 늘어나 새로운 암흑시대로 빠져들었고 그들의 재정적 파산은 그들에게 수십 년 동안 자금을 대여해 주었던 선진국가들의 금융체제를 붕괴시킬지도 모른다는 불안과 공포감을 확산시켰다.

중동산유국들이 석유자원을 무기화함으로써 빚어진 석유파동은 1973~4년 사이에 석유가격을 400%나 상승시켰으며, 이것은 생산과정에 있어서의 가격상승을 유발하여, 전세계적으로 인플레이션을 증가시켰다. 이렇게 되자 선진공업국들은 인플레 억제를 위해서 긴축재정 금융정책과 유효수요 억제정책을 실시했는데, 이러한 긴축정책은 그 본래의 목표와는 달리 이른바 '불황 속의 인플레'라는 경제침체를 가져왔다. 선진국의 경제침체와 세계적인 경제 후퇴는 크게 두 가지 면에서 우리 경제에 커다란 타격을 주었다.

첫째, 국제수출시장에서 우리나라 제품에 대한 수요를 감소시켰으며, 동시에 우리나라의 수입품의 가격을 앙등시켜 우리나라의 국제수지를 악화시켰다. 국제수지가 악화되고 수입능력이 감소되어 해외 의존적인 우리 경제의 성장은 둔화될 수밖에 없었다.

수출의 감소는 국민소득의 감소를 가져올 뿐 아니라, 노동집약적 산업에서의 고용을 감소시키는 작용을 했다.

둘째, 선진국들의 국제수지 역조가 격심하여 그들의 자본수출 능력이 줄어들어 우리나라는 우리가 필요로 하는 외자의 도입이 곤란하게 되었다.

따라서 선진국의 경제침체가 계속된다면 외자도입과 수출증대를 경제발전의 동력으로 삼고 있는 우리나라의 경제발전 전략이 위협받게 될 것은 분명했다.

즉, 선진국으로부터 자본을 얼마든지 도입할 수 있었고, 원료의 가격도 매우 저렴하여 외자도입을 통한 공업화로 급속한 경제발전을 이룩해 온 우리나라는 더 이상 경제성장을 지속하기 어려운 위기에 직면하게 된 것이다.

하루가 다르게 치솟는 석유가격 때문에 우리나라의 보유외환이 고갈될 위기에까지 몰렸다.

외환뿐만 아니라 물가불안도 심각했다. 유가상승분이 물가에 그대로 전가되었기 때문에 물가도 하루가 다르게 올랐다. 설상가상으로 농산물의 국제가격도 폭등하여 이로 인해 국내 물가가 갑자기 뛰어오르는 시련도 닥쳤다.

정부는 73년 하반기의 석유파동 이래 대외 여건변동에 되도록 기민하고 효과적으로 대처하기 위해 경제의 안정기반을 공고히 구축하고, 국민생활의 안정을 도모해 왔다. 이와 같은 시책은 국민생활에 대한 충격을 되도록 완화해 가면서 그동안 지속해 온 성장추세가 급속히 저하되는 것을 방지하려는 것이었다.

그리하여 그 무렵 주요 국가들이 마이너스 성장, 또는 극히 낮은 성장을 보이고 있는 가운데에서도 우리는 74년에 8.6%의 성장률을 이룩한 데 이어 75년에도 7% 수준의 성장을 유지할 것을 기대되고 있었다.

그러나 자원가격 상승의 종국적인 부담이 우리와 같은 자원이 부족한 개발도상국에게 전가되고 있는 경향마저 있고, 선진국은 선진국대로 그들의 수출가격을 인상시키고 있었으며, 또 석유수출국기구가 국제원유가를 또다시 10% 인상키로 결정한 것과 같이 자원보유국은 그들대로 세계적 인플레의 부담을 전가시키고 있는 실정이었다. 그 결과 우리의 교역조건이 계속 악화되고 있어 물가와 국제수지면의 불안정 요인은 쉽사리 해결되기 어렵게 되었다. 그래서 정부는 75년도의 경제시책의 중점을 물가안정과 국제수지의 개선을 통하여 안정기반을 재정비 강화하고, 착실한 성장추세를 지속시키는 데 두었다. 유류파동 이후 많은 나라들은 성장을 희생시키면서 국제수지와 물가의 안정에 우선을 두어 왔었으나, 우리는 국민생활의 안정을 위하여 국제수지와 성장의 조화를 추구했다.

75년에 우리는 해외수요의 회복 기회를 현명하게 포착활용하는 한편, 수입수요를 적절히 조절하여 국제수지를 개선해 나가기로 했다. 다행히도 우리의 주요수출 대상국의 경기가 75년 하반기부터 회복될 징후가 나타나기 시작했다.

한편, 수입절약을 위해 국산원자재의 개발과 중간재의 수입대체를 촉진하고, 아울러 산업정책면에서도 부존자원 활용과 에너지절약적 산업부분에 대한 투자에 우선순위를 두었다.

특히, 외화를 확보하기 위해 10억 달러 수입절감 정책을 추진하였으며, 각 부처를 독려하여 수입을 최대한으로 줄이도록 했다. 또 국제금융 관계자들을 해외로 보내 차관을 교섭하도록 했다. 또 물가를 안정시키기 위해서 가격고시제를 실시하고, 공정거래법을 제정하여 독점산업을 규제했으며, 범국민적인 에너지절약 운동을 대대적으로 전개했다.

대통령은 중동분쟁의 성격과 국제정치의 유동성을 심사숙고하여, 유류파동이 일시적 현상이 아니라 계속적으로 일어나 기름값은 몇 배로 뛸 것이며, 따라서 그러한 사태에 대응할 수 있는 장기적인 대책을 수립하지 않으면 경제건설과 국가안보에 중대한 차질이 생길 것으로 예측했다.

대통령은 현재와 미래의 차원에 걸쳐 사태의 인과관계를 분석평가하여 지금 현재 문제상황으로 판단된 사태가 장차 어떻게 진전될 것인가를 염두에 두고 그 대응책을 마련하도록 하라고 행정 각 부처에 지시했다.

국가의 정책을 추진하는 과정에서 예기치 않았던 사태나 난관이 돌출하여 앞길이 보이지 않아 국민들이 동요하고 불안해할 때 그러한 난관을 돌파할 수 있는 대책을 마련하여 국민들이 용기와 자신감을 가지고 분발할 수 있도록 지도해 나가는 것이 정부의 책임이요 임무라는 것을 명심해야 한다는 것이다.

대통령은 나라를 부유하게 만드는 것은 금이나 석유와 같은 자연자원이 아니라 그 국민의 생산적 노력에 의해 창출되는 생산물이라는 것을 강조했다. 우리는 무엇을 생산해낼 수 있을 때 그것을 관리할 수 있다. 부의 창조와 관리는 과정상의 한 부분이다. 지금 중동 산유국들은 그러한 과정을 겪어본 적이 없다. 그들의 부는 땅 밑에서 나왔다. 그들은 인간의 노력이 없는 결과를 갖고 있는 것이다. 그것은 참다운 부라고 할 수 없다. 진정한 부란 불모의 땅에서 인간들이 피땀어린 노력으로 창조하고 생산하고 건설한 것을 의미한다.

4백 년 전 스페인은 남미식민지 광산에서 생산된 대량의 은으로 돈의 홍수를 겪었던 부자였다. 그러나 스페인은 부를 축적하는 데 실패하고 보다 가난했던 유럽의 다른 나라들이 산업의 개가(凱歌)를 올리고 있는 동안 지난날의 암울했던 상태로 후퇴해 버렸다. 그것은 스페인이 그 막대한 부를 생산적인 자본으로 전환시켜 이윤이 발생하는 재화의 생산을 지속적으로 유지해 나가는 힘든 노력과 작업을 소홀히 했기 때문이었다는 것이다.

한 나라가 진정한 부국이 되려면 현재의 부를 미래에 수확을 거둘 수 있는 국내자본재로 전환하여야 한다. 물질적인 자원은 다른 자원과 결합되어 이윤을 낼 수 있을 때 지속적인 부가 축적되는 것이다. 다시 말해 한 나라의 부가 생산업체, 항만시설, 도로, 학교, 기술인력 등 재생산적인 자본으로 흘러들어가야만 그 나라의 경제성장이 지속될 수 있고 국부가 늘어날 수 있다는 것이다.

따라서 오늘날처럼 여러 가지 면에서 어려운 때일수록 정부와 기업과 모든 국민은 일치단결해 소비를 절약하고 저축을 증대하여 한 가지라도 더 생산하고 건설하고 수출하는 데 전심전력을 다해야 한다는 것이다.

그래서 정부는 정부대로, 물가상승을 어느 정도 감수하면서도, 기업의 생산과 수출활동에 대한 모든 지원을 아끼지 않았고, 기업은 기업대로 원가고의 어려운 여건 아래서 활발한 생산활동을 계속했으며, 우리의 기술자와 근로자들은 생산성향상과 상품의 품질향상을 위해 더욱 분발함으로써, 마침내 우리는 불경기에 허덕이는 선진국 시장을 뚫고 들어가 수출을 증대시키는 데 성공했다.

그리하여 세계무역량이 현저하게 줄어들었던 1974년도와 1975년도에도 우리나라의 수출신장률은 연 30%선을 유지했다.

많은 선진국들이 국제수지의 악화를 막기 위하여 재정금융의 긴축을 강화함으로써, 국제통화의 위기가 한층 심화되었고, 그 결과 그들의 경계가 오히려 답보상태를 면하지 못하고 세계무역 자체를 둔화시켰던 그 위기를 극복하여 우리의 수출을 신장시켜 나갔던 것이다.

우리가 세계적인 경제위기를 극복하고 수출을 계속 신장시켜 나갈 수 있었던 비결은 무엇인가? 그것은 바로 우리나라 건설업체들의 중동 산유국 진출이었다.

그것은 위기를 보다 큰 발전을 위한 기회로 전환시킨 대통령의 통찰력과 신속 과감한 결단에 의해 이루어진 것이다.

즉, 우리나라 건설업체들이 중동진출에 성공할 수 있었던 결정적 계기를 마련한 것은 대통령이었다. 산유국들이 석유값을 대폭 인상하자 대통령은 당시 최규하 특별보좌관을 중동에 파견하여 산유국에서 석유를 직접 사 올 수 있는지 또는 산유국의 오일달러를 한국에 들여올 수 있는지를 조사해 오도록 하였는데, 그때 최규하 특별보좌관은 한국건설업의 중동진출이 가능하다고 보고하였다.

그 후 대통령은 상공부 장관 등을 현지조사차 중동지역에 몇 차례 파견하였고, 그 지역 국가들의 사회간접자본 건설에 한국의 건설업체들이 진출할 수 있다는 보고를 받자, 중동진출을 본격적으로 추진할 것을 국무총리에게 지시하였다.

정부는 국무총리, 외무부 장관, 경제부처 장관들로 '중동경제 협력위원회'를 설치하고 그 밑에 관계부처 차관으로 '실무위원회'를 두었으며, 이 실무위원회는 매주 수요일에 회합을 가지고 대중동 건설 및 수출을 추진했다.

그리고 관계부처에서는 중동진출을 담당할 특별전담반을 두었고,

**사우디 주베일 항만공사 수주** 현대건설이 단일공사로는 세계 최대 신항 공사를 수주했다(1976. 2. 16).

중동주재 한국대사관에서는 상무관, 건설관, 노무관, 경제협력관들로 구성된 전담반을 두어 효율적인 중동진출 방안을 수립하였다.

정부는 또한 1975년 11월 중동문제연구소를 설립하여 중동지역에 관한 모든 정보를 제공하도록 했고, 무역협회에 중동서비스센터를 설치하여 대중동 인력 및 상품수출을 촉진하도록 하였다.

이러한 정부의 노력에 건설업체들이 적극 호응함으로써 한국건설업체들의 중동진출은 성공했던 것이다.

우리나라 건설업체들은 경부고속도로를 건설하면서 많은 경험을 쌓았고 기술을 개발했으며, 그러한 경험을 바탕으로 월남과 동남아지역에 진출하기 시작했는데, 생각지도 않았던 오일달러 보유국인 중동국가에 진출하게 된 것이다.

건설업의 중동진출은 1973년 12월 사우디아라비아와 2400만 달러

짜리 고속도로건설 계약을 체결한 것을 시작으로 1976년에는 일본의 계약고 10억 달러를 훨씬 넘는 24억 달러의 수주실적을 올렸고, 1977년에는 35억 달러의 수주실적을 올렸다.

사우디의 항만건설, 해군기지건설, 바레인의 조선소건설, 이란의 주택건설 그리고 다른 중동국가들의 각종 건설 현장에서 일한 한국 근로자들은 약 7만 명에 달했고, 이들이 본국에 보내는 송금액은 연간 20억 내지 30억 달러에 이르렀다. 이것은 우리나라가 사우디아라비아와 쿠웨이트 등 중동산유국에서 수입하는 원유대금을 지불하는 데 큰 도움이 되었다.

특히 중동지역의 각종 건설사업에 진출한 우리 근로자는 그 절정기인 78년에는 14만 명이 넘었고, 75년부터 79년까지 중동특수로 획득한 외화는 200억 달러가 넘었다. 그것은 같은 기간 우리나라 총수출액의 40%에 해당하는 막대한 자금이었다.

우리 건설업체들이 이처럼 중동진출에 성공을 거둘 수 있었던 것은 그들이 한국의 경제건설 과정에서 축적한 기술과 경험이 외국과의 경쟁에서 앞섰기 때문이었다.

1960년대에서 1970년대 초에 이르는 10여 년 동안 우리 경제가 고도성장을 지속하는 데 있어서는 수출지향 공업화에 의한 상품수출의 증대가 결정적으로 기여해 왔다.

그러나 1973년 이후 두 차례의 석유위기가 닥쳐왔을 때, 수입원유에 대한 비탄력적인 높은 의존도를 갖고 있던 우리 경제는 엄청난 충격을 받았고, 이 석유위기의 충격에서 우리 경제를 구출하고 지속적인 고도성장을 가능하게 한 것이 바로 중동지역에 대한 건설수출이었다.

산유국에 대한 건설수출의 경이적인 증대는 공업제품의 수출증대와 함께 70년대 중반 이후 우리 경제의 고도성장을 이끌어 온 원동력이 되었다.

결국 1973년 세계적인 경제위기와 앞으로 닥칠 상황을 올바로 판단하고 위기를 기회로 역전시킨 대통령의 통찰력과 결단에 따라 정부와 기업인과 온 국민들이 일치단결하여 남다른 노력을 기울인 보람으로 우리나라는 미국·일본·영국이 74년 실질 GNP성장률에 있어서 마이너스를 기록할 때 성장률 8.7%를 기록하였으며, 수출은 전년대비 38.3%가 증가했다. 그리하여 3차 5개년계획 기간인 1972년부터 1976년까지 연평균 성장률은 11%에 달했고 1977년에는 보호무역주의의 장벽을 뚫고 수출 100억 달러를 달성했다.

그러나 우리나라가 세계적인 석유파동으로 인한 경제위기를 극복하고 100억 달러 수출목표를 달성하는 데 있어서 건설업체들의 중동산유국 진출이 가져온 성과는 한시적인 것이었고, 가장 결정적인 동력은 바로 대통령이 만난을 무릅쓰고 강력히 추진한 중화학공업 제품의 수출증대였다.

1977년 12월 22일 우리나라가 드디어 수출 100억 달러를 돌파한 이날 광화문네거리의 대형 아치에는 '100억 달러 수출의 날' 표지판이 붙었고 12월 23일자 일간 신문들은 이 사실을 대서특필하고 대대적인 특집기사를 실었다. 온 나라가 흥분과 환희에 휩싸여 있었다. 64년 1억 달러 수출목표를 달성한지 6년 만인 70년 말에 10억 달러를 달성했고, 10억 달러를 달성한지 7년 만에 100억 달러를 달성한 것이다.

1973년 대통령이 중화학공업 선언을 하고 전 국민의 과학화운동을 제창하면서 1981년에 수출 100억 달러, 국민소득 1,000달러 목표를 달성하기 위해 분발하자고 호소했을 때만 해도 일부 경제전문가들은 그것이 전혀 실현 가능성이 없는 일이라고 일축했다. 야당은 그것이 10월유신 개혁을 합리화하기 위한 허황된 선전구호라고 비난했다. 그러나 100억 달러 수출과 1,000달러 국민소득은 정부의 계획년도보다도 4년이나 앞당겨 달성된 것이다. 그것도 1973년의 세계적인 에너지위기와 보호무역주의의 거센 풍랑 속에서 이루어진 것이다. 이 엄청난 성과가 어떻게 가능하게 되었는가? 그것은 말할 것도 없이 철강, 석유화학, 조선, 금속, 기계 등 중화학공업 제품이 우리나라 수출의 주력 제품으로 자리 잡기 시작하면서 수출액수와 품목면에서 질적인 변화가 일어났기 때문에 가능하게 된 것이다. 그 당시, 우리나라는 제3차 경제개발 5개년계획에 착수하여 전자, 조선, 자동차, 기계, 철강, 석유화학 등 중화학공업을 건설하여 이를 수출산업으로 육성하고 있었다. 대통령은 이 사업은 어떠한 난관이 있더라도 반드시 완성시켜야 한다는 신념을 굽히지 않고 건설과 수출에 더욱 박차를 가했다.

1970년대는 우리에게 여러 가지 시련이 겹쳐서 일어난 어려운 시기였다. 북괴의 계속적인 도발과 주한미군의 철수, 월남의 공산화 등 안보면에서 중대한 위기의 시기였고, 이른바 오일쇼크와 미국 등 선진국들의 보호 무역정책으로 세계적인 경제침체가 장기화된 시기였다.

이러한 위기와 시련이 닥칠 때마다, 경제부처 공무원들과 기업들은 '수출의 한계에 도달했다', '수출의 더 이상의 증대는 불가능하다'는 등 비관적이고 소극적인 태도를 보였다. 이러한 공무원들과 기업인들을 대통령은 '심약하고 의욕이 없다'고 힐책하기도 하고, '하면 된다', '할 수 있다'는 신념과 자신감을 가지고 좀 더 노력하라고 분발을 촉구했다. 우리가 1억 달러 수출을 돌파했을 때, 처음부터 그것이 가능하다고 해서 했는가. 그때도 어렵다, 안 된다는 사람들이 많이 있었지만 관계공무원과 기업들, 근로자들이 피땀 흘려 전세계를 누비면서 달성한 것 아닌가?

10억 달러 수출 때도 그랬고, 50억 달러, 80억 달러를 돌파할 때도 또한 그랬다. 지금 100억 달러 수출목표를 앞에 놓고 또 여건이 어렵다는 말이 수출관계공무원과 기업인들의 입에서 나오고 있는데 그래서는 안 된다. 여건이 어렵다고 포기하면 아무것도 성취할 수 없다. 공무원들은 더욱 더 분발하고 기업인들은 정부가 최대한 지원해 줄 터이니 수출확대에 최선을 다해야 되겠다는 것이다. 대통령의 이러한 독려와 지원에 따라 기업인들은 계속 뛰기 시작했고, 공무원들이 이들을 뒷받침함으로써, 수출과 국민소득의 계획목표가 4년 앞당겨 달성된 것이다.

우리의 수출에 대한 또 다른 도전은 급속한 수출신장에 수반된 부작용이었다.

제1차, 제2차 경제개발 5개년계획이 성공적으로 마무리되면서 우리 경제는 고도성장을 지속했고, 수출은 급속도로 증대했으나, 여기에는 부작용도 수반되었다.

외자기업의 부실, 물자상승, 경상수지 적자 확대, 금리상승 등 경제 전반에 어려움이 나타났다. 이 때문에 일부 학자들은 수출지향 공업화를 위한 자원배분에 문제가 있다고 비판했고, 수출에 밀려 소외된 농업, 내수산업, 서비스산업 부문에서는 불만을 토로했다.

그러나 대통령은 그러한 비판과 불만에도 불구하고 수출지향 공업화를 일관되고 강력하게 밀고 나갔다.

외자기업의 부실문제와 고금리에 따른 기업의 경쟁력약화 문제는 72년에 8·3조치를 단행하여 기업을 구제하고 국제경쟁력을 회복시켰다.

우리가 제4차 5개년계획의 목표였던 100억 달러 수출을 4년이나 앞당겨 1977년에 달성할 수 있었던 것은 어떠한 시련이 닥쳐도 수출 제일주의 정책을 일관되게 추진해 온 대통령의 지도력과 열정의 결과였다.

우리나라의 경제발전 역사에 길이 남을 100억 달러 수출달성 기념행사를 대통령이 직접 주관하던 날 상공부 등 수출업무를 주도했던 경제 부처 실무자들은 한 목소리로 이런 말을 했다. "우리들이 수출신장은 더 이상 불가능하다, 수출은 이제 한계에 도달했다고 보고할 때마다 우리들의 그러한 안이한 태도를 나무라고 지난날보다 더 열심히 전세계를 뛰어다니라고 독려한 대통령의 강력한 지도력과 추진력이 없었다면 100억 달러 수출은 불가능했을 것이다."

필요가 경제개발 계획 탄생의 어머니였다면 수출은 경제성장의 모유였다고 할 수 있다. 우리나라 경제개발의 두드러진 특징은 수출지향 공업화에 의해 장기간 지속된 경제의 압축성장과 그 속도에 있었다. 그것은 대통령의 강력한 지도력과 추진력에 의해 이루어진 것이다. 즉 1960년대와 1970년대의 기간에 이루어진 경제개발의 성과는 대통령이 정치안정의 바탕 위에서 주도면밀하고 지속적으로 밀고나간 중화학공업 건설과 수출지향 공업화의 산물이었던 것이다.

미국의 주간지 '뉴스위크'지는 1977년 6월 6일자에서 '한국인이 몰려온다'는 특집기사를 싣고 우리나라의 경제발전에 대하여 대서특필했다. "한국경제는 과거 15년 동안 해마다 10%이상 성장하였고, 특히 수출은 지난 3년 동안 2배로 늘어났다"는 것이다. 이 기사는 계속해서 "그것은 박정희 대통령의 표어의 하나인 '우리도 잘살 수 있다'는 기본 정신에 따라 자신감이 생긴 모든 국민이 하나가 되어 이룩한 한국주식회사의 성과다"라고 부연했다. 동기사는 또한 "부지런한 일본 국민을 게으른 사람으로 보이게 만든 것은 한국 국민밖에 없다"고 하면서 "한국의 경이적인 경제성장은 정국의 안정 속에 결집된 국민의 근면성에 근거를 두고 있다"고 논평했다.

제4차 경제개발 5개년계획은 우리의 산업구조를 중화학공업 중심의 선진국형으로 접근시키고, 보다 종합적이며 체계적인 복지, 후생정책을 마련하는 데 역점을 두고 있었다.

우리는 이미 이 계획의 첫 년도인 1977년에 당초의 계획보다 훨씬 빨리 100억 달러 수출의 목표를 달성하고, 쌀의 자급자족을 이룩하는 한편, 건국 후 처음으로 국제수지에서 흑자를 보는 등 경제발전의 새로운 이정표를 세워 나갔다.

제1차 경제개발 5개년계획이 시작된 1962년의 우리나라 수출총액은 세계에서 겨우 72위였던 것이 1966년에는 57위로 올라섰고, 1970년에는 44위, 그리고 1976년에는 28위로 계속 뛰어올랐으며 1977년에는 100억 달러의 달성으로 산유국을 제외하면 17위를 차지하게 되었다.

수출상품의 구조에 있어서도 우리는 이미 선진국형에 접근해 가고 있었다. 특히 70년대에 들어와 중화학공업을 중점적으로 육성하는 데 힘쓴 결과, 수출상품의 대부분이 공업제품이 되고 있음은 물론, 중화학공업 제품의 비중도 날로 늘어났다. 중석이나 오징어, 김, 명주 등을 수출하던 일은 벌써 아득한 옛이야기고, 화학섬유, 합판, 자동차, 선박, 금속기계, 전자제품 및 건설자재 등이 수출의 대종을 이루고 있으며, 외국에 공장을 지어 주는 플랜트 수출도 활발히 이루어지고 있었다. 그리하여 조만간 선진국의 대열에 당당히 참여할 수 있다는 기대와 전망을 가질 수 있게 되었다.

정부 주도로 수출지향 공업화를 적극적으로 추진한 결과 우리나라는 불과 18년 사이에 세계적인 수출대국으로 성장했다.

60년대와 70년대에 수출은 협소한 국내시장의 한계를 극복하고 부족한 자금을 벌어들일 수 있는 주요 원천이었다. 즉, 수출은 내수만으로는 성장의 한계에 직면할 수밖에 없는 산업들에 대해 활로를 제공했고 부족한 자원과 식량도입에 필요한 외화의 획득을 가능케 하였다. 수출은 선진기술의 도입을 촉진시켰고, 많은 한국기업의 능률을 향상시켰으며 국제경쟁력을 세계수준으로 끌어 올려놓았다.

1962년 우리의 수출은 5천 5백만 달러도 안 되었다. 1978년 수출은 127억 달러를 넘어섰다. 20배 이상 늘어난 것이다.

장기간 지속된 제조업 분야의 수출신장과 실질 국민총생산(GNP)의 증대는 엄청난 고용을 창출하였다.

제조업제품 수출이 직접적으로 흡수한 고용수와 제조업제품 수출이 경제의 산업연관 관계를 통하여 다른 보조관련 산업에서 간접적으로 새로 발생시킨 고용수의 총계는 60년대와 70년대의 20여 년간에 현저하게 증가되었다.

즉 1960년대 2만 6천 명이었던 것이 1970년에는 54만 9천 명, 1975년에는 154만 1천 명, 1980년에는 181만 명에 이르고 있다.

제조업제품 수출에 의해 창출된 이 고용수가 제조업고용 총수에서 차지하는 비율은 각각 19%, 46%, 72%, 68%였다. 이처럼 제조업제품 수출이 강한 고용흡수력을 발휘하게 되자 공업 부문의 고용 흡수력은 상당히 높아졌다. 이에 따라 도시의 실업자들과 불완전취업자들은 대부분 고용의 기회를 얻게 되었다.

수출증대로 경제의 총산출과 고용이 늘어남에 따라 총 취업자 수는 1963년 760만에서 1978년에는 1천 350만에 이르러 근 2배의 고용증대와 약 6백만의 새로운 일터가 마련되었다.

이러한 고용증대 추세가 지속되어 실업률은 1963년의 8%에서 1978년에는 3.1%로 감소했다. 높은 경제성장과 고용증대는 국민 소득을 획기적으로 증대시켰다.

1962년에 경상달러로 87달러이던 일인당 국민소득은 1978년에는 1,200달러를 넘어섰고, 1975년 불변 달러로도 157달러에서 1,030달러로 약 7배 증가했다.

이러한 소득의 증가는 저축 여력을 증대시켜 국내 저축은 1962년의 116억 원에서 1978년에선 6조 원을 넘어섰고 같은 기간에 저축률은 3.2%에서 27.2%로 크게 상승하였다.

우리나라 수출의 신장은 한국인의 활동 범위가 세계로 뻗어나고 있다는 것을 말해 주고 있었다. 한국인과 한국상품은 이미 5대양, 6대주를 누비고 있었다. 우리나라의 중장비가 아프리카의 밀림을 개척하는 데 사용되고 있는가 하면, 우리의 냉장고가 아시아 여러 나라의 가정에서 사랑받고 있었다. 또한 우리의 텔레비전이 유럽과 미국에서 애용되고 있는가 하면, 우리의 자동차가 남미의 도시와 농촌에서 호평을 받고 있었다. 이와 함께 우리의 기업인과 기술자와 근로자들이 중동과 아프리카 등 세계 도처에서 건설과 무역의 분주한 활동을 벌이고 있었다. 그리하여 1977년 수출 100억 달러를 돌파한 지 12년 만인 1995년에 우리는 1,000억 달러의 수출을 달성했고, 그 후 9년 뒤인 2004년에는 2,000억 달러, 2005년에는 2,847억 달러의 수출과 5억 4천만 달러의 무역 흑자를 달성했다.

## 77년 정사년은 민족사에 길이 특기할 웅비도약의 해였다

1977년 12월 31일의 일기에서 77년 정사년은 우리 민족사에 길이 특기할 웅비도약의 해였고 민족중흥의 새 역사 창조의 이정표가 될 것이라고 평가하고 새해에도 이 나라에 평화와 번영과 영광을 베풀어 줄 것을 천지신명에게 빌었다.

'달력에는 마지막 한 장이 남았다. 이제 몇 시간만 지나면 1977년 정사년은 영원한 역사 속에 흘러가 버린다. 그리고 또 이 밤이 지나면 1978년 무오년이 밝아올 것이다. 지나간 정사년은 우리 민족사에 길이 특기할 웅비도약의 해였다. 민족중흥의 새 역사 창조의 이

정표가 되리라.

종로 보신각에서 제야의 종소리가 들려온다.

금명 묵은해는 떠나간다. 그리고 새해가 밝아온다. 종소리를 들으면서 천지신명에게 두 손을 합장하고 경건히 기구하였다.

새해에도 조국 대한민국에 평화와 번영과 영광을 베풀어 주시고 우리 모두 총화 단결하여 민족중흥의 새 역사를 위하여 보람 있고 위대한 성공이 있는 해가 되도록 하여 주옵소서.'

## 10년 후 우리나라는 경제대국의 위치에 올라설 수 있다

1978년 1월 27일, 무역진흥 확대회의에서 대통령은 앞으로 10년 후에는 우리나라가 경제대국의 위치에 올라설 수 있다는 확신을 피력했다.

"작년에 우리는 100억 달러 수출고지를 드디어 점령했습니다. 이 목표달성에 있어서는 우리 전 국민들이 일치단결하여 합심 노력한 결과였지만, 그중에서도 특히 우리나라 기업인, 기술자, 근로자, 정부의 관계공무원, 해외에 나가서 시장 개척에 힘쓰고 있는 파견원, 기타 모든 유관기관원이 만난을 무릅쓰고 어려움을 극복하면서 노력한 결과라고 생각을 하며 금년도 연초에 다시 우리는 또 125달러라는 목표를 향해서 전진하는 출발점에서 지난해 여러분의 노고에 대해 다시 한 번 치하를 드리고 새해에도 더욱 분발 있기를 당부합니다.

우리는 몇 해 전만해도 수출목표 10억 달러를 하나의 표어로 내세워 전국 도처에서 '10억 달러 목표달성'을 외쳤는데, 그것도 몇 년 전에 돌파했고 또 몇 년 전부터는 100억 달러 목표를 내세우고 노력한 결과 그것도 달성했습니다. 이제부터 우리는 좀 길게 봐서 15년 후에는 1,000억 달러라는 어머어마한 목표를 향해 전진하고 있는데, 우선 81년 제4차 5개년계획이 끝날 때까지 200억 달러 목표를 초과달성 해야겠다는 것을 하나의 중간목표로 설정했습니다.

며칠 전에 경제기획원에서 이러한 장기 경제전망을 발표하고 그것이 보도되자 일부에서는 이것이 너무 허황된 꿈같은 소리가 아니냐고 말하는 사람도 있는 것 같습니다. 물론 그것은 대단히 힘든 일이고, 어려운 일이기는 하지만 우리의 노력 여하에 따라서는 절대로 불가능한 목표가 아니다, 우리는 그렇게 보고 있습니다.

우리가 지난 15년 동안 여러 가지 어려움과 난관을 극복하면서 총화단결로서 노력해 온 그러한 자세로 앞으로 밀고 나간다면 반드시 달성할 수 있는 목표라고 우리는 확신해 마지않습니다. 여러분이 잘 아시다시피 앞으로 우리나라 수출이 뻗어나가는 데 있어서는 국제환경면에서 매우 어려운 상황이 예상됩니다. 그러나 늘 이야기하는 것이지만 이 국제환경이라든지 사정이 불리할수록 우리가 지혜를 모으고 분발해서 뚫고 나가면, 남이 못하는 것을 우리가 할 수 있고, 거기서 우리의 새로운 활로가 트인다는 것을 잊지 말고 노력해 나가야 되겠습니다.

앞으로 우리 경제가 자꾸 커지고 성장하면 한쪽에서는 시기를 하는 사람과 질투를 하는 사람이 있고 과거보다는 우리에게 규제나 제한을 가하는 경우도 생기는 반면에 또 유리한 면도 있다는 것을 알아야겠습니다.

앞으로 만약 12~13년 후에 우리나라의 수출이 1,000억 달러가 됐을 때에는 그와 비슷한 액수를 외국에서 수입해야 될 것이고, 그러면 2,000억 달러 정도의 물자가 우리나라 항구나 공항을 통해서 나가고 들어올 것이며, 그렇게 된다면 우리나라 경제규모는 엄청나게 자꾸 확대돼 나가고 거기에 따른 모든 것이 동시에 병행해서 커져 나가야 되는데 그런 것에 대비해서 우리가 할 일은 과거보다 훨씬 더 많다고 생각합니다.

외국 사람들이 우리 국민을 높이 평가한다고 해서가 아니라 확실히 우리 국민들은 그동안 우리가 성취한 결과에 비추어 생각할 때 남달리 우수한 재질을 갖추고 있는 국민이고, 슬기롭고, 끈기 있고, 근면하고, 또 체질이 강인하여 국제시장에서 경쟁하는 데 가장 우수한 자질을 갖추고 있는 국민이라고 나는 믿고 있습니다. 다만, 이러한 국민들의 자질을 최대한으로 발휘를 할 수 있게 유도하고 지도해 주는 것이 정부가 해야 할 일이요, 기업을 담당하고 있는 기업인들이 해야 할 일이요, 또 모든 지도층에 있는 분들이 해야 할 일이라고 생각하는데 앞으로 이 거창한 목표를 향해서 지금부터 또 쉬지 않고 계속 전진을 해야겠습니다. 1991년 제6차 5개년계획이 끝나는 때의 목표를 이야기한 것입니다만, 우리가 볼 때 우리나라 경제는 앞으로 10년 후에 가면 당당히 세계적으로도 경제대국의 위치에 올라설 것은 틀림없습니다.

그동안에 우리가 무슨 큰 실수를 하거나 게으름을 피운다면, 우리에게 잘못이 있는 것이지 그렇지 않고 우리가 지금과 같은 그런 자세로 꾸준히 밀고 나간다면 반드시 달성할 수 있는 목표이며, 그러한 목표에 희망을 걸고 우리가 일치단결해서 총진군해야겠습니다. 전에도 이야기를 했지만, 수출은 결국 국민총화의 표현입니다. 물론 물건을 생산하여 수출하는 것은 기업인이나 근로자들이나 또 수송을 담당하는 분 등 일부 제한된 사람들이 하겠지만 그렇게 많은 물건이 우리나라에서 생산되어 외국으로 나갈 수 있다는 것은 국민 전체가 한마음이 돼서 뒷받침을 해주지 않으면 안 됩니다. 금년부터 또 새로운 목표를 향해서 정부와 기업인들과 우리나라의 모든 기술자, 근로자가 다 같이 일치단결해서 일사불란하게 매진할 것을 연초에 다시 한 번 다짐하는 바입니다."

## 우리의 수출은 앞으로 얼마든지 뻗어 나갈 수 있는 여력이 있다

1978년 2월 27일, 무역진흥 확대회의에서 대통령은 작년도에 달성한 100억 달러 수출이 새로운 출발점이다 하는 자세로 더욱더 분발하면 우리의 수출을 앞으로도 얼마든지 뻗어 나갈 수 있는 여력이 있다는 자신을 가져야 한다는 점을 강조했다.

"우리 수출이 작년에 100억 달러였다고 해서 좋아하고 있는데, 100억 달러를 돌파해서 좋아하는 것은 좋은 일인 줄 모르지만, 이제부터 출발이다 하는 그런 자세를 가지고 더욱더 분발을 해야 되겠습니다.

금년 초부터 수출이 조금 부진한 것 같은 인상을 주는데, 작년에도 얘기했지만 연말에 가서 부족한 것을 따라 붙이겠다는 그런 생각을 말고 연초부터 한 단계, 한 단계 목표를 꼬박꼬박 달성해 감으로써 결국은 마지막에 가서 초과달성할 수 있는 것입니다.

특히, 기계나 상품의 품질면에서 우리가 다른 나라하고 비슷하게 구색을 갖추었는데, 뭔가 조금 뒤떨어진 분야가 있으면 어떻게 해서든지 이를 극복을 해야 더 앞설 수 있으며, 그런 분야에 대해 총력을 경주해서 기술개발을 더해 나가면 앞으로 수출은 무한정으로 뻗어나갈 수 있다고 봅니다. 국제경기의 전망이 흐리니 어쩌니 하고 있지만, 남이 노력하지 않는 분야에 대해서, 또는 과거에 우리가 하지 않았던 분야에 대해서 더 집중적으로 노력한다면 우리의 수출은 얼마든지 뻗어나갈 수 있다 하는 자신을 가지고 노력해 나가야 되지 않겠느냐 이렇게 생각합니다.

지난 한 주일 동안 지방 각도를 둘러봤는데, 특히 나는 우리나라의 기술인력 개발에 대해 각 지방에서 얼마만큼 노력해 왔고, 지금 현재는 어떻게 하고 있는가에 대해서 특별한 관심을 가지고 봤습니다. 종전과는 달리 엄청나게 노력하고 있었습니다. 가르치는 사람도 열심이고, 배우는 사람들도 밤낮을 가리지 않고 열심히 하고 있는 것 같았습니다. 이러한 분위기가 그대로 지속되고 정부와 업계에 있는 분들이 시장을 개척해 나가고, 애로를 극복하고, 중점이 뭐다 하는 것을 정확히 판단해서 이를 추진해 나간다면 우리나라의 수출은 아직도 그 전도가 양양하다고 봅니다.

어려울수록 오히려 우리가 뚫고 나갈 수 있는 길이 있는 거 아닙니까? 우리만 수출하고 다른 나라들은 가만히 앉아 놀고 있다면 모르되, 남들도 모두 필사적으로 수출을 많이 하려고 노력하고 있습니다. 그렇지만 우리가 남이 못하는 것을 더욱 노력해서 해낸다든지, 남이 미처 착안 못한 것을 우리는 착안한다든지 할 때 우리는 얼마든지 그 사이를 뚫고 나갈 수 있는 것입니다.

전반적으로 봐서 선진 여러 나라들이 세계시장의 틀을 잡고 앉아 있는데 우리가 뒤늦게 쫓아가려는 안이한 방식으로 성장을 하겠다는 생각은 근본적으로 잘못된 것입니다. 인구가 증가하고 소비가 늘어난 후에는 경기가 둔화된다고 해도 소비가 더 증가하지는 않겠지만, 소비가 크게 감소하는 일은 없는 것 같습니다. 따라서 수출시장도 장기적으로 보면 확대되고 있다고 볼 수 있는 것입니다.

우리 국내에서 국민들이 생활하는 것을 보더라도 한 번 어느 수준까지 올라간 것을 '앞으로 더 절약합시다' 하면 더 이상 올라가지 않는다는 것일 뿐 과거보다도 더 후퇴해서 절약하자 하면 그건 거의 먹혀들어가지 않는 것과 같이 국제경제에 있어서도 역시 그런 경향이 있지 않은가 하고 생각하기 때문에 모든 나라들이 지금 경제개발에 열을 올리고 있고, 이 때문에 여러 가지 수요는 더욱 늘어난다고 볼 수 있을 것입니다.

과거와 같이 경공업 제품에만 너무 의존할 것이 아니라 중화학공업 제품이나 정밀기계 특히 개발도상국가들이 미처 따라오지 못하는 그런 분야나 선진국가의 경우에도 기술은 앞서 있지만 우리에 비해 어려운 문제들이 많은 분야에 대해 우리가 이를 적절히 이용하여 뚫고 나간다면 우리의 수출은 앞으로도 얼마든지 뻗어 나갈 수 있는 여력이 있다는 자신을 가지고 계속 노력해야 되지 않겠는가, 이렇게 생각합니다."

77년에서 78년을 전후한 시기에 이른바 2차 오일쇼크가 닥쳐 왔다. 2차 쇼크는 1차 쇼크에 비해 피해가 훨씬 심각했다.

특히 엄청난 돈을 들여 지은 중화학공업의 시설이 가동을 시작할 즈음에 또 다시 세계 경기침체를 맞았기 때문에 사태는 더욱 심각했다.

당시에는 유가만 오른 것이 아니라 우리 경제가 구조적인 한계를 드러내고 있었다. 금리인하나 감세정책 등 금융이나 세제만의 지원책으로는 경기가 회복될 상황이 아니었다. 따라서 정부는 기술을 선진화시키고 산업구조를 고도화시키는 데 총력을 경주하고 나섰다.

과감한 실무투자 없이는 경제가 성장할 수 없었기 때문에 기술개발 투자를 늘리도록 하고 원가절감을 독려했다. 대덕연구소를 만들고 포철시설을 계속 확대했다. 중소기업의 기술개발 없이는 더 이상 성장이 어렵다고 판단하여 중소기업 육성을 위해 중소기업진흥공단을 설립했으며, 또 계열화, 협동화, 공동화 계획을 수립하여 중소기업 활력증진에 총력을 기울였다. 그리고 이처럼 어려운 여건 속에서도 대통령은 수출 2백억 달러 및 5백억 달러 달성계획을 세웠다.

일부에서는 우리나라의 수출은 한계에 이르렀다느니, 경제성장도 더 이상 어렵다느니, 중화학공업에 대한 투자가 시기상조였다느니 등등의 비판을 했다. 그러나 우리나라가 당시의 경제위기를 극복하고 2000년대에 이르기까지 우리 경제가 지속적으로 성장할 수 있었던 것은 대통령이 온갖 비판을 일축하고 중화학공업 건설과 기술혁신을 통해 성장위주의 과감한 정책을 했기 때문이다. 만약 이 같은 과감한 산업정책이 없었다면 우리는 그 당시의 경제위기를 극복할 수 없었을 뿐 아니라 오늘에 이르기까지 지속적인 경제성장을 할 수 없었을 것이다.

### 대일 무역역조 시정을 위해 일본시장을 뚫고 들어가야 한다

1978년 3월 29일, 무역진흥 확대회의에서 대통령은 먼저 이 회의가 보다 더 생산적인 회의가 될 수 있도록 업계 대표들은 건설적인 얘기를 많이 해 줄 것을 당부했다.

"매월 한 번씩 무역확대회의를 개최하고 이 자리에는 경제 4단체장들이나 우리나라 각 업계 대표들, 기타 각 시도의 상공계통 공무원들도 참석하는데 이 회의를 그저 상공부와 외무부의 실무자가 브리핑하는 것이나 듣는 것으로 그치고 있는데 물론 이것도 대단히 중요하지만 여기에 참석하는 분들이 이 자리를 그냥 그저 앉아서 정부 브리핑만 듣고 간다면 모처럼 바쁜 사람들이 한 달에 한 번씩 모인 회의인데도 이를 충분히 활용하지 못하는 결과가 되는 것입니다. 업계에 있는 여러분들이 뭔가 정부에 건의하고 싶은 것이나 시정해 줬으면 좋겠다는 문제들이 있으면 여기에 와서 서슴없이 이야기를 하고 이에 대해 여기서 직접 결정할 수 있는 것은 즉각 조치하고 안 되는 것은 정부가 세부적인 검토를 해서 적절히 조치해 나가도록 한다면 보다 더 생산적인 회의가 될 수 있을 것입니다. 그리고 내용이 길 때에는 서류로 작성해서 여기서는 간단히 얘기만 한 후 그 내용을 청와대에도 한 부 주고 상공부나 경제기획원 기타 관계기관에도 한 부씩 주어 이를 검토 시정해 주도록 요청한다면, 관계기관은 이 검토해서 조치를 한다든지 또는 다음 무역확대회의에 나와서 이에 대한 회답을 해 준다든지 함으로써 이 회의가 보다 생산적인 회의가 될 수 있을 것으로 생각합니다.

애기하는 내용은 아무것이나 관계없습니다. 정부, 업계, 기업인 여러분이 일을 추진해 나가기 위해서 이 회의를 소집하고 있는 것이니만큼, 사양할 필요 없이 앞으로 건설적인 애기를 많이 해주시기 바랍니다."

대통령은 이어서 대일 무역역조 현상을 시정하기 위해 수입선을 구라파 쪽으로 전환하고 일본시장을 뚫고 들어가는 노력을 보다 적극적으로 해야 되겠다는 점을 강조했다.

"일본과의 무역 역조가 갈수록 커져 가고 있는데 정부에서 이에 대한 종합대책을 세워야 하겠습니다. 작년에도 상당히 역조 현상을 나타냈는데 오늘도 보니까 지난 2개월 동안의 수출은 겨우 10% 늘어난 반면 수입은 51%나 늘었으니 이런 추세로 나간다면 연말에 가서는 한일 간의 무역역조 폭은 더욱 벌어지게 될 것입니다. 반면 구라파 시장에 대해서는 수출을 훨씬 더 많이 하고 있어 그 나라들은 한국에 대해 쿼터니 뭐니 하며 자꾸 수입규제를 강화해 오고 있습니다.

이에 대처하기 위해서는 우리의 수입선을 구라파 쪽으로 전환하도록 적절히 조절을 해야 하겠습니다. 물론 값이 더 비싸다든지 수송비가 더 많이 드는 경우가 있겠지만 수입선을 조절해 나갈 필요가 있다고 생각합니다.

또 한 가지 지적하고 싶은 것은 일본시장을 뚫고 들어가는 노력이 부족하다는 것입니다. 경제인들이나 정부관리, 기타 많은 사람들이 매년 일본을 드나드는 데도 일본시장의 생리나 특성을 샅샅이 알고 있지 못한 것 같습니다. 일례로 최근에 들은 얘기로는 우리나라 어민들이 활선어 같은 것을 잡아 일본의 시모노세키 같은데 갖다 팔면 보통 100~200엔 받는 데 비해 일본소비자들의 손에 들어갈 때는 1,500~1,600엔에 팔릴 정도로 유통마진이 크다는 것입니다. 따라서 일본시장의 유통구조를 철저히 연구하여 뚫고 들어감으로써 가격을 좀 더 비싸게 받는다든지 하는 노력을 해야 할 것입니다.

일본과 거래하는 것을 살펴보면 일본시장 구조를 모두 환히 알고 있는 것 같이 하고 있는데, 사실은 그렇지 못하다는 데 문제가 있습니다.

그렇다고 해서 일본에서 들어오는 물건을 무조건 옹졸하게 막는 데만 치중해 나가자는 것이 아니라 무엇인가 노력을 해서 더 뚫고 들어가고 아울러 일본 아닌 다른 지역에서 들여올 수 있는 물건은 수입선을 전환한다든지 하는 노력을 기울이지 않는다면 한일 간의 무역역조는 더욱 벌어질 것이라는 점 유의해야겠다는 것입니다."

**경제적 시련을 극복하기 위해서는 기술개발과 저축증대에 힘써야 한다**

1978년 5월 6일, 청와대에서 열린 국무회의에서 대통령은 우리 앞에 다가오는 경제적인 도전과 시련을 극복하기 위해서는 기술개발과 저축증대에 힘써야 한다는 점을 강조했다.

"지금 우리 앞에는 시련과 도전이 가로 놓여 있습니다. 중공의 화국봉은 자본주의를 도입한다는 대담한 경제정책을 수립하고 외국의 기술과 자본을 도입하여 중공의 방대한 노동력과의 결합을 시도하고 있습니다.

인공위성으로 보내는 TV를 보니까 일본의 기술과 자본을 끌어들이기 위해 중국인들이 만면에 웃음을 머금고 일본사람들을 구슬리고 있는 장면이 있었습니다.

앞으로 중공과 우리나라와는 경공업 분야에서 경쟁이 치열해 질 것입니다. 뿐만 아니라 선진국들은 그들대로 후진국들이 더 이상 따라오지 못하도록 견제하고 있습니다. 따라서 우리의 앞날은 큰 시련과 도전으로 가득 차 있다고 볼 수 있습니다. 이 시련과 도전을 극복하는 방법 중에 가장 중요한 것은 두 가지라고 생각 합니다.

첫째는 기술개발입니다. 중공이 아무리 인구가 많아도 우리의 기술이 앞서면 우리가 이길 수 있습니다. 그러나 우리의 기술 수준이 중공과 비슷해 가지고는 이길 수 없습니다. 강력한 지원으로 기술개발에 힘쓰고 기술인력 확보에 힘써야 합니다.

둘째는 저축입니다. 이제 우리도 잘살게 되었으니 서구 사람들처럼 흥청대고 살아보자고 해서는 곤란합니다. 근검, 절약, 저축하는 기풍이 충일해야 합니다. 물가가 어떻다, 투기가 어떻다, 인플레가 어떻다고 해서 들떠 있는데, 정부와 민간단체 중심으로 근검, 절약, 저축하는 분위기를 진작시키고 사치와 낭비풍조를 없애야 국제경쟁에서 이길 수 있고 발전할 수 있습니다.

정부시책에도 이것이 반영돼야 합니다. 정부예산을 아끼는 것도 절약이지만 정부시책에도 반영해야 합니다.

80평짜리 아파트가 어떻게 중산층 아파트인가, 그렇게 사치하고 호화로운 아파트 건설을 왜 허가해 줍니까? 정부시책이 이래가지고는 저축 운운해 봤자 아무 소용도 없습니다. 정부는 국민의 사치와 낭비를 조장하는 시책은 쓰지 말아야 합니다.

컬러텔레비전의 시판을 허용하는 것이 바람직한 것인지는 모르지만, 농촌에 하나 들어가면 흑백텔레비전을 가지고 있는 사람도 모두 몰려들어 살 것이므로 사치풍조만 조장하는 결과를 가져옵니다. 고급 승용차 문제도 마찬가지입니다."

1974년 한국내셔널 컬러텔레비전을 국내 최초로 조립생산한 데 이어 77년 삼성과 금성사가 국산화에 성공하자 업계에서는 컬러텔 레비전 방송을 허용하자는 주장을 했고, 상공부에서도 컬러텔레비 전 산업의 발전을 위해서 수요를 확대시키는 것이 필요하다고 했다. 그러나 대통령은 시기상조라고 이를 허용하지 않았다.

농촌이나 도시의 빈민촌에는 흑백텔레비전도 못 가지고 있는 사 람들이 많은데, 돈 있는 사람들이 컬러텔레비전을 사서 본다면 국민 들 간에 위화감이 생겨 국민의 단합을 저해한다. 또 농촌에 컬러텔 레비전이 들어가기 시작하면 흑백텔레비전 가진 사람들도 모두 바 꾸려 할 것이며, 그렇게 되면 사치풍조가 조장된다고 우려한 것이 다.

**수출가득률이 떨어지더라도 책정해 놓은 수출목표는 반드시 달성 해야 한다**

1978년 8월 25일, 무역진흥 확대회의에서 대통령은 먼저 현 단계 에 있어서는 우리 수출이 500억 달러 정도로 올라갈 때까지는 가득 율이 다소 떨어지는 한이 있더라도 우리가 책정해 놓은 목표는 기 어코 달성해야 한다는 점을 강조했다.

"최근에 와서 우리나라의 수출신장세가 다소 둔화되는 경향을 보 이고 있는데, 그 이유는 최근에 여러 가지 사정으로 수출을 해도 채 산이 잘 맞지 않는다든지, 원자재값이 비싸다든지, 금리가 높다든 지, 여러 가지 이유가 있습니다.

수출이라는 것은 과거에 보더라도 여름에는 약간 부진하다가 가 을이나 연말에 가면 호전되는 경향도 있기는 있었습니다. 지금 내가 관심을 갖고 있는 것은 수출액수가 목표에 약간 미달했다는 사실이 아닙니다. 우리 정부나 기업인들이 수출에 대해 관심이랄까 또는 열의라고 할까, 이러한 자세가 잘못돼 가고 있다는 것을 나는 염려를 합니다.

무슨 얘기냐 하면 이렇게 여러 가지 사정이 어려운데 우리가 책정해 놓은 금년도의 125억 달러 목표를 꼭 달성하려고 무리할 필요가 있느냐 하는 생각을 가진 사람들이 정부 안에도 있는 것 같고 기업인들 간에도 있다는 얘기를 듣고 있습니다. 액수보다는 오히려 가득률이 더 중요하다, 가득률이 높아야지 수출액수만 많으면 뭘 하느냐 하는 이야기도 있다고 합니다.

물론 가득률도 중요하지만, 그러나 수출액수 양 자체도 가득률 못지 않게 대단히 중요합니다. 특히 현 단계에 있어서는 적어도 우리나라 수출이 한 500억 달러 정도로 올라갈 때까지는 가득률이 다소 떨어지는 한이 있더라도 우리가 책정해 놓은 목표는 기어코 달성해야 되겠다는 것입니다.

과거 우리가 목표를 한번 책정하면 정부나 모든 기업들이 일치단결해서 그 목표달성을 위해서 총매진하던 우리의 그 자세, 그것이 더 중요하다 이것입니다.

이론적으로 따지면 가득률이 높은 게 좋겠지요. 그러나 실제 경제를 해보니까 이론만 가지고 되는 게 아니지 않습니까? 지난 10여 년 동안 한국경제가 고도성장을 지속해 온 근본원인을 분석해 볼 때 이것은 자타가 모두 공인하는 바와 같이 수출주도형 개발전략을 꾸준히 밀고나온 데 기인한다고 생각합니다. 이 정책은 앞으로 추호의 변함이 없고, 아직 변경할 단계가 아니라고 생각합니다.

흔히 보면, 일부 언론에서도 그렇고, 학자들 간에도 수출액수가 올라가면 뭐하느냐, 수출액수가 올라가는 것은 별 의미가 없다, 그런 소리를 합니다.

지금 겨우 수출 100억 달러 조금 넘었다고 해서 수출에 대해서 일부 국민들의 관심이 그렇고, 기업들의 열의가 그렇고, 또 정부 자체가 거기에 대해서 열의가 그만큼 식어간다고 하면 우리나라의 수출은 앞으로 더 이상 신장하지 못한다고 생각합니다. 우리나라 수출이 크게 늘지 않으면 전체 경제도 크게 성장하지 못한다고 나는 믿습니다.

지금 물가가 어떻다, 통화량이 어떻다는 등 어려운 문제가 많은 것은 다 알고 있는 사실인데, 이러한 어려운 여건 속에도 우리 정부와 국민들이 총력을 경주하여 수출 제일주의를 꾸준히 밀고 나가야 물가나 통화문제도 서서히 해결돼 나가는 것이지 수출이 위축이 되고 오그라지면 그런 문제가 저절로 해결되리라고 생각하는 것은 잘못된 생각이라고 생각합니다.

정부나 업계에서는 앞으로도 수출 제일주의 정책을 그대로 꾸준히 밀고 나가야 되겠습니다."

대통령은 이어서 정부에서는 앞으로 수출을 잘하는 기업에 대해서는 과거처럼 우선적으로 모든 지원을 다하여 쭉쭉 커 나가도록 돼야 한다는 점을 강조했다.

"정부에서는 앞으로도 이 수출을 잘하는 업체에 대해서는 과거처럼 모든 지원에 우선권을 부여해야 되겠습니다. 그래야 수출이 잘돼가는 것입니다. 우리 정부도 보면 수출이 조금 잘 되면 과거에 수출기업에 주던 특혜니 그런 걸 깎고 줄이고 하는데, 당분간 쭉쭉 늘어날 때까지 그런 거 눈 질끈 감고 가만히 커나가도록 두는 게 어떠냐, 나는 그렇게 생각합니다.

물론 그것을 그대로 두면 국회나 언론계나 학계나 이런 데서 여러 가지 비판이 나오곤 하는데 그래도 커나갈 때는 쭉쭉 크도록 돼야지 조금만 크려고 하면 잡아당기고 무슨 제한을 가하고, 이래 가지고는 클래야 클 수가 없을 것입니다.

한국수출이 과거 10여 년에 걸쳐 많이 성장했다고는 하지만 다른 선진국가의 수출량을 따라가려면 아직도 요원한데, 여기서 벌써 우리가 그동안에 성장한 것을 자만한다든지 작은 성과에 만족한다든지 그런 생각을 가져서는 우리나라 수출이라든지 경제성장이라는 것은 기대하기가 어렵다고 나는 봅니다.

우리 업계에 있는 여러분도 수지가 맞아야 장사를 하겠지요. 그러나 우리나라 전체 경제가 쭉쭉 뻗어나가고 잘 커야 만이 우리 기업도 잘 크고 좋을 때도 있지만 약간 불리할 때도 있는 것이며, 이러한 기복이 있는 건 도리가 없다고 생각합니다. 그러나 전체로 봐서 우리나라 수출을 증대해 나가는 데 있어서 기업가 여러분들은 보다 더 분발을 해주기를 바랍니다.

정부에서도 무슨 전망이 어떻다느니, 수출목표를 달성할 수 있다 없다 하고 생각만 할 것이 아니라 무슨 방법을 써서라도 책정해 놓은 목표는 연말까지 꼭 달성하겠다는 각오를 가지고 나가야 되겠습니다. 수출이 부진한 지역의 공관장에게는 외무부 장관이 지금부터 독려장을 보내시오. 금년에 꼭 달성해야 된다고.

과거에 언제 우리의 수출이 크고 경제가 크는 데 모든 여건이, 모든 환경이 좋아서 저절로 성장했습니까? 오늘날과 똑같이 모든 것이 불리한 어려운 여건 속에서도 우리가 힘을 합치고 머리를 쓰고 각고의 노력 끝에 오늘날 이러한 성장을 가져왔는데, 여기서 이 정도면 됐다고 모두 안일한 생각을 가진다든지 허심한 생각을 가진다든지, 그건 절대 안 되겠다 이겁니다."

### 수출신장률 저하의 원인은 관계공무원들의 열의 감소와 기업인들의 만심에 있다

1978년 9월 29일, 무역진흥 확대회의에서 대통령은 먼저 최근 우리나라의 수출신장률이 줄어들고 있는 가장 큰 이유는 정부관계 공무원들의 열의감소, 경제전문가들의 가득률 집착, 기업인들의 만심(慢心) 등의 영향이라는 점을 지적했다.

"지난번 회의 때 강조를 했습니다만 최근 우리나라 수출이 어떻게 보면 한계점에 왔지 않느냐 하는 그런 감을 가끔 느낍니다. 매달 보면 월말에나 가서 그달 목표를 달성하느라고 상공부와 업계가 야단법석해 간신히 목표를 채우고, 지난 몇 달 동안은 그 목표가 미달했습니다. 금년에 우리는 25% 정도의 수출신장을 위해 노력하고 있는데, 옆에 있는 일본은 지금 700억, 800억 달러 수출을 하고 있는데도 1년에 15%, 20%, 최근의 우리나라의 증가율보다는 약근 낮을지는 모르지만, 그런 식으로 매년 성장하고 있는 데 비해 우리의 경우에는 이제 겨우 100억 달러를 좀 넘어 거의 한계점에 달한 것 같은 인상을 준다는 건 장차 우리나라의 수출을 위해서 대단히 염려스럽게 생각됩니다. 그 원인이 무엇이냐 하는 걸 여러 가지 생각을 해보는데, 우선 정부에 있는 관계공무원들이 과거보다 열의가 식었지 않았느냐, 100억 달러를 넘었으니까 이만하면 좀 서서히 가도 되지 않겠느냐 그런 생각이 혹시나 들었지 않느냐 하는 것을 염려를 하고 있고, 또 일부 밖에서 경제전문가라는 사람들이 수출액수만 많이 올리려고 집착할 것이 아니라 가득률을 올려야 되느니 뭐니 모르는 소리를 하고 있는데, 혹시 그런데도 영향을 받지나 않았느냐 하는 것도 염려가 됩니다. 또 하나는 업계에서도 다소 꾀가 나지 않았느냐, 요즘 보니까 수출하는 것보다 국내에서 파는 것이 이익도 낫고 수출도 그만하면 됐지 않았느냐 하는 식의 만심이 생겼지 않았느냐, 나는 이런 것을 우려합니다. 여기에 정부와 업계의 대표들이 나와 있지만, 한 번 더 분발해야 되겠어요. 100억 달러 가지고 그런 생각을 하면 우리나라 수출은 늘지 않습니다. 요즘 흔히 국제경기가 불황이나 뭐니 하는 얘기들은 하고 있는데, 불황이 사실이더라도 우리가 노력을 한다면 얼마든지 뚫고 나갈 수 있는 그런 분야가 있는 것입니다. 오늘 상공부 보고에서도 보았듯이 어떤 것은 물건이 없어서 못 파는 그런 분야도 상당히 많이 있잖아요. 이런 분야에 대해서는 우리가 시설투자를 빨리 한다든지 생산량을 늘린다든지, 또 새로운 분야를 개척해 나가야지 가만히 앉아서 저절로 수출이 늘어나도록 기다리는 그러한 수출이란 없지 않습니까? 물론 액수가 100억 달러, 200억 달러, 300억 달러, 500억 달러로 올라가면 그 전과 같이 1년에 40%씩이나 올라간다는 건 어려울 겁니다. 과거 73년 같으면 1년에 80%까지 올라갔는데, 그렇게 올라가는 건 수출물량 자체가 커졌기 때문에 어렵지만, 장차 성장 추세가 40%에서 30%, 20%로 서서히 내려가야지 갑자기 뚝 떨어져서 이제는 10%라는 식으로 되어서야 장래가 없다 이겁니다. 실제로 우리가 노력을 하면 나는 아직도 우리나라 수출은 얼마든지 늘어날 수 있는 그런 잠재력을 가지고 있다고 보는 것입니다."

대통령은 이어서 개인이나 단체나 국가나 조금 발전했다고 해서 만심(慢心)을 가지게 되면 발전은 거기서 정지되고 후퇴하게 된다는 사실을 지적하고 정부의 관계공무원과 기업인들의 분발을 촉구했다.

"여러분들도 부산에서 개최했던 기능올림픽대회에서 우리 선수들과 다른 나라 선수들이 맞서 겨루는 모습을 영화에서 보고 느꼈지만 1년에 고등학교를 졸업하는 우리나라의 기능공만 해도 5~6만

명, 그 외에 각종 직업훈련소와 각 기업체에서 나오는 기능공도 굉장히 많고, 이들은 모두 열심히 일하는데, 저러한 인적 자원을 가지고, 정부나 기업인들이 더 노력하면 우리나라 수출은 앞으로도 양양하다고 나는 봅니다. 막혔다, 불황이다 라고 말하는 것은 괜한 핑계에요. 다른 나라라고 이런 문제점이 없어서 수출이 되는 것은 아닙니다. 좀 더 분발해야겠습니다. 개인이나 단체나, 국가나 조금 발전했다고 해서 거기서 만심을 가지게 된다면 발전은 거기에서 멎는 거고, 멎는 정도가 아니라 후퇴하는 겁니다. 특히 우리 업계에서 좀 더 분발해 주실 것을 이 자리를 빌려서 특별히 당부를 합니다. 정부로서는 여러분이 하는 일에 대해서 최대한으로 지원하겠다는 것을 지난번에도 약속했고 현재도 하고 있다고 생각합니다. 국제경기가 불황이고 어려울 때는 기업의 이익이 과거보다 다소 못하더라도, 때로는 다소 적자가 나는 한이 있더라도 우리나라의 수출을 어느 수준까지 끌어올려야 합니다. 전에 정부의 통계에서 보니까 100만 달러 수출하면 3백여 명이나 고용이 자동적으로 늘어난다, 또 수출증대로 전체 산업이 얼마만큼 더 커가고 있다는 통계숫자를 요전에 한국은행에서 발표한 것을 나도 봤습니다. 수출이 어느 정도까지 증대해서 우리나라의 모든 산업기반이 튼튼하게 되면 그때 가서는 수출신장률이 다소 적더라도 속도를 조절하고 국제경기를 봐서 어떤 때는 다소 자제를 한다든지 하는 그런 시기가 있을지 모르지만, 금년 목표는 어떻게 하면 달성될 것도 같지만, 이런 식으로 나가다가는 내년에는 정말 목표달성이 어렵지 않겠느냐 하는 생각이 듭니다. 어렵다는 것은 객관적인 여건이 어려운 것이 아니라 우리들의 노력과 결의에 달렸다고 생각해요. 지금 구라파에 가면 인구가 불과 5~6백만 명 정도로 서울 인구보다도 훨씬 적은 나라들이 1년에 200억, 300억 달러씩이나 수출하고 있습니다. 125억 달러 가지고 배부른 생각을 가지면 우리나라 수출은 다시는 크지 않습니다."

## 우리는 80년대 중반 500억 달러대의 수출목표에 도전하고 있다

1978년 11월 30일, 제15회 수출의 날 기념식에서 대통령은 먼저 그동안 수출의 지속적인 증대로 우리나라는 고도산업사회로 탈바꿈하고 있다는 점을 강조했다.

"친애하는 국민 여러분!

전국의 기업인과 근로자 여러분!

우리는 작년에 당초 목표를 4년이나 앞당겨 수출 100억 달러선을 돌파한 데 이어서 금년에도 수출목표 125억 달러를 무난히 초과달성하게 되었습니다.

이 보람찬 성과는 그 동안 밤낮을 가리지 않고 일해 온 전국의 기업인과 산업역군, 수출 유관기관 임직원, 그리고 오늘 수상의 영예를 차지한 기업체와 유공자 여러분의 줄기찬 노력의 결정이라 믿으며, 나는 여러분의 노고를 충심으로 치하하고 위로하는 바입니다.

국민 여러분!

돌이켜보면, 제1차 경제개발 5개년계획이 시작되었던 60년대 초 우리 산업은 낙후된 시설과 기술, 그리고 영세한 자본 등 난관이 중첩해 있었으나, 기어코 이를 극복하고 부국강병을 이룩하고야 말겠다는 결의로써 우리는 수출 제일주의 정책을 내걸고 온갖 노력을 기울여 왔습니다.

1964년, 수출 1억 달러를 넘어서면서 우리는 용기와 자신을 갖게 되었으며, 70년대에 들어서 더욱 박차를 가했습니다.

72년, 유신적 국정개혁으로 약진의 발판을 굳게 다졌으며, 곧이어 73년부터 세계를 휩쓴 자원난과 불황, 그리고 75년 인도지나 반도 적화 직후의 위기상황 속에서도 온갖 도전과 시련을 이겨냈습니다. 그리하여, 유독 우리나라만은 꾸준히 고도성장을 견지해 올 수 있었던 것입니다.

이와 같은 불퇴전의 집념과 꾸준한 실천의 보람으로 우리의 수출은 오늘날 한 기업체의 수출고가 7억 달러를 기록하는가 하면 1억 달러 이상을 수출한 기업만도 22개나 되는 급성장을 이룩한 것입니다. 또한, 산업시설도 날로 고도화하는 중화학공업 체제 속에서 확충되고 있으며, 고급기술·기능인력 양성과 기술혁신면에서도 전도 양양한 고도산업사회로 탈바꿈을 계속하고 있습니다.

우리 국민의 피땀어린 분발과 노력으로 쌓아올린 이 공든탑이야 말로 자신과 긍지를 되찾은 우리 민족의 저력과 슬기의 표상이며, 공업입국 정책의 정당성을 입증하는 실적이라고 확신합니다.

따라서, 나는 그 동안의 엄청난 물량적 국력신장 못지 않게, 강인한 정신력으로 무장된 근면하고 우수한 인적 자원의 승리라는 데 더욱 큰 의의를 발견하고자 하는 것입니다."

대통령은 이어서 우리는 80년대 중반 500억 달러대의 수출목표에 도전하고 있다는 점을 강조했다.

"그러나, 우리의 목표는 크고 우리가 가는 길은 아직도 멀다는 것을 잠시도 잊어서는 안 됩니다. 100리를 가는 사람은 99리로써 그 반을 삼는다는 말이 있습니다.

수출이 100억 달러대에 올라섰다 해서 행여 열의가 식는다든지, 이제 이만하면 무리를 하면서까지 강행군하지 않아도 될 게 아니냐는 식의 안이한 생각이 고개를 들어서는 안 되겠습니다.

우리는 적어도 80년대 중반 500억 달러대 수출에 도전하고 있는 것입니다.

우리 민족의 숙원인 강대국대열 참여를 위해서는 이제부터가 새 출발이라 생각하고 각오를 더욱 굳게 해야 합니다.

우리의 국력이 커지면 커질수록 우리 주변으로부터의 압력과 경쟁도 그만큼 더 커질 것입니다.

뿐만 아니라, 우리가 항상 경계하고 극복해야 할 장벽은 비단 밖에만 있는 것이 아니라 우리 내부에, 우리들 마음 속에 도사리는 자만과 안일과 방심입니다.

이를 스스로 억세게 극복하지 못한다면 밖으로부터의 모진 도전과 시련을 이겨내기는 어려울 것입니다.

우리는 그 동안에 실증된 무서운 잠재력을 더욱 효과적으로 발휘하여 개발의 60년대, 약진의 70년대의 여세를 몰아 대망의 80년대에 민족의 일대 웅비를 성취해야 할 중차대한 시점에 서 있습니다."

대통령은 이어서 우리가 부강한 나라를 건설하고, 우리 후손들이 남부럽지 않게 떳떳이 살아 나가기 위해서는 불꽃 튀는 무역전쟁에 뛰어들어 공업선진국가들과 겨루어 나가야 한다는 점을 강조했다.

"국민 여러분!

오늘의 세계는 '무역전쟁'이라는 표현이 과언이 아닐만큼 날로 치열한 수출경쟁의 마당이 되고 있습니다.

우리가 하루 속히 부강한 나라를 건설하고 우리 후손들이 남부럽지 않게 떳떳이 살아가기 위해서는 이 불꽃 튀기는 경쟁 속에 뛰어들어 공업선진국가들과 겨루어 나가야 합니다.

지금 우리가 당면하고 있는 국제경기 침체라든가 보호무역주의 증대, 그리고 원자재가격 앙등과 임금수준 상승 등 어려운 문제들은 다른 나라들도 다 같이 겪고 있는 애로요 고민입니다.

요는 어려운 문제들을 남보다 슬기롭게 해결하여 수출경쟁에서 이길 수 있는 길은 누가 더 잘 참고 견디며 창의를 발휘하여 더 많은 땀을 흘리느냐에 달려 있습니다.

우리는 앞으로도 관·민이 한마음 한뜻이 되어 우리 경제의 국제 경쟁력을 강화하는 데 집중적이고도 지속적인 노력을 기울여 나갈 것이며, 중화학공업을 더욱 알차게 키우고, 기술개발과 고급두뇌 및 기술·기능인력 양성에 박차를 가해 나가야 합니다.

또한, 기술집약적이고 지식집약적인 산업에 과감히 투자하여 끊임없이 새로운 분야를 개척하는 한편 우리 제품을 고급화하는 데 가일층 분발해야 합니다.

이와 함께 정부는 호혜평등 원칙하에 교역확대와 경제·기술협력 증진으로 세계 많은 나라들과 더불어 평화와 번영에 적극 기여하는 데 외교의 역점을 기울여 나갈 것입니다.

정부는 앞으로도 변함없이 수출 제일주의 정책을 밀고 나갈 것이며, 유능하고 성실한 기업에 대해서는 계속 지원, 장려책을 강구해 나가겠습니다.

수출산업에 종사하는 기업인 여러분은 눈앞의 적은 이익보다는 국가 백년대계를 내다보고 해외시장 개척에 줄기찬 노력을 다해 주기 바랍니다.

그리고 근로자에 대한 처우와 복지문제에도 깊은 관심을 가지고 기업주와 근로자가 서로 가족과 같은 정으로 맺어지는 직장분위기를 조성하는 데 힘써 주기 바랍니다.

근로자 여러분도 자기가 맡은 일에 애착심과 책임감을 북돋아 물자 하나라도 아끼고 제품의 고급화에 창의와 정성을 다하여 우리 공장, 내 살림이라는 생각으로 합심 노력해 나가야 할 것입니다.

이와 같은 기업풍토와 노사협조 체제는 바로 우리가 추진하고 있는 공장새마을운동의 근본정신이며, 또한 우리의 수출산업이 난관을 뚫고 계속 5대양 6대주로 뻗어 나갈 수 있는 힘의 원천임을 명심하

鐵鋼은國力

浦項製鐵創立十周年記念
一九七八年四月一日
大統領 朴正熙

고 기업인과 근로자 여러분의 가일층 분발 있기를 당부합니다.

끝으로, 오늘 열다섯 번째 '수출의 날'에 영광의 유공자로 뽑힌 수상자 여러분과 전국의 상공인, 산업역군, 그리고 멀리 해외에서 활약하고 있는 수출요원과 관계공무원 여러분의 헌신적 노고를 다시 한 번 치하하고 격려하는 바입니다."

### 86년 우리나라의 철강생산 능력은 2000만 톤에 이르게 된다

1978년 12월 8일, 포항종합제철 제3기 시설확장공사 준공식에서 대통령은 먼저 제3기 확장공사가 공사착공 2년 4개월 만에 공기를 5개월이나 단축시킨 사실은 놀라운 일이라고 평가했다.

"박태준 사장을 비롯한 포항종합제철 임직원과 종업원 여러분!

그리고 내외 귀빈 여러분!

포항종합제철 제3기 시설확장공사가 조금 전 경과보고와 같이 재작년 8월에 착공하여 오늘 2년 4개월만에 준공을 보게 된 데 대해 포항제철에 근무하는 여러분은 물론, 우리 모든 국민과 더불어 진심으로 경하해 마지않습니다.

이번 3기 설비공사에서 예정보다 공기를 5개월이나 단축시켰다는 것은 매우 놀라운 일이 아닐 수 없습니다.

우리가 알기로는 선진공업국가에 있어서도 제철소건설 사업이라는 것은 예정보다 몇 개월씩 늦어진다는 것이 세계적 통례로 되어 있는데, 포항종합제철은 제1기부터 매번 몇 달씩 예정공기를 단축해 왔으며, 특히 이번 3기 시설설비공사에서는 무려 5개월이나 단축하여 다른 나라에서 유례를 찾아보기 어려운 신기록을 수립했습니다.

이와 같은 성과는 사장 이하 임직원 여러분과 기술자, 기능공, 그리고 전종업원이 그 동안 일치단결해서 불철주야 돌관작업을 해 온 결과이고, 아울러 이 공사를 맡은 국내 건설회사 여러분의 헌신적 노력의 결정이라고 생각합니다.

또한, 이 공사에 많은 협조를 해 주신 외국회사와 기술진 여러분의 노고와 협조에 대해서도 이 기회에 치하의 말씀을 전하는 바입니다.

이제 우리 포항종합제철은 조강생산 능력 550만 톤을 기록하게 되었습니다.

이미 우리가 가지고 있는 국내 기존시설의 능력을 합치면 우리나라의 철강생산 능력은 이제 약 750만 톤 정도가 됩니다.

그러나, 우리나라의 철강수요는 날이 갈수록 급격히 늘어나고 있기 때문에 이 수요를 충족시키기 위해 정부는 앞으로도 설비확장공사와 증설공사 등을 계속 펴나갈 것입니다.

그 첫째 사업이 될 포항종합제철 제4기 설비확장공사가 내년 정월에 착공해서 81년 여름에 완공되면 850만 톤 생산능력을 갖추게 될 것입니다.

그때에 가면 우리나라의 모든 기존시설과 그 기존시설의 확장 능

조국근대화의 기반인 **철강산업은 박 대통령의 집념의 소산**　포항종합제철 제3기 시설
확장공사 준공식에 참석한 박 대통령은 공사착공 2년 4개월 만에 공기를 5개월이나 단
축한 관계자들을 격려했다(1978. 12. 8).

제5장 세계 석유위기의 광풍 속에서 100억 달러 수출을 해내다　437

력을 전부 합해서 철강생산 능력 약 1천 3백만 톤 수준에 도달하게
될 것입니다."

대통령은 이어서 포항종합제철 제2공장 건설이 이미 기획단계에
들어가 있고 제1기 공사가 84년까지 끝나고, 제2기 공사가 86년에
끝나게 되면 우리나라의 철강생산 능력은 2천만 톤에 이르게 된다
고 전망했다.

"그밖에, 또 한 가지 정부가 추진하는 사업은 포항종합제철 제2
공장 건설입니다.

이것은 이미 기획단계에 들어가 있고, 앞으로 84년까지 제1기 공
사가 끝날 것을 목표로 모든 계획을 추진하고 있습니다.

그리고, 제2기 공사가 끝나는 86년에 가면 우리나라의 철강생산
능력은 약 2천만 톤에 이르리라고 전망되고 있습니다.

철강생산 능력이 2천만 톤대에 도달하게 됐다는 것은 여러 가지
면에서 대단히 큰 의의가 있다고 나는 생각합니다.

왜냐하면, 철강생산 능력이 2천만 톤대에 도달하면 세계공업국가
가운데서 우리나라의 위치가 10위권 이내에 들어가게 된다는 것을
의미하기 때문입니다.

또, 그때쯤 가면 우리나라는 철강뿐만 아니라 조선능력이나 석유
화학공업, 또는 자동차공업이나 시멘트생산 능력 등 모든 면에서 세
계 10위권 이내에 들어가게 된다고 확신합니다.

물론, 수출도 약 500억 달러대를 바라보게 될 것입니다.

이것은 무엇을 의미하느냐 하면, 우리나라가 당당히 세계경제대
국권 내에 들어가는 것을 의미하는 것입니다.

지금 말씀드린 철강이라든지 또는 석유화학, 조선, 자동차, 시멘
트 등은 중화학공업 분야에 있어서도 가장 핵심을 이루는 산업이기

때문에 이러한 분야가 전세계에서 10위권 이내에 들어간다는 것은 바로 경제대국권 내에 들어간다는 것과 다를 바 없는 것입니다.

우리는 80년대에 이룩하게 될 우리나라 산업의 희망찬 미래상을 바라보면서 이제부터 더욱 분발하고 노력해 나가야 될 줄 압니다.

특히 포항종합제철은 그 동안에도 우리나라 중화학공업 발전을 위해서 공헌한 바가 지대하지만, 지금 추진하고 있는 제4기 확장공사, 또는 제2공장 건설공사 등 모든 것이 계획대로 순조롭게 추진되어 성공적으로 이루어지기를 바라 마지않습니다.

이렇게 함으로써 우리나라 경제건설에 크게 공헌할 뿐 아니라, 중화학공업 건설면에서 포항 종합제철이 앞으로도 선구적 역할을 계속해 줄 것을 당부하는 바입니다. 포항종합제철소에 근무하는 임직원과 종업원 여러분의 더욱 건투 있기를 빌어 마지않습니다.”

**포항종합제철은 중국의 덩샤오핑이 부러워하고 갖고 싶어했다는 '세계최고 철강기업'이다**

우리나라 철강산업은 일제강점기 때 군수보급창 역할을 하는 정도였으나, 그나마 해방 후 남북분단으로 대부분의 철강공장은 북한으로 편입되고 소수만이 남한에 남게 되었는데, 이것마저 6·25전쟁으로 크게 파괴되어 1950년에 우리의 철강산업은 거의 백지상태였다.

1962년 혁명정부가 경제개발 5개년계획을 추진하면서 이 계획에 필수적인 철강을 안정적으로 공급하기 위해 일관제철소를 건설하려고 했다. 그러나 우리나라가 철강공업을 일으키려는 데 대해서는 국내외에서 반대가 심했고, 또 이에 필요한 막대한 외자를 제공하려는 나라도 없었다.

처음에 미국과 서독에서 외자를 도입하려 시도했으나 무산되었다. 그 후 미국, 서독, 영국, 이탈리아 등 4개국 7개 회사와 차관도입을 위한 교섭 끝에 이른바 대한국제제철차관단(KISA)이 구성되었고, 여기에 프랑스의 엥시드사가 참여하여 차관단은 5개국 8개 회사로 구성되었다.

차관단의 구심체는 미국 '코퍼즈'사였다. 정부는 채권단과 종합제철공장 건설에 대한 전반적인 교섭 끝에 1967년 4월 6일 기획원 회의실에서 한국을 대표한 장기영 부총리, 채권단을 대표한 미국 코퍼즈사의 포이회장이 제철공장 건설을 위한 가협정을 체결했다. 그리하여 68년 4월 1일 포항종합제철주식회사가 설립됐고 사장에는 당시 한국중석 사장이던 박태준이 선임되었다. 그러나 가협정을 체결한지 약 2년만인 69년 파리에서 열린 '대한국제경제협의체'(IECOK) 회의에서 미국과 서독이 우리의 제철소 건설을 반대했다. 60만 톤짜리 제철소는 경제성이 없다, 따라서 막대한 차관을 주면 이자는 고사하고 원금도 받을 수 없게 된다는 것이었다. 미국 등 선진국들이 반대하자 세계은행(IBRD)도 반대했다. 결국 차관단도 해체되고 말았다. 그리하여 포항제철 건설은 큰 난관에 봉착했다.

대통령은 1967년 4월 6일 채권단과 가협정이 체결된 후 아직 외자도입이 확정되지 않은 상태에서 67년 10월 3일 포항종합제철 공장을 착공하고 우선 공장부지 조성과 항만건설, 철도부설, 용수시설 등의 인프라 구축사업을 시작하였고, 그동안 이러한 건설작업이 착착 진행되고 있었다. 이런 상황에서 구미 열강회사들로부터의 외자도입이 무산된 것이다.

그러나 대통령은 어떠한 일이 있더라도 종합제철공장은 반드시 건설해야 하고, 또 건설하고 말겠다는 신념을 포기하지 않았다. 1965년 5월 미국을 방문하여 존슨 미대통령과의 정상회담을 마친

후 대통령은 피츠버그 시의 철강공업 지대를 시찰했다. 카네기, 모건 등 세계적인 철강공장의 높은 굴뚝에서 끊임없이 뿜어내는 연기, 시내를 가로지르는 엘리게니 강변의 수많은 바지선과 철강제 운반선을 바라보면서 대통령은 우리도 하루 빨리 저런 제철공장을 건설해야 되겠다는 결심을 가슴속 깊이 간직했다. 그 결심, 그 신념을 난관이 있다고 중도에 포기한다는 것은 있을 수 없는 일이었다. 대통령에게 있어서 그것은 바로 이제 막 도약단계에 들어선 공업화를 포기하는 것과 다름없는 것이었다.

대통령은 제1차 5개년계획 당시부터 철강공업과 석유화학공업을 공업화를 이룩하는 데 있어서 필수적인 기간산업이라고 생각하고, 산업의 쌀이라고 하는 철강만은 우리 손으로 만들어야 한다고 결심하고 있었다. 게다가 그 당시 우리의 철강생산은 20만 톤에 불과했는데 북한은 그 10배인 200만 톤 이상을 생산하고 있는 실정이어서 제철공장 건설은 그 어떤 사업보다도 가장 중요하고 가장 시급한 과제로 보고 있었다.

대통령은 어려운 결단을 했다. 일본의 협력을 얻기로 한 것이다. 대통령은 포항종합제철 건설에 필요한 외자를 때마침 도입된 대일청구권 자금으로 충당하기로 하고 일본과 협의했다. 그리하여 자금조달과 기술용역 문제에 대한 일본의 협력을 얻어내고 기본협약을 체결했다. 그리하여 대일청구권 자금에서 무이자로 7370만 달러, 일본수출입은행 자금(연 3% 정도)에서 5200만 달러, 내자 453억 원은 정부에서 418억 원, 대한중석에서 35억 원을 출자하여 소요자금을 마련했다. 그러나 포항제철공장 건설도 경부고속도로 건설 때와 마찬가지로 격렬한 반대와 비판에 직면했다.

1970년 4월 1일, 포항종합제철공장 기공식에서 대통령이 70년대 후반에 가면 우리도 1천만톤 철강생산 능력을 가져야 된다고 천명하자 일부 국내 경제학자와 기업인들은 포항제철의 건설 자체를 무모한 계획이라고 반대했고, 설사 포항제철이 건설된다고 하더라도 1천만 톤 생산목표는 절대로 달성될 수 없는 것이라고 비판했다. 전경련과 언론에서는 '나라 망친다'고 결사 반대했다. 국회에서는 대일청구권 자금을 건설자금으로 전환하려는 것을 반대하였다.

대통령은 그들의 반대와 비판을 일축했다. 자신의 신념과 계획대로 포항제철 건설을 밀고 나갔다.

2차대전 후 근대화에 나선 모든 개발도상국들이 가장 먼저 건설하고 싶어하는 꿈의 사업계획은 바로 종합제철소였다. 그러나 이미 브라질, 터키 등의 개발 노력은 실패했다. 우리나라도 48년 정부수립 이후 5차례나 건설계획을 세워 추진했으나 모두 좌절했다. 자금과 기술이 없었고, 또한 구할 수조차 없었기 때문이었다. 그러나 가장 큰 이유는 자금이나 기술부재가 아니라 국가지도자의 의지와 지도력의 부재였던 것이다. 왜냐 하면 50년대나 60년대에도 자금과 기술이 없기는 마찬가지였으나 같은 여건에서 60년대에는 우리가 종합제철공장 건설에 착수할 수 있었던 것은 기민한 지도력과 확고한 의지력을 갖춘 대통령이 있었기 때문이다. 있는 자원을 총동원하고 정치, 외교역량을 결집하여 필요한 자금을 조달하고 기술협력을 확보해 낸 대통령의 창업적인 지도력에 의해서 공업화의 전략적 부문의 하나로 포항종합제철공장이 계획되고 건설되었던 것이다.

포항종합제철공장 건설에 있어서 그 현장의 총지휘관인 박태준 사장은 5·16군사혁명 당시부터 대통령의 충직한 측근의 한 사람이었다. 대통령은 그에게 공장 건설에 대한 전권을 부여했고, 그가 일체의 정치적 압력이나 정부관료의 간섭은 받지 않고 소신껏 혼신을 다 할 수 있도록 지원했다. 박태준은 대통령의 이러한 절대적인 신뢰와 지원에 보답하여 불굴의 정신과 투철한 사명감을 갖고, 불철주야로 포항 영일만의 잡초가 무성한 모래벌판에 22개 대형공장 건설을 진두지휘하면서 피와 땀과 눈물을 쏟았다.

대통령은 이 공장이 완공되기까지 3년 3개월 동안에 공사현장을 13번이나 찾아가 박태준과 회사 간부, 종업원들, 기술자와 건설관계자들을 격려하고 위로했다. 드디어 1973년 7월 3일 포항종합제철 제1기 설비공장이 준공되어 태양빛 같은 시뻘건 쇳물이 고로에서 쏟아져 흘러내렸다. 이날 준공식에서 대통령은 '이제 우리는 선진국을 따라가기 위한 출발에 있어서 첫 개가를 올렸다'고 기뻐했다.

1972년까지만 해도 우리나라의 철강생산은 61만 톤에 불과했고 철강제품 생산도 186만 톤에 그쳤고, 또 설비간 불균형이 심해서 부족한 중간재 상당부분은 일본에서 수입하고 있는 실정이었다. 그러나 1973년 포항종합제철이 준공되면서 우리나라 철강산업은 획기적인 발전의 전기를 맞게 되었다. 특히 73년 연두 기자회견에서 대통령이 중화학공업 정책을 선언하고, 이것을 수출증대와 농촌근대화와 함께 3대 국가과제로 강력히 추진할 뜻을 밝힘에 따라 철강수요는 크게 증가될 것이 확실했다. 그래서 포항제철은 계속 증설을 거듭했고, 준공 후 12년이 된 1985년에는 910만 톤 철강생산 능력을 보유하게 되었다. 그리고, 이 기간 중에 전기로 업체도 설비를 대폭 신설 또는 증설하여 1985년에는 650만 톤으로 늘어났다. 그리하여 1985년 우리나라는 1300만 톤 철강을 생산하여 세계 15위 생산국이 되었고, 660만 톤 철강재를 수출하여 세계 9위 철강수출국으로 부상했다.

1985년에는 70년대 중반부터 계획해 온 광양의 제2종합제철소 건설에 착수했다. 그러나 문제가 생겼다. 포항제철 제1기, 2기, 3기, 4기 시설확장공사 때만 해도 이에 필요한 시설과 기술을 제공해 온 일본이 이른바 '부메랑 효과'를 내세워 우리와의 협력을 거부한 것이다. 우리나라 철강공업이 제2제철소 건설을 통해 새로운 도약을 하는 데 있어서 일본기술을 빌려다 쓰는 것은 한계에 도달했다는 것이 드러났다. 그러나 우리가 독자적인 기술개발을 하는 데는 많은 시간이 필요했다. 그래서 광양제철소 건설을 위해서는 우선 기술도입을 다변화하는 것이 필수 과제가 되었다. 다행히 우리 정부는 서독 티센사와 제철소 건설의 기술계획 작성에 대한 제휴를 하기로 합의하여 협정을 체결하였다. 이것을 계기로 과거에는 일본에만 일변도로 종속되다시피 했던 설비 및 기술도입을 구미국가들로 다변화하게 되었다.

이렇게 설비와 기술도입을 다변화하면서 광양제철은 필요한 기술의 원천을 찾아 그 첨단화를 시도했고, 또 설비도 최신화를 지향했다. 그리하여 광양제2종합제철소는 그 사업계획의 시작 때부터 전 공정의 전산화와 완전자동화제철소 건설이라는 목표를 향해 추진된 것이다. 이것은 세계에서 처음 시도된 야심찬 계획이었다. 이 제철소는 착공 7년 후인 1992년 완공되었다. 그리고 최첨단 시스템이 완성됨으로써 광양제철소는 첨단관리 기술체계를 확립하여 최소 인력으로 최고 품질을 최대 생산한다는 목표를 달성하게 되었고, 이로써 세계에서 가장 효율적이며, 가장 강력한 경쟁력을 갖게 되었다. 드디어 단일공장으로 세계 최대 규모인 1170만 톤 최신예 종합제철 공장이 이 땅에 건설된 것이다.

포항제철은 우리나라의 조선, 자동차, 가전 등 철강수요산업의 성장을 뒷받침했고, 1990년대에는 이들 철강수요산업의 수요가 다양화되고 고급화되자, 이에 대응하기 위해서 스테인리스 철강설비와 전기로 박(薄)슬래브 설비를 신설했다. 그리하여 1996년에 포항제철은 철강생산 능력이 2390만 톤에 달해 신일본제철에 이어 세계 2위 업체로 성장했다.

한편 전기로 업체들도 1980년대 후반 활발한 건설경기의 붐을 타고 철근, 형강수요가 급증하자 설비를 증설하고 신기술을 도입하였고, 1990년대에는 1백 톤 규모의 대형 전기로를 도입하여 1996년 말 전기로업체의 철강생산 능력은 1870만 톤에 달했다. 그리하여 1996년 우리나라 철강생산은 3890만 톤에 달하게 되었다.

1973년 포항종합제철이 준공되어 1백만 톤을 생산한지 불과 20여 년 만에 약 40배 성장을 이룩했다.

이로써 우리나라는 일본, 미국, 중국, 러시아, 독일에 이어 세계 6위 철강생산국이 되었다. 또 우리나라 철강수출은 1035만 톤으로 세계 8위를 기록했다. 그리고 우리 국민 1인당 철강소비는 870kg으로 선진국 중 최고 소비 수준을 기록했던 일본의 802kg을 초과하는 실적을 보였다.

포항제철은 광양제철소 건설을 서두르면서 연구개발을 획기적으로 강화하기 위해 포항공대와 산업과학기술연구소를 설립했다. 오늘날 포항제철은 세계 속의 제철회사로서의 면모를 갖추고 있다. 중국, 태국, 베트남, 인도네시아 등 동남아 국가와 미국, 캐나다, 호주 등에 합작회사를 설립해서 운영하고 있다. 이제 포항제철은 외국에서 시설과 기술을 도입하던 단계에서 완전히 탈피하여 외국으로 우리 설비와 기술을 수출하는 단계로 도약한 것이다.

연간 조강생산량 3천만 톤 규모에 총자산 20조 원, 매출액 19조 7천억 원에 단기순이익 3조 8천억 원, 부가가치 생산 1조 7천억 원, 이것은 바로 창업 37년 포항종합제철이 거두고 있는 주요 경영 실적이다. 명실공히 세계제일 규모와 경쟁력을 자랑하는 초일류 철강기업으로 성장한 것이다. 세계 유수의 기업평가 전문기관으로부터 '가장 생존력이 우수한 철강기업', '가장 존경받는 철강기업', '세계 최고의 철강기업' 등으로 평가받고 있는 기업, 그리고 중국 근대화의 아버지로 알려진 덩샤오핑이 가장 부러워하고 갖고 싶어했다는 기업, 그것이 바로 우리 한국에서 탄생하고 성장한 포항종합제철인 것이다.

## 수출산업의 지속적 성장을 위해 우리 공업을 중화학공업으로 구조전환해야 한다

1979년 1월 19일, 연두기자회견에서 대통령은 수출산업의 지속적인 성장·발전을 위해서 우리나라 공업을 중화학공업으로 구조전환하고, 품질고급화와 시장다변화, 그리고 기업의 국제화를 강력하게 추진해 나가겠다는 방침을 천명했다.

"우리나라 수출이 100억 달러대를 넘어서니까 선진 각국에서 여러 가지 규제를 가해 옵니다. 특히 우리와 교역을 하고 있는 여러 나라들이 우리가 100억 달러대를 넘어서니까 우리의 수출신장에 대해서 매우 예민한 반응을 보이기 시작했습니다.

그래서 작년 말 현재로 미국, 일본, 그리고 EC(유럽공동체) 나라들 중에 18개 나라가 우리나라에서 수출하는 섬유, 가전제품, 신발 등 41개 수출상품에 대해서 벌써 수입규제를 가하고 있습니다.

그러나 우리의 수출이 작년 말로 127억 달러가 되어서 100억 달러대를 넘었다고 해도 전세계의 교역규모로 보면 그 수입총액의 약 1%밖에 안 되는 것입니다.

이것은 우리나라 수출은 앞으로도 신장할 여지가 대단히 많다는 것을 뜻하고 있습니다.

따라서 정부는 앞으로도 계속 수출산업의 성장발전을 위해서 노력하면서 다음과 같은 몇 가지 시책을 강력히 밀고 나갈 것입니다.

첫째는 우리나라 공업을 중화학공업으로 빨리 구조전환해야 되겠습니다. 지금까지 우리는 경공업제품을 많이 수출했는데, 이제 그것은 한계에 다다른 감이 있고 또 앞으로 성장하더라도 속도가 대단히 둔화되기 때문에 새로운 분야를 개척하고, 시장을 개척하기 위해서는 중화학공업 분야에 역점을 두고 이를 개발하여 중화학 공업 제품을 많이 수출해야 되겠습니다. 따라서 산업구조를 기계, 전자, 조선, 자동차 등 중화학공업을 중심으로 개편하고, 수출구조를 플랜트수출 중심으로 바꾸어 나가야 하겠습니다.

또 우리가 지금 중동지역에 나가 있는 해외건설 부문에 있어도 앞으로는 정밀한 기술을 요하는 플랜트건설 수출에 역점을 두고 나가야 하겠습니다.

중화학공업 분야 중에서도 특히 기계나 철강, 석유화학 같은 것은 우리 업계와 정부가 지난 몇 년 동안 노력을 집중한 결과 이제는 비약적으로 신장할 생산기반이 완전히 다져졌습니다.

중화학공업제품 수출확대를 위해서 정부는 그동안 플랜트수출촉진법을 제정하고, 수출입은행 기금을 증액했으며, 연불수출 지원기금도 증액하는 등 여러 가지 지원시책을 펴 왔습니다.

둘째로 품질을 고급화해야 하겠습니다. 지금까지는 우리가 저렴한 경공업제품을 많이 수출했는데, 앞으로는 값비싼 고급제품을 개발해서 많이 수출해야 하겠습니다.

섬유류나 전자, 신발 등의 기술개발과 품질고급화를 기해 나간다면 우리에게 가해지는 수입규제도 어느 정도 극복하고 뚫고 나갈 수 있습니다.

해외건설 분야에 있어서도 노동집약적인 건설보다는 고도의 기술을 요하고 중장비를 많이 쓰는 해외 건설공사를 따내는 데 많은 노력을 기울여야 하겠습니다.

셋째는 시장을 다변화해야겠습니다. 그동안 시장 다변화를 위해서 정부나 업계에서 많은 노력을 기울여 왔지만, 아직까지도 우리나라 수출은 일본과 미국에 편중되어 있습니다. 따라서 앞으로는 EC (구주공동체), 중남미 또는 아프리카 방면의 시장확대에 더욱 노력해야 되겠습니다.

넷째는 우리나라 기업도 국제화해야 합니다. 국제시장에서의 무역장벽을 극복해 나가기 위해서 이것은 꼭 필요합니다.

앞으로 우리 기업들은 현지 법인설립이나 합작회사를 만들거나 기술협력 등을 통해서 국제화 방안을 연구하고 추진해 나가야 할 것입니다.

앞으로 중화학공업 중심으로 수출구조가 전환되고 수출품목이 고급화되며, 시장다변화와 기업의 국제화가 이루어진다면 1980년대의 고도산업사회 건설은 반드시 이룩될 수 있습니다."

대통령은 이어서 우리나라는 80년대 중반에 가면 경제대국으로 부상할 수 있다는 희망적인 전망을 가지고 있다고 천명했다.

"우리의 시책들이 계획대로 강력히 추진되어 간다면 우리나라는 1980년대 중반에는 경제대국으로 부상할 수 있다는 희망적인 전망을 가지고 있습니다.

한 나라가 중화학공업 분야의 핵심이 되는 중요한 몇 가지 부문에서 세계 10위권 내에 들어갈 때에는 경제적으로 대국이라 할 수 있다고 합니다.

따라서 철강공업, 석유화학공업, 기계공업, 자동차공업, 조선, 시멘트 분야가 세계에서 10위권 내에 들어간다면 우리나라는 경제대국이라 부를 수 있을 것입니다.

그중에서도 조선 같은 부문은 벌써 현 단계에서 우리가 10위 권 내에 들어가고 있는 것입니다.

그때 가면 원자력발전소나, 대형 에너지플랜트 같은 것도 우리가 만들 수 있고, 석유화학공업, 시멘트공장 같은 것도 우리 능력으로 건설이 가능하고 컴퓨터 등의 두뇌 정보산업 기기도 생산해서 우리도 쓰고, 또 해외에 수출하는 등 선진국형 공업국가로 발전될 것입니다. 수출에 있어서도 80년대 중반에 가면 약 500억 달러대를 넘을 것입니다.

500억 달러대는 현재 세계에서는 5위 정도에 들어가는데, 그동안에 다른 나라도 수출이 늘어나겠지만 우리가 500억 달러대를 넘어서면 세계 10위권 내에는 들어갈 것입니다. 이렇게 볼 때 우리 경제도 경제대국권 내에 들어갈 수 있다는 희망을 가지고 우리는 앞으로 더욱 분발하고 노력을 해야 될 줄로 압니다.

이 지구상에 누구도 한국의 힘찬 발전을 부인할 사람은 없습니다. 우리가 국내를 다녀보면 누구나 놀랍니다. 텔레비전 화면을 통해 보아도 마찬가지입니다. 우리의 국력과 위신이 오늘보다 더 강력하고 확고했던 적은 일찍이 없었습니다. 우리는 이제 남에게 원조를 구걸하는 것이 아니라 세계의 어려운 나라들에게 원조를 제공해 주고 있습니다. 제4차 경제개발 5개년계획이 끝나는 날 우리의 국력은 더욱 늘어날 것입니다.

물론 이러한 눈부신 발전과 성장에도 불구하고 아직도 부족한 점이 적지 않고 실수도 적지 않았습니다. 경제가 발전하더라도 사회 일각에서는 그 발전의 혜택이 미처 돌아가지 못한 분야가 있고, 경제가 아무리 성장해도 이를 만족하게 생각하지 않는 사람이 있기 마련입니다.

경제는 인생과 마찬가지로 끊임없는 투쟁의 연속이며, 거기에는 결정적인 승리도 패배도 없습니다.

우리는 끊임없이 도전하고 해결하면서 성장해야 합니다.

우리는 부족한 점을 보완하고 실수를 교훈삼아 보다 큰 성장과 발전을 이룩할 수 있는 저력을 가지고 있습니다.

우리는 어떠한 세력이 우리를 둘러싸고 있는지를 잘 알고 있으며, 어떠한 사태가 우리의 생존과 번영과 평화에 영향을 미친다는 것도 잘 알고 있습니다. 우리에게는 실망하거나 좌절할 아무런 이유가 없습니다."

## 앞으로 국제시장에서 중공을 따돌릴 수 있는 대책을 지금부터 강구해야 한다

1979년 1월 24일, 무역진흥 확대회의에서 대통령은 먼저 우리는 앞으로 수출 제일주의 전략을 그대로 밀고 나가야 한다는 점을 강조했다.

"작년에도 여러 가지 어려운 내외 여건하에서 우리나라 수출이 한때는 목표달성이 매우 어렵지 않겠느냐 하는 그런 염려도 있었습니다마는 여러분들의 노력에 의해 목표를 초과 달성했습니다. 이것은 그동안 우리 정부와 기업인, 모든 근로자 그리고 해외에 나가서 수출을 위해 뛰고 있는 모든 일꾼들, 또 이것은 뒷받침해 준 모든 국민들이 총화노력을 기울인 결실이라고 생각합니다. 여러분들의 노고에 대해 다시 한번 치하를 드리는 바입니다.

앞으로 우리 수출이 어떠한 방향으로 나가야 하겠느냐 하는 문제에 대해서는 외무부 보고와 특히 상공부 장관이 방금 보고한 새로운 수출전략이나 이를 뒷받침하기 위한 여러 가지 정책방향이 대단히 유익하고 의의가 있는 것이라고 생각합니다.

우리는 수출을 강력히 밀고 나가야 하겠으며, 과거에도 그랬지만 앞으로도 수출 제일주의라는 이 수출주도형 전략을 그대로 밀고 나가야 합니다. 지금까지 우리가 수출해 오던 경공업 상품에 대해서는 여러 가지 장벽과 규제가 가해지고 있기 때문에 우리가 할 수 있는 데까지 최대한 노력을 해서 이들 장벽을 돌파해야 하겠습니다. 이것을 위해서는 상공부 보고에도 있었던 거와 같이 품질고급화와 시장다변화 정책을 그대로 밀고 나가야 하겠습니다. 특히, 중화학 공업에 대한 새로운 전략, 새로운 정책이 여러 가지가 제시됐습니다마는 특별히 중복해서 강조하고 싶은 것은 앞으로 중화학공업에 대해서는 과감한 금융지원이라고 그럴까, 이것이 뒷받침돼야 될 것 같다는 것입니다. 시설투자면에서도 그렇겠지만, 특히 해외에다 수출하는 경우에 있어서 연불수출에 대한 금융지원을 강화해야 되겠습니다. 다른 선진국과 우리가 경쟁을 하자면 아주 획기적인 정책전환과 뒷받침이 뒤따라야지, 이것이 뒤따르지 않으면 우리가 국제무대에 나가서 다른 선진국과 경쟁을 하기는 대단히 어렵지 않겠느냐, 이런 생각이 듭니다.

정부로서는 이에 대한 최대한의 지원을 하게끔 노력하겠습니다. 우리나라 기업가 여러분들도 더욱 분발해서 공장 자체의 새마을운동도 보다 내실화하고 품질향상과 생산성제고, 원가절감 등을 통해 우리 수출제품들의 국제경쟁력을 보다 더 높이고 여러 가지 장벽과 규제가 따라오더라도 슬기롭게 뚫고 나가야 하겠습니다. 정부와 기업 그리고 전 국민들이 80년대 중반에 500억 달러 수출목표를 기어코 달성하겠다는 결의를 새로 하고, 총화노력이 이루어진다면 이 목표도 반드시 달성되리라고 생각합니다."

대통령은 이어서 우리가 앞으로 중공과 국제시장에서 경쟁하는 데 있어서 그들을 따돌릴 수 있는 대책을 지금부터 강구해야 한다는 점을 강조했다.

"한 가지 더 말씀드릴 것은 중공의 동향입니다. 최근 중공은 실용주의 노선을 택하고, 공산주의 국가이면서도 최근의 경제정책 추진방향을 보면 마치 자본주의 국가와 유사한 방향으로 밀고 나가고 있습니다.

그동안 각계에서는 중공에 관해 여러 가지 논의도 있었고, 우리 정부 내에서도 다각적인 검토를 하고 있습니다만, 중공과 우리가 국제시장에서 같은 수준에서 경쟁하는 것은 우리에게 대단히 불리하다고 생각합니다. 그러나 다행한 것은 우리가 경제개발에 있어서 한 걸음 앞섰기 때문에 중공이 오늘날 우리 수준까지 따라오려면 앞으로 아무래도 몇 년 동안의 시간이 필요할 것으로 봅니다.

우리는 이러한 시간을 최대한으로 이용해서 중공과 우리의 격차를 아주 뚝 떼어놓고 앞으로 달린다면 별 문제가 없지 않겠냐고 생각됩니다. 이를 위해서 우리는 앞으로 '기술혁신'을 더욱 강력히 추진하고 우리 산업구조를 중화학공업으로 구조전환을 촉진해 나가면서 중화학공업제품 수출도 급격히 신장될 수 있도록 종합적인 정책지원을 베풀어 나가야 하겠습니다.

이 문제에 대해서는 청와대에서도 이미 검토를 하고 있고, 국제경제연구원에도 과제를 부여하여 연구하고 있지만, 모두 깊은 관심을 가지고, 지금 이야기한 그런 분야에 대한 노력을 지금부터 서둘러서 추진해 나갈 필요가 있지 않겠는가, 이렇게 생각합니다."

### 우리 경제는 앞으로도 현재까지의 속도로 성장을 계속해야 한다

1979년 1월 29일, 경제기획원 연두순시에서 대통령은 우리 경제는 앞으로도 현재까지의 속도를 늦추지 않고 성장은 계속해야 될 단계에 있다는 점을 강조했다.

"작년에도 여러 가지 어려움이 많았는데, 이런 어려움을 이겨내고 우리 경제에 있어서 여러 가지 기록적인 고도성장을 가져온 데 대해서 그 동안 경제 각부처 공무원 여러분들의 노고를 치하하는 바입니다. 새해에도 국제경제 환경이라든지, 여러 가지 여건이 반드시 밝다고만 볼 수 없고 어려운 점이 많다고 봅니다.

작년 연말과 금년 초에 100억 달러 수출에 1000달러 소득 수준에 도달한 오늘의 한국경제를 어떻게 끌고 나가느냐 하는 문제에 대해 신문지상이나 방송에서 각계 전문가들이 좌담한 것을 죽 봤는데, 어떤 사람은 이제는 조금 속도를 늦춰 가지고 축소를 해서 소득균형을 맞추어 나가는 소위 축소균형형으로 나가는 것이 바람직하다는 건의를 하기도 했고, 또 어떤 사람은 '그렇지 않다, 힘차게 뻗어나갈 수 있는 잠재

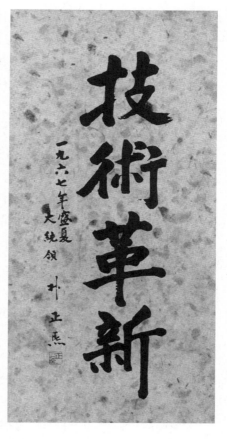

력이 있고 시기를 늦추지 말고 그대로 확대성장을 해 나가야 한다'는 주장을 하기도 했습니다.

내가 보기에는 우리 경제는 앞으로 당분간은 현재까지 올린 속도를 조금도 늦추지 않고 그 속도도 그대로 추진하면서 성장을 계속해야 될 그런 단계에 있다고 생각합니다. 우리가 지속적인 성장을 뒷받침할 수 있는 여러 가지 안정요소와 정책적인 시책에 있어서 보완해 나가야 하겠지만 성장속도를 늦출 단계는 아니라고 봅니다.

앞으로 우리 경제는 상당기간 계속 뻗어나갈 수 있는 그런 잠재력을 충분히 가지고 있다고 봅니다.

이런 단계에 있어서 우리가 한 가지 항시 잊어서는 안 될 것은 우리가 100억 달러 수출을 하는 데 여러 사람들의 노력과 온 국민의 피땀어린 노력이 응결되어 있는 것이 틀림없지만 특히 공장에서 일하고 있는 근로자들에 대한 처우, 그들에 대한 복지에 대해서 우리가 항상 깊은 관심과 정책적인 배려를 해야만 경제성장이 앞으로 지속적으로 이루어질 수 있다는 것입니다.

그런 의미에서 정부 힘만으로는 안 되고, 기업주들이 여기에 관심을 가지고 노력을 해야 되겠고, 특히 금년부터는 정부에서도 좀 더 관심을 가지고 정책적으로 검토하고 시행해야 할 대책을 마련해야 되겠습니다."

## 중화학제품 수출증대를 위해 연불수출에 대한 자금지원을 확대해야 한다

1979년 1월 29일, 재무부 연두순시에서 대통령은 먼저 앞으로는 중화학제품 수출증대를 위해서 연불수출에 대한 자금지원을 더욱 확대하라고 지시했다.

"경제기획원에서도 이야기했지만 금년에는 안정기조를 다시 한번 다지기 위해서 재정 분야에 있어서도 긴축재정이 불가피한 줄 믿습니다.

그러나 우리는 지금 안정을 다져 나가면서 또 지속적인 성장을 추구해야 되겠습니다. 이율배반적인 것 같기는 하지만 안정만 너무 치중하고 성장을 도외시할 수 없기 때문에 정부가 지금 중점적으로 성장을 추구하는 중점사업에 대해서는 역시 선별적으로 모든 재정금융의 뒷받침, 지원 등이 적절히 수반되어야 될 줄 압니다.

특히, 앞으로 우리나라 수출은 경공업제품보다도 중화학공업 분야에 대해서 중점적으로 밀고 나가야 되겠고, 장차는 중화학제품 수출이 우리 수출의 대종을 이루어야 되겠다는 명제가 있기 때문에 앞으로 연불수출에 대한 자금지원 등 정책지원을 더욱 확대해 나가는 데 노력해야 할 줄 믿습니다.”

## 우리 외교는 교역과 수출 등 실리 외교에도 비상한 노력을 해야 한다

1979년 1월 31일, 외무부 연두순시에서 대통령은 우리 외교는 안보외교, 통일외교는 물론 교역과 수출 등 실리외교에 여전히 비상한 노력을 해야 한다는 점을 강조했다.

“브리핑에서 장관도 강조했지만 역시 오늘날 우리 외교는 안보외교, 통일외교도 중요하지만 실리외교, 교역, 수출 등 이 분야에 여전히 비상한 노력을 하여야 합니다. 수출 100억 달러 넘으니까 과거처럼 열심히 안 해도 된다고 생각하고 안심하는 것은 잘못입니다. 아직도 안심할 단계는 아니고 더욱 열심히 해야 할 것입니다. 물론 교역량을 늘리고 수출신장한다는 것은 외교관 노력 가지고만 되는 것은 아닐 것입니다. 그러나 일선에서 외교관들이 열심히 뛰어야 될 것입니다. 어제 경제부처에서도 얘기했지만 일본은 작년에 970몇억 달러을 수출을 했다는데, 재작년에 대비하여 22~23% 증가했다고 하는데, 우리나라에서는 수출이 100억 달러 넘으면 수출신장률을 자꾸 줄여야 된다는 게 상식화된 얘기입니다. 그전에는 30~40%, 73년 같은 경우는 70~80% 수출신장이 됐는데, 이것은 물론 액수가 적을 때니까 가능했겠지만, 수출이 150, 160억 달러가 된다고 해도 노력만 하면 25%~30% 정도 신장을 유지하는 것은 가능할 것입니다. 정부공무원, 업자, 국민들도 이제는 옛날처럼 30

% 정도는 어림도 없는 소리다 하는 사고방식이 있는데 이런 사고방식 가지면 우리 수출은 늘지 않을 것입니다. 800억, 900억 달러 수출하는 데서도 20몇 퍼센트 늘어나는데, 이제 100억 달러 가지고 25%, 30%가 안 된다는 것은 곤란합니다. 이점 이번에 본국에 오는 외교관에게 강조하겠는데, 장관이 공관장 회의에 나가면 특히 강조를 해주기 바랍니다."

## 국제경쟁에 자신 있게 나서기 위해서는 중화학공업 육성정책을 밀고 나가야 한다

1979년 2월 2일, 상공부 연두순시에서 대통령은 먼저 우리가 국제시장에서 본격적인 경쟁에 자신을 가지고 나가기 위해서는 중화학공업 육성정책을 강력히 밀고 나가야 한다는 점을 강조했다.

"1973년, 지금부터 6년 전 봄에 정부에서 중화학공업 정책선언을 하고 지금 꼭 6년째가 됩니다. 그동안에 우리나라 공업이 중화학공업 구조로 그 기반이 잡히고, 틀이 잡혀가고 있는데, 이제부터는 우리가 국제시장에서 본격적인 경쟁에 자신을 가지고 나가기 위해서는 중화학공업 중점육성 정책을 강력히 밀고 나가야 되겠습니다.

상공부의 오늘 브리핑에 그 취지가 충분히 반영되어 있는 것을 보고 나는 대단히 기쁘게 생각을 합니다. 결국은 국제시장에서 우리가 경쟁을 강화해서 이겨야 되겠는데, 그걸 위해서 오늘 여러 가지 구체적인 시책이 나와 있습니다만, 우리와 경쟁하고 있는 나라와 비교를 해서 가령, 금융지원면에서 우리하고 그런 나라하고 차이가 어떻다, 세제면에서 어떻다 기타, 임금문제라든지 여러 가지를 한번 비교를 해봐서 우리가 국제경쟁에 이기기 위해서는 이런 정책을 아주 중점적으로 또 시급히 시정해야 되겠다 하는 것을 종합해서 언제 다시 한번 브리핑을 해 줬으면 좋겠어요.

거기에는 기술문제다, 인력문제, 여러 가지가 다 포함되겠지요. 그래서 그것을 강력히 밀고 나가지 않으면 앞으로 우리가 국제경쟁에서 다른 나라를 이기고 나가기는 대단히 힘이 들지 않겠느냐, 그러나 그런 분야만 우리가 잘 파악을 해서 착안을 해가지고 착실히 노력을 해 나가면 우리나라는 지금까지 성장해 온 그런 여력을 이용해서라도 앞으로 우리 수출이란 것은 계속 뻗어나가리라 그렇게 믿습니다."

　대통령은 이어서 이제 우리 수출이 벽에 부딪쳤다느니 한계에 왔다느니 하는 이야기는 국민의 사기를 위해서나 수출역군들의 사기를 위해서 바람직하지 않다는 점을 강조했다.
　"요전에도 얘기했지만 우리나라 수출이 조금만 액수가 올라가면 이제 거의 벽에 부딪쳤느니 이제 한계에 왔으니 이런 소리를 하는데, 그건 벌써 우리 수출이 10억 달러대에 가기 전에 우리 업계에서 소위 우리나라 전문가란 사람들이 신문에 대대적으로 그런 소리를 늘 써서 나는 대단히 못마땅하게 생각했는데 10억 달러가 넘고 나니까 한참 아무 소리 안 하다가 78년 목표가 100억 달러라고 그러니까 그때 아주 입을 딱 벌리며 이건 전혀 불가능한 엉터리 같은 소리다 하는 식으로 한참 떠들다가, 그 다음에 100억 달러가 넘고 나니까 이제 또 딴 소리가 자꾸 나옵니다.
　물론 정부를 편달하는 의미에서 정부가 의욕은 좋지만 이런 거, 이런 것은 조심해야 된다고, 이렇게 충고해 주는 것은 우리가 달갑게 받겠는데, 안 되는 소리만 자꾸 내걸어 가지고 앞이 꽉 막힌 것처럼 얘기하는 소리, 이것은 국민들 사기를 위해서도 또 이 분야에서 일하고 있는 사람들의 사기를 위해서도 나는 좋지 않다고 생각합니다.

그것은 별도의 일이고, 우리로서는 하여튼, 어려운 애로라든지 난관이 있다는 것은 뻔한 사실이니까 어떻게 이것을 우리가 돌파해 나가느냐 하는 데 대한 전략을 세워서 하나하나 착실히 지금부터 추진해 나가야 되겠습니다.

어려운 점이 많을 것입니다. 쉬우면 남이 다 하는 거지 우리만 빨리 나갈 리는 없는 것이 아니냐, 어려운 가운데 누가 더 이걸 앞질러 나가느냐, 그 점을 다시 한번 연구해서 나중에 한번 더 보고해 주세요.

그리고, 중소기업에 대해서는 금년부터 중소기업진흥공단이 생겨서 중소기업 육성을 위한 정부의 새로운 획기적인 시책을 밀고 나가는데, 그것이 요전에 무역확대 회의 때 내 강조한 것처럼 중소기업체에 대한 기술지도, 기능공들을 불러다 지도해 주는 거와 같은 여러 가지 뒷받침해 주는 것, 이런 것이 잘 되면 중소기업을 위해서는 대단히 큰 도움이 되리라고 생각합니다.”

대통령은 이어서 공장새마을운동의 취지와 정신을 잘 모르는 일부 기업들은 이 운동을 귀찮은 것처럼 생각하는데, 이 운동은 그 기업주 자신을 위해서 권장하고 있다는 점을 강조했다.

“그 다음에, 공장새마을운동을 하고 있는 것이 아까 보니까 한 3400개이고 금년에 4천 개라고 했는데 그외 공장들은 새마을운동을 안 하고 있다는 얘기에요?

새마을운동의 그 취지와 정신을 잘 모르는 일부 기업체들 중에는 상당히 귀찮은 것처럼 생각을 하고 있는데, 이 운동은 귀찮은 것도 아니고 그 기업주 자신을 위해서 권장하고 있다 이겁니다. 정부를 위해서 보다도, 물론 그것이 잘 되면 정부도 좋고 국가도 좋은 건데, 절대 자기들이 손해 보는 것이 아니라 잘만 하면 공장도 잘 되가고 거기 있는 종업원들의 처우도 좋아지고, 후생복지 문제도 해결이 되고, 또 공장경영 구조도 그만큼 더 잘 돼 나가면 노사문제도 부드럽게 되가고 다 좋은 것인데, 이걸 잘 모르는 사람이 있는 것 같습니다.

기술을 어떻게 한다, 금융을 어떻게 한다, 세제를 어떻게 한다, 이런 것도 중요하지만 역시 공장이라는 것은 사람과 사람들이 모여 앉아서 물건을 만들어 내는 곳이기 때문에 기업책임자와 거기 와서 일하는 종업원들과의 사이에 인화, 이런 것이 부드럽게 돌아가지 않으면 다른 것이 아무리 잘 되어도 그 기업이 잘 돌아갈 수 없습니다. 우리는 그걸 노려서 이 공장새마을운동이란 것이 꼭 필요하다고 강조를 하는 것입니다."

대통령은 끝으로 시중에 나오는 물건 중에 가짜나 엉터리 물건이 많아서 피해를 입은 일반소비자들이 보상받을 길이 없어서 이를 단속하지 못하는 정부를 원망하는 사례가 있다고 지적하고 이런 피해가 없도록 평소에 지도 감독을 철저히 하라고 지시했다.

"요즘 시중에 나오는 여러 가지 물건들 중에 소위 가짜라고, 엉터리 같은 것이 상당히 나와서 일반소비자들이 정부가 왜 이런 것을 철저히 단속을 안 하느냐, 그런 얘기가 있는 것 같은데, 공업진흥청에서 거기에 대해서 여러 가지 검사는 하고는 있지만, 원체 품목이 많고 또 그런 것이 나와서 시중에 한참 팔리고 난 뒤에 그런 것이 발견이 되어 뒤늦게 이런 것을 단속하고 있기 때문에 일부 피해를 입은 사람들은 어떻게 보상이 안 된다 하는 문제가 있는데 공업진흥청, 또 상공부에서 일반소비자들에 대한 그런 그 피해가 없게끔 평소부터 이에 대한 지도감독이 좀 더 철저히 되어야 하겠습니다."

## 수출주도형 성장정책이나 중화학공업 정책은 계속 추진해 나가야 한다

1979년 4월 27일, 무역진흥 확대회의에서 대통령은 물가상승으로 피해를 보고 있는 서민들의 민생문제를 우선적으로 해결하기 위해서 정책사업을 일부 조정하고 있으나, 수출주도형 성장정책이나 중화학공업 정책은 앞으로도 계속 밀고 나가야 한다는 점을 강조했다.

"최근에 정부에서 경제안정화 시책을 발표하고 난 후 일부에서는 정부의 경제정책 방향이 근본적으로 전환하고 있는 게 아니냐, 지금까지 정부가 추진해 오던 수출주도형 성장정책이라든지 중화학공업 정책을 아주 후퇴시키고 방향을 전환하고 있다는 소리를 하는 것 같은데 이것은 사실하고는 전적으로 다르고 그릇된 판단이라고 해야 하겠습니다.

지금까지 정부가 밀고 나온 기본 경제정책 방향은 하나도 바뀐 것이 없다 하는 것을 오늘 이 자리에서 여러분에게 분명히 말씀드립니다. 다만 작년부터 물가가 갑자기 뛰기 시작하고 이로 인해서 우리 경제의 안정기조가 다소 흔들리는 듯한 감이 없지 않기 때문에 당분간 과열된 현상을 진정시키고 물가 인상으로 가장 많은 피해나 압력을 받는 것이 일반서민들의 민생문제이기 때문에 이 문제를 우선적으로 해결해 나가기 위해서 부분적인 정책조정을 했다, 그리고 안정을 회복할 때까지는 지금까지 밀고 나가던 속도를 약간 줄이고 속도조절을 했다, 이렇게 표현할 수 있다 하겠습니다. 기본적인 정책방향은 하나도 변하지 않았다는 것을 여러분들이 확실히 이해하기 바랍니다. 부분적으로 조정을 했다는 것은 불요불급한 사업을 뒤로 미룬다는 이야기입니다. 예를 들면 중화학공업 분야에 있어서도 그다지 급하지 않은 것은 그 시기를 약간 뒤로 늦춘다, 그것도 먼 장래로 미룬다는 것이 아니라, 앞으로 어떤 것은 몇 개월, 어떤 것은 반년, 경우에 따라서는 한 1년, 또는 그보다도 약간 더 뒤로 미루는 경우가 있고 수출에 있어서도 어떤 목표를 책정해 놓고 그 목표달성을 위해서 무리한 일은 하지 않겠다는 그러한 얘기가 되겠습니다.

따라서, 우리나라 기업인들은 항간에 나도는 소리에 동요하거나 또한 의욕을 잃지 말고, 지금은 경제적으로 어려운 시기이기 때문에 정부와 기업과 국민이 서로 협력해서 어려운 고비를 극복해 나가는 데 같이 노력을 해야 하겠습니다. 여러 가지 어려움이 많을 줄 압니다마는 이러한 어려운 고비를 우리가 서로 힘을 합쳐서 잘 극복함으로써 우리 경제, 또는 우리 기업의 체질이 그만큼 더 강화될 수 있다 하는 것을 우리는 잘 인식해야 하겠습니다.

지난 1973년, 74년 소위 석유파동 당시는 지금보다도 몇 배나 더 어려운 고비였지만 우리는 정부와 기업과 국민이 합심해서 그 어려운 난국을 극복한 경험을 가지고 있습니다. 그러한 우리의 슬기를 다시 한번 우리가 발휘하고 협력한다면 지금의 여러 가지 어려운 문제는 그때보다 훨씬 더 쉽게 극복할 수 있다고 봅니다. 80년대에 선진국대열에 뛰어오르기 위한 하나의 과도적인 진통을 지금 우리는 겪고 있다, 이렇게 봐야 하겠습니다. 따라서 우리는 이 기회에 우리 경제의 모든 부문에 걸쳐서 그 내부에 내재하는 여러 가지 문제점을 하나하나 찾아내고 거기에 대한 정비, 보완을 하고 앞으로 또 다른 도약의 발판으로 삼는 데 힘써야겠습니다.”

심융택(沈瀜澤)

고려대학교 법과대학 졸업. 고려대학교 대학원(법학석사). 미국 덴버대학 대학원 수학. 대통령 공보비서관(1963~71). 대통령 정무비서관(1972~79) 역임. 제10대 국회의원. 월간『한국인』편집 및 발행인 역임. 저서『자립에의 의지─박정희 대통령 어록』.

崛起
박정희 경제강국 굴기18년
③수출입국 드라이브
심융택 지음
1판 1쇄 발행/2015. 8. 31
발행인 고정일/발행처 동서문화사
창업 1956. 12. 12. 등록 16-3799
서울 중구 다산로12길 6(신당동, 4층)
☎ 546-0331~6 (FAX) 545-0331
www.dongsuhbook.com

*

이 책의 출판권은 동서문화사가 소유합니다.
의장권 제호권 편집권은 저작권 법에 의해 보호를 받는 출판물이므로 무단전재와 무단복제를 금합니다.
사업자등록번호 211-87-75330
ISBN 978-89-497-1361-8 04350
ISBN 978-89-497-1358-8 (총10권)